孙艳庆 著

中古琅邪颜氏家族学术文化研究

齊魯書社

序

不久前艳庆与我通话，说起他当时申请博士学位的论文——《中古琅邪颜氏家族文化与文学研究》即将在齐鲁书社出版，请我写一篇序文。时间过得真快，回想起2010年6月他通过学位论文答辩，毕业后离开扬州，竟然已过去两年多了，当年我们师生间相处的情形，仿佛一切都在昨日，历历在目。

记得当初艳庆来扬州报考中国古代文学博士，通过一系列考试后，我就嘱咐他思考今后的研究方向与课题。他入学后，我们便开始商量博士论文的选题事宜。起初，我建议他可以尝试就东晋南朝的荆州幕府及文士幕僚的相关活动与当时文学的关系作些考察，艳庆便开始收集相关研究信息，他当时已从《二十五史补编》等相关史表着手，初步搜集、整理这段时期荆州、雍州刺史及藩王的相关资料。可是不久他在苏瑞隆先生《鲍照诗文研究》一书的一条脚注中看到台湾学者王文进早在1987年就写过一篇题为《荆雍地带与南朝诗歌关系之研究》的博士论文，由于一时无法看到王先生的原著，我没有贸然坚持让艳庆就这个题目继续做下去。考虑到家族是中古时期历史与文化的核心问题，鉴于我指导姚晓菲进行中古琅邪王氏家族文化与文学研究的经验，于是建议艳庆也从这一时期某一家族切入，对当时的学术文化与文学进行有深度的专题研究。后来，经过反复考虑，最终我们决定选择中古时期琅邪颜氏家族作为研究对象。

对于中古时代世家大族在当时文化传承中的作用，陈寅恪、钱穆等前辈学术大师早已有精辟的论述，数十年来，有关家族问题的研究已取得了丰富的成果，特别近一二十年来，对一些重要家族的个案、专题研究更是不断深入。不过，相对而言，与琅邪王氏、陈郡谢氏等一流文化高门与权势门第相比，琅邪颜氏家族则可视为高门世族中的“小族”，突出人物不是很多，相应资料也比较少，好在有一部《颜氏家训》，又出现了颜延之、颜之推等在文学史上有突出地位的人物，相对同时期的其他中小世族而言，便多了一份研究的凭借。按照我们的计划，艳庆应当可以在一年半的时间内收集相关学术史背景、整理相关主要研究资料，并着手写作，在完成初稿之后，再进行扩展阅读，对论文进行补充和深化。开始，他的工作进行得很顺利，第一学期结束时他就把厚厚一叠有关琅邪颜氏家族的资料集交到了我手上。可是，此后的第二学期他的研究工作迟迟没有进展，我知道他在研究中遇到了瓶颈，主要对中古时代的社会与文化还缺乏整体性的了解和感悟，即便有了一定的资料积累，也无法进行个性化的具体研究。这需要进一步仔细研读前辈大师的名著，掌握基本的理论与方法，并坚定地进行相关课题的写作。经历了一个漫长的暑假，开学时他交给我一篇有关北朝名士王昕的论文。此前我陆续写出过几篇有关十六国北朝时期玄学清谈风尚的论文，曾不经意地跟他提及王昕，没想这竟然诱使他开了小差，用暑假的时间进行北海王氏的研究，并写出了这篇有关王昕的论文。好在从论文看，他对文史结合的研究方法的理解与实践都有了明显的提高与进步。于是我鼓励他尝试尽快在学位论文的写作中“撕开一个口子”，先就其中的一个问题集中精力研究，并写作成文。后来的一学期，他陆续将有关颜氏家族的三篇论文交给我，尽管还是存在着就事论事、干巴拘谨的毛病，但毕竟开始了合乎学理的学术研究了。

那些日子里，我对艳庆很少表扬。我要求他每写好一部分，自己先修改，然后交给我审阅。每次拿到他的论文，我总是比较严厉地指出其中的错误和不足。有时看到一些重复出现的毛病，斥其屡教不改，我的话会说得很重，会让他很难堪。好在艳庆性格温顺，忍耐力强，他也深知我希望他有一天能豁然开朗，才思泉涌。作为导师，我有时是比较急躁的，那段艰难的日子，艳庆总算熬过来了。艳庆是好学深思的，在经历了一次次批评与指导之后，他确实进行了认真的思考，思路不断开阔，研究能力也在潜滋暗长，其论文写作无论是速度，还是质量，都有明显的飞跃式进展，这些论文开始有了比较富有意趣的题旨，层次逐渐明晰。最终，他不仅完成了研究计划中的全部工作，还拓展了相关研究课题，使我多有意外的惊喜。

现在看来，他的这部有关中古时期琅邪颜氏家族的专题著作，比较深入地考察了魏晋南北朝、隋及唐初琅邪颜氏家族社会地位的升降及其家族文化的主要表现，考察了颜氏家族门风的特点及其流变，分门别类地论述了其家族在经学、史学、艺术、宗教及文学等方面的表现及其成就，或纠正了一些观点，或有补于陈说，在不少具体问题上提出了自己的看法。在研究中涉及中古历史与文化等多个学术领域，并能够进行有机的综合与融通，展示了中古时代“小族”群体的文化意蕴，从一个侧面深化了对当时世族社会及其文化的认识。当然，论文在某些方面，还没有达到当初我设想的标准；可也有一些地方能出乎我的意料，也算基本满意了。好在艳庆还年轻，可以再接再厉，苦练功，勤作业！

读书做学问，自然是一件苦差事，既费神伤目，还很清苦，这也是很多人中途废弃、转从他业的原因。坚持留下来的，一定是那些从这项艰苦的事业中有所发现、有所突破，尝到过某种“甜头”的人。这种“甜头”尝多了，上了瘾，就会一发不可收，乐此不疲了。我想艳庆也是尝到过这种“甜头”的，记得当初他发现了有可能解决颜师古《汉书注》“抄袭”与否这一学术公案的线索时，他当即兴奋地打电话向我报告，三天后他就把相关注文条目整理成表格交到了我手上，一个月后完成了一篇近两万字的考据与论述俱佳的论文，跃上了一个新的学术台阶。我想这件事一定给他留下了十分甜蜜的记忆。

在我的印象里，艳庆始终是一个本分、平实、稳重、厚道的好学生，在他的身上，浓缩了许多北方农家平民学子的优良品格，有毅力，能吃苦，懂感恩。这样的年轻人，社会理应给他们更多的关爱，生活上也应该得到更好的回报！艳庆在取得博士学位之后，一度到家乡太原大学工作，现在又回到母校广西师范大学任教，终于稳定下来了，我也总算放心了。借其著作出版之机，我衷心地祝愿他在新的学术环境中生活得更充实、更快乐，在学术道路上收获越来越多的“甜头”，不断地有所发现与创造，乐此不疲、满怀欢喜地坚持走下去！

王永平

2012年10月于扬州

目 录

绪　言

一、选题的提出

门阀世族在中国的中古时期居于社会主导地位，对当时士族门第的相关研究也相应成为研究这一时期政治、经济以及社会思想文化的核心问题。其中在文化领域，史家陈寅恪曾对此再三致意，如陈先生在《隋唐制度渊源略论稿·礼仪篇》中指出：

> 盖自汉代学校制度废弛，博士传授之风气止息以后，学术中心移于家族，而家族复限于地域，故魏、晋、南北朝之学术、宗教皆与家族、地域两点不可分离。①

又在《崔浩与寇谦之》一文中说：

> 盖有自东汉末年之乱，首都洛阳之太学，失其为全国文化学术中心之地位，虽西晋混一区宇，洛阳太学稍复旧观，然为时未久，影响不深。故东汉以后学术文化，其重心不在政治中心之首都，而分散于各地之名都大邑。是以地方之大族盛门乃为学术文化之所寄托。中原经五胡之乱，而学术文化尚能保持不坠者，固由地方大族之力，而汉族之学术文化变为地方化及家门化矣。故论学术，只有家学之可言，而学术

---

① 陈寅恪：《隋唐制度渊源略论稿》，生活·读书·新知三联书店2001年，第20页。

文化与大族盛门常不可分离也。①

钱穆先生也对这一时期士族门第在学术文化方面的贡献多有强调。其《国史大纲》第十八章《变相的封建势力》中说：

中国文化，赖藉这些门第的扶护保养而重得回生。……一个大门第，决非全赖于外在之权势与财力，而能保泰持盈达于数百年之久；更非清虚与奢汰，所能使闺门雍睦，子弟循谨，维持此门户于不衰。当时极重家教门风，孝弟妇德，皆从两汉儒学传来。诗文艺术，皆有卓越之造诣；经史著述，亦灿然可观；品高德洁，堪称中国史上第一、第二流人物者，亦复多有。而大江以南新境之开辟，文物之蔚起，士族南渡之功，尤不可没。要之，门第之在当时，无论南北，不啻如乱流中岛屿散列，黑夜中灯炬闪耀。北方之同化胡族，南方之宏扩斯文，斯皆当时门第之功。固不当仅以变相之封建势力，虚无之《庄》、《老》清谈，作为褊狭之抨击。②

钱先生又著《略论魏晋南北朝学术文化与当时门第之关系》一文，对士族门第与学术文化之关系专题论述，文中指出：

魏晋南北朝时代一切学术文化，其相互间种种复杂错综之关系，实当就当时门第背景为中心而贯串说之，始可获得其实情与真相。……魏晋南北朝时代一切学术文化，必以当时门第背景作中心而始有其解答。当时一切学术文化，可谓莫不寄存于门第中，由于门第之护持而得传习不中断，亦因门第之培育，而得生长有发展。门第在当时历史进程中，可

---

① 陈寅恪：《金明馆丛稿初编》，生活 · 读书 · 新知三联书店 2001 年，第 147 ~ 148 页。

② 钱穆：《国史大纲》（修订本），商务印书馆 1996 年第 3 版，第 309 ~ 310 页。

谓已尽其一分之功绩。①

而更早一些时候，日本史家内藤湖南在其《中国中古的文化》第十章《以贵族为中心的时期》中也简要指出："要言之，在六朝时期，贵族成为中心，这是中国中世纪一切事物的根本。……在这一贵族时代发生的各种文化现象，如经学、文学、艺术等等，都具备了这一时代的特征。这时期的文化成为中国文化的根本，今天的中国文化也是在这一基础上建筑起来的。"②可见，士族门第确实是关乎中古时期社会政治与文化至关重要的大问题，同时也因此之故，围绕这一时期士族门第相关问题的探索也成了中古时期历史文化研究的一个重要领域。

其中，对这一时期士族门第及相关现象进行研究，成果较著的学者有唐长孺，其《东汉末期的大姓名士》、《士族的形成和升降》等文对士族门第的形成及变迁等重要问题进行了深入探究。王伊同所著《五朝门第》一书，则对高门士族之政治、经济以及社会风尚等问题进行了系统探讨。特别是田余庆《东晋门阀政治》一书，在前贤研究的基础上多有突破，成为中古士族门第研究的经典著作。该书对东晋南渡侨姓士族中相继掌握权柄的琅邪王氏、颍川庾氏、谯国桓氏、陈郡谢氏、太原王氏等高门士族进行了重点考察，对这些士族门第与东晋皇室的关系、士族门第之间的关系，以及由此对东晋政局造成的影响等问题进行了深入探究。更重要的是，田先生在该书《后论》中对东晋侨姓士族的来源、旧族门户与新出门户的区别以及士族门第的经济基础、文化面貌等相关重要问题进行了综合论述。而对这一时期南方士族进行系

① 钱穆：《中国学术思想史论丛》（卷三），安徽教育出版社 2004 年，第 184 ~ 185 页。

② （日）内藤湖南著，夏应元选编并监译：《中国史通论——内藤湖南博士中国史学著作选译》，社会科学文献出版社 2004 年，第 311 页。

统研究的则以王永平所著的《六朝江东世族之家风家学研究》为代表，该书在对东晋南朝南方士族的代表吴郡顾、陆、张，会稽虞、贺、孔以及吴兴沈氏等家族文化个案研究的基础上，指出儒家道德规范和礼学是世族家风的基调和家学的核心。此外，将士族门第与该时期文学相结合进行研究则有曹道衡《兰陵萧氏与南朝文学》、程章灿《世族与六朝文学》等著作。可见中古士族门第及其相关领域的研究已经成为中古文史研究的重要分支。①

有鉴于中古时期家族问题的重要性，我选择《中古琅邪颜氏家族学术文化研究》作为研究课题。同时，考虑到世族门阀这一社会现象的历史独特性，拟将本书对琅邪颜氏家族的论述范围大致限定于汉末至唐初这一历史时期。

二、文献综述

过去对中古时期家族个案的研究，多集中于琅邪王氏、陈郡谢氏等政治地位显赫、文化成就突出、子弟繁盛的高门士族，而对于一些政治地位不太突出，甚至人丁也不太兴旺的中小士族如琅邪颜氏之类关注较少。尽管琅邪颜氏家族有《颜氏家训》这样研究中古时期士族问题必须参考的重要著作流传于世，但将其家族作为个案进行研究的成熟著作也还不多，尚有进一步深入探讨的余地。②

---

① 相关研究的详细情况可以参看容建新《80年代以来魏晋南北朝大族个案研究综述》，载《中国史研究动态》，1996年第4期。

② 参常昭《魏晋南北朝家族文化与文学研究现状与思考》，《济南大学学报》(社会科学版)2009年第4期。该文综论魏晋南北朝时期家族文化的研究现状，即以该时期的琅邪颜氏家族为例，文章指出："综合看来现阶段的家庭研究多侧重名门望族、仕宦大家，而一些仕宦不显、仅以学术名世的家族尚未得到应有的重视。"同时又认为："琅邪颜氏仕位不显，政治地位居于劣势，从而文化地位容易被人忽视；另一方面这个家族多学者而少文学家，琅邪颜氏家族作为一个文学家族似乎还没有得到学界的认可。"

早在1959年，南京市文物保管委员会在南京老虎山发掘了包括颜綝等四人在内的东晋时期琅邪颜氏家族墓葬群，发表有《南京老虎山晋墓》①一文，这无疑为颜氏家族的研究提供了重要的考古资料。

目前所知，较早注意到琅邪颜氏家族，并对这一家族的突出人物进行研究的是日本学者吉川忠夫，吉川氏撰写有《颜之推论》（原题《颜之推小论》，刊于《东洋史研究》20卷4号，1962年）和《颜师古的〈汉书注〉》（载于《东方学报》51册，1979年），后将二者合为一章题为《颜氏研究》，收入作者的著作集《六朝精神史研究》，于1984年出版。其中《颜之推论》主要考论颜之推对当时江南贵族社会败亡的反思和批判，及其在北方的政治活动和对北方社会环境的独特认识，“提出了生存于新时代的士大夫像，也就是科举官僚式的士大夫像”。《颜师古的〈汉书注〉》的重要之处则在于“弄清楚颜师古的《汉书注》是继承其祖父颜之推和叔父颜游秦的《汉书》解释的著述的情况”，明确家学相承是颜师古《汉书注》得以成功的重要条件。②

国内从家族角度对琅邪颜氏家族进行整体观照的有封海清《琅琊颜氏研究——兼论文化在世族仕宦过程中的重要作用》一文③，该文对琅邪颜氏家族人物的仕宦情况进行了统计分析，并探讨了颜氏家学文化与其子弟仕宦升迁的种种关系和重要作用。张伯伟著有《〈颜氏家训〉与颜氏家风》④，文中归纳颜氏家族的家

① 载《考古》1959年第6期。

② 参（日）吉川忠夫著，王启发译《六朝精神史研究》之《后记》及《中文版序》，江苏人民出版社2010年。

③ 载《昆明师专学报》1989年第3期。

④ 收入《第三届魏晋南北朝文学国际学术研讨会论文集》，文史哲出版社1998年。

风有“尚德行”、“能文章”、“善书法”、“重家训”等特征，进而探讨了这些家风特征与《颜氏家训》具体内容形成之间的联系。此外，刘存祥《颜之推、颜师古、颜真卿及琅琊颜氏》①，程时用、刘福英《六朝时期颜氏家族的家风与文化》②等文多流于对颜氏家族文化及人物的简单评述，缺乏深入论证研究。

需要提及是，颜普元上世纪末曾著有《颜氏家学与风徽》③，而山东曲阜出于对儒家圣人颜回的敬仰和对儒家文化精神的弘扬，成立有“曲阜市颜子研究会”，该研究会与曲阜市史志办公室合作，收辑古今颜氏家族相关资料，在明代所修《陋巷志》的基础上编撰有《新编陋巷志》④。此外，临沂师范学院于联凯等也曾参与“颜子家族文化研究”的相关项目，出版有《颜子研究论丛》⑤、《颜子家族的历史与文化》⑥、《琅琊颜子家族文化考论》⑦等相关著作。这类研究多以颜回为中心，将古代历史中的颜氏家族人物作贯通述评，其中多有涉及中古时期琅邪颜氏家族的内容，但缺点是不能照顾到不同历史时期政治及社会文化的特殊性，尤其对于中古时期而言，没有充分顾及该时期的门第社会背景，因此流于对一般现象的描述，而缺乏“同情之理解”。

上世纪九十年代以来，还有一些硕士论文曾将琅邪颜氏家族作为选题进行研究。台湾地区的陈柏璋《中古琅邪颜氏研究——以婚姻仕宦和家学门风为中心》⑧一文，对琅邪颜氏在魏晋南北朝

---

① 载《春秋》1996年第1期。

② 载《湖北广播电视大学学报》2006年第1期。

③ 颜普元：《颜氏家学与风徽》，岳麓书社1999年。

④ 新编《陋巷志》编纂委员会编：《新编陋巷志》，齐鲁书社2002年。

⑤ 于联凯、颜世谦主编：《颜子研究论丛》，齐鲁书社2003年。

⑥ 汲广运、高梅：《颜子家族的历史与文化》，吉林人民出版社2004年。

⑦ 于联凯、马凤岗：《琅琊颜子家族文化考论》，吉林人民出版社2005年。

⑧ 台湾“国立”中兴大学1993年硕士论文。

和唐代的政治、社会地位变迁，颜氏与其他士族的交游及婚姻情况以及颜氏家族的家学、门风等问题都有所涉及，但该文的研究主要侧重于琅邪颜氏家族的政治地位变迁方面，而对琅邪颜氏家族人物在学术文化方面的相关考述较为简略。此外，同时期台湾地区还有龙柏涛的硕士论文《从魏晋士族到唐代科举——以琅琊临沂颜氏为例》①，该文主要考察了颜氏家族人物在魏晋南北朝至唐代的仕宦情况，并以此为参照分析从九品中正制到科举制的变迁中士族仕进的实际情况及影响政治升迁的因素。

国内有关琅邪颜氏家族研究的硕士论文有李文玉《颜氏家族：儒家精神与文艺思想传承的个案研究》②，该文将琅邪颜氏家族的儒家精神和儒学文化上溯至春秋时期的复圣颜回，认为"颜之推等人以颜回为荣，乐意把颜回作为其家族的灵魂与精神领袖"，自觉将其家族作为儒家精神与文化的继承者，从而形成了其家族的儒家精神和文化。在此基础上，该文重点探讨了颜延之、颜之推的文学思想和颜真卿的艺术精神，以及梁末入北的颜之推其学术文化活动对唐代文化的贡献等问题。

相近研究还有滕云玲所著《魏晋南北朝时期的琅琊颜氏》③，该文将琅邪颜氏家族分为三国西晋和东晋南北朝两个时段，分别考察两个时段颜氏家族的谱系、仕宦与政治、经济、婚姻和社会生活，该文虽也有涉及颜氏家族的家学门风与精神风貌等内容，但较为简略。此外，王春华《唐代颜氏家族研究》④，则重点考察了颜氏家族在唐代的家学、门风与家教以及婚姻关系与社会交往等情况，而都惜春《唐代颜氏家学考论》⑤、李广龙《颜氏家族著述考

① 中国文化大学 1994 年硕士论文。

② 四川师范大学 2001 年硕士学位论文。

③④ 曲阜师范大学 2007 年硕士学位论文。

⑤ 吉林大学 2006 年硕士学位论文。

(先秦—晚唐)》①等则是考述颜氏家族家学与著述的专文。

与对琅邪颜氏家族研究相对冷寂形成对比的是,对于琅邪颜氏家族的一些文化成就突出的代表人物,如颜延之、颜之推等人的相关研究成果极为丰富。对颜延之的研究主要集中于其文学成就方面,其中不乏专著和数量可观的硕博论文;而对颜之推研究则主要集中于其所著《颜氏家训》,对《颜氏家训》内容涉及的许多方面,诸如文学、社会文化、语言、教育等等皆有深入的研究,而这些对于研究其家族而言无疑是非常丰富的宝贵资源。

综上所述,长期以来对于琅邪颜氏家族的研究相对冷寂,近年来有一些硕士论文选择颜氏家族作为研究课题,于诸多方面都作出了可贵的探索。尽管如此,这些论文或者侧重点不同,或者观点、结论还不尽如人意,很多方面还可以作进一步探究。因此,在已有研究成果基础上,结合中古时期社会文化的具体背景,将琅邪颜氏家族的家风家学作深入考察,仍是十分富有意义的研究课题。

这里需要特别提及的是,在本文完成后,又见同期的常昭博士的学位论文《六朝琅邪颜氏家族文化与文学研究》②,笔者前文曾引及常昭博士《魏晋南北朝家族文化与文学研究现状与思考》③一文,其中已将琅邪颜氏家族作为个案加以讨论,可知其对该学术课题的关注和研究在几年之前就已经开始。

作为几乎同题的博士论文,我们大约曾经在相同的时间面对着几乎相同的文献资料,也涉及很多相同或相近的学术论题,但将两文比观,差异还是非常明显的。在内容方面,本文的重点在于琅邪颜氏家族的学术文化,对琅邪颜氏家族诸凡在经史、小

---

① 东北师范大学2007年硕士学位论文。

② 山东师范大学2011年博士论文。

③ 载《济南大学学报》(社会科学版)2009年第4期。

学、文学、艺术、宗教方面的继承和发展情况都有较详考述；而常昭博士的论文则比较侧重于考论琅邪颜氏家族文学方面的成就，凸显琅邪颜氏家族作为文学家族的历史地位，其特色在于将颜氏家族在文学方面成就突出的两位代表人物颜延之、颜之推以专章的形式，作了全面而深入的研究，在颜氏家族学术文化的其他方面论述相对较少。再从整体研究思路看，本文重在求“同”，即倾向于考察这一家族人物在学术文化方面的继承性和共通性；而常昭博士的论文则偏重于求“异”，如颜氏家族在不同朝代、不同地域的文化特色与政治表现，及其不同历史时期代表人物对家族的独特贡献等等。可以说，我们在研究旨趣、展开思路、论述重点等方面都存有一定差异，有时面对同一论题，我们选择了相同的文献材料，但由于研究视角的不同，相关解读也是各有新意。总之，两者正可相互补充、借鉴，读者能将两文比而观之，则作者有幸焉！

三、研究旨趣

陈寅恪先生曾多次提到过中古时期的“小族”，如其在《唐代政治史述论稿》中《政治革命及其党派分野》中说：

> 所谓士族者，其初并不专用其先代之高官厚禄为其唯一之表征，而实以家学及礼法等标异于其他诸姓。……魏晋之际虽一般社会有巨族、小族之分，苟小族之男子以才器著闻，得称为“名士”者，则其人之政治及社会地位即与巨族之子弟无所区别，小族之女子苟能以礼法特见尊重，则亦可与高门通婚，非若后来士族之婚宦二事专以祖宗官职高下为惟一之标准者也。此点关系两晋、南北朝士族问题之全部……夫士族之特点既在门风之优美，不同于凡庶，而优美之门风实基于学业之因袭。故士族家世相传之学业乃与当时之政治社

会有极重要之影响。①

《书世说新语文学类钟会撰四本论始毕条后》一文中又说：

东汉中晚之世，其统治阶级可分为两类人群。一为内廷之阉宦。一为外廷之士大夫。阉宦之出身大抵为非儒家之寒族，所谓"乞匄携养"之类。……主要之士大夫，其出身则大抵为地方豪族，或间以小族，然绝大多数则为儒家之信徒也。职是之故，其为学也，则从师受经，或游学京师，受业于太学之博士。其为人也，则以孝友礼法见称于宗族乡里。然后州郡牧守京师公卿加以征辟，终致通显。故其学为儒家之学，其行自必合儒家之道德标准，即仁孝廉让等是。质言之，《小戴记·大学》一篇所谓修身齐家治国平天下一贯之学说，实东汉中晚世士大夫自命为其生活实际之表现。②

陈先生这里提及的"小族"，其情形颇与琅邪颜氏家族早期的状况相符合。琅邪颜氏家族人物，现有确切文献记载者最早为汉魏之际的颜盛，东晋李阐所作《右光禄大夫西平靖侯颜府君碑》（即颜含碑）称："汉末丧乱，旧谱沦亡，自青州使君以上，不复详里。"③颜延之继此碑作《右光禄大夫西平靖侯颜府君家传铭》说："青州隐秀，爰始贞居，内辟鼎府，外康邦间。建节中平，分竹黄初。刑清齐右，政偃营区。"④所谓"青州使君"即颜盛，颜延之所言"中

---

① 陈寅恪：《唐代政治史述论稿》，生活·读书·新知三联书店2001年，第259～260页。

② 前揭《金明馆丛稿初编》，第48页。

③ [宋]马光祖修，[宋]周应合纂：《景定建康志》卷四三，《宋元方志丛刊》影印清嘉庆六年金陵孙忠愍祠刻本，中华书局1990年，第2026页。

④ 参前揭《景定建康志》卷四三，第2027页。颜延之该文又载于《艺文类聚》卷五五、《初学记》卷二一，但有节略。

平”为东汉灵帝末年年号(184～189)①,而“黄初”为魏文帝曹丕年号(220～226),可见颜盛活动的时间大略在东汉末年至曹魏时期。唐代颜真卿所作《晋侍中右光禄大夫本州大中正西平靖侯颜公大宗碑》载:“(颜)盛字叔台,青徐二州刺史、关内侯,始自鲁居琅邪。代传恭孝,故号所居为孝悌里。”②由颜盛所任官职及其家族人物在史籍中罕有记载,结合陈寅恪所指出“东汉末年之高门必具备儒生与大族之二条件”③,可以确定琅邪颜氏不会是东汉末年的大族高门,而大略即属于上文陈先生所描述的“小族”。④

据陈先生的描述,此类“小族”往往没能在政治中占据高位,子孙仕宦往往并不显达,但他们与那些士族高门同样有着深厚的儒学文化背景。然而,这类“小族”因为政治地位不够显要的原因,史籍对其人物事迹的记载往往语焉不详,因此不太容易引起研究者的重视。事实上,如琅邪王氏、陈郡谢氏那样的一流门第,在当时毕竟只是少数特例,相反正是这类“小族”是当日士族社会中的大多数。此类“小族”由于所处政治、社会地位与

① 其中189年四月起经少帝、献帝依次改元光熹、昭宁、永汉,同年十二月,汉献帝“诏除光熹、昭宁、永汉三号,还复中平六年”,次年改元为初平。

② [唐]颜真卿著,[清]黄本骥编订,[清]蒋瓌参校:《颜鲁公集》卷七,《四部备要》本。

③ 参《崔浩与寇谦之》,前揭《金明馆丛稿初编》,第142页。

④ 《世说新语·政事类》“山公以器重朝望”条刘孝标注引虞预《晋书》曰:“(山涛)宗人谓宣帝(司马懿)曰:涛当与景(司马师)文(司马昭)共纲纪天下者也。帝戏曰:‘卿小族,那得此快人邪!’”参[宋]刘义庆撰,[梁]刘孝标注,余嘉锡笺疏《世说新语笺疏》,中华书局2007年第2版,第197～198页。前揭陈先生《崔浩与寇谦之》一文中曾以此作为“小族”之例。(《金明馆丛稿初编》,第142页)此外,当时又有所谓“小姓”,如虞翻《与弟书》曰:“长子容当为求妇。其父如此,谁肯嫁之者?造求小姓,足使生子。天其福人,不在旧族。”参[宋]李昉等撰《太平御览》,中华书局1960年,第2454页。这是将“小姓”与“旧族”相对之例。

高门士族不同的缘故,其于政治、社会的变迁往往有着独特的心理反应和应对策略。由于不能或无意于政治仕途上的显赫,又为了维持家族的社会地位不坠落,其于家族子弟文化知识的培养、礼教规范的训导往往更加措意,也即更加依赖于家风家学的传承。如颜之推在《颜氏家训·勉学篇》中批评梁朝士族子弟多不学无术之后,说:

> 有学艺者,触地而安。自荒乱已来,诸见俘虏。虽百世小人,知读《论语》、《孝经》者,尚为人师;虽千载冠冕,不晓书记者,莫不耕田养马。以此观之,安可不自勉耶?若能常保数百卷书,千载终不为小人也。夫明《六经》之指,涉百家之书,纵不能增益德行,敦厉风俗,犹为一艺,得以自资。父兄不可常依,乡国不可常保,一旦流离,无人庇荫,当自求诸身耳。谚曰:"积财千万,不如薄伎在身。"伎之易习而可贵者,无过读书也。①

颜之推所言,固为其亲历"荒乱"、流离南北后的经验之谈,但更重要的原因则是像他们这样类型的中小士族门第,其社会地位的维持更加依赖于家族内部学术文化的传承。

总之,琅邪颜氏家族作为中古时期门阀社会中的"小族"代表,对其家族政治、文化等方面的多维度深入考察,可从一个侧面了解这类"小族"在当时社会形态下的政治及社会文化表现,这对于重新审视和观照中古时期社会历史文化风貌及其变迁,将具有普遍的意义。

---

① [北齐]颜之推撰,王利器集解:《颜氏家训集解》(增补本),中华书局1993年,第148、157页。

第一章　中古琅邪颜氏家族的世系及地位变迁

在具体展开对中古时期琅邪颜氏家族家风、家学的全面研究之前，我们需要对颜氏起源、琅邪颜氏家族与其原始家族之间的关系、其房支由何地迁至琅邪，以及这一家族在中古时期生息繁衍的大略世系等情况有所了解，以下分别对这些问题作相关考述。

第一节　颜氏起源与中古琅邪颜氏家族的世系

一、有关颜氏起源之诸说

有关颜氏起源，众说不一。今天可见的较早相关文献记载为南北朝末期颜之推《颜氏家训·戒兵篇》，其云："颜氏之先，本乎邹、鲁，或分入齐，世以儒雅为业，遍在书记。"①此说较为笼统。具体而言，关于颜氏起源问题，相关文献记载大体有"以字为氏"和"以地为氏"二说。其中"以字为氏"者即以郳武公之字"颜"为氏。此说以《急就篇》之"颜文章"条颜师古所注为详，云：

---

① ［北齐］颜之推撰，王利器集解：《颜氏家训集解》(增补本)，中华书局1993年，第348页。

> 颜氏本出颛顼之后，颛顼生老童，老童生吴回，为高辛火正，是谓祝融，祝融生陆终，陆终生六子，其五曰安，是为曹姓①。周武王封其苗裔于邾，为鲁附庸，在鲁国邹县，其后邾武公名夷父，字曰颜，故《春秋公羊传》谓之颜公，其后遂称颜氏，齐鲁之间，皆为盛族。②

此外，颜真卿所作《世系谱序》及《晋侍中右光禄大夫本州大中正西平靖侯颜公大宗碑》、《唐故通议大夫行薛王友柱国赠秘书少监国子祭酒太子少保颜君碑铭》，以及唐代殷亮所作《颜鲁公行状》，③皆同此说，唯详略有异④，其中《颜鲁公行状》又上溯至黄帝轩辕氏，谓"昔帝轩氏生昌意，昌意生颛帝"云云。又唐代林宝《元和姓纂》、宋代郑樵《通志·氏族略三》皆据圈称《陈留风俗传》⑤及葛洪《要字》为说，而与颜师古说略同。⑥

---

① 王应麟补注："《世本》宋忠曰安，名也。"按：《史记·楚世家》："吴回生陆终。陆终生子六人……五曰曹姓。"司马贞《索隐》引宋忠曰："安，名也。曹姓者，诸曹所出也。"参《史记》，中华书局1982年，第1690～1691页。

② ［宋］王应麟：《玉海》附刻《急就篇补注》，江苏古籍出版社、上海书店1987年，第16页。

③ 以上颜真卿诸文及殷亮文分别见于［唐］颜真卿著，［清］黄本骥编订，［清］蒋璟参校《颜鲁公集》(《四部备要》本)卷五、卷七、卷一四。

④ 其中"夷父"，颜真卿《世系谱序》作"仪父"，殷亮《颜鲁公行状》作"仪甫"；邾武公字"颜"，《世系谱序》作"伯颜"，《颜鲁公行状》作"颜公"。

⑤ 《隋书》卷三三《经籍志二》"史部·杂传类"著录："《陈留耆旧传》二卷，汉议郎圈称撰。"同卷"地理类"著录："《陈留风俗传》三卷，圈称撰。"圈称其人不见于《汉书》、《后汉书》，颜师古《匡谬正俗》卷八"圈称"条引圈称《陈留风俗传·自序》云："圈公之后。圈公为秦博士，避地南山，汉祖聘之，不就。惠太子即位，以圈公为司徒。自圈公至称，传世十一。"之后颜师古详辩此说之妄。参［唐］颜师古著，刘晓东评议《匡谬正俗评议》卷八，山东大学出版社1999年，第330页。

⑥ 颜师古所说"周武王封其苗裔于邾"，《元和姓纂》、《通志·氏族略》作"(陆终)裔孙挟，周武王封于邾。"

其二"以地名为氏"者，见于《元和姓纂》、《通志·氏族略》所引南齐王俭之说。《元和姓纂》卷四"颜"条载：

王俭《谱》①云，出自鲁侯伯禽支庶，食采颜邑，因氏焉。……真卿尚书《谱》云，"未验何所凭。"今依圈、葛二家及旧谱为定。②

可知颜真卿及林宝、郑樵皆不取王俭所说。又《广韵·上平·二十七删》"颜"字之下云："又姓，出琅邪，本自鲁伯禽支庶有食采颜邑，因而著族；又邾武公名夷，字曰颜，故《公羊传》称颜公，后遂为氏。"③这是兼采二说，而置王俭之说于首。此外，清人顾炎武《日知录》卷二三"孔颜孟三氏"条云：

颜鲁公作《家庙碑》云："其先出于颛顼之孙祝融，融孙安为曹姓。其裔邾武公名夷甫，字颜。子友，别封郳为小邾子，遂以颜为氏。多仕鲁为卿大夫。"按《左传》襄十九年，齐侯娶于鲁，曰颜懿姬，其侄鬷声姬。注曰：颜、鬷皆姬母姓。（原注：当云母氏。）则颜之为姬姓，为鲁族，审矣。（原注：《姓谱》曰："颜姓本自鲁伯禽支子，有食采颜邑者，因以为族。"）其出于邾之说，本自圈称、葛洪，盖徒见《公羊》于邾有颜公之称，而不考之于《左氏》也。莒之犁比公，岂必为犁弥之祖乎？（原注：《公羊传》谓："邾娄颜淫九公子于宫中，因以纳贼。周天子诛颜，而反孝公于鲁。"非隐公所盟之仪父，不知何取于若人，而以之为祖。）④

---

① 《隋书》卷三三《经籍志二》"史部·谱系类"载："《百家集谱》十卷，王俭撰。"《元和姓纂》所据似即此《百家集谱》。

② 《通志·氏族略三》所载与之略同，唯"今依圈、称二家"作"故当依圈、称二家"。

③ 余迺永校注：《新校互注宋本广韵》（增订本），上海辞书出版社2000年，第128页。

④ ［清］顾炎武著，陈垣校注：《日知录校注》，安徽大学出版社2007年，第1260页。

可知顾氏以前文"以字为氏"说为非,而以"地名为氏"说,即"本自鲁伯禽支子,有食采颜邑者,因以为族"为是。事实上,有关姓氏起源之类上古社会之事多难以确考。宋代洪迈《容斋随笔》卷六"姓氏不可考"言:

姓氏所出,后世茫不可考,不过证以史传,然要为难晓。自姚、虞、唐、杜、姜、田、范、刘之外,余盖纷然杂出。且以《左传》言之:申氏出于四岳,周有申伯,然郑又有申侯,楚有申舟,又有申公巫臣,鲁有申繻、申枨,晋有申书,齐有申鲜虞。①

此下,洪迈又例举贾、黄、孔、高、国、庆、石、阳、孙、郭等氏的种种纷杂错出情况,感慨说:"千载之下,遥遥世祚,将安所质究乎?"可见对于颜氏之起源我们也当做如是观,能做的只是罗列众说,难以加以定论。

二、琅邪颜氏家族旧居于"莘"地考

具体到琅邪颜氏一支的早期情况,东晋李阐《右光禄大夫西平靖侯颜府君碑》云:

君讳含,字宏都,琅邪临沂人。春秋以降,战国以前,贤智比肩,备于载策,昭穆次序,上至颜烛。汉末丧乱,旧谱沦亡,自青州使君以上,不复详具。②

史载西晋时挚虞便深以"汉末丧乱,谱传多亡失,虽其子孙不能言其先祖"③为憾,而李阐于上引碑文之末又自言:"阐托姻颜氏,颇识旧闻,与君二子(颜)髦、(颜)约采集言行,而著此传。"可知李

① [宋]洪迈撰,孔凡礼点校:《容斋随笔》,中华书局 2005 年,第 76 ~ 77 页。

② [宋]马光祖修,[宋]周应合纂:《景定建康志》卷四三,《宋元方志丛刊》影印清嘉庆六年金陵孙忠愍祠刻本,中华书局 1990 年,第 2026 页。

③ 《晋书》卷五一《挚虞传》,第 1425 页。

阐所说琅邪颜氏早期世系“自青州使君以上,不复详具”或是实情。又,《晋书》卷八八《颜含传》云:

颜含字弘都,琅邪莘人也。

此处所载颜含为“琅邪莘人”之说值得注意。对此,中华书局本《晋书》校勘记引丁国钧《晋书校文》说:“含,临沂人,李阐《颜含碑》及《颜真卿家庙碑》可证。”中华书局本《晋书》校勘记又有按语称:“《梁书》及《南史》之《颜协传》、《北齐书》及《北史》之《颜之推传》、《元和姓纂》并云含,琅邪临沂人。”而清人洪亮吉又疑“莘”为“华”字之讹,①今人申屠炉明承其说,进而认为“华”指“中华”,即颜之推《观我生赋》“神华泯为龙荒”之“神华”,也即颜之推所说“中原冠带”,并说:“‘琅邪华人’就是南渡过江的‘中原冠带’一族,其义甚明。”②

其实,以上诸说皆值得商榷,而申屠先生之说尤为附会。若以“中原冠带”之故而称颜含为“琅邪华人”,则永嘉南渡之侨姓士族皆可有此称,何以《晋书》仅以《颜含传》标此。“莘”本为古地名,《晋书》所说颜含为“莘人”很可能并不误。据西晋司马彪《续汉书·郡国志三》,兖州东郡有侯国名“阳平”,司马彪在其下特别标明“有莘亭”,而梁代刘昭注云:

杜预注《传》曰:“卫作新台在县北。卫杀公子伋之地,故曰‘待诸莘’。”③

据此可知,在颜含之前确有地名为“莘”。不仅如此,此后杨隋统

---

① 参氏著《晓读书斋杂录·四录》卷下,《续修四库全书》影印中国科学院图书馆藏清道光二十二年刻本,上海古籍出版社2002年,第1155册,第648页。洪氏此条对琅邪颜氏家族在永嘉南渡后的具体居住地有详细考析。

② 申屠炉明:《孔颖达 颜师古评传》,南京大学出版社2006年,第9~10页。

③ 参中华书局本《后汉书》末附司马彪《续汉书志》,第3450~3451页。

一南北后即以"有莘亭"之故而改原来阳平为"莘县"。《隋书》卷三〇《地理志中》"武阳郡·莘"条载：

旧曰阳平，后齐改曰乐平。开皇六年复曰阳平，八年改曰清邑，十六年置莘州。大业初州废，改县名莘，又废莘亭县入焉。后周置武阳郡焉，开皇初废。

而据《元和郡县图志》卷一六"河北道·魏州"所载可知，具体改名为莘县是在大业二年，且是"因县北古莘亭为名"。[①] 由此可知《晋书》所载颜含为"莘人"，很可能实有所指，并非是由"华"字讹误而来。

更进一步说，此"莘"地很可能就是颜氏家族在迁至琅邪之前的旧居之地。颜氏家族最早由汉魏之际的颜盛率领移家至琅邪，相关记载如颜延之《右光禄大夫西平靖侯颜府君家传铭》云：

犷彼琅邪，实惟海宇……谁其来迁，时闻远祖。青州隐秀，爰始贞居，内辟鼎府，外康邦闾。建节中平，分竹黄初。刑清齐右，政偃菅区。[②]

颜延之所言"青州隐秀"即指颜盛，"爰始贞居"便是就其家族迁居一事而言。由"建节中平，分竹黄初"云云，可知颜盛带领其家族迁至琅邪大约即在汉魏之际。对此，颜真卿所说更为明白，其所撰《晋侍中右光禄大夫本州大中正西平靖侯颜公大宗碑》言：

（颜）盛字叔台，青徐二州刺史、关内侯，始自鲁居琅邪。代传恭孝，故号所居为孝悌里。[③]

需要注意的是，颜真卿所说其家族是"自鲁居琅邪"，而不是"自莘居琅邪"。同时汉代又确有所谓"鲁国"。前揭司马彪《续汉书·郡

---

① ［唐］李吉甫撰，贺次君点校：《元和郡县图志》，中华书局 1983 年，第 450 页。

② 参前揭《景定建康志》卷四三，第 2027 页。

③ 参前揭《颜鲁公集》卷七，第 67 页。

国志二》载豫州之下辖有“鲁国”，司马彪云：“鲁国，秦薛郡，高后改。本属徐州，光武改属豫州。”此“鲁国”下又有县名“鲁国”和“驺”，对于前者司马彪云：“古奄国。……有阙里，孔子所居。”对于“驺”，司马氏云：“本邾国。”而刘昭注曰：

有驺山，高五里，秦始皇刻石焉。刘荟《驺山记》曰：“邾城在山南，去山二里。城东门外有韦贤墓，北有绎山。《左传》文十三年邾迁于绎。郭璞曰绎山纯石，积构连属。城北有牙山，牙山北有唐口山，唐口山北有阳山。城北有孟轲冢焉。”①

据此东汉时“鲁国”之相关记载，似与前述颜之推所说“颜氏之先，本乎邹、鲁”甚相吻合，又与颜真卿所说颜盛“自鲁居琅邪”正可相互发明。而事实上并不尽然。因为颜真卿《世系谱序》所标称之“魏有斐、盛”②，其中颜斐，《三国志》已称其为“京兆太守济北颜斐”③了。据前揭司马彪《续汉书·郡国志三》颜斐所居之“济北国”与前述“莘”地当时同属兖州所辖。④ 据此可以推测，起源于“邹、鲁”之地的颜氏子孙，在经历春秋战国至秦汉的漫长岁月之后，曾逐渐有一些房支从其祖先的世居之地迁出，在新的地域谋求发展，济北颜斐可能就是这样的例子。考虑到这种可能，再考虑到《晋书》所载颜含为“莘人”可能并不误的话，那么以“莘亭”著名的东汉侯国阳平极有可能就是颜氏家族颜盛一支在迁至琅邪之前的旧居之地。不管撰修《晋书》的唐人所据是《左传》“待诸莘”之古地名之“莘”，还是隋代由“阳平”更改之后的“莘县”之

① 参前揭《后汉书》所附司马彪《续汉书志》，第3429～3431页。

② 参前揭《颜鲁公集》卷五，第419页。

③ 《三国志》卷一六《魏书·任苏杜郑仓传》，第513页。

④ 前揭《后汉书》所附司马彪《续汉书·郡国志三》云：“济北国，和帝永元二年，分泰山置。”刘昭案语称：“济北，前汉之旧国，此是经并泰山复分。”

“莘”，颜盛一支在迁居琅邪之前的居住之地大体可以由此确定。

那么，这岂不是与前述颜真卿所说其家族“自鲁居琅邪”相矛盾吗？其实二者的抵牾也可以有所解释。大约颜真卿所说“自鲁居琅邪”之“鲁”与《颜氏家训》所说“颜氏之先，本乎邹、鲁”相似，文化的意义多一些，是以春秋时期的鲁国称说其家世所出，近于我们今天所说“齐鲁大地”之“鲁”，而非确指汉代分封之“鲁国”。这样一来，无论是颜斐所居之“济北”，还是颜盛所居之“莘”，都不出“齐鲁”之“鲁”的范围。

此外，查阅相关史志可知，当时琅邪境内所辖并无莘县，这又如何解释呢？其实这恐怕得归咎于今存《晋书》的编修史臣。众所周知，唐修《晋书》之前号称已有十八家《晋书》，而今天所见记载颜含为“琅邪莘人”的《晋书》，就是唐初史臣据此众多之本修撰的，而据《北堂书钞》、《艺文类聚》、《太平御览》等类书所引，当时还曾有《颜含别传》流传于世，而这些为数众多的家史、别传、谱牒等历史文献也是史臣据以修史的重要材料。这些纷纭歧互的记载中，对于颜含籍贯而言，极可能有的记载为“琅邪”，有的记载为“莘”，而前者为其房支由颜盛率领于汉魏之际迁居之新地，后者则为其迁居琅邪前的旧居之地，两者有新故之别，而无上下隶属关系，因此琅邪之有无莘县也就不足为怪。不幸的是，唐初史臣面对两种不同的记载，很可能没有加以细考就将颜含新旧两个籍贯随意堆叠在一起，其结果便是导致了后人的怀疑和猜测，甚至轻易将“莘”校改为“华”，而这一校改则很可能使得有关琅邪颜氏家族在迁居琅邪之前的旧居地这样的重要历史信息被人们忽焉不察了。

当然，除了《晋书·颜含传》所说颜含为“莘人”的这一记载之外，我们没有找到有关颜含祖上居于“莘”的其他直接材料，显然孤证不立，文中又不免过多的推测之词，自然难为定说，但较之将“莘”轻改为“华”等说似为稍胜，故志于此，以俟后考。

三、魏晋南北朝琅邪颜氏家族世系表

有关琅邪颜氏家谱,《元和姓纂》及《通志·氏族略》皆引有"王俭《谱》"云云,据《隋书》卷三三《经籍志二》"史部·谱系类"著录:"《百家集谱》十卷,王俭撰。"若所谓"王俭《谱》"即此《百家集谱》,则其中有颜氏谱可知。

又据《元和姓纂》及《通志·氏族略》所言"依圈、葛二家及旧谱为定",则又有所谓"旧谱",且与王俭《谱》不同。另外,《颜鲁公集》卷五《世系谱序》文后,有黄本骥案语云:"《唐书》、《宋史·艺文志》,皆有《颜氏家谱》一卷,未著撰人名氏,以是序证之,家谱亦鲁公自撰也。"①此《颜氏家谱》或即前述所谓"旧谱",又或为它本,文献所缺,姑且存疑。

有关琅邪颜氏家族人物世系,为之列表者已有多家。古者如清人周嘉猷《南北史世系表》、毕沅《关中金石志》②,以及黄本骥所辑《颜鲁公集》③等。今则王伊同《五朝门第》④、罗香林《颜师

---

① 前揭《颜鲁公集》卷五,第419页。又,同书卷一九有黄本骥《颜鲁公著作考》一文,著录"《颜氏家谱》一卷",案语与此处意同。

② 参[清]毕沅撰《关中金石志》卷四"颜氏家庙碑"条(《丛书集成初编》据《经训堂丛书》排印本),中华书局1985年新1版,第51~54页。又,该表前有序,曰:"《唐书》无颜氏世系表,今以此碑所叙,及《唐书》本传,并师古、杲卿传,《晋书》钦传、《北齐书》之推传,考定附载于后。"按,《晋书》无《颜钦传》,当为颜含之误。

③ 前揭《颜鲁公集》置世系表于全书目录之前,黄本骥有序曰:"颜氏在唐无宰相,故世系表不列于《新(唐)书》,毕尚书沅著《关中金石记》,取史传所载编世系表附《颜氏家庙碑后》,于颜氏子姓尚多阙遗,今据鲁公所撰家庙碑、大宗碑、勤礼、元孙、杲卿、允南、幼舆、允臧等碑,重加考定,详列于左。"又,该表于"勤礼七子"下称:"表为鲁公而作,勤礼前止载兄弟不及兄弟之子孙,自勤礼分支子孙可考者备载。"

④ 参王伊同《五朝门第》所附《高门权门世系婚姻表》之四七《琅玡江都颜氏》,中华书局2006年。

古年谱》①、颜普元《颜氏家学与风徽》②、李文玉《颜氏家族:儒家精神与文艺思想传承的个案研究》③等都附有颜氏世系表。综观各家世系表,或侧重房支有所不同④,或间有缺略、讹乱⑤,今以正史所载颜氏人物世系资料,参核东晋李阐《右光禄大夫西平靖侯颜府君碑》、颜真卿所撰相关碑文、《元和姓纂》及南京老虎山晋墓出土等相关资料,重新作《中古琅邪颜氏世系表》(相关说明及注释附后):

① 参罗香林《颜师古年谱》,台湾商务印书馆1972年,第17~18页。

② 参颜普元《颜氏家学与风徽》,岳麓书社1999年,第21页。

③ 参李文玉《颜氏家族:儒家精神与文艺思想传承的个案研究》,四川师范大学2001年硕士论文,第13页。

④ 如毕沅《关中金石志》、黄本骥所辑《颜鲁公集》及罗香林《颜师古年谱》所附《世系表》重点皆在颜之推、颜师古一系,于其他支脉则较略。

⑤ 如王伊同《五朝门第》所附《琅玡江都颜氏世系表》于"颜綝"之下,"颜见远"之前的"颜靖之"、"颜腾之"、"颜炳之"三人俱阙疑,似未参核颜真卿的相关碑文。同表又于"颜师伯"下列有"颜举",其依据似为《宋书》卷七七《颜师伯传》及《南史》卷三四《颜延之传附颜师伯传》所载"师伯子举周旋寒人张奇为公车令"云云。《宋书》、《南史》均不以"举"为人名,而文中"周旋"一词,似指相与交往亲密之人,如《南史》卷二九《蔡廓传附蔡兴宗传》载,时竟陵王刘诞据广陵叛乱,事平后,蔡兴宗奉旨慰劳广陵,州别驾范义与兴宗素善,在城内同诛。兴宗至,躬自收殡。孝武帝闻知后曰:"卿何敢故尔触网?"蔡兴宗答以"陛下自杀贼,臣自葬周旋"云云可为证。参袁英光主编《南朝五史辞典》,山东教育出版社2005年,第446页。王表似误读"周旋"为动词,故以"举"为师伯子名。

- 颜烛[19]
  - 颜盛[19][20][24][25]
    - 颜钦[1][19][20][24][25]
      - 颜默[1][19][24][25]
        - 颜畿[1][19][24]
        - 颜?[1][19][24]
        - 颜含[1][19][24][25]
          - 颜髦[1][19][24][25]
            - 颜綝[24][25][28]
              - 颜靖之[24][25]
                - 颜腾之[24][25]
                  - 颜炳之[24][25]
                    - 颜见远[7][24][25]　颜积[24]　颜翻[24]
                      - 颜协[7][9][24][25]　颜晢[24]　颜挺[24]
                        - 颜之仪[7][10][12][24][25]
                        - 颜？[23]
                        - 颜之推[9][7][12][13][14][15][16][17][18][24][25]
                          - 颜思鲁[9][13][17][24][25][26]
                            - 颜师古[13][15][17][24]
                            - 颜相时[13][17][24]
                            - 颜勤礼[15][24][25]
                            - 颜育德[24]
                          - 颜愍楚[9][24][25]
                          - 颜游秦[13][17][24][25]　颜衵[24]　颜颐[24]
                        - 颜之善[24][25]
            - 颜畅[27]
              - 颜劭之[4][24]
                - 颜师伯[4][11][24]
                  - 共六子[4]
                - 颜师仲[4][24]
                  - 颜干[4]
                - 颜师叔[4]
          - 颜谦[1][19][24][28]
          - 颜约[1][19][24][28]
            - 颜显[1][11][24]　颜纶[24]　颜熙[24]
              - 颜延之[3][11][24]　颜镇之[28][29]　颜系之[24]　颜根[24]　颜敬宗[22]
                - 颜竣[5][11][24]
                  - 颜辟强[5][11]　颜幼明[6][24]
                - 颜测[3][5][11][24]
                - 颜臭[3][5][24]
                - 颜跃[5]　颜希之[24]　颜微之[24]　颜僧度[24]　颜僧超[24]
              - 颜？[21]
      - 颜？[2]

说明：

一、据李阐《右光禄大夫西平靖侯颜府君碑》："春秋以降，战国以前，贤智比肩，备于载策，昭穆次序，上至颜烛。汉末丧乱，旧谱沦亡，自青州使君以上，不复详里。"故该表上限以颜盛为始，上附颜烛。颜真卿相关碑文载录入唐后之颜氏子孙繁多，今以颜师古及颜真卿高祖颜勤礼一辈为下限，其后之颜氏人物不再列入表中。唯颜勤礼生颜昭甫，颜昭甫生颜惟贞，颜惟贞生颜真卿，是为碑文作者颜真卿之世系。

二、表中人物姓名不明者，标为"颜?"，人物世系可知者，俱以实线标示，人物世系不明，但可知其辈分者，附列于相同辈分人物之右，不标实线。

三、《南京老虎山晋墓》4 号墓出土有颜镇之铜印，目前所见文献暂无可印证，唯颜延之一辈中，有"颜靖之"、"颜劭之"、"颜系之"，多以"之"字为名，故暂附列于此辈中。

注释：

[1]《晋书》卷八八《颜含传》。

[2]《晋书》卷六九《刘隗传》。

[3]《宋书》卷七三《颜延之传》。

[4]《宋书》卷七七《颜师伯传》。

[5]《宋书》卷七五《颜竣传》。

[6]《梁书》卷四八《范缜传》。

[7]《梁书》卷五〇《颜协传》。

[8]《陈书》卷三四《颜晃传》。

[9]《北齐书》卷四五《文苑传》。

[10]《周书》卷四〇《颜之仪传》。

[11]《南史》卷三四《颜延之传》。

[12]《北史》卷八三《颜之推传》。

[13]《旧唐书》卷七三《颜师古传》。

[14]《旧唐书》卷一二八《颜真卿传》。

[15]《旧唐书》卷一八七下《颜杲卿传》。

[16]《新唐书》卷一五三《颜真卿传》。

[17]《新唐书》卷一九八《颜师古传》。

[18]《新唐书》卷一九二《颜杲卿传》。

[19]李阐:《右光禄大夫西平靖侯颜府君碑》,收入[宋]马光祖修,[宋]周应合纂《景定建康志》卷四三,《宋元方志丛刊》影印清嘉庆六年金陵孙忠愍祠刻本,中华书局1990年。

[20]颜延之:《右光禄大夫西平靖侯颜府君家传铭》,收入[宋]马光祖修,[宋]周应合纂《景定建康志》卷四三,《宋元方志丛刊》影印清嘉庆六年金陵孙忠愍祠刻本,中华书局1990年。

[21]颜延之:《除弟服诗》及《祖祭弟文》,分别载《艺文类聚》卷三四、卷二一。

[22]《文选》卷二六颜延之《夏夜呈从兄散骑车长沙》,李善注曰:"《集》曰:'从兄散骑,字敬宗。'"

[23]《颜氏家训·序致篇》。

[24]颜真卿:《晋侍中右光禄大夫本州大中正西平靖侯颜公大宗碑》,收入[唐]颜真卿著,[清]黄本骥编订,[清]蒋瓌参校《颜鲁公集》卷七,中华书局《四部备要》据《三长物斋丛书》本校刊本。

[25]颜真卿:《唐故通议大夫行薛王友柱国赠秘书少监国子祭酒太子少保颜君碑铭》,收入[唐]颜真卿著,[清]黄本骥编订,[清]蒋瓌参校《颜鲁公集》卷七,中华书局《四部备要》据《三长物斋丛书》本校刊本。

[26]颜真卿:《秘书省著作郎夔州都督长史上护军颜公神道碑》,收入[唐]颜真卿著,[清]黄本骥编订,[清]蒋瓌参校《颜鲁

公集》卷七，中华书局《四部备要》据《三长物斋丛书》本校刊本。

[27][唐]林宝撰，岑仲勉校记:《元和姓纂(附四校记)》卷四“颜”条，中华书局1994年，第519页。

[28]《南京老虎山晋墓》，《考古》1959年第6期。

[29]周萼生:《南京老虎山晋墓的地理佐证》，《考古》1960年第7期。

第二节　中古时期琅邪颜氏家族政治及社会地位变迁

对于魏晋南北朝时期的士族而言，世代为官是他们得以长期保持士族地位的重要条件之一。正如唐长孺所云：“东晋南朝中正品第业已固定……权势的大小和中正定品的关系并不像西晋那样重要。但是士族内部的高低升降仍然视当时官爵而定。”①这一点参以颜之推之言可以更明白。颜之推曾因未能将父母归葬建康，深感愧疚而对子弟遗言云：

> 计吾兄弟，不当仕进；但以门衰，骨肉单弱，五服之内，傍无一人，播越他乡，无复资荫；使汝等沉沦厮役，以为先世之耻；故靦冒人间，不敢坠失。兼以北方政教严切，全无隐退者故也。②

可知颜之推在非常情况之下，仍不得不勉强出仕为官，主要原因就在于不如此则有门户坠失之虞。由此可见，士族门第常与当时政治不可分，仕宦情况的变化一定程度上会影响到某一家族在士族内部的地位升降。

---

① 《士族的形成和升降》，收入《唐长孺文存》，上海古籍出版社2006年，第142页。

② 《颜氏家训·终制篇》，前揭《颜氏家训集解》，第599页。

如前文所述，琅邪颜氏家族于汉魏之际在颜盛率领下迁至琅邪之后，其家族形态大略属于“小族”之列，虽也“学素相承，有声邦党”①，世代为宦，但毕竟不为显赫。琅邪颜氏家族在当时的社会地位，在一桩婚事中有所反映。《世说新语·尤悔篇》载：

王浑后妻，琅邪颜氏女。王时为徐州刺史，交礼拜讫，王将答拜，观者咸曰：“王侯州将，新妇州民，恐无由答拜。”王乃止。武子以其父不答拜，不成礼，恐非夫妇；不为之拜，谓为颜妾。颜氏耻之。以其门贵，终不敢离。②

王浑出自魏晋一流高门太原王氏，据《晋书》卷四二《王浑传》，其父为魏司空王昶，王浑于西晋伐吴之役中立有殊勋，“所历之职，前后著称”，其前妻钟琰之为当时太傅钟繇孙，其子王济“字武子。少有逸才，风姿英爽……有名当世，与姊夫和峤及裴楷齐名”。显然，此时琅邪颜氏家族的地位难以与太原王氏相比，因此嫁至王氏的琅邪颜氏女虽得不到礼遇，但也“以其门贵，终不敢离”，这是琅邪颜氏家族在当时社会地位不高的生动体现。同时也因此之故，现存史籍中有关琅邪颜氏这一时期相关人物的记载也极为简略，而真正将此家族带至历史前台，则始缘于两晋之际颜含的相关活动。

一、颜含与琅邪颜氏家族在两晋之际的兴起

颜含祖颜钦，仕至给事中，父颜默，仕至汝阴太守，为宦皆不甚显要。据《晋书》卷八八《颜含传》所载，颜含“少有操行”，先后以“绝弃人事，躬亲侍养”因疾而成为“植物人”的兄长颜畿十三年，和“课励家人，尽心奉养”因疾失明的次嫂樊氏，从而以孝悌闻

① 李阐：《右光禄大夫西平靖侯颜府君碑》，前揭《景定建康志》卷四三，2026页。

② ［宋］刘义庆撰，［梁］刘孝标注，余嘉锡笺疏：《世说新语笺疏》，中华书局2007年第2版，第1049页。

名获得社会声誉。他于西晋末年入仕，史称“本州辟，不就”，而进入时任太傅的东海王司马越府为参军。当时已是“八王之乱”后期，东海王司马越是当时最有实力的军政集团。为扩大声誉，司马越曾大力罗致当时名士。《资治通鉴》卷八六《晋纪八》“惠帝光熙元年”(306)载：

八月，以司空越为太傅，录尚书事……越以吏部郎庾敳为军谘祭酒，前太弟中庶子胡母辅之为从事中郎，黄门侍郎郭象为主簿，鸿胪丞阮修为行参军，谢鲲为掾。辅之荐乐安光逸于越，越亦辟之。敳等皆尚虚玄，不以世务婴心……越皆以其名重于世，故辟之。

由此可见当时司马越的太傅府“多名士，一时俊异”①的盛况，这当也是颜含入司马越府的背景。之后颜含曾任闾阳令，而“元帝初镇下邳，复命为参军”，由此转入了后为东晋元帝的司马睿军府。《晋书》卷七七《诸葛恢传》载：

元帝为安东将军，以恢为主簿，再迁江宁令。讨周馥有功，封博陵亭侯，复为镇东参军。与卞壸并以时誉迁从事中郎，兼统记室。时四方多务，笺疏殷积，恢斟酌酬答，咸称折中。于时王氏为将军，而恢兄弟及颜含并居显要，刘超以忠谨掌书命，时人以帝善任一国之才。

颜含家族所在的琅邪国曾一度是司马睿父、祖包括司马睿在内的封国②，正如田余庆所指出：“西晋诸王……与封国有较多的联系。

---

① 《世说新语·赏誉篇》“司马太傅府多名士”条，前揭《世说新语笺疏》，第520页。

② 《晋书》卷六《元帝纪》：“元皇帝讳睿，字景文，宣帝曾孙，琅邪恭王觐之子也。咸宁二年生于洛阳……年十五，嗣位琅邪王。”同卷又载永嘉三年七月元帝诏曰：“先公武王、先考恭王临君琅邪四十余年，惠泽加于百姓，遗爱结于人情。”

他们一般都重视与封国内的士人结交，甚至姻娅相联，主臣相托，形成比较密切的个人和家族关系。”①因而，所谓元帝“善任一国之才”之“一国”，即指琅邪国而言。由此可知，颜含曾因家族地缘之故，在司马睿南渡江左前的军府中一度居于“显要”，这为其此后带领家族随司马睿南迁江左创造了便利。

《晋书》卷五《孝怀帝纪》载：

> （永嘉元年）秋七月己酉朔，东海王越进屯官渡，以讨汲桑。己未，以平东将军、琅邪王睿为安东将军、都督扬州江南诸军事、假节，镇建邺。

这是关于元帝司马睿集团南渡江左的记载，当时随迁人员中多有其琅邪国之旧民，司马睿于永嘉三年的诏书中称其“创基江表，兆庶宅心，襁负子来”，而“琅邪国人在此者近有千户”，并于丹阳郡立怀德县进行安置。② 对于家族的南迁，颜之推《观我生赋》云：

> 旄头玩其金鼎，典午失其珠囊。瀍涧鞠成沙漠，神华泯为龙荒。吾王所以东运，我祖于是南翔。（原注：晋中宗以琅邪王南渡，之推琅邪人，故称吾王。）去琅邪之迁越，宅金陵之旧章。

同赋颜之推又自述他在侯景之乱平定后，由江陵返回建康后的情景说：

> 经长干以掩抑，（原注：长干旧颜家巷。）展白下以流连，

① 田余庆：《东晋门阀政治》，北京大学出版社 2005 年第 4 版，第 3 ~ 5页。

② 《晋书》卷六《元帝纪》，第 153 页。又，《宋书》卷三五《州郡志一》“南琅邪太守”条载：“晋乱，琅邪国人随元帝过江千余户，太兴三年，立怀德县。丹杨虽有琅邪相而无土地。成帝咸康元年，桓温领郡，镇江乘之蒲洲金城上，求割丹阳之江乘县境立郡，又分江乘地立临沂县。”

(原注:靖侯以下七世坟茔皆在白下。)深燕雀之余思,感桑梓之遗虔。①

可知颜含因家族及自身与司马睿集团的密切联系,过江后得以"宅金陵之旧章",居于首都建康长干里颜家巷,而与南迁之普通琅邪国人有别。

以上所述,颜含于两晋之际先入司马越府,再依附于司马睿集团,继而于永嘉之乱时随司马睿南迁江左的经历,并不是孤例,当时多数南渡江左的侨姓士族都是如此,其原因主要在于当时司马越军府与司马睿府有着至为密切的关系。田余庆指出:

惠帝末年和怀帝时的西晋朝廷,以司马越、王衍为核心操持政局,由士族名士装点其间,实质上就是司马越与王衍"共天下"。……当司马越收兵下邳,准备西迎惠帝时,起用琅邪王司马睿为平东(原注:后迁安东)将军监徐州诸军事,留守下邳,为他看管后方。……由司马越、王衍在洛阳的关系,派生出司马睿和王导在徐州下邳的关系……司马越、王衍一心东归而无南渡意图,客观上便利了司马睿、王导在江左独立经营。东方青、兖、豫、徐诸州士族名士则多有在胡骑侵逼之下南走建康者,昔日司马越府俊异陆续归于司马睿府,成为司马睿府"百六掾"的主干,有助于司马睿、王导势力的壮大,而且也显示出麇集江左的这一集团是洛阳朝廷事实上的继承者。尔后江左的门阀士族,大体上都是出于昔日司马越府的僚属。②

由此可知,颜含的政治活动顺应了当时的政治形势,不仅使其家族能够顺利南迁江左,避免了家族在胡族侵扰之下覆灭的危险,

---

① 《北齐书》卷四五《颜之推传》,第618、621页。

② 前揭《东晋门阀政治》,第9~10、14页。

而且适时把握了其家族旧地封王司马睿建立新政权的机遇，积极参预其事，从而使家族政治、社会地位得到了提升，开启了其家族在东晋南朝绵延发展的新局面。

关于颜含过江后的仕宦经历，《晋书》卷八八《颜含传》有简明记载：

> 过江，以含为上虞令。转王国郎中、丞相东阁祭酒，出为东阳太守。东宫初建，含以儒素笃行补太子中庶子，迁黄门侍郎、本州大中正，历散骑常侍、大司农。豫讨苏峻功，封西平县侯，拜侍中，除吴郡太守。……未之官，复为侍中。寻除国子祭酒，加散骑常侍，迁光禄勋，以年老逊位。成帝美其素行，就加右光禄大夫，门施行马，赐床帐被褥，敕太官四时致膳，固辞不受。

可见颜含所历虽多为清显之职，但却没有执掌军政大权的经历，这使得其家族难以成为东晋门阀政治格局中如王、庾、桓、谢那样的顶级势门，只能成为士族中的“一般高门”①，而从某种意义上说这正是颜含面对当时的复杂政治形势，结合自己家族的实际情况，为家族门第能够平稳发展和长久绵延而主动作出的选择。其实，当时颜含也不是没有执掌军政的机会，李阐《右光禄大夫西平靖侯颜府君碑》载：

> 时议者以君审裁，将以应军司之选。君遽告蔡谟曰：“非此轻弱所宜尸忝。羯逆方炽，当保国养民，以俟事会。想爱人以礼，宜寝此言。”主相闻之，卒不授督统之任。谟秉君此言，终不唱讨贼之计。②

---

① 祝总斌《试论魏晋南北朝的门阀制度》一文对当时的“第一流高门”和“一般高门”的区别有所辨析。参氏著《材不材斋文集：祝总斌学术研究论文集》（下编），三秦出版社 2006 年，第 197 ~ 198 页。

② 前揭《景定建康志》卷四三，第 2027 页。

可知,颜含以其德望本有机会“应军司之选”,但出于家小势弱,秉持军政易遭倾覆的考虑,故以“非此轻弱所宜尸忝”拒绝了。不仅如此,在当时维护和发展士族门第的两条重要途径,即仕宦和婚姻问题上,颜含也坚持主张素退之道。李阐《右光禄大夫西平靖侯颜府君碑》载:

王处明君之外弟,为子允之求君女婚,桓温君夫人从甥也,求君小女婚,君并不许,曰:“吾与茂伦于江上相得,言及知旧,抆泪叙情。茂伦曰:‘唯当结一婚姻耳。’吾岂忘此言?温负气好名,若其大成,倾危之道,若其(原注:阙一字)败也,罪及姻党。尔家书生为门,世无富贵,终不为汝树祸,自今仕宦不可过二千石。(原注:阙一字)婚嫁不须贪世位家。”①

李阐碑文所称王处明者,为出自当时显赫门第琅邪王氏之王舒。据《晋书》卷七六《王舒传》:

王舒字处明,丞相导之从弟也。父会,侍御史。舒少为从兄敦所知……及敦为青州,舒往依焉。……太宁初,徙廷尉。敦表舒为鹰扬将军、荆州刺史、领护南蛮校尉、监荆州沔南诸军事。及敦败,王含父子俱奔舒,舒遣军逆之,并沉于江。……长子晏之……晏之弟允之最知名。……总角,从伯敦谓为似己,恒以自随,出则同舆,入则共寝。……时父舒始拜廷尉,允之求还定省,敦许之。至都,以敦、(钱)凤谋议事白舒,舒即与(王)导俱启明帝。

东晋初期琅邪王氏兄弟处当轴之势,主掌朝廷内外军政大权,且王敦又觊觎皇权,甚至不惜倒戈犯阙,王舒父子又与王敦关系复杂,颜含深悉当时的政治情势,自然不愿与其缔结婚事。当然,王

① 前揭《景定建康志》卷四三,第2027页。

舒的品德低劣或者也是颜含所考虑的因素之一。[1] 对于拒绝桓温的求婚,颜含述之甚明,是担心其“负气好名”,行“倾危之道”而“罪及姻党”。参之当时其他事例,可以知道这也是颜含极为务实的决定。[2] 此外,颜含拒绝桓温求婚,或许还有颜含对当时桓、颜二氏家族地位及门风差异方面等因素的考虑。[3]

---

① 《世说新语·识鉴篇》“王大将军既亡”条,载王舒沉王含父子于江事,刘孝标注评论说:“昔郦寄卖友见讥,况贩兄弟以求安,舒非人矣!”参前揭《世说新语笺疏》,第472页。同宗兄弟如此,可见当时情势的复杂和危急。

② 《晋书》卷五七《胡奋传》载:“泰始末……奋女选入为贵人。……时杨骏以后父骄傲自得,奋谓骏曰:‘卿恃女更益豪邪? 历观前代,与天家婚,未有不灭门者,但早晚事耳。观卿举措,适所以速祸。’”可见与皇室联姻固然有助于提升门望,但其中隐藏的政治风险也是当事人需要加以权衡的重要因素。北朝崔浩之祸是这方面的典型事例。《资治通鉴》卷一二五《宋纪七》“文帝元嘉二十七年”(450)载:“六月,己亥,诏诛清河崔氏与浩同宗者无远近,及浩姻家范阳卢氏、太原郭氏、河东柳氏,并夷其族,余皆止诛其身。”胡三省注感叹曰:“浩所连姻,皆士望也,非有凭附属请之罪,以浩故皆赤其族。择耦可不谨哉!”

③ 即使在桓温执掌军政大权之后,当他为其子向太原王氏求婚时仍遭拒绝。《世说新语·方正篇》:“王文度为桓公长史时,桓为儿求王女,王许咨蓝田。既还……文度因言桓求己女婚。蓝田大怒,排文度下膝,曰:‘恶见文度已复痴,畏桓温面? 兵,那可嫁女与之!’文度还报云:‘下官家中先得婚处。’桓公曰:‘吾知矣,此尊府君不肯耳。’”余嘉锡于此有案语称:“盖温虽为桓荣之后,桓彝之子,而彝之先世名位不昌,不在名门贵族之列。故温虽位极人臣,而当时士大夫犹鄙其地寒,不以士流处之。于此可见门户之严。”(前揭《世说新语笺疏》,第394、395页)田余庆经细密考证指出桓氏自汉代桓荣以下,五世显赫,其后衰落主要缘于魏晋之际桓范“死于曹爽嘉平之狱,家族诛夷甚惨”,此后一段时期内桓氏沉寂无闻,而“桓彝过江又是族单势孤,所以江左门阀士族一直不以士族视桓氏”。参前揭氏著《东晋门阀政治》第125、134页。可见桓氏被士族社会目为“兵”与自家“书生为门”的差异也可能是颜含不愿与之联姻的原因。而桓彝、桓温父子先后表达其欲与琅邪颜氏联姻的意愿,也可视为桓氏欲提升其家族地位在婚姻关系方面所做的努力。

从现存零星文献记载来看，颜含在相继拒绝了王氏、桓氏的求婚之后，把其中一个女儿许配给了出自乐安任氏的名士任瞻，此人字育长，有一些逸闻见载于《世说新语·纰漏篇》，其文曰：

> 任育长年少时，甚有令名。武帝崩，选百二十挽郎，一时之秀彦，育长亦在其中。王安丰选女婿，从挽郎搜其胜者，且择取四人，任犹在其中。童少时，神明可爱，时人谓育长影亦好。自过江，便失志。王丞相请先度时贤共至石头迎之，犹作畴日相待，一见便觉有异。坐席竟，下饮，便问人云："此为茶，为茗？"觉有异色，乃自申明云："向问饮为热，为冷耳。"尝行从棺邸下度，流涕悲哀。王丞相闻之曰："此是有情痴。"

刘孝标注引《晋百官名》曰："任瞻字育长，乐安人。父琨，少府卿。瞻历谒者仆射、都尉、天门太守。"宋人汪藻《世说考异》所载南朝敬胤注云："（瞻）祖晖，字叔季，大将军掾。……瞻妻光禄颜含女（生）。"①原文此处"生"字，疑为衍字。杨勇校笺《世说新语》此条即径引为"瞻妻，光禄颜含女"②。这里可通过任瞻曾为晋武帝挽郎一事略加考索。参以《世说新语笺疏》余嘉锡引高步瀛所集有关挽郎诸文献，当时皇家挽郎多以"公卿六品清官子弟"为之③，有幸出任皇家挽郎是许多达官贵族子弟出仕前的重要经历，

① 参《世说新语》所附宋人汪藻《世说叙录》，中华书局1999年影印宋绍兴八年广川董弅据晏殊校定本，第643页。

② ［南朝宋］刘义庆撰，［梁］刘孝标注，杨勇校笺：《世说新语校笺》，中华书局2006年，第819页。

③ 《北堂书钞》卷五六《设官部八·童子郎》"六品子弟"条引《晋要事》云："咸康七年，尚书仆射诸葛恢奏：'恭皇后今当山陵，依旧公卿六品清官子弟为挽郎，非古也。帝牵曳国士，为之役夫，其悉罢之。'"参《北堂书钞》，中国书店1987年，第182页。

有时甚至会成为初次任官的优先条件①，正因如此，对出任挽郎的人选要经过严格的选拔，除了为“公卿六品清官子弟”外，在容貌、谈吐、才学等方面也都有很高的要求。当时任挽郎者的年龄，见于史籍所载者，有13岁，如裴宽②；有19岁，如檀翥③；有20岁，如何求④等。

关于任瞻出任晋武帝挽郎，据《晋书》卷四《惠帝纪》，晋武帝司马炎驾崩于太熙元年（290）四月，同年五月葬于峻阳陵，则任瞻为挽郎当在此时。以上引裴宽、檀翥等人任挽郎的年岁相比拟，任瞻出任晋武帝挽郎时的年龄当也在十几、二十岁左右。那么，颜含此时的年龄是多少呢？据《资治通鉴》卷九六《晋纪十八》“成帝咸康四年（338）”：“十月，光禄勋颜含以老逊位。……致仕二十余年，年九十三而卒。”⑤可知颜含于咸康四年退休时年龄在70岁左右，则其于晋武帝驾崩的太熙元年为22岁左右。由此可知，任瞻与颜含的年龄相差无多，甚至相仿，其娶颜含之女为妻或有可能，而娶颜含之外孙女则几无可能。

---

① 如《隋书》卷二六《百官志上》：“陈依梁制，年未满三十者，不得入仕。唯经学生策试得第，诸州光迎主簿，西曹左奏及经为挽郎得仕。”即是说曾有过出任皇家挽郎者入仕可以不受“年未满三十”的限制。

② 《周书》卷三四《裴宽传》：“裴宽，字长宽，河东闻喜人也。祖德欢，魏中书郎、河内郡守。父静虑，银青光禄大夫，赠汾州刺史。宽仪貌瑰伟，博涉群书，弱冠为州里所称。……年十三，以选为魏孝明帝挽郎，释褐员外散骑侍郎。”

③ 《周书》卷三八《李昶传附檀翥传》：“时有高平檀翥，字凤翔。好读书，善属文，能鼓瑟。早为琅邪王诵所知。年十九，为魏孝明帝挽郎。”

④ 《南齐书》卷五四《何求传》：“何求元嘉末为宋文帝挽郎。”据《宋书》卷五《文帝纪》，文帝元嘉三十年（453）二月甲子崩于含章殿，三月癸巳，葬长宁陵，则何求为宋文帝挽郎当在此时。据上引《南齐书》本传，何求永明七年（489）卒，年五十六，则其为宋文帝挽郎时为20岁。

⑤ ［宋］司马光等撰，［元］胡三省音注：《资治通鉴》，中华书局1956年，第3024～3025页。

任瞻一方面“年少时,甚有令名”,为“一时之秀彦”,符合士族婚姻在文化气质方面的要求;一方面又“自过江,便失志”,符合“婚嫁不须贪世位家”的意愿,自是颜含女婿的理想人选。

至于颜含所谓“自今仕宦不可过二千石”,要求子弟在仕宦问题上有所“止足”,也被当时很多士族门第奉为保家安族之道,并不是孤例。如《南史》卷二二《王昙首传附王僧虔传》:

升明二年,为尚书令。尝为飞白书题尚书省壁曰:“圆行方止,物之定质,修之不已则溢,高之不已则慄,驰之不已则踬,引之不已则迭,是故去之宜疾。”当时嗟赏,以比《坐右铭》。兄子(王)俭每觐见,辄勖以前言往行、忠贞止足之道。

同书卷三六《羊欣传》又载:

文帝重以为新安太守。在郡十三年,乐其山水,尝谓子弟曰:“人生仕宦至二千石,斯可矣。”及是便怀止足。

可见素退止足是当时士族门第规避政治风险的普遍途径。关于他们为何将“二千石”视作仕官的理想级别,则是因为相当于地方郡守级别的“二千石”,其官品在当时是士族与寒门的大致分界线①,为官越高风险就越大,而家族人物长期居于低于“二千石”的官职,则有可能会失去士族的身份。

---

① 祝总斌研究指出:“将官品五品与六品之间,定为人品上品与卑品例用官位的分界线,也和其他制度符合:《晋书》卷二一《礼志下》:西晋元会朝贺,二千石与千石(官品六品)以下礼制截然不同。‘王公二千石’可‘上殿’向皇帝敬酒,而‘千石、六百石(官品七品)停本位’。朝朔望时‘二千石以上上殿称万岁’,千石以下只能在殿下祝贺。《晋书》卷二五《舆服志》:皇帝出巡,‘三公、九卿、中二千石、二千石、河南尹(中二千石)、谒者仆射(二千石)……皆大车立乘,驾驷’,与千石以下制度不同。……直到东晋后期,官品五、六品之间这条制度上的分界线,依然未变;而且在一些冠族华胄中,更加重视二千石中人品或门地二品与卑品之别。”参《试论魏晋南北朝的门阀制度》,收入《材不材斋文集:祝总斌学术研究论文集》(下编),三秦出版社2006年,第186页。

不难想象,颜含所主张的“仕宦不可过二千石,婚嫁不须贪世位家”的素退之道,对琅邪颜氏家族门第所产生的影响。如果严格谨守这样的家规,对于琅邪颜氏的发展而言,一方面将会尽可能地和缓而平稳,另一方面则会使家族势力的进一步发展壮大受到限制。事实上,在颜含年老退休后,琅邪颜氏家族子弟曾有很长一段时间近于淡出了政坛。李阐《右光禄大夫西平靖侯颜府君碑》载:

> 及(颜含)致仕退居,长子髦解职视膳,中子谦躬率田桑,中外莫不取给,阖门静轨廿余年,九十三薨。①

可知颜含致仕之后,其家族“阖门静轨廿余年”,避免了外界的许多政治纷扰,同时也错过了一些发展的时机。其后颜含“三子髦、谦、约。髦历黄门郎、侍中、光禄勋,谦至安成太守,约零陵太守,并有声誉”②,他们凭借颜含以来的家族声誉和士族身份以“平流进取”③,维持着家族门第的绵延,一段时期内从我们的视野中淡出了。这一家族再次在历史记载中凸显要等到晋宋之际颜延之的出现。

二、颜延之与晋宋之际的琅邪颜氏家族

颜含之后的琅邪颜氏家族,虽然仍保持着士族身份,但由于其家族人物秉持“仕宦不可过二千石,婚嫁不须贪世位家”这样的素退之道,到晋宋之际其家族门第的社会地位难免有所低落,这可以从当时其家族人物的婚姻状况和出仕为宦情况大略探知。

这一时期与琅邪颜氏联姻的主要有东莞刘氏和东莞臧氏。如东莞刘氏,《宋书》卷七三《颜延之传》载,刘穆之与颜延之为通

---

① 前揭《景定建康志》卷四三,第2027页。

② 《晋书》卷八八《颜含传》,第2287页。

③ 《南齐书》卷二三“史臣曰”语,第438页。

家，颜延之“妹适东莞刘宪之，穆之子也”①。此外，上世纪50年代在南京发掘的琅邪颜氏家族墓葬群，其中出土有《颜谦妇墓志》②，由墓志可知颜谦妻为刘氏，颜谦为颜含第二子，颜延之从祖，疑此刘氏女亦出自东莞刘氏，故才有“通家”之说。关于东莞刘氏家世，《宋书》卷四二《刘穆之传》载：

> 刘穆之，字道和，小字道民，东莞莒人，汉齐悼惠王肥后也。世居京口。少好《书》、《传》，博览多通，为济阳江敳所知。敳为建武将军、琅邪内史，以为府主簿。……性奢豪，食必方丈，旦辄为十人馔。……尝白高祖曰：“穆之家本贫贱，赡生多阙。自叨忝以来，虽每存约损，而朝夕所须，微为过丰。自此以外，一毫不以负公。”

此外，同传又载刘穆之卒后，刘裕在向东晋朝廷的上表中称刘穆之“爰自布衣，协佐义始”，可知东莞刘氏为永嘉南渡后“世居京口”的次等士族，且早期家境贫寒③。

东莞刘氏之外，与琅邪颜氏联姻的还有东莞臧氏。《宋书》卷七七《颜师伯传》：“颜师伯……弟师仲，妻，臧质女也。”有关东莞臧氏家世，《宋书》卷四一《武敬臧皇后传》：

> 武敬臧皇后讳爱亲，东莞人也。祖汪字山甫，尚书郎。父俊字宣乂，郡功曹。后适高祖……高祖以俭正率下，后恭谨不违。及高祖兴复晋室，居上相之重，而后器服粗素，不为亲属请谒。

又，《宋书》卷七四《臧质传》：

---

① 中华书局本《宋书》“校勘记”引洪颐宣《诸史考异》云：“案《刘穆之传》，穆之三子，长子虑之，中子式之，少子贞之，无名宪之者。”中华书局本《宋书》校勘记有按语曰：“宪虑形似，‘宪之’或‘虑之’之讹。”

② 参《南京老虎山晋墓》，《考古》1959年第6期。

③ 对于刘穆之早年贫困，《南史》卷一五《刘穆之传》详载。

臧质字含文,东莞莒人。父熹字义和,武敬皇后弟也。与兄焘并好经籍。隆安初,兵革屡起,熹乃习骑射,志在立功。……质少好鹰犬,善蒲博意钱之戏。长六尺七寸,出面露口,秃顶拳发。年未二十,高祖以为世子中军行参军。

由臧皇后"器服粗素"、臧熹"乃习骑射,志在立功"、臧质"少好鹰犬,善蒲博意钱之戏。……出面露口,秃顶拳发"这些描述可知,东莞臧氏人物风貌缺乏士族人士的典型特征,是次等士族而通过与刘宋皇族联姻,兼以军功而于晋宋之际兴起的家族。

作为士族门第的琅邪颜氏与东莞刘氏、东莞臧氏这样的次等士族联姻,却没有遭到世人的责难,主要是因为士族在婚姻方面极端严格地讲求阀阅是南朝中期以后才出现的现象,晋宋之际类似这样不同等级门第间的婚姻还是被允许的,至少可以看到,与东莞刘氏联姻的还有江氏①、济阳蔡氏②这些士族门第。此外,东莞与琅邪当时都在徐州境内,琅邪颜氏与东莞刘氏、东莞臧氏联姻可能还有在地域上相接近的因素。

需要提及的是,随着由晋到宋统治阶级的变化,以刘裕为首的次等士族集团③取代了高门士族执掌统治权力,原本为高门士族所不齿的许多次等士族人士开始进入到了政治权力的中心。这样一来,反而使得像琅邪颜氏家族这样奉行"婚嫁不须贪世位家"的普通士族与政治权力的距离拉近,有了参预政治活动的便

---

① 与刘穆之联姻之江氏,其郡望无考,上引《南史》卷一五《刘穆之传》仅载刘穆之"妻江嗣女",由记载来看,江氏家族地位要高于东莞刘氏。

② 《宋书》卷四二《刘穆之传》:"穆之女适济阳蔡祐,年老贫穷。"

③ 阎步克认为称刘裕等人为"次等士族"不恰当,"刘裕来自北府兵武将,是靠着军权和军功夺得皇位的……某些非高门出身的军官,因其祖上有居官记录,被一些学者称为'次等士族'。'次等士族'不是一个很恰当的概念。像刘裕这类人,径视为军人就可以了"。参氏著《波峰与波谷:秦汉魏晋南北朝的政治文明》,北京大学出版社 2009 年,第 149 页。

利。事实上，作为刘裕军事集团的第一谋臣刘穆之，就曾因为“与（颜）延之通家”的缘故而“将仕之”①，而颜师伯也因“弟师仲，妻，臧质女”②而得到了臧质的征辟和引荐。

琅邪颜氏家族的政治、社会地位的低落，在颜延之的早年生活与起家为宦等方面也有表现。《宋书》卷七三《颜延之传》：

> 颜延之字延年，琅邪临沂人也。曾祖含……祖约，零陵太守。父显③，护军司马。延之少孤贫，居负郭，室巷甚陋。好读书，无所不览，文章之美，冠绝当时。饮酒不护细行，年三十，犹未婚。妹适东莞刘宪之，穆之子也。穆之既与延之通家，又闻其美，将仕之，先欲相见，延之不往也。后将军、吴国内史刘柳以为行参军，因转主簿，豫章公世子中军行参军。

可见，由于“少孤”等原因，颜延之曾一度陷入困境。一方面，颜延之对执掌权势却出身低微的刘穆之的“将仕之”有所不屑；另一方面，对于其起家官“行参军”一职，后来也表现出不满④，即使到了刘宋永初年间与周续之辩说经义时，史籍记载犹谓其“官列犹卑”⑤。

在东晋门阀政治格局之下，一些掌权的世家大族，在长期复杂的政治和军事斗争形势中难免衰落、甚至覆灭；而其他一些士族人士则由于长期不习世务，过于逸乐，从而逐渐没落。正如田余庆所言：“回顾谢安死后东晋的这一段历史，无论是主是相，还是其他内外当权士族，人物均甚鄙陋，活动均具皇朝末代特征。”⑥

---

① 《宋书》卷七三《颜延之传》，第 1891 页。

② 《宋书》卷七七《颜师伯传》，第 1992 页。

③ 中华书局本《宋书》“校勘记”称：“‘显’《南史》作‘颙’。”

④ 《宋书》卷七三《颜延之传》载颜延之曾对刘柳子刘湛曰：“吾名器不升，当由作卿家吏。”

⑤ 《宋书》卷七三《颜延之传》，第 1892 页。

⑥ 前揭《东晋门阀政治》，第 237 页。

这在一定程度上为琅邪颜氏家族这样之前并不显赫的士族门第走向历史前台提供了可能。同时,刘宋代晋,以刘裕为代表的次等士族集团掌握政治权力,又使得士族门第的利益受到了威胁甚至侵夺,这迫使士族门第中有能力的人物出面参预权力角逐,为士族群体的利益诉求代言,颜延之就在这样的历史情景之中走向了仕途。

晋宋之际的颜延之,一面以"文章之美,冠绝当时"和"饮酒不护细行"这样的文采风流和任诞行为给自己赢得社会声誉,一面又一改家族在仕宦方面的素退之道,多方面积极活动,以求在新的形势下代表士族阶层参预国家政治权力运作。颜延之对政治的热情,主要表现于刘宋初年参预刘义真集团的系列政治活动,与徐羡之、傅亮、谢晦等刘裕顾命大臣集团相对抗,和元嘉年间对刘义康、刘湛等为代表的权势集团的不满等事件。

关于颜延之与刘义真集团,《宋书》卷七三《颜延之传》载:

> 庐陵王义真颇好辞义,待接甚厚,徐羡之等疑延之为同异,意甚不悦。

《宋书》卷六一《庐陵孝献王义真传》又载:

> 庐陵孝献王义真,美仪貌,神情秀彻。……迁司徒。高祖不豫,以为使持节、侍中、都督南豫、豫、雍、司、秦、并六州诸军事、车骑将军、开府仪同三司、南豫州刺史,出镇历阳。未之任而高祖崩。义真聪明爱文义,而轻动无德业。与陈郡谢灵运、琅邪颜延之、慧琳道人并周旋异常,云得志之日,以灵运、延之为宰相,慧琳为西豫州都督。徐羡之等嫌义真与灵运、延之暱狎过甚,故使范晏从容戒之。义真曰:"灵运空疏,延之隘薄,魏文帝云鲜能以名节自立者。但性情所得,未能忘言于悟赏,故与之游耳。"将之镇,列部伍于东府前,既有国哀……义真与灵运、延之、慧琳等共视部伍,因宴舫内……

及至历阳，多所求索，羡之等每裁量不尽与，深怨执政，表求还都。而少帝失德，羡之等密谋废立，则次第应在义真，以义真轻訬，不任主社稷，因其与少帝不协，乃奏废之……景平二年六月癸未，羡之等遣使杀义真于徙所，时年十八。

可见，在文学集团外衣下的刘义真集团实际上有着强烈的政治诉求，正如沈玉成所言："谢灵运之接近义真，当然也不止于义真喜爱文人，气味相投，而是看到了义真有继位的可能，用谢晦的话说，就是干进邀竞。"①而双方斗争的实质，则如王永平所指出，是以徐羡之、傅亮等"寒士"或"次等士族"人物为核心的政治集团与谢灵运、颜延之为代表的士族名士集团的政治较量。② 当然，正如曹道衡、沈玉成所云"义符、义真皆少年贵胄，幕后操纵，厥在大臣。徐、傅辈工于心计，颜、谢则书生文士，虽高自位置，断非敌手"③。斗争最终是以刘义真被杀，谢灵运、颜延之被外放而告终。

此后，元嘉三年宋文帝将徐羡之等顾命大臣杀害后，即征颜延之、谢灵运等回建康任职。其中颜延之"征为中书侍郎，寻转太子中庶子。顷之，领步兵校尉"④，谢灵运则被"征为秘书监……使整理秘阁书，补足遗阙……撰《晋书》"⑤。宋文帝对二者虽表面看来"赏遇甚厚"⑥，实质上却"唯以文义见接，每侍上宴，谈赏而已"⑦，这使得谢灵运、颜延之等"自以名辈，才能应参时政"⑧

---

① 《谢灵运的政治态度与思想性格》，收入《沈玉成文存》，中华书局2006年，第155页。

② 参氏著《庐陵王刘义真之死与刘宋初期之政局——从一个侧面透视晋宋之际士族与寒门的斗争》，《江苏社会科学》2009年第4期。

③ 曹道成、沈玉成：《中古文学史料丛考》，中华书局2003年，第261页。

④ 《宋书》卷七三《颜延之传》，第1893页。

⑤⑦⑧ 《宋书》卷六七《谢灵运传》，第1772页。

⑥ 《宋书》卷七三《颜延之传》（第1893页）、《宋书》卷六七《谢灵运传》（第1772页）。

的士族名士的政治期许落了空，对此他们多有不满。

刘宋建立，虽然结束了东晋以来的门阀政治格局，但正如田余庆所论："门阀政治作为一种消失了的政治格局，在刘宋时还有较强的余波。治国需要知识，而通晓朝典、谙悉人物、具有治国知识的人，在当时只有士族。可以帮助皇帝实现统治的寒门知识分子，其出现并发挥作用还须一段发育时间。……宋文帝的皇权政治，还十分需要士族人物作为自己的拐杖。"⑦这就是说对刘宋统治者而言，虽然实现了帝王的最高集权，但政权的具体运作仍需要门第士族的参预。不过，士族群体的哪些人可以得到任用，则要由皇帝决定。事实上，刘宋统治者倾向于任用士族中那些有实际处政能力的人士，而对虚浮之士有所排斥，这在一定程度上造成了士族群体的分化。

具体就宋文帝时期的用人情况，《资治通鉴》卷第一二六《宋纪八·太祖文皇帝下之上》"元嘉二十八年"(451)云：

帝之始亲政事也，委任王华、王昙首、殷景仁、谢弘微、刘湛，次则范晔、沈演之、庾炳之，最后江湛、徐湛之、何瑀之⑧及僧绰，凡十二人。

以上所列十二人中，尤以前五人有当干之称。《宋书》卷五八《谢弘微传》：

太祖即位，(谢弘微)为黄门侍郎，与王华、王昙首、殷景仁、刘湛等号曰五臣。

又如，《宋书》卷六三《殷景仁传》载：

殷景仁，陈郡长平人也。曾祖融，晋太常。……景仁少有大成之量……学不为文，敏有思致，口不谈义，深达理体，

⑦ 前揭《东晋门阀政治》，第187～188页。

⑧ 胡三省注："'何瑀之'，恐当做'何尚之'。"(第3973页)

至于国典朝仪，旧章记注，莫不撰录，识者知其有当世之志也。……太祖即位，委遇弥厚，俄迁侍中，左卫如故。时与侍中右卫将军王华、侍中骁骑将军王昙首、侍中刘湛四人，并时为侍中，俱居门下，皆以风力局干，冠冕一时，同升之美，近代莫及。……太子詹事刘湛代为领军，与景仁素善，皆被遇于高祖，俱以宰相许之。

可知殷景仁等人在气质风貌方面"学不为文"、"口不谈义"，而"深达理体"、"有大成之量"，这些与谢灵运、颜延之等以玄谈、文学著名的士族清流派正好相反，他们因"风力局干"，而在宋文帝统治初期得以重用。相形之下，谢灵运、颜延之等清华士族受到了冷遇，他们心里多有不平，如《宋书》卷六七《谢灵运传》：

王昙首、王华、殷景仁等，名位素不逾之，并见任遇，灵运意不平，多称疾不朝直。

可知，谢灵运是以"称疾不朝直"的方式表现对朝廷用人倾向的不满。不久以后，"王弘、(王)华、(王)昙首相系亡"，"(殷)景仁引(刘)湛还朝，共参政事"，①因此清华士族们把批评的矛头纷纷转向了殷、刘二人，其中刘湛因为积极干进，尤为清华士族所指责。《宋书》卷六九《刘湛传》载：

刘湛字弘仁，南阳涅阳人也。祖耽，父柳，并晋左光禄大夫、开府仪同三司。湛出继伯父淡，袭封安众县五等男。少有局力，不尚浮华。博涉史传，谙前世旧典，弱年便有宰世情，常自比管夷吾、诸葛亮，不为文章，不喜谈议。……谢晦、王弘并称其有器干。……湛负其志气，常慕汲黯、崔琰为人，故名长子曰黯字长孺，第二子曰琰字季珪。……先是，王华既亡，昙首又卒，领军将军殷景仁以时贤零落，白太祖征湛。

① 《宋书》卷六三《殷景仁传》，第1682页。

八年，召为太子詹事，加给事中、本州大中正，与景仁并被任遇。湛常云：“今世宰相何难，此政可当我南阳郡汉世功曹耳。”

可知，刘湛无论是“少有局力，不尚浮华”的气质性情，还是对政治权力过于热衷的态度都与东晋以来的清华士族不相符合，因此尽管当时其身居高位，但却得不到士族人士的礼遇，更有甚者刘湛近于“当仁不让”的政治风格还直接妨碍了清流士族的晋升之途，引起士族人士的不满。同当时众多清流士族一样，颜延之也表达了对刘湛等人的愤慨。《宋书》卷七三《颜延之传》：

延之好酒疏诞，不能斟酌当世，见刘湛、殷景仁专当要任，意有不平，常云：“天下之务，当与天下共之，岂一人之智所能独了！”辞甚激扬，每犯权要。

颜延之肆意直言的结果是激怒了刘湛，并因此遭到了打击报复，同传载：

湛深恨焉，言于彭城王义康，出为永嘉太守。延之甚怨愤，乃作《五君咏》以述竹林七贤，山涛、王戎以贵显被黜，咏嵇康曰：“鸾翮有时铩，龙性谁能驯。”咏阮籍曰：“物故可不论，途穷能无恸。”咏阮咸曰：“屡荐不入官，一麾乃出守。”咏刘伶曰：“韬精日沉饮，谁知非荒宴。”此四句，盖自序也。湛及义康以其辞旨不逊，大怒。时延之已拜，欲黜为远郡，太祖与义康诏曰：“降延之为小邦不政，有谓其在都邑，岂动物情，罪过彰著，亦士庶共悉，直欲选代，令思愆里闾。犹复不悛，当驱往东土。乃志难恕，自可随事录治。殷、刘意咸无异也。”乃以光禄勋车仲远代之。延之与仲远世素不协，屏居里巷，不豫人间者七载。

虽然由于宋文帝的力保，颜延之没有被出为永嘉太守，但“乃志难恕，自可随事录治”，其处境之危可以想见。对于颜延之“天下之务,当与天下共之”的过激言辞,正如李磊所分析,“似乎并不仅仅是其个人权力欲望的表达,或许还代表着‘仕贵遗务’派抗议皇权无视士大夫的政治要求而走专制路线的政治声音”,而颜延之最终被“屏居里巷,不豫人间者七载”的结果则“是当权者对士林舆论干预权力分配的一次警告”。[①] 此后,在刘义康、刘湛集团过于专权,势倾人主,犯宋文帝之忌而被杀后,颜延之再次被起用。尽管当初在遭到刘湛等人的迫害后,颜延之曾作《五君咏》,“发表了新的宣言……表明其人格的独立性,且无惧于强势的迫害”[②],但毕竟由于此前谢灵运被杀及自身被禁锢的惨重教训,“在强权的皇权面前,士大夫以舆论主导政治的历史毕竟结束了”[③],颜延之不得不接受了这样的现实,此后虽也入朝为官,但多自觉与政治保持距离,任清贵之职,优游卒岁而已。

颜延之之后,琅邪颜氏子弟已不再像颜延之早年那样对刘宋皇权持傲慢之态,他们转而主动与刘宋皇权积极合作,得以在刘宋孝武帝时期荣显一时。

三、颜竣、颜师伯的政治活动与琅邪颜氏家族在刘宋中后期的盛衰

颜竣为颜延之长子,其出身无需多谈。这里需要对颜师伯的身世作些说明。据《宋书》卷七七《颜师伯传》记载,颜师伯为颜竣族兄,其父名颜邵。又,《元和姓纂》卷四“颜”条载:

> 髦生綝、畅。畅孙师伯,宋侍中、左仆射。[④]

可知颜师伯出自“颜含—(长子)颜髦—(次子)颜畅—颜邵”这一

---

① 参氏著《六朝士风研究》,武汉出版社 2008 年,第 182 ~ 183 页。

②③ 前揭《六朝士风研究》,第 182 ~ 183 页。

④ [唐]林宝撰,岑仲勉校记:《元和姓纂(附四校记)》,中华书局 1994 年,第 520 页。

房支。较之颜延之一系，这一房支在宋初的社会地位较为衰微，这可由颜师伯宦途初期所受冷遇窥知。《宋书》卷七七《颜师伯传》载：

世祖镇寻阳，启太祖请为南中郎府主簿。太祖不许，谓典签曰："中郎府主簿那得用颜师伯。"世祖启为长流正佐，太祖又曰："朝廷不能除之，郎可自板，亦不宜署长流。"世祖乃板为参军事，署刑狱。

可知宋文帝对颜师伯的出身十分不屑，对他的仕进多加限制。不仅如此，即使颜师伯依附孝武帝显贵之后，仍为士族中一些人所不礼。《南史》卷二六《袁湛传附袁粲传》：

（大明七年）皇太子冠，上临宴东宫，与颜师伯、柳元景、沈庆之等并摴蒱，愍孙（按：袁粲又名愍孙）劝师伯酒，师伯不饮，愍孙因相裁辱曰："不能与佞人周旋。"师伯见宠于上，上常嫌愍孙以寒素陵之，因此发怒曰："袁濯儿不逢朕，员外郎未可得也，而敢以寒士遇物！"将手刃之，命引下席。愍孙色不变，沈、柳并起谢，久之得释。

可见，颜师伯甚至被袁粲视为"寒素"、"寒士"。需要注意的是，这与通常所说的"寒门"意义不同，唐长孺曾结合以上有关颜师伯的两则材料对此有所说明：

东晋南朝自称或被称为"寒士"的，有的是自谦，有的是有意贬低，而大都是先代官位不显的士人，或者士族中的衰微房分。最基本的一点，他们仍是士人，不是寒人，这一点却往往易被忽视。……按师伯为颜延之族人，琅邪颜氏自是士族，但师伯先世官位不显，父邵为谢晦咨议参军，晦起兵反，邵自杀。师伯为人善于趋附以致显达。这样的家世和立身行事，宜为陈郡高门袁粲所轻。……按琅邪颜氏并非甲族，而师伯一房又是衰微房分，所以不独为袁粲所侮，而且也为宋文帝所轻，但师伯终究还是士人。①

显然，袁粲视颜师伯为“寒士”是有意贬低。由唐先生所论可知，颜师伯所以为世人所轻，还与其父颜邵依附谢晦有关。有关此事，《宋书》卷七七《颜师伯传》载：

(颜师伯)父邵，刚正有局力，为谢晦所知。晦为领军，以为司马，废立之际，与之参谋。晦镇江陵，请为谘议参军，领录事，军府之务悉委焉。邵虑晦将有祸，求为竟陵太守，未及之郡，值晦见讨，晦与邵谋起兵距朝廷，邵饮药死。

谢晦于元嘉初年，迫于宋文帝铲除顾命大臣集团的压力，不得已起兵反叛，颜邵参预其事，虽然颜邵最终以服毒自尽的方式使家族子弟免于牵连，但此事刘文帝记忆犹新，其所以要在颜师伯仕宦一事上加以严格限制，这可能是更直接的原因。家世的衰微加上父亲的政治问题，在一定程度上使得颜师伯在为政处事等许多方面都与颜竣有所不同。

颜竣、颜师伯后来的贵盛都跟早年依附孝武帝刘骏，为其幕僚有关。孝武帝讨伐刘劭之乱、称帝初年平定臧质、刘义宣等叛乱，颜氏兄弟二人皆曾参预其事。其中对于孝武帝起义讨伐刘劭之乱，颜竣的功绩尤为卓著。宋文帝元嘉末年，太子刘劭巫蛊之祸被发，迫于压力，于元嘉三十年弑父自立，《宋书》卷七五《颜竣传》：

太祖崩问至，世祖举兵入讨。转谘议参军，领录事，任总外内，并造檄书。世祖发寻阳，便有疾，领录事自沈庆之以下，并不堪相见，唯竣出入卧内，断决军机。时世祖屡经危笃，不任咨禀，凡厥众事，竣皆专断施行。

---

① 《读史释词》，收入《魏晋南北朝史论拾遗》，中华书局 1983 年，第 253 ~ 257 页。

正是由于颜竣在孝武帝起兵讨伐刘劭过程中的突出功绩，孝武帝即位后便为其授爵加官。《宋书》卷七八《刘延孙传》：

世祖即位……下诏曰："朕藉群能之力，雪莫大之耻，以眇眇之身，托于王公之上，思所以策勋树良，永宁世烈。……左卫将军（颜）竣立志开亮，理思清要，茂策忠谟，经纶惟始，俾积基更造，咸有勤焉。宜显授龟社，大启邦家。延孙可封东昌县侯，（颜）竣建城县侯，食邑各二千户。"

如果说颜竣的功绩主要在于协助孝武帝讨伐刘劭，夺取政权的话，颜师伯的功绩则主要在于参预平定孝武帝即位初期的内部叛乱和抵御北方军队的侵扰。如孝建元年臧质叛乱，颜师伯"出为宁远将军、东阳太守，领兵置佐，以备东道"①，事平之后，孝武帝对颜师伯也加以封赏。《宋书》卷七七《颜师伯传》载：

上以伐逆宁乱，事资群谋，大明元年，下诏曰："昔岁国难方结，疑懦者众，故散骑常侍、太子右率庞秀之履崄能贞，首畅义节……追念厥诚，无忘于怀。侍中祭酒颜师伯……爰始入讨，预参义谋，契阔大难，宜蒙殊报。秀之可封乐安县伯，食邑六百户，师伯平都县子……食邑各五百户。"

此后，大明二年冬，"索虏寇青州，刺史颜师伯频大破之"②，大明三年，竟陵王刘诞反，颜师伯复"遣长史嵇玄敬率五千人赴难"③。

正是由于这些特殊功绩，颜竣、颜师伯兄弟曾在孝武帝统治的孝建、大明年间得以宠贵一时。对于颜竣在当时的贵盛，《宋书》卷七五《颜竣传》载：

孝建元年，转吏部尚书，领骁骑将军。留心选举，自强不

① 《宋书》卷七七《颜师伯传》，第1992页。

② 《宋书》卷六《孝武帝纪》，第122页。《宋书》卷九五《索虏传》亦载："大明二年，虏寇青州，为刺史颜师伯所破，退走。"

③ 《宋书》卷七七《颜师伯传》，第1994页。

息，任遇既隆，奏无不可。……先是，竣未有子……至是……产男，上自为制名……名竣子为辟强，以比汉侍中张良之子。

孝武帝亲自为颜竣子取名“辟强”，以比西汉开国功臣张良之子，二者亲密程度由此可以想见，史称颜竣于孝建及大明初年曾一度“势倾朝野”①。然而，不久颜竣就因“谏争恳切，无所回避”而与孝武帝之间产生了嫌隙，最终被孝武帝虚构罪名而杀害。《宋书》卷七五《颜竣传》云：

竣藉蕃朝之旧，极陈得失。上自即吉之后，多所兴造，竣谏争恳切，无所回避，上意甚不说，多不见从。竣自谓才足干时，恩旧莫比，当赞务居中，永执朝政，而所陈多不被纳，疑上欲疏之，乃求外出，以占时旨。大明元年，以为东扬州刺史，将军如故。所求既许，便忧惧无计。至州，又丁母艰，不许去职，听送丧还都，恩待犹厚，竣弥不自安。每对亲故，颇怀怨愤，又言朝事违谬，人主得失。及王僧达被诛，谓为竣所谗构，临死陈竣前后忿怼，每恨言不见从。僧达所言，颇有相符据。上乃使御史中丞庾徽之奏之……上未欲便加大戮，且止免官。竣频启谢罪，并乞性命。上愈怒，诏答曰：“宪司所奏，非宿昔所以相期。卿受荣遇，故当极此，讪讦怨愤，已孤本望，乃复过烦思虑，惧不自全，岂为下事上诚节之至邪！”及竟陵王诞为逆，因此陷之。召御史中丞庾徽之于前为奏，奏成，诏曰：“竣孤负恩养，乃可至此。于狱赐死，妻息宥之以远。”子辟强徙送交州，又于道杀之。

颜竣得罪之由，除以上《宋书》所述外，还与其对孝武帝的宫帷之丑不加隐讳肆意直言有关，且这恐怕是更为直接的原因。对此，《魏书》卷九七《岛夷刘裕传》载：

---

① 《宋书》卷五九《何偃传》，第1608页。

(刘)骏淫乱无度,蒸其母路氏,秽污之声,布于瓯越。东扬州刺史颜竣恃旧,每戏弄之,骏惭怒杀竣。①

对此,曹道衡和沈玉成认为:"'蒸母'、'戏弄'之说,或过其实,然孝武宫闱之丑,播于天下,竣之谏说或涉及之,犯忌批鳞,否则,纵死亦不当惨酷如此。"②对于颜竣被杀,《宋书》编撰者沈约评论说:

世祖弱岁临蕃,涵道未广,披胸解带,义止宾僚。及运钟倾陂,身危虑切,擢胆抽肝,犹患言未尽也。至于冯玉负扆,威行万物,欲有必从,事无暂失。既而忧欢异日,甘苦变心,主挟今情,臣追昔款,宋昌之报,上赏已行,同舟之虑,下望愈结。嫌怨既萌,诛责自起。竣之取衅于世,盖由此乎?为人臣者,若能事主而捐其私,立功而忘其报,虽求颠陷,不可得也。③

《宋书》卷七八《刘延孙传》,沈约又就刘延孙与颜竣二人的不同结局云:

延孙接款蕃日,固出颜(竣)、袁(粲)矣。风飚局力,又无等级可言,而隆名盛宠,必择而后授,何哉?良以休运甫开,沈疾方被,虽宿恩内积,而安私外简。夫侮因事狎,敬由近疏,疏必相思,狎必相厌,厌思一殊,荣礼自隔,遂得为一世宗臣,盖由此也。子曰:"事君数,斯疏矣。"然乎!然乎!

可知,在沈约看来,颜竣所以被杀主要在于"主挟今情,臣追昔款",没有顾及其与孝武帝之间情势的变化,"侮因事狎",即因过于亲近而最终获罪④。在此以后,颜竣被杀之事一度成为孝武帝

① 《南史》卷三四《颜延之传附颜竣传》亦取此说,在述及颜竣"谏争恳切"之时,除"多所兴造"外,复道及"宫内颇有丑论"。

② 前揭《中古文学史料丛考》,第280~282页。

③ 《宋书》卷七五《颜竣传》,第1966~1967页。

④ 《资治通鉴》卷一六七《陈纪一》"武帝永定三年"(559)载高德政之祸,胡三省注曰:"高德政之祸,犹宋之颜竣也。"(第5184页)

威慑身边近臣的口实。《宋书》卷八二《沈怀文传》载：

怀文与颜竣、周朗素善，竣以失旨见诛，朗亦以忤意得罪，上谓怀文曰："竣若知我杀之，亦当不敢如此。"怀文默然。……时（孝武帝）游幸无度，太后及六宫常乘副车在后，怀文与王景文每陈不宜亟出。后同从坐松树下，风雨甚骤。景文曰："卿可以言矣。"怀文曰："独言无系，宜相与陈之。"江智渊卧草侧，亦谓言之为善。俄而被召俱入雉场，怀文曰："风雨如此，非圣躬所宜冒。"景文又曰："怀文所启宜从。"智渊未及有言，上方注弩，作色曰："卿欲效颜竣邪？何以恒知人事。"又曰："颜竣小子，恨不得鞭其面！"

对于颜竣被杀，李磊曾分析说：

众所周知，刘宋自孝武帝以后皇权专制得到极度加强……针对的就是士族尚存的政治影响力。……杀亲信颜竣则让士大夫明白了孝武帝对他们所扮演角色的要求。颜竣以自疑而"颇怀怨愤"，"又言朝事违谬，人主得失"，被孝武帝收付廷尉。当颜竣完全屈服于君主的权威，"频启谢罪，并乞性命"之时，孝武帝却更加恼怒，不仅杀掉了颜竣，而且连其子也杀掉了。这是因为他从颜竣怕死的态度中看到了颜竣的私心："讪訐怨愤，已孤本望，乃复过烦思虑，惧不自全，岂为下事上诚节之至邪！"在孝武帝眼里，君主为上，其余人为下，下对上毫无独立人格可言；君主的意志具有惟一正确性，容不得任何非议。……颜竣之死已成为一个象征符号，它成为孝武帝恐吓、压制士大夫，彰显自己权力的有效语言，"风雨"、"注弩"、"作色"都因颜竣之死变得更加阴森、恐怖。……其实，孝武帝对士大夫免官，凌辱乃至杀戮，无非是要凸显自己的权力，让士大夫在皇权面前屈服。①

---

① 前揭《六朝士风研究》，第203、207、208、210页。

李先生这里从晋宋以来,士族与皇权关系的变化角度对颜竣被杀的解释是很精辟的。

如果说颜竣是因忠直强谏而导致获罪被杀的话,颜师伯则是以谗佞曲从而终孝武帝时期得以长居显贵。对于颜师伯当时的宠贵,《宋书》卷七七《颜师伯传》载:

> (大明)四年,征为侍中,领右军将军,亲幸隆密,群臣莫二。迁吏部尚书,右军如故。上不欲威柄在人,亲览庶务,前后领选者,唯奉行文书,师伯专情独断,奏无不可。……师伯居权日久,天下辐辏,游其门者,爵位莫不逾分。多纳货贿,家产丰积,伎妾声乐,尽天下之选,园池第宅,冠绝当时,骄奢淫恣,为衣冠所嫉。

颜师伯的骄奢之迹,虽然"为衣冠所嫉",引起了士族群体的不满,但却没有招致孝武帝的猜忌,相反,孝武帝对颜师伯的表现十分放心。《宋书》卷八五《王景文传》述及王景文因"外戚贵盛",被孝武帝顾虑"不能奉幼主"而"自陈求解扬州"时,孝武帝给他的诏书中有云:

> 人居贵要,但问心若为耳。大明之世,巢、徐、二戴,位不过执戟,权亢人主;颜师伯白衣仆射①,横行尚书中。令袁粲作仆射领选,而人往往不知有粲。……以此居贵位要任,当有致忧兢理不?

颜师伯所以能够深得孝武帝信任,终大明世显赫一时,主要缘于其对孝武帝近于谗佞的驯顺曲从。这里有一则典型事例。《金楼子》卷六《杂记篇》载:

---

① 所谓白衣,是指官员因过失而受处分时的身分。这里"颜师伯白衣仆射"是指《宋书》卷七七《颜师伯传》所载大明七年颜师伯任尚书右仆射,其子违规以"寒人张奇为公车令",事发后,"师伯坐以子领职","寻领太子中庶子,虽被黜挫,受任如初"一事。

颜师伯要幸，贵臣莫二，而多纳货贿，家累千金。宋世祖常与师伯摴蒱，筹将决，世祖先掷得雉，喜，谓必胜。师伯后掷得卢，帝失色，师伯掷遽敛手，佯曰："几作卢尔。"是日师伯一输百金。①

这显然是故意讨孝武帝欢心。对此，蔡兴宗与颜师伯形成了鲜明对比。《宋书》卷五七《蔡廓传附蔡兴宗传》载：

(蔡兴宗)少好学，以业尚素立见称。……转掌吏部。时上方盛淫宴，虐侮群臣，自江夏王义恭以下，咸加秽辱，唯兴宗以方直见惮，不被侵媟。尚书仆射颜师伯谓议曹郎王耽之曰："蔡尚书常免昵戏，去人实远。"耽之曰："蔡豫章昔在相府，亦以方严不狎，武帝宴私之日，未尝相召，每至官赌，常在胜朋。蔡尚书今日可谓能负荷矣。"

孝武帝"虐侮群臣"，颜师伯也未能免，因缺齿而被孝武帝"号之曰齴"②，难免对蔡兴宗"常免昵戏"有所感叹，而王耽之谓蔡兴宗"每至官赌，常在胜朋"，显然是对颜师伯故意让赌之举的嘲讽。

除此以外，在日常政事的处理之中，颜师伯的一味曲学阿世也与蔡兴宗明显不同。《宋书》卷五七《蔡廓传附蔡兴宗传》：

先是大明世，奢侈无度，多所造立……至是发诏，悉皆削除……兴宗于都坐慨然谓颜师伯曰："……三年无改，古典所贵。今殡宫始彻，山陵未远，而凡诸制度兴造，不论是非，一皆刊削。虽复禅代，亦不至尔。天下有识，当以此窥人。"师伯不能用。

显然，颜师伯慑于前废帝的淫威、拒绝进谏。前废帝执政初年，戴法兴等寒人擅权，蔡兴宗甚为不满，"每陈选事，法兴、尚之等辄点

---

① [梁]萧绎撰，许逸民校笺：《金楼子校笺》，中华书局 2011 年，第 1231 页。《南史》卷三四《颜延之传附颜师伯传》亦载此事，文意略同。

② 《宋书》卷七六《王玄谟传》，第 1975 页。

定回换，仅有在者。兴宗于朝堂谓义恭及师伯曰：'主上谅闇，不亲万机，而选举密事，多被删改，复非公笔，亦不知是何天子意。'"[①]然而，作为孝武帝临终顾命之臣的颜师伯、刘义恭等面对寒人的专断，只是"守空名而已"[②]。此外，颜师伯的曲学阿世还表现在频频献瑞[③]，甚至卖友求荣[④]等方面。

由于深得孝武帝信任，颜师伯得以与刘义恭、柳元景、沈庆之等一起在孝武帝临终之际被临危顾命，受命辅助幼主。《宋书》卷六一《江夏文献王义恭传》载：

> （大明）八年闰月……世祖崩，遗诏："义恭解尚书令，加中书监，柳元景领尚书令，入住城内。事无巨细，悉关二公。大事与沈庆之参决，若有军旅，可为总统。尚书中事委颜师伯。外监所统委王玄谟。"

孝武帝这样安排的结果与刘裕当年相似，同样引起了新帝与权臣之间的权力争夺，这次斗争的结果是顾命大臣集团失败，以颜师伯、刘义恭等人的被杀而告终。《宋书》卷七七《颜师伯传》载：

> 又迁尚书仆射，领丹阳尹。废帝欲亲朝政，发诏转师伯为左仆射，加散骑常侍，以吏部尚书王景文为右仆射。夺其京尹，又分台任，师伯至是始惧。寻与太宰江夏王义恭、柳元

---

① 《宋书》卷五七《蔡廓传附蔡兴宗传》，第1576页。

② 《宋书》卷九四《戴法兴传》，第2304页。

③ 《宋书》卷二九《符瑞志下》："大明三年九月乙亥，嘉禾生北海都昌县，青州刺史颜师伯以闻。……大明四年五月辛巳，白雀见广陵，侍中颜师伯以献。"

④ 《宋书》卷八二《沈怀文传》载："尝以岁夕与谢庄、王景文、颜师伯被敕入省，未及进，景文因言次称竣、朗人才之美，怀文与相酬和，师伯后因语次白上，叙景文等此言。怀文屡经犯忤，至此上倍不说。"此则颜师伯将其与颜竣之间的兄弟之情也弃置不顾。

景同诛,时年四十七。六子并幼,皆见杀。①

又,《南史》卷三四《颜延之传附颜师伯传》载:

初,师伯专断朝事,不与沈庆之参怀,谓令史曰:"沈公爪牙者耳,安得预政事?"庆之闻而切齿,乃泄其谋。

《宋书》卷九四《戴法兴传》:

废帝年已渐长,凶志转成,欲有所为,法兴每相禁制,每谓帝曰:"官所为如此,欲作营阳耶?"帝意稍不能平。所爱幸阉人华愿儿有盛宠,赐与金帛无算,法兴常加裁减,愿儿甚恨之。帝常使愿儿出入市里,察听风谣,而道路之言,谓法兴为真天子,帝为赝天子。愿儿因此告帝曰:"外间云宫中有两天子,官是一人,戴法兴是一人。官在深宫中,人物不相接,法兴与太宰、颜、柳一体,吸习往来,门客恒有数百,内外士庶,莫不畏服之。法兴是孝武左右,复久在宫闱,今将他人作一家,深恐此坐席非复官许。"帝遂发怒,免法兴官……又于家赐死。

综而参之,则颜师伯等人的败露与沈庆之的告密、阉人华愿儿的谗言都有关系。总之,颜竣、颜师伯兄弟能够在孝武帝执政期间荣极一时,除了有藩府旧僚及在起义中立有功绩外,最根本的则是缘于刘宋皇帝权威的重新树立,尤其是孝武帝"不欲威权在下"②,集权的意识特别浓重,大量的寒门人士由于易为皇权操纵之故而得以进入政治权力中心,而在士族群体中"门阀低者反易为帝王所汲引"③,也是缘于同样的道理。颜竣、颜师伯兄弟的

① 又,《宋书》卷七七《柳元景传》载:"前废帝少有凶德,内不能平,杀戴法兴后,悖情转露。义恭、元景等忧惧无计,乃与师伯等谋废帝立义恭,日夜聚谋,而持疑不能速决。永光年夏……发觉,帝亲率宿卫兵自出讨之。"

② 《宋书》卷八四《孔觊传》,第2154页。

③ 周一良:《〈南齐书·丘灵鞠传〉试释兼论南朝文武官位及清浊》,收入《魏晋南北朝史论集》,北京大学出版社1997年,第108页。

荣辱从根本上要取决于当政者的意愿，这显示了由东晋进入南朝士族在政治地位方面的变化。

颜竣、颜师伯干政的失败被杀都牵连及于家室子弟，此后琅邪颜氏家族的这两个房支鲜有人物见于史籍记载。之后活跃于南北朝隋唐的琅邪颜氏人物主要出自所谓“大宗”，即“颜含—（长子）颜髦—（长子）颜綝”直到颜之推及入唐的颜师古、颜真卿这一房支。总体上他们凭借士族身份，出任清显之职，但对政治保持一定距离，很少有人物特别显达，其人物事迹多载于正史《文学传》、《文苑传》、《儒学传》，贡献主要在于学术、文化方面。其中，颜之推于梁末携带家室由南入北，北齐覆灭后又转而入仕北周和隋，隋末唐高祖入关，颜之推长子颜思鲁又“率男师古、相时、勤礼、育德奉迎于长春宫”①，实现了琅邪颜氏家族由南朝到隋唐的过渡，开启了这其家族在李唐一代发展的新局面。

四、琅邪颜氏人物仕宦为政之风格

琅邪颜氏家族自魏晋以来，子弟历代为宦，且家族文化传统深厚，其子弟为官处政方面的表现也多具有一致性，主要包括忠义、实务、素退等方面，以下分别就此略为论说。

（一）琅邪颜氏家族在政治活动中与当时南朝众多士族门第相比，较为特异之处是其家族人物多忠义之士。

魏晋南北朝社会，以门阀士族为本位，士族门第长期主导社会、政治，导致了这一时期出现了与中国古代其他历史时期相比许多独特的现象，其中之一即是传统忠孝观念的倒置。对于大部分士族人士而言，只知有家，不知有国，重视家族内部的慈孝，而

① 颜真卿：《晋侍中右光禄大夫本州大中正西平靖侯颜公大宗碑》，前揭《颜鲁公集》卷七，第68页。

无暇顾及对国家君王的忠义，以至于史家刘咸炘说："晋世人最不讲节义，《忠义传》之立，非表其多，乃表其少也。"①对此，以往史家多有论说，这里无需赘述。② 不过凡事总有例外，如陈郡袁氏家族人物在南朝的政权更迭之际便多有对旧朝的忠义之举，直至唐代其子孙仍以此为荣耀。《旧唐书》卷一九〇上《袁朗传》：

> 袁朗，雍州长安人，陈尚书左仆射枢之子。其先自陈郡仕江左，世为冠族……累代有高名重位，前史有传。五代叔祖宋太尉淑，高祖父左仆射、雍州刺史顗，高祖司空粲，皆死国难。曾祖梁中书监、司空、穆公昂，仕齐为吴兴太守，及梁高祖禅齐，久辞朝命。父枢，叔父宪，仕陈，皆为陈仆射。叔祖敬，中书令。及陈亡，宪冒难扶护后主。朗自以中外人物为海内冠族，虽琅邪王氏继有台鼎，而历朝自为佐命，鄙之不以为伍。朗孙谊……为苏州刺史。尝因视事，司马清河张沛通谒，沛即侍中文瓘之子。谊揖之曰："司马何事?"沛曰："此州得一长史，是陇西李亶，天下甲门。"谊曰："司马何言之失！门户须历代人贤，名节风教，为衣冠顾瞩，始可称举，老夫是也。夫山东人尚于婚媾，求于禄利；作时柱石，见危授命，则旷代无人。何可说之以为门户！"沛怀惭而退。时人以为口实。

可知虽如东晋南朝"继有台鼎"之一流门第琅邪王氏，因"历朝自为佐命"之故，而被同样先代"累代有高名重位"，复多有"死国难"者的陈郡袁氏子孙所"鄙之不以为伍"。在袁氏子孙看来，"名节风教"同样是支撑士族门第的必要条件。事实上，对当时士族

---

① 参氏著《翻史记一 · 晋书记》，《推十书》丙辑(增补全本)，上海科学技术文献出版社 2009 年，第 699 页。

② 《宋书》卷九一《孝义传序》、《南齐书》卷二三《褚渊王俭传论》、赵翼《陔余丛考》卷一七"六朝重氏族"条及唐长孺《魏晋南朝的君父先后论》(收入《魏晋南北朝史论拾遗》，中华书局 1983 年)等文皆对此有所论述，可参看。

门第而言，每当朝代迁革之时，他们都要面临当前政治利益和家门“名节风教”的选择，只不过对于那些士族门第而言他们多数选择了前者，而后者实质上是一种更长远的资本。据《南史》卷二八《褚裕之传附褚渊传》，宋齐之际：

（袁）粲谓彦回（褚渊）曰：“国家所倚，唯公与刘丹阳及粲耳，愿各自勉，无使竹帛所笑。”彦回曰：“愿以鄙心寄公之腹则可矣。”然竟不能贞固。及高帝辅政，王俭议加黄钺，任遐曰：“此大事，应报褚公。”帝曰：“褚脱不与，卿将何计？”遐曰：“彦回保妻子，爱性命，非有奇才异节，遐能制之。”果无违异。

这生动展现了当日士族面临政治前途抉择时内心的利弊权衡，袁粲所谓“无使竹帛所笑”便是顾虑身后名节，而褚渊“保妻子，爱性命”，挂念的则是当前利益。事实上褚渊将刘宋政权拱手奉送给萧道成，也曾遭到家族成员的反对。《南史》卷二八《褚裕之传附褚渊传》载：

世颇以名节讥之，于时百姓语曰：“可怜石头城，宁为袁粲死，不作彦回生。”……长子贲……少耿介。父背袁粲等附高帝，贲深执不同，终身愧恨之，有栖退之志。……炤字彦宣，彦回从父弟也。……少有高节……常非彦回身事二代。彦回子贲往问讯炤，炤问曰：“司空今日何在？”贲曰：“奉玺绂，在齐大司马门。”炤正色曰：“不知汝家司空将一物与一家，亦复何谓？”彦回拜司徒，宾客满坐，炤叹曰：“彦回少立名行，何意披猖至此！门户不幸，乃复有今日之拜。使彦回作中书郎而死，不当是一名士邪？名德不昌，遂有期颐之寿。”彦回性好戏，以轺车给之，炤大怒曰：“著此辱门户，那可令人见。”索火烧之，驭人奔车乃免。

可知褚炤为家族声望的长远考虑，褚渊的行为便是“门户不幸”。对此，《南史》修撰者李延寿认为褚渊是“既以人望见推，亦以人望而责也”①，由此可以想见当时的当权士族在“将一物与一家”时所要承受的社会甚至来自家族内部的各种压力，他们并不轻松。

值得注意的是，东晋南朝士族于政权变换之际少忠义的现象在齐梁之际有了变化。对此，前代史家已有揭示。如宋代晁说之《读〈梁书〉》一文说：

> 近臣一旦北面，称翊赞佐命，以本朝输人者实自齐褚渊始。……范云、沈约、江淹、任昉皆齐之贵显近臣，奉国家昏乱与高祖灭齐造梁，其何情耶。当时不知，非后世亦无非之者，无乃已自安于渊之故事耶。（姚）察称云、约参预缔构，赞成帝业，淹为先觉，昉有旧恩，果何谓邪？四子皆蔼然，后一世才学，去人甚远，又何苦而为此也邪。方百僚署名送东昏首时，王志独愤叹不署名，张充偃蹇不来会，江蒨在江州拒高祖之师不受命，颜见远既睹高祖即位，不食，发愤以卒，（姚）察曾不一言与之，何邪？②

这里晁说之注意到了齐梁之际，出身士族门第的忠义之士有增多的现象，而对《梁书》中有关王志、张充、江蒨、颜见远等人的忠义之事着墨不多提出了质疑。此后，清人王夫之《读通鉴论》卷一七“梁武帝”条也指出：

> 齐、梁之际，天下始有志节之士。马仙琕之不降也，何胤、何点之召而不赴也，颜见远之死也，梁武能容之，而诸君子者，森森自立于人伦，晋、宋以来顽懦之风，渐衰止矣，非待梁武之奖劝之也。夫齐之得国也，不义之尤者，东昏之淫虐亦殊绝，而非他亡国之主所齿，齐亦何能得此于天下士哉？……晋、宋以降，为大臣者，怙其世族之荣，以瓦全为善术，而视天位之去来，

① 《南史》卷二八《褚裕之传》论。

② ［宋］晁说之：《嵩山文集》卷一二，《四部丛刊续编》本，上海商务印书馆1934年，第31～32页。

如浮云之过目，故晋之王谧，宋之褚渊，齐之王晏、徐孝嗣，皆世臣而托国者也，乃取人之天下以与人，恬不知耻，而希佐命之功。风教所移，递相师效，以为固然，而矜其通识。……至于东昏之世，尸大位、秉大政、传此鬻君贩国之衣钵者，如江祏、刘暄、沈文季、徐孝嗣之流，皆已死矣。东昏所任茹法珍、梅虫儿诸宵小，又皆为人贱恶而不足以惑人。其与梁武谋篡者，则沈约、范云，于齐无肺附之寄，而发迹于梁以乍起者也。于是而授受之际，所号为荐绅之领袖者，皆不与焉。……宿草不除，新黄不发，故宋、齐鬻君贩国之老奸绝，而齐有自靖之臣。①

这里王夫之明确指出了“齐、梁之际，天下始有志节之士”，并将其原因归结于“宋、齐鬻君贩国之老奸绝”，和齐梁之际为梁武帝佐命者为沈约、范云等门望较低，“荐绅之领袖者”多不屑归附。个中原因虽然还可商讨，但这表明了南朝中后期士风的某些变化迹象，无疑是值得注意的现象。②

① ［清］王夫之著，舒士彦点校：《读通鉴论》，中华书局 1975 年，第 476～477页。

② 南朝后期多忠义之士，除了王夫之指出的原因外，恐怕还与刘宋以来皇权的加强，以及对儒学的提倡等因素有关。《南齐书》卷三九《刘瓛陆澄传》史臣论曰：“江左儒门，参差互出，虽于时不绝，而罕复专家。晋世以玄言方道，宋氏以文章闲业，服膺典艺，斯风不纯，二代以来，为教衰矣。建元肇运，戎警未夷，天子少为诸生，端拱以思儒业，载戢干戈，遽诏庠序。永明纂袭，克隆均校，王俭为辅，长于经礼，朝廷仰其风，胄子观其则，由是家寻孔教，人诵儒书，执卷欣欣，此焉弥盛。”虽然此后儒学时有兴衰，但较诸晋宋之际则有过之而无不及。宋代叶适《习学记言序目》卷三五“北齐书 · 王琳传”条言：“梁既亡，使王僧辩有成，终不篡逆；王琳区区亦能义动凶邻。盖梁武在位差久，比江南诸姓，立国粗有绳墨，遂得致命之士，亦其所长育者然也。”同卷“高德政”条又说：“杨愔以初从禅代议不力忌高德政，竟置之死地；愔尚能尔，如荀彧宜其未肯也。至刘穆之、褚渊、范云、沈约，汲汲自献，以后为羞。盖时促祚短，执节不长，人材愈降，自当至此矣。”参《习学记言序目》，中华书局 1977 年，第 515～516 页。是叶氏认为国祚长短与士人之忠节有关系，而其所言梁武“长育”诸人者也当为儒学忠孝伦理无疑。

有关琅邪颜氏家族人物的忠义节烈，世人皆知的无疑是唐代颜真卿、颜杲卿兄弟。安史之乱起，各地望风而靡，当时只有为数不多的地方军政力量挺身抗击叛军，而颜氏兄弟居其二。其中颜杲卿及其数子便在此次战乱中为国捐躯，而颜真卿则于德宗朝被李希烈叛军杀害。颜真卿、颜杲卿兄弟气感云天，确为中国古代历史中公认的大忠大节之典范。① 这里要说的是，颜真卿、颜杲卿兄弟的忠义之风实亦渊源有自，与其家族传统中的忠义之风的熏陶颇有关系。对此，宋人王应麟《困学纪闻》卷一三《考史》曾云：

> 颜见远死节于萧齐，其孙之仪尽忠于宇文周，常山、平原之节义，有自来矣。②

这便指明了琅邪颜氏家族人物的忠义之举，自南齐颜见远至中唐颜真卿、颜杲卿一以贯之，具有家风承传的性质。

王应麟将琅邪颜氏家族的忠义之风追溯至颜见远确为灼见，颜见远亦实为中古琅邪颜氏家族以义烈著称的第一人，而颜见远忠义之举的出现既与王夫之所言“齐、梁之际，天下始有志节之士”的时代背景有关，又与琅邪颜氏家族深厚的儒学文化传统相

---

① 宋人洪迈对颜真卿大节极为称扬，其《容斋续笔》卷一“颜鲁公”条说：“颜鲁公忠义大节，照映古今，岂唯唐朝人士罕见比伦，自汉以来，殆可屈指也。考其立朝出处，在明皇时，为杨国忠所恶，由殿中侍御史出东都、平原。肃宗时，以论太庙筑坛事，为宰相所恶，由御史大夫出冯翊。为李辅国所恶，由刑部侍郎贬蓬州。代宗时，以言祭器不饬，元载以为诽谤，由刑部尚书换东宫散秩。卢杞之擅国也，欲去公，数遣人问方镇所便，公往见之，责其不见容，由是衔恨入骨。是时年七十有五，竟堕杞之诡计而死，议者痛之。……公囚困于淮西，屡折李希烈，卒之损身徇国，以激四海义烈之气，贞元反正，实为有助焉。岂天欲全畀公以万世之名，故使一时堕于横逆以成始成终者乎！”参[宋]洪迈撰，孔凡礼点校《容斋随笔》，中华书局 2005 年，第 219～220 页。观洪迈所述，颜鲁公之忠节千载之下犹令人感愤！

② [宋]王应麟著，[清]翁元圻等注，栾保群等校点：《困学纪闻》（全校本），上海古籍出版社 2008 年，第 1582 页。

关系。颜见远具体事迹，载于《梁书》卷五〇《颜协传》及《周书》卷四〇《颜之仪传》，其中后者较详，其文曰：

（颜之仪）祖见远，齐御史治书。正色立朝，有当官之称。及梁武帝执政，遂以疾辞。寻而齐和帝暴崩，见远恸哭而绝。梁武帝深恨之，谓朝臣曰："我自应天从人，何预天下人事，而颜见远乃至于此。"当时嘉其忠烈，咸称叹之。

《资治通鉴》卷一四五《梁纪一》"武帝天监元年"（502）条载此事，胡三省注谓：

史言齐臣以死殉和帝者仅一颜见远。

胡注此处指出了颜见远与齐梁之际其他"忠节"之士的区别，盖至梁武帝即位之后，所谓萧齐的"忠节"之臣不久也都大多归附新朝。典型如《梁书》卷一七《马仙琕传》载：

马仙琕字零馥，扶风郿人也。父伯鸾，宋冠军司马。……义师起，四方多响应，高祖使仙琕故人姚仲宝说之，仙琕于军斩仲宝以徇。义师至新林，仙琕犹持兵于江西，日钞运漕。建康城陷，仙琕号哭经宿，乃解兵归罪。高祖劳之曰："射钩斩袪，昔人弗忌。卿勿以戮使断运，苟自嫌绝也。"仙琕谢曰："小人如失主犬，后主饲之，便复为用。"高祖笑而美之。

观马仙琕之事可知，昔日所谓"忠节"之士在入梁之后，就转而为新君所用了。① 颜见远诚能殉旧主而亡，是忠之真且

① 清人王鸣盛云："《袁昂传》载永元末，梁武帝起兵，州郡望风皆降，昂为吴兴太守，独拒境，帝手书谕之，昂答书洋洋几百言，绝大议论，无非说节义，及建康城平，遂受梁官，后迁吏部尚书，武帝谓曰：'齐明帝用卿为黑头尚书，我用卿为白头尚书，良以多愧。'对曰：'臣生四十七年矣。四十以前，臣之自有，七年以后，陛下所养。七岁尚书，未为晚达。'其諂至此。"该条又引马仙琕此事，之后王鸣盛说"六朝人节义类此者颇多"。参[清]王鸣盛著，黄曙辉点校《十七史商榷》，上海书店出版社 2005 年，第 476 页。

诚者。[1] 此后颜见远之子颜协"感家门事义，不求显达，恒辞征辟，游于蕃府而已"[2]，父子"并以义烈称"[3]。

继颜见远之后，其孙颜之仪在周隋之际又有忠义之举。据《周书》卷四〇《颜之仪传》，颜之仪在梁江陵被陷后被随例征至北周，周武帝为太子组建东宫，盛选师傅，以颜之仪为太子侍读。后太子继位，即北周宣帝，颜之仪任御正中大夫，甚见亲信。及宣帝临终，召颜之仪与同样见亲信的御正刘昉属以后事。当时刘昉"见静帝幼冲，不堪负荷"[4]，与郑译积极谋划推引时为皇后之父的杨坚辅政，颜之仪曾力反此举，《周书》卷四〇《颜之仪传》载：

(周)宣帝崩，刘昉、郑译等矫遗昭，以隋文帝为丞相，辅少主。之仪知非帝旨，拒而弗从。昉等草诏署记，逼之仪连署。之仪厉声谓昉等曰："主上升遐，嗣子冲幼，阿衡之任，宜在宗英。方今贤戚之内，赵王最长，以亲以德，合膺重寄。公等备受朝恩，当思尽忠报国，奈何一旦欲以神器假人！之仪有死而已，不能诬罔先帝。"于是昉等知不可屈，乃代之仪署

---

① 参孔毅《论南朝齐梁士族对政治变局的回应》，《重庆师院学报》(哲社版)，2000年第3期。该文论南朝士族"对天下易姓的回应：其一是置忠义之道而不顾，为保住自己的门第，送旧迎新……其二是不置可否，不送不迎。……当然也有极少数人坚守者传统的道德信念，如梁武帝受禅，琅琊颜见远'乃不食，发愤数日而卒'。见远子颜协，'感家门事义，不求显达，恒辞征辟，游于蕃府而已'。像颜见远父子那样的人在当时如凤毛麟角，而且时人并不赞赏这种行为。例如王导六世孙王亮在齐末于萧衍军至时，内外百僚皆道迎，亮独不至。萧衍登基后，仍授以亮高官。而亮却因'大不敬'，被削爵废为庶人。对于此事，隋代姚察评曰：'亮之进退，失所据矣，惜哉！'"

② 《梁书》卷五〇《颜协传》，第727页。

③ 《北史》卷八三《颜之推传》，第2794页。

④ 《隋书》卷三八《刘昉传》，第1131页。

> 而行之。隋文帝后索符玺,之仪又正色曰:"此天子之物,自有主者,宰相何故索之?"于是隋文帝大怒,命引出,将戮之,然以其民之望也,乃止。出为西疆郡守。

吕思勉认为"隋文帝在周世,既无大权,亦无重望,之仪安知其将篡?《传》所载之仪之言,必非实录"①。又《隋书》卷三八《郑译传》载:

> 初,高祖与译有同学之旧,译又素知高祖相表有奇,倾心相结。……(周宣)帝不悆,遂与御正下大夫刘昉谋,引高祖入受顾托。既而译宣诏,文武百官皆受高祖节度。时御正中大夫颜之仪与宦者谋,引大将军宇文仲辅政。仲已至御坐,译知之,遽率开府杨惠及刘昉、皇甫绩、柳裘俱入。仲与之仪见译等,愕然,逡巡欲出,高祖因执之。……明日,高祖为丞相,拜译柱国、相府长史、治内史上大夫事。

吕思勉认为"则更东野人之言矣"②,其中有传闻附会的成分。然据《隋书》卷三八《卢贲传》载,卢贲于隋文帝立国有佐命之功,后因事获罪,太子为其求情,隋文帝所言"微刘昉、郑译及贲、柳裘、皇甫绩等,则我不至此。然此等皆反覆子也。当周宣帝时,以无赖得幸,及帝大渐,颜之仪等请以宗王辅政,此辈行诈,顾命于我"云云,及《周书》卷四〇《颜之仪传》所载开皇十年正月"之仪随例入朝。隋文帝望而识之,命引至御坐,谓之曰:'见危授命,临大节而不可夺,古人所难,何以加卿。'乃赐钱十万、米一百石"。两次记载都出自隋文帝亲口所述,则颜之仪于周隋之际的忠义之举要非全部子虚乌有可知。

另外,颜之仪之弟颜之推也是忠义之士。颜之推的忠义思

---

① 吕思勉:《两晋南北朝史》,上海古籍出版社 2005 年,第 682 页。

② 前揭《两晋南北朝史》,第 683 页。

想，在其诗文中多有流露。如其《古意诗》言在梁时“楚王赐颜色，出入章华里”，继言江陵沦陷后“未获殉陵墓，独生良足耻。悯悯思旧都，恻恻怀君子”。其中“君子”，清代张玉谷认为“指梁主”，张氏评此诗说，“此伤梁室灭亡，自愧不能殉难之诗”，又认为“‘楚王’句是感旧之根”，可见颜之推对故国旧君的一片深情。①

颜之推的忠义思想还表现为对屈膝偷生之士的批评和对一些忠节之士的极力表彰。前者如在《观我生赋》中批评侯景之乱中南朝将领“嗟将相之骨鲠，皆屈体于犬羊”②，而后者如《颜氏家训·勉学篇》载：

> 齐有宦者内参田鹏鸾，本蛮人也。年十四五，初为阍寺，便知好学……每至文林馆，气喘汗流，问书之外，不暇他语。及睹古人节义之事，未尝不感激沉吟久之。吾甚怜爱，倍加开奖。……后主之奔青州，遣其西出，参伺动静，为周军所获。问齐主何在，绐云：“已去，计当出境。”疑其不信，欧捶服之，每折一支，辞色愈厉，竟断四体而卒。蛮夷童丱，犹能以学成忠，齐之将相，比敬宣之奴不若也。③

这里颜之推对田鹏鸾忠义之事的表彰排除了民族、身份的偏见，这在门阀社会的背景下是难能可贵的，而田氏所以能如此又与颜之推的“倍加开奖”分不开。颜之推在《颜氏家训·养生篇》中明确表达了其对于士大夫处于乱世之中应持的态度，他说：

> 夫生不可不惜，不可苟惜。涉险畏之途，干祸难之事，贪

① [清]张玉谷著，许逸民点校：《古诗赏析》，上海古籍出版社 2000 年，第 502 页。

② 《北齐书》卷四五《颜之推传》，第 619 页。

③ 前揭《颜氏家训集解》，第 202 页。

欲以伤生，谗慝而致死，此君子之所惜哉；行诚孝而见贼，履仁义而得罪，丧身以全家，泯躯而济国，君子不咎也。自乱离已来，吾见名臣贤士，临难求生，终为不救，徒取窘辱，令人愤懑。侯景之乱，王公将相，多被戮辱，妃主姬妾，略无全者。唯吴郡太守张嵊，建义不捷，为贼所害，辞色不挠；及鄱阳王世子谢夫人，登屋诟怒，见射而毙。夫人，谢遵女也。何贤智操行若此之难？婢妾引决若此之易？悲夫！①

读此可见颜之推忠义思想的深厚坚定。

与此相应，颜之推曾一度将其思想中的忠义倾向付诸实际行动。其一是在江陵被陷后，颜之推被迁往北周，不久北齐推萧渊明南下为主，随遣徐陵、谢挺等出使北齐的士人南返，颜之推得知此事后便不顾砥柱之险奔赴北齐，以望能够返回江南。只是因为梁朝政权不久即被陈霸先政权取代，他才没有最终返回。② 其二则是在北齐政权即将被北周攻破之际，颜之推又积极向北齐后主进策，劝其逃亡南方，再寻机兴复，结果齐主未能最终采纳其建议

① 前揭《颜氏家训集解》，第362～363页。

② 颜之推《观我生赋》："爰众旅而纳主，车五百以敻临，（自注：齐遣上党王涣率兵数万纳梁贞阳侯明为主。）返季子之观乐，释钟仪之鼓琴。（自注：梁武聘使谢挺、徐陵始得还南；凡厥梁臣，皆以礼遣。）窃闻风而清耳，倾见日之归心，试拂蓍以贞筮，遇交泰之吉林。（自注：之推闻梁人返国，故有奔齐之心，以丙子岁旦筮东行吉不，遇《泰之坎》，乃喜曰：'天地交泰而更习，坎重险，行而不失其信，此吉卦也，但恨小往大来耳。'后遂吉也。）譬欲秦而更楚，假南路于东寻，乘龙门之一曲，历砥柱之双岑。冰夷风薄而雷响，阳侯山载而谷沉，侔挈龟以凭浚，类斩蛟而赴深，昏扬舲于分陕，曙结缆于河阴，（自注：水路七百里一夜而至。）追风飚之逸气，从忠信以行吟。遭厄命而事旋，旧国从于采芑，先废君而诛相，讫变朝而易事。（自注：至邺，便值陈兴而梁灭，故不得还南。）遂留滞于漳滨，私自怜其何已。"参《北齐书》卷四五《颜之推传》，中华书局1972年，第623～624页。这生动地自述了其曲线返国但没有如愿的详细经过。

而被生擒。[1] 其《观我生赋》言："予一生而三化，备荼苦而蓼辛。"自注说："在扬都，值侯景杀简文而篡位；于江陵逢孝元覆灭，至此而三为亡国之人。"[2]足见其在乱亡奔窜之世仍时时以忠义为念。

此后，颜氏家族的忠义之风世代相承。对此，颜真卿所撰《晋侍中右光禄大夫本州大中正西平靖侯颜公大宗碑》称：

> 于戏！吾祖以志行纯粹，咸通神明，贻谋子孙，奕叶无改。其后忠义孝悌，文学才业，布在青史，粲然可知。非夫盛德流光，何能若是？

颜真卿该碑铭文总结家世德业，明确有"世忠义"[3]之语，可知在颜真卿等琅邪颜氏子孙那里，已明确将忠义作为其家风传统。[4]家族先人忠义之事具载于史籍，家人口头书面等教导又时时对此加以提倡，至唐中叶而有颜真卿、颜杲卿诸兄弟子侄的大义凛然，

① 颜之推《观我生赋》述此事为："乃诏余以典郡，据要路而问津，（自注：除之推为平原郡，据河津，以为奔陈之计。）斯呼航而济水，郊乡导于善邻，（自注：约以邺下一战不克，当与之推入陈。）不羞寄公之礼，愿为式微之宾。忽成言而中悔，矫阴疏而阳亲，信谄谋于公王，竟受陷于奸臣。（自注：丞相高阿那肱等不愿入南，又惧失齐主则得罪于周朝，故疏间之推。所以齐主留之推守平原城，而索船渡济向青州。阿那肱求自镇济州，乃启报应齐主云：'无贼，勿忽忽。'遂道周军追齐主而及之。"参前揭《北齐书》卷四五《颜之推传》，第625页。

② 《北齐书》卷四五《颜之推传》，第625页。

③ 前揭《颜鲁公集》卷七，第69页。

④ 洪迈《容斋四笔》卷二"颜鲁公帖"条谓："颜鲁公忠义气节，史策略尽。偶阅临汝石刻，见一帖云：'政可守不可不守，吾去岁中言事得罪，又不能逆道苟时为千古罪人也，虽贬居远方，终身不耻。汝曹当须谓吾之志不可不守也。'此是独赴谪地，而与其子孙者，无由考其岁月。千载之下，使人读之，尚可畏而仰也。"参前揭《容斋随笔》，第652页。由颜真卿碑文中对祖上忠义之节的称扬，及其碑帖中告诫子孙之"汝曹"云云，忠义之风在颜氏家族内部的传承之迹尚清晰可见。

不能不说与此种家风之陶冶熏染无关矣。①

与忠义之性相关，颜氏家族人物还多有敢于直谏的诤臣之风。如前述诸人颜竣、颜之仪等史籍载其谏诤之事。颜之推虽反对不在其位的谏诤，但提倡职责范围内的谏诤，明确要求其子孙“不容苟免偷安，垂头塞耳”②。据《旧唐书》卷七三《颜师古传》，颜师古之弟颜相时“贞观中，累迁谏议大夫，拾遗补阙，有诤臣之风”，可谓得其家风。

最后要说的是，颜氏家族的忠义之风，获得了世人的称扬，使其家族声名显耀，但为此他们也为此付出了代价。由于在朝代更迭之际，颜氏家族人物不能趋时附势，圆滑处事，往往在进入新朝之后，由于没有佐命之功，仕途不畅，政治地位不能顺利攀升。孙楷第曾针对东晋六朝的门阀士族言：

> 王谢诸族的贵盛所以能维持许久，固然因为当时的实力派拉拢他们，要他们帮衬，实在也因为他们识机变，随时与实力派勾结妥协，积极的帮忙，消极的不反对，这样，才能轩盖承家，在悠长的数百年中，造成了不变的特殊地位。其中也有不识机变的，如袁湛的侄孙袁粲，褚叔度的侄孙褚炤，但这样的人太少太少了。③

在孙楷第所举“不识机变的”的少数几个南朝家族如袁氏、褚氏之外，这里我们似乎还可加上琅邪颜氏家族。

（二）琅邪颜氏家族人物在为官处政方面的另一个突出特点，是能够当官务实。

琅邪颜氏家族人物的当官务实与魏晋以来士族人士普遍崇

---

① 颜真卿、颜杲卿等人事迹具载《旧唐书》、《新唐书》相关传记，内容超出本书论说范围，故不详述。

② 《颜氏家训·省事篇》，前揭《颜氏家训集解》，第333页。

③ 《刘裕与士大夫》，收入《沧州后集》，中华书局1985年，第297页。

尚的“士贵遗务”作风多有不同。典型如颜含，据《晋书》卷八八《颜含传》，东晋朝廷曾拟颜含出任吴郡太守：

> 王导问含曰：“卿今莅名郡，政将何先？”答曰：“王师岁动，编户虚耗，南北权豪竞招游食，国弊家丰，执事之忧。且当征之势门，使反田桑，数年之间，欲令户给人足，如其礼乐，俟之明宰。”含所历简而有恩，明而能断，然以威御下。导叹曰：“颜公在事，吴人敛手矣。”

永嘉南渡之初，能否赢得吴姓氏族的支持，直接关乎司马氏新政权的存亡成败。陈寅恪指出王导在当时的功业，“即在堪破此重要关键，而执行笼络吴地士族之政策”，“统一内部，结合南人北人两种实力，以抵抗外侮，民族因得以独立，文化因得以续延”。① 王导既要笼络南北士族，便不得不有所宽纵，采取老庄“无为”的施政方略。显然，颜含“简而有恩，明而能断，然以威御下”的传统循吏型行政作风与王导的施政方略存有扞格，由颜含所述的任职计划来看，他可能没有领会王导施行宽纵政策的深意。此番谈话之后，王导也感觉颜含不是合适人选，因此颜含最终“未之官，复为侍中”。

此后，刘宋时期显贵的颜竣、颜师伯也极具处理政务的实际才能。如元嘉二十八年，北魏请求与刘宋开通贸易，颜竣曾上奏建议不宜允许②。此后，孝武帝孝建年间国家拟铸造四铢钱，颜竣曾参预讨论③，而颜师伯也曾参与当时有关国家农业政策的商讨④。

---

① 参氏著《述东晋王导之功业》，收入《金明馆丛稿初编》，生活·读书·新知三联书店 2001 年，第 59、77 页。

② 参《宋书》卷七五《颜竣传》，第 1959 页。

③ 参《宋书》卷七五《颜竣传》，第 1960～1964 页。

④ 参《宋书》卷五四《孔季恭传附孔灵符传》，第 1533 页。

与此相一致的是，颜之推在《颜氏家训》中特设《涉务篇》，文中云：

士君子之处世，贵能有益于物耳，不徒高谈虚论，左琴右书，以费人君禄位也。国之用材，大较不过六事：一则朝廷之臣，取其鉴达治体，经纶博雅；二则文史之臣，取其著述宪章，不忘前古；三则军旅之臣，取其断决有谋，强干习事；四则藩屏之臣，取其明练风俗，清白爱民；五则使命之臣，取其识变从宜，不辱君命；六则兴造之臣，取其程功节费，开略有术，此则皆勤学守行者所能辨也。……吾见世中文学之士，品藻古今，若指诸掌，及有试用，多无所堪。……晋朝南渡，优借士族；故江南冠带，有才干者，擢为令仆已下尚书郎中书舍人已上，典掌机要。其余文义之士，多迂诞浮华，不涉世务……至于台阁令史，主书监帅，诸王签省，并晓习吏用，济办时须……故多见委使，盖用其长也。人每不自量，举世怨梁武帝父子爱小人而疏士大夫，此亦眼不能见其睫耳。……故治官则不了，营家则不办，皆优闲之过也。①

《北史》卷七〇《柳遐传附柳庄传》载柳庄为刘宋柳元景后人，先世本为南朝士人，其后入北朝及隋，柳庄其人：

明习旧章，雅达政事，凡所驳正，帝莫不称善。苏威为纳言，重（柳）庄器识，常奏帝云："江南人有学业者，多不习世务；习世务者，又无学业。能兼之者，不过柳庄。"

由苏威所言"江南人有学业者，多不习世务；习世务者，又无学业"，可知上述颜之推所言亦当近于实情，而对于南朝士人"有学业者，多不习世务"的缺失，颜之推也极力主张学以致用。《颜氏家训·勉学篇》云：

① 前揭《颜氏家训集解》，第315、317～318、324页。

夫所以读书学问，本欲开心明目，利于行耳。……学之所知，施无不达。世人读书者，但能言之，不能行之，忠孝无闻，仁义不足；加以断一条讼，不必得其理；宰千户县，不必理其民；问其造屋，不必知楣横而棁竖也；问其为田，不必知稷早而黍迟也；吟啸谈谑，讽咏辞赋，事既优闲，材增迂诞，军国经纶，略无施用：故为武人俗吏所共嗤诋，良由是乎！①

事实上，颜之推自身也确实拥有处理政事的能力，曾于北齐后主时建议立“立关市邸店之税”②。受其家族传统尤其是颜之推《颜氏家训》的影响，隋唐之际的琅邪颜氏子弟也多有当干之称。如颜之推第三子颜游秦：

武德初累迁廉州刺史……时刘黑闼初平，人多以强暴寡礼，风俗未安，游秦抚恤境内，敬让大行。邑里歌曰：“廉州颜有道，性行同庄、老。爱人如赤子，不杀非时草。”高祖玺书劳勉之。③

而据颜真卿所言，其事迹曾载入《循吏传》。④ 此后，颜之推孙颜师古亦曾以“干理”闻名。《旧唐书》卷七三《颜师古传》载：

隋仁寿中，为尚书左丞李纲所荐，授安养尉。尚书左仆射杨素见师古年弱貌羸，因谓曰：“安养剧县，何以克当？”师古曰：“割鸡焉用牛刀。”素奇其对。到官果以干理闻。

颜延之《右光禄大夫西平靖侯颜府君家传铭》论及颜含的功业时曾特别指出其“官必凝绩，学乃敦经”⑤，这恰当地道出了其家族

---

① 前揭《颜氏家训集解》，第165~166页。

② 《隋书》卷二四《食货志》，第679页。

③ 《旧唐书》卷七三《颜师古传》，第2596页。

④ 参颜真卿《晋侍中右光禄大夫本州大中正西平靖侯颜公大宗碑》，前揭《颜鲁公集》卷七，第68页。

⑤ 前揭《景定建康志》卷四三，第2027页。

人物为政崇尚务实的风格特征，与其家世儒学传统之间的深厚联系。可以知道长期生活在南朝社会的琅邪颜氏家族子弟，其所以能够较好保持务实的为政之风，而与周围多数士族子弟崇尚不习世务之风有别，其原因主要就在于其家族较好地保持了儒学文化的传统，于魏晋以来的玄学风尚浸染较少之故。

（三）此外，琅邪颜氏家族人物在出仕为官方面多主张并实践素退之道。

颜含告诫子弟“仕宦不可过二千石，婚嫁不须贪世位家”，前文已有详细解读。此后，颜延之作《右光禄大夫西平靖侯颜府君家传铭》，曾述及此事云：“忌满裁婚，鉴冲贬石。……任不穷秩，是谓高蹈。”①将其视为家族的荣耀。颜延之本人虽早年为政当官的欲望颇为强烈，但在屡屡遭受挫折打击后，晚年也归于平淡，对其子颜竣的一时宠贵多有劝鉴。《宋书》卷七三《颜延之传》：

> 子竣既贵重，权倾一朝，凡所资供，延之一无所受，器服不改，宅宇如旧。常乘羸牛笨车，逢竣卤簿，即屏往道侧。……常语竣曰：“平生不喜见要人，今不幸见汝。”竣起宅，谓曰：“善为之，无令后人笑汝拙也。”

同颜延之出于同样的担心，颜竣之弟颜测当时也“以兄贵为忧”②。此后，颜之推由南入北，历经磨难，更视素退之风为保家之要术，并因此在所撰《颜氏家训》中专设《止足篇》以教导子弟，如文中云：

> 《礼》云：“欲不可纵，志不可满。”宇宙可臻其极，情性不知其穷，唯在少欲知足，为立涯限尔。先祖靖侯戒子侄曰：“汝家书生门户，世无富贵；自今仕宦不可过二千石，婚姻勿

① 前揭《景定建康志》卷四三，第2027页。

② 《南史》卷三四《颜延之传附颜竣传》，第885页。

贪势家。"吾终身服膺,以为名言也。……仕宦称泰,不过处在中品,前望五十人,后顾五十人,足以免耻辱,无倾危也。高此者,便当罢谢,偃仰私庭。吾近为黄门郎,已可收退;当时羁旅,惧罹谤讟,思为此计,仅未暇尔。自丧乱已来,见因托风云,徼倖富贵,旦执机权,夜填坑谷,朔欢卓、郑,晦泣颜、原者,非十人五人也。慎之哉!慎之哉!①

可见颜之推秉承了颜含当年的教诫,"终身服膺,以为名言",并进而针对新的社会形势,提出了在他看来更容易理解的原则,即"处在中品,前望五十人,后顾五十人",下可以"免耻辱",上可以"无倾危"。

与主张素退之道相一致,颜之推坚决反对子弟参预武力战争,希冀侥幸以军功取达,为此他在《颜氏家训》中特设有《诫兵篇》,文中云:

颜氏之先……世以儒雅为业,遍在书记。仲尼门徒……颜氏居八人焉。秦、汉、魏、晋,下逮齐、梁,未有用兵以取达者。春秋世,颜高、颜鸣、颜息、颜羽之徒,皆一斗夫耳。齐有颜涿聚,赵有颜最,汉末有颜良,宋有颜延,并处将军之任,竟以颠覆。汉郎颜驷,自称好武,更无事迹。颜忠以党楚王受诛,颜俊以据武威见杀,得姓已来,无清操者,唯此二人,皆罹祸败。顷世乱离,衣冠之士,虽无身手,或聚徒众,违弃素业,徼倖战功。吾既羸薄,仰惟前代,故寘心于此,子孙志之。孔子力翘门关,不以力闻,此圣证也。吾见今世士大夫,才有气干,便倚赖之,不能被甲执兵,以卫社稷;但微行险服,逞弄拳腕,大则陷危亡,小则贻耻辱,遂无免者。……国之兴亡,兵之胜败,博学所至,幸讨论之。入帷幄之中,参庙堂之上,不

① 前揭《颜氏家训集解》,第343、347页。

能为主尽规以谋社稷，君子所耻也。然而每见文士，颇读兵书，微有经略。若居承平之世，睥睨宫闱，幸灾乐祸，首为逆乱，诖误善良；如在兵革之时，构扇反覆，纵横说诱，不识存亡，强相扶戴：此皆陷身灭族之本也。诫之哉！诫之哉！①

《南史》卷二三《王彧传附王蕴传》载：

> 蕴字彦深，彧兄子也。父楷……人才凡劣，故蕴不为群从所礼，常怀耻慨。家贫，为广德令。明帝即位，四方叛逆，欲以将领自奋，每抚刀曰："龙泉太阿，汝知我者。"叔父景文常诫之曰："阿答，汝灭我门户。"蕴曰："答与童乌贵贱异。"童乌，绚小字，答，蕴小字也。

两处参观，可知颜之推所云不为无的。政治上的干时竞进，尤其是军事武力上的投机，都会给士族门第带来极大的风险，因此也被士族门第中像颜之推这样的持家者认为是"陷身灭族之本"，视其为"灭我门户"的危途，而其坚持仕宦方面的素退之道，其根本原因也在此。

五、小结

综而观之，中古时期琅邪颜氏家族人物的政治活动主要集中于这一历史时段政治、社会变革的关键时期，分别以两晋之际的颜含、晋宋之际的颜延之以及刘宋中期的颜竣、颜师伯等为代表。颜含于两晋之际的政治活动使其家族得以顺利南迁江左，并得以进一步使其家族地位得以提升；颜延之于晋末、宋初于政治方面的积极争取，代表了在东晋以来纯粹的门阀政治终结、皇权政治重新恢复的情况之下，士族人士的强烈政治权力诉求；至颜竣、颜师伯从兄弟则已不得不面对皇帝集权政治日甚一日的局面，他们

① 前揭《颜氏家训集解》，第348、354页。

的荣辱兴衰在很大程度上要取决于帝王的意愿。通过对琅邪颜氏家族人物相关政治活动的全面考察,可以看到,他们在出仕为宦方面表现出了忠义、实务、素退等一致性,形成了家族特色。

在颜竣、颜师伯先后因过度参预政治而遇祸之后,活跃于南朝中后期及北朝、隋和唐初的其他房支琅邪颜氏家族子弟虽也“子孙咸著宦族”①,但政治显然不再是他们努力的主要方面,他们把更多的注意力倾向于文化方面,唐初所谓“少时学业,颜氏为优,其后职位,温氏为盛”②,就是他们长期致力于文化修习与传承的结果。在此后的章节中,我们将就琅邪颜氏家族文化包括家风、家学的各个方面展开广泛而深入的探讨。

① 颜真卿:《世系谱序》,前揭《颜鲁公集》卷五,第419页。

② 颜真卿《晋侍中右光禄大夫本州大中正西平靖侯颜公大宗碑》引《国史·温大雅传》之文。参前揭《颜鲁公集》卷七,第68页。

第二章 琅邪颜氏家族的儒家礼法家风

一般说来，东晋南朝是士族门阀社会极盛的时代。不过，所谓士族社会，并不是等齐划一的，就其家族地位与影响而言，既有高门、次门之分，也有"大族"、"小族"之别，又有执政之"势门"与"平流进取"之一般士族的分别。相对而言，在中古士族的研究中，人们往往对那些权重位高的显赫门第给予了较多的关注，而对中小家族则关注较少，而实际上，正是这类家族构成了士族社会的基础。在这类中小型士族中，琅邪颜氏家族无疑颇为典型，具有代表性。作为侨姓士族社会的成员，无论就政治权位和经济状况而言，琅邪颜氏皆不能与琅邪王氏、陈郡谢氏等大族相比，除了颜延之的文辞、颜之推的《家训》外，人们对这一家族所知甚少。实际上，这一家族自觉地克制对权势的追求，颜之推在《颜氏家训·止足篇》中述其家族训诫曰：

> 先祖靖侯戒子侄曰："汝家书生门户，世无富贵；自今仕宦不可过二千石，婚姻勿贪势家。"吾终身服膺，以为名言也。

可见其家族之祖训如此。颜之推又自云：

> 仕宦称泰，不过处在中品，前望五十人，后顾五十人，足

以免耻辱，无倾危也。高此者，便当罢谢，偃仰私庭。①

可见颜氏家族世代遵循先辈遗训。琅邪颜氏既然如此，却又何以能够因沿不废，世代相传呢？就其根本，主要在于其家族之文化风尚。钱穆曾指出："今人论此一时代之门第，大都只看在其政治上之特种优势，与经济上之特种凭藉，而未能注意及于当时门第中人之生活实况，及其内心想象。因此所见浅薄，无以抉发此一时代之共同精神所在。"②又说："一个大门第，决非全赖于外在之权势与财力，而能保泰持盈达于数百年之久；更非清虚与奢汰，所能使闺门雍睦，子弟循谨，维持此门户于不衰。当时极重家教门风，孝弟妇德，皆从两汉儒学传来。"③在政治权势与经济财力之外，钱穆特别强调士族核心文化即礼法门风对士族门第传承的重要作用，在这方面琅邪颜氏无疑可谓典型。有鉴于此，本文就琅邪颜氏家族门风略作论述，从一侧面揭示中古时代世族特别是那些不以权势地位显赫的中小家族传承不替的根本原因。

第一节 "吾家风教，素为整密"
——琅邪颜氏家族的礼法门风

颜之推曾云"吾家风教，素为整密"④，颜真卿又言其家族人

① ［北齐］颜之推撰，王利器集解：《颜氏家训集解》（增补本），中华书局1993年，第343、347页。

② 钱穆：《略论魏晋南北朝学术文化与当时门第之关系》，收入《中国学术思想史论丛》（卷三），安徽教育出版社2004年，第144页。

③ 氏著《国史大纲》（修订本），商务印书馆1996年第3版，第309～310页。

④ 《颜氏家训·序致篇》，前揭《颜氏家训集解》，第4页。

物"叠规矩"①,这是中古时代颜氏代表人物对其家族礼法传统的概括和总结。当然,作为士族社会的礼法名士,颜氏人物之重礼法,不仅影响到其家族,而且也会影响到当时的社会。从相关史实看,颜氏人物如此自许,确实体现出其家族门风的本质特征,下文以东晋南朝时期其家族人物的具体事例予以说明。

东晋时期,琅邪颜氏家族的代表人物为颜含。两晋之际,在士族社会玄风泛滥的社会背景下,颜含是一位礼法君子,西晋末起家为东海王司马越太傅参军,后琅邪王司马睿镇下邳,颜含被命为参军,并随之南渡。东晋草创过程中,礼法制度多有废弛,而颜含笃守儒家礼法。这方面有一则事例颇能说明问题,《晋书》卷八八《颜含传》载:

> 于时论者以王导帝之师傅,名位隆重,百僚宜为降礼。太常冯怀以问于含,含曰:"王公虽重,理无偏敬,降礼之言,或是诸君事宜。鄙人老矣,不识时务。"既而告人曰:"吾闻伐国不问仁人。向冯祖思问佞于我,我有邪德乎?"

《资治通鉴》卷九六《晋纪一八》"成帝咸康四年"(338)亦载此事,胡三省有注云:"降礼,谓拜之。……臣子惟拜君父,施之于导则为偏敬。偏,不正也。"这里强调的是颜含坚持朝廷礼法,不向王导降礼。此外,东晋李阐《右光禄大夫西平靖侯颜府君碑》亦载此事,以为"冯怀欲为王导降礼,君不从,曰:'王公虽重,故是吾家阿龙。'君

① [唐]颜真卿著,[清]黄本骥编订,[清]蒋瓌参校:《颜鲁公集》卷七《晋侍中右光禄大夫本州大中正西平靖侯颜公大宗碑》,《四部备要》本,第69页。

是王亲丈人，故呼王小字”①。这里强调的是颜含出于亲旧间的长幼关系而不能为王导降礼。当时，由于王导及其家族对东晋立国江东贡献极大，且王导为成帝师傅，王导享有许多超越臣属的待遇②，这除了王导个人因素外，主要还是与当时皇纲不振、士族门阀专权的背景相关。然而，颜含反对王导在礼仪上的僭越行为，无论是否有其政治上的倾向，而主要无疑出于其礼法君子的本色，目的在于维护儒家礼法的严正性。

刘宋时期，颜氏代表人物多重礼法。颜延之出于提振家族门第之目的，言行虽颇为玄化，但在家族训诫方面则极重礼法，据《宋书》卷七三《颜延之传》录其所作训戒子孙之《庭诰》，其中多有训导子孙谨遵礼法的内容，如：

睹惊异之事，或涉流传；遭卒迫之变，反思安顺。若异从

① [宋]马光祖修，[宋]周应合纂：《景定建康志》卷四三，《宋元方志丛刊》影印清嘉庆六年金陵孙忠愍祠刻本，中华书局 1990 年，第 2026 ~ 2027 页。按：宋代洪迈《容斋随笔》卷七“王导小名”条据李阐此文认为“呼三公小字，晋人浮虚如此”。《世说新语 · 企羡篇》“王丞相拜司空”条，余嘉锡《笺疏》引程炎震之说认为李阐文“君是王亲丈人，故呼王小字”，是“晋人自言呼小字之例如此”，洪迈“浮虚”之说“似未考也”。参[宋]刘义庆撰，[梁]刘孝标注，余嘉锡笺疏《世说新语笺疏》，中华书局 2007 年第 2 版，第 741 ~ 742 页。“丈人”是当时对亲戚长辈的通称，可知颜含称王导小名，不见得为虚浮，而其不肯为王导下拜是有碍于礼教的长幼之序。

② 关于王导在当时所享受的特殊礼遇，《晋书》卷六五《王导传》载：“及帝登尊号，百官陪列，命导升御床共坐。导固辞，至于三四，曰：‘若太阳下同万物，苍生何由仰照！’帝乃止。”同传又载：“初，（成）帝幼冲，见导，每拜。又尝与导书手诏，则云‘惶恐言’，中书作诏，则曰‘敬问’，于是以为定制。自后元正，导入，（成）帝犹为之兴焉。”王导羸疾，不堪入朝，成帝“令舆车入殿，其见敬如此。”《晋书》卷七八《孔愉传附孔坦传》载：“时成帝每幸丞相王导府，拜导妻曹氏，有同家人。”又，《晋书》卷三九《荀勖传附荀奕传》载成帝时“通议元会日帝应敬司徒王导不”云云，都可见如何礼敬王导，引起相关礼制的讨论。颜含所论，正与此相关。

已发，将尸谤人，迫而又迕，愈使失度。能夷异如裴楷，处逼如裴遐，可称深士乎。

可见颜延之希望其子孙效仿裴楷、裴遐叔侄，此二人都是身出玄风之中而不违礼，善于自处，从而比较好地协调了礼法与玄风的关系。① 仔细检核，可见《庭诰》一再涉及当时士族日常生活的礼仪训诫，如喜怒、交友、饮酒、游戏等，颜延之要求其子弟依照《礼记·曲礼》"礼不逾节，不侵侮，不好狎"、"乐不可极"等礼法原则，有所节制。

齐梁时期琅邪颜氏代表人物因循其家族门风传统，以恪守礼法著称。如颜协，《南史》卷七二《颜协传》："协家虽贫素，而修饰边幅，非车马未尝出游。"可见其注重仪表礼度，自律甚严。颜协乃颜之推之父，而颜之推《颜氏家训·治家篇》述其家族在南朝的生活情形说："南间贫素，皆事外饰，车乘衣服，必贵齐整；家人妻子，不免饥寒。"②这正与颜协的生活状况一致。遭遇社会的动荡

---

① 裴楷，据《世说新语·任诞篇》"阮步兵丧母"条载："阮步兵丧母，裴令公往吊之。阮方醉，散发坐床，箕踞不哭。裴至，下席于地，哭吊唁毕，便去。或问裴：'凡吊，主人哭，客乃为礼。阮既不哭，君何为哭？'裴曰：'阮方外之人，故不崇礼制；我辈俗中人，故以仪轨自居。'时人叹为两得其中。"刘孝标注引《名士传》载此事，并称赞裴楷"其安同异如此"。参前揭《世说新语笺疏》，第862页。可见裴楷曾积极致力于玄学名士任诞言行与儒家礼法的调和，颜延之所谓"能夷异如裴楷"，即《名士传》所谓"其安同异如此"之意，"同异"者即自然与名教之同异。由此可以推想，在当时士族社会崇尚玄虚的背景下，颜延之希望子弟面对不合礼教的"惊异之事"，要像裴楷那样能够明辨是非。裴遐，《世说新语·雅量篇》"裴遐在周馥所"条载，裴遐在周馥家中下围棋，"馥司马行酒。遐正戏，不时为饮。司马恚，因曳遐坠地。遐还坐，举止如常，颜色不变，复戏如故。王夷甫问遐：'当时何得颜色不异？'答曰：'直是闇当故耳。'"参前揭《世说新语笺疏》，第417～418页。可知颜延之所谓"处逼如裴遐"者，即指此类事而言，所希望于子孙者当为处于此种特殊境遇之中，要能从容应对，保持士大夫之优美仪态。

② 前揭《颜氏家训集解》，第51页。

与家庭的困顿，但作为文化士族人物，不能因客观环境而放松礼法上的自律，这正是所谓“士大夫风操”的表现，至于正常环境下，其严格遵循礼法，则自在不言之中了。

作为儒学旧族，琅邪颜氏礼法传统的承传，与其家族重视家教密切相关。确实，与诸多世家名门一样，琅邪颜氏有其家教传统，而且这方面的业绩更为突出。颜之推在《颜氏家训》中一再引述东晋颜含的训诫之言，可称为其家族之“祖训”。刘宋时颜延之著有《庭诰》、南北朝末颜之推则有著名的《颜氏家训》，可见其家族训诫之风世代承传，一以贯之，并且在内容上不断丰富，成为中古世族社会家教的典范。透过《颜氏家训》这部琅邪颜氏家族训诫的集大成著作，从中可以觇见颜氏家族世代遵奉的诸多礼仪规范。对于著作《家训》的初衷，颜之推在《序致篇》中称为“业以整齐门内，提撕子孙”①，即意在规范其子弟言行，以符合礼教规范。其《风操篇》又说：

> 吾观《礼经》，圣人之教……亦为至矣。但既残缺，非复全书；其有所不载，及世事变改者，学达君子，自为节度，相承行之，故世号士大夫风操。而家门颇有不同……然其阡陌，亦自可知。……汝曹生于戎马之间，视听之所不晓，故聊记录以传示子孙。②

据此可知，其所规劝子弟遵行的种种规矩皆就儒家礼教结合社会生活实际折中而成。父子、兄弟之间，颜之推要求严其礼防，《教子篇》说：“父子之严，不可以狎；骨肉之爱，不可以简。”③为此不惜笔墨于《兄弟篇》举刘琎因未着衣帽而不敢应答其兄刘瓛的呼叫之事，称赞说“以此事兄，可以免矣”④，其所向往之家族内父

---

① 前揭《颜氏家训集解》，第1页。

② 前揭《颜氏家训集解》，第59页。

③ 前揭《颜氏家训集解》，第15页。

④ 前揭《颜氏家训集解》，第29页。

子、兄弟间的规矩仪范由此可见一斑。家族内部的礼法甚至关涉到家中的奴仆,《风操篇》举裴之礼家之例说:"其门生僮仆,接于他人,折旋俯仰,辞色应对,莫不肃敬,与主无别也。"①这正是颜之推所向往并教导其子弟为之努力的理想门第风范。特别需要指出,颜之推自述其家教,非常重视幼教和青少年时代的训导,《教子篇》说:"当及婴稚,识人颜色,知人喜怒,便加教诲,使为则为,使止则止。"②《序致篇》则以自己为例,云:

> 昔在龆龀,便蒙诱诲;每从两兄,晓夕温凊,规行矩步,安辞定色,锵锵翼翼,若朝严君焉。赐以优言,问所好尚,励短引长,莫不恳笃。年始九岁,便丁荼蓼,家途离散,百口索然。慈兄鞠养,苦辛备至;有仁无威,导示不切。虽读《礼传》,微爱属文,颇为凡人之所陶染,肆欲轻言,不修边幅。年十八九,少知砥砺,习若自然,卒无洗荡。二十以后,大过稀焉;每常心共口敌,性与情竞,夜觉晓非,今悔昨失,自怜无教,以至于斯。追思平昔之指,铭肌镂骨,非徒古书之诫,经目过耳也。③

颜之推尽管接受训导甚早,但仍有诸多遗憾,"自怜无教",著述家训以教导子孙。

一般说来,士族门第无不重视家族内部之礼法,但毕竟"家门颇有不同"。相较之下,琅邪颜氏家族内部训诫颇为严格,其人物表现亦多严谨。具体可以颜延之教训其子颜竣为例,《南史》卷三四《颜延之传》:

> (颜延之)尝早候(颜)竣,遇宾客盈门,竣方卧不起,延之怒曰:"恭敬撙节,福之基也。骄佷傲慢,祸之始也。况出粪

---

① 前揭《颜氏家训集解》,第124~125页。

② 前揭《颜氏家训集解》,第8页。

③ 前揭《颜氏家训集解》,第4页。

土之中，而升云霞之上，傲不可长，其能久乎。”

尽管颜延之在社会上言行颇任诞，但他对一度颇有权位的颜竣行家教之责，态度如此严格，完全是一个礼法之士。细读《颜氏家训》所举其家族教训子弟的事例与主张，也可见其家族的治家态度极为严格。《治家篇》曾言“笞怒废于家，则竖子之过立见……治家之宽猛，亦犹国焉”。很明显，颜之推是主张采取严厉的态度教育子孙以践礼的，而不主张对子女的过分宽纵与溺爱。

第二节 “代传恭孝”

儒家礼法是士族社会普遍遵循的基本道德规范，而在家族内部则具体表现为其成员之间的伦理关系，其核心就是孝悌之道，目的在于维护家族内部的和睦和稳定，从根本上延续其家族地位。李慈铭《越缦堂读书记》“正史类 · 南史”部分有一则札记说：

> 王谢子弟，浮华矜躁，服用奢淫，而能仍世显贵者，盖其门风孝友，有过他氏……家庭之际，雍睦可亲。……虽改姓易朝，略无忠节，顾不恤国而能恤家，久据膏粱，要非无故。①

相较之下，琅邪颜氏的孝友门风更为严正和纯粹。颜氏儒化，可谓源远流长，《颜氏家训 · 诫兵篇》称：“颜氏之先，本乎邹、鲁，或分入齐，世以儒雅为业，遍在书记。”②颜之推所述其家族早期儒化风尚，难以确考，但至少至汉末，其家族孝友门风已颇为严正。颜真卿《晋侍中右光禄大夫本州大中正西平靖侯颜公大宗

---

① ［清］李慈铭撰，由云龙辑：《越缦堂读书记》，中华书局2006年第2版，第262页。

② 前揭《颜氏家训集解》，第348页。

碑》载颜盛“始自鲁居瑯琊。代传恭孝,故号所居为孝悌里”[①]。颜盛率领其家族人物自鲁徙居琅邪,可谓是琅邪颜氏一支的“始祖”,其所居之新地命名“孝悌里”,其子孙“代传恭孝”,可见其门风渊源有自。东晋南朝,琅邪颜氏侨居江东,南北朝后期,又北迁关东与关中,这一家族文化风尚一直因袭不衰。

两晋之际的颜含是一位孝友的典范,其被列入《晋书》的《孝友传》,正说明了这一点。[②] 据李阐《颜府君碑》,颜含“幼禀贞粹,长而好古,睦亲之誉,发于羁贯,每读书,见孝友通灵之事,辄凄然改容,以为人神相与,何远之有?但患人心浇伪,自绝于神耳。苟能无以伪杂真,神其舍诸”[③]。可知颜含自幼即有浓厚的孝友之情,笃信“孝友通灵之事”。又,《晋书》卷八八《颜含传》载颜含“少有操行,以孝闻”。其兄颜畿,“咸宁中得疾,就医自疗,遂死于医家”,家人办丧事,颇有灵异,其兄托言未死,“吾当复生,可急开棺”,其父本不肯开棺,颜含虽年少,力主开棺,“果有生验”。颜含“乃绝弃人事,躬亲侍养,足不出户者十有三年。石崇重含淳行,赠以甘旨,含谢而不受”。此事颇为怪异,也许颜含兄被误诊而成为“植物人”,但年少的颜含如此对待病危的兄长,其孝友之情可谓淳厚。颜含本传又载其“二亲既终,两兄继没,次嫂樊氏因疾失明,含课励家人,尽心奉养,每日自尝省药馔,察问息耗,必簪屦束带。医人疏方,应须髯蛇胆,而寻求备至,无由得之,含忧叹累时。尝昼独坐,忽有一青衣童子年可十三四,持一青囊授含,含开视,乃蛇胆也。童子逡巡出户,化成青鸟飞去。得胆,药成,嫂病即

① 前揭《颜鲁公集》卷七,第 67 页。

② 对唐修《晋书》,史家刘咸炘曾说:“《孝友传》庸滥如斯……惟《颜含传》独详实。”参参氏著《翻史记一 · 晋书记》,收入《推十书》(增补全本)丙辑,上海科学技术文献出版社 2009 年,第 699 页。

③ 前揭《景定建康志》卷四三,第 2026 页。

愈。由是著名”。所谓青鸟送药，更为怪诞，固不可信，但颜含精心侍奉失明寡嫂当有其事。李阐《颜府君碑》称颜含“修己立诚，尽欢就养，训行闺门，义达州里”①。所谓“尽欢就养”，是称扬颜含个人的孝行，所谓“训行闺门”，则指出颜含致力于家族孝悌门风的建设。此后，颜含诸子皆秉承孝行。《太平御览》卷三八九引《颜含别传》称其长子颜髦“少慕家业，惇于孝行”②。李阐颜含碑文也称颜含致仕后，颜髦“解职视膳”，颜谦“躬率田桑”，也尽孝养之心；颜含卒后，“停柩在殡，邻家失火，三子抱柩号惶，分同灰烬，焱焰垂及，欻然顿灭”。颜含父子如此，可见其孝友之情。

晋宋之间，颜延之教导子弟，特别重视孝悌。据《宋书》卷七三《颜延之传》所录《庭诰》，颜延之云：“欲求子孝必先慈，将责弟悌务为友。虽孝不待慈，而慈固植孝；悌非期友，而友亦立悌。”又说：“倘知恩意相生，情理相出，可使家有参、柴，人皆由、损。”这些都是对子弟践行孝悌之义具体途径的指导。所谓“家有参、柴，人皆由、损”，正是颜延之对其子孙的希望。《艺文类聚》卷二一“人部·友悌·祭文”收有颜延之所作《祖祭弟文》，文中所言“惟兄及弟，瞻母望昆”③云云，可以看出其兄弟之间的拳拳深情。

齐梁之际，颜协也以孝义著名。《梁书》卷五〇《颜协传》载其幼孤，由舅陈郡谢暕抚养成人，后谢暕卒，颜协“以有鞠养恩，居丧如伯叔之礼”。颜协对谢暕如此尽孝，以报答其养育之恩。颜协诸子也皆能践行孝悌之义。前引颜之推在《颜氏家训·序致篇》中曾描述其与两位兄长早年生活的情形：“年

---

① 前揭《景定建康志》卷四三，第2026页。

② ［宋］李昉等撰：《太平御览》，中华书局1960年，第1801页。

③ ［唐］欧阳询等撰，汪绍楹校：《艺文类聚》，上海古籍出版社1999年新2版，第390～391页。

始九岁，便丁荼蓼……慈兄鞠养，苦辛备至；有仁无威，导示不切”云云①，可见在家国破败的逆境中，其兄弟之间的抚育与教养的情形。

颜之推著《家训》，继承其家族传统，大力倡导孝悌精神。②《颜氏家训·兄弟篇》论述友悌之理，说：

> 夫有人民而后有夫妇，有夫妇而后有父子，有父子而后有兄弟：一家之亲，此三而已矣。自兹以往，至于九族，皆本于三亲焉，故于人伦为重者也，不可不笃。兄弟者，分形连气之人也，方其幼也，父母左提右挈，前襟后裾，食则同案，衣则传服，学则连业，游则共方，虽有悖乱之人，不能不相爱也。……二亲既殁，兄弟相顾，当如形之与影，声之与响；爱先人之遗体，惜已身之分气，非兄弟何念哉？兄弟之际，异于他人，望深则易怨，地亲则易弭。譬犹居室，一穴则塞之，一隙则涂之，则无颓毁之虑；如雀鼠之不恤，风雨之不防，壁陷楹沦，无可救矣。……兄弟不睦，则子侄不爱；子侄不爱，则群从疏薄；群从疏薄，则僮仆为仇敌矣。如此，则行路皆踖其面而蹈其心，谁救之哉？人或交天下之士，皆有欢爱，而失敬于兄者，何其能多而不能少也！人或将数万之师，得其死力，而失恩于弟者，何其能疏而不能亲也！③

可见颜之推特别重视家族内兄弟、子侄之间的和睦问题，否则，任何一个家族都难以稳定和维系。在这一门风影响下，此后，颜之推诸子侄，直到唐代，依然多以孝友显名。据《旧唐书》卷七三《颜

① 前揭《颜氏家训集解》，第4页。

② 对《颜氏家训》的重视孝悌，张伯伟《〈颜氏家训〉与颜氏家风》（收入《第三届魏晋南北朝文学国际学术研讨会论文集》，文史哲出版社1998年）有深入论述，请参看。

③ 前揭《颜氏家训集解》，第23、26、27页。

师古传》，颜师古之弟颜相时“羸瘠多疾病，（唐）太宗常使赐以医药。性仁友，及师古卒，不胜哀慕而卒”，这是其兄弟间富于亲情至性的突出表现。

当然，作为一个传承数百年、历经众多王朝更迭和南北地域迁徙的家族，琅邪颜氏虽不若琅邪王氏等显赫门第那样房支众多与人物繁盛，但毕竟有一定的成员数量，加上处于复杂多变的局势之下，难免有个别人物未合门风严谨之标准，如刘宋颜竣、唐初颜师古，都曾因有违孝行，遭时论所讥，但细察之下也都有其具体的历史原因，尚稍加说明。

元嘉末年，太子刘劭弑父自立，颜竣置其父颜延之尚在刘劭政权中被迫任职于不顾，积极参预孝武帝刘骏集团的讨伐行动，此事被《宋书》作者沈约认为是“余彼慈亲，垂之虎吻”，从而加以严厉批评。其实，沈约之所以对颜竣如此苛刻，很可能有个人情感掺杂其中。一方面是因为颜竣曾与沈约之父沈璞有宿怨；另一方面，沈约对颜竣的批判某种意义上说正是为其所捏造的乃父沈璞因孝行而被杀之事张本。可见颜竣此事有着具体的历史原因，需要“同情之理解”。①

其实，发生在颜竣身上的另一件事，如果按照传统的伦理标准，确实可以作为其“不孝”的口实。《南史》卷三四《颜延之传》述颜延之之卒云：“延之有爱姬，非姬食不饱，寝不安。姬凭宠，尝荡延之坠床致损，竣杀之。延之痛惜甚至，常坐灵上哭曰：‘贵人杀汝，非我杀汝。’以冬日临哭，忽见妾排屏风以压延之，延之惧坠地，因病。孝建三年卒，年七十三。”不知为何，沈约《宋书》却没有记载此事。清人王鸣盛曾就此事评论说：“愚谓妾罪小，竣竟杀

① 笔者曾详考此事，撰《沈璞之死与颜竣“不孝”》一文，特置于本文附录，请参看。

之，非怒其损父，忌其宠于父耳。竣之不孝，宜乎不得其死。严武杀父妾，以其夺母宠也，独不为父地乎？知母不知父，非人道矣。”①则在王氏看来颜竣是因为此妾破坏了父母的关系而将其杀害。《礼记·内则》称：“父母有婢子若庶子庶孙，甚爱之，虽父母没，没身敬之不衰。”按照传统礼法，对待父亲所宠之妾即使“父母没”都要终身“敬之不衰”，何况父亲尚在而杀之乎？史称颜竣“容貌严毅”，受严整家风的影响，平时为人严肃不苟，或许对父妾凭宠胡作非为的行为早有不满，因此才借故将其杀害也未可知。

关于颜师古的不孝，据《旧唐书》卷七三《颜师古传》，唐太宗曾指责颜师古“事亲居官，未为清论所许”。《新唐书》卷一九八《颜师古传》亦载此事，并对其中所谓“事亲”云云，解释说：“初，思鲁与妻不相宜，师古苦谏，父不听，情有所隔，故帝及之。”罗香林曾谓：“据《鲁公家庙碑额阴记》：思鲁国初与殷夫人分二地居住，思鲁所居，虢州君（原注：谓勤礼）舍人君（原注：谓育德）侍焉，其后子孙即以其宅改为颜惟贞家庙，《家庙碑》所记，即其地也；殷夫人则居十字街西北壁第一宅，秘书监君（谓师古）礼部侍郎（原注：谓相时）侍焉。观思鲁夫妇异居，其不相宜可知也。”②可知，颜师古与其父颜思鲁的关系曾有不洽，但根本原因却是由于父母关系的不和。

尽管有颜竣和颜师古这样“不孝”的例外，但从上述颜氏家族代表人物的行为表现和当时社会舆论的反应看，琅邪颜氏人物践行礼法、笃守孝道，确实构成了其家族门风的显著特征，所谓“代传孝恭”，确非虚言。

在中古时代以家族为本位的社会状况下，各家族都普遍重视

① 参氏著《十七史商榷》卷六一“颜竣杀父妾”条，上海书店出版社2005年，第489~490页。

② 参氏著《颜师古年谱》，台湾商务印书馆1972年，第36页

礼法与孝友之道，诚如日本史家内藤湖南在《中国中古的文化》中所概言：“贵族的家族是社会的核心，所以礼仪是十分严格的。家礼从这时起被认为是重要的……生活中的一切都受到礼仪的束缚，贵族的家族是依据这些法则行事的。”①特别像琅邪颜氏这样的“小族”，他们缺少强大的家族势力和社会基础的支撑，而且极力回避与一些强势门第联姻结盟，其家族的维系与承继，主要依靠其内在的文化凝聚力。钱穆也特别指出说：“当时门第在家庭中所奉行率守之礼法，此则纯是儒家传统。可谓礼法实与门第相终始，惟有礼法乃始有门第，若礼法破败，则门第亦终难保。”②就琅邪颜氏家族而言，其家族在既无政治、经济强势，也无房支众多的人数优势等背景下，其家族相沿不废的关键正在“其门风之优美，不同于凡庶”，特别是其重视儒家礼法的家教传统。从这个意义上说，琅邪颜氏的儒家礼法门风及其传承可谓当时士族社会的典范。

第三节　琅邪颜氏人物的习玄与其尚儒传统之关系

由上文所考叙，可见琅邪颜氏人物笃信儒家道德，同时其在学术上也多重经史之道。颜氏家学门风虽如此，但他们毕竟处于玄学思潮及相关风尚盛行的时代，魏晋以降，由儒入玄是诸多家族提升社会地位的捷径，那么琅邪颜氏人物是如何对待与处理玄

① （日）内藤湖南著，夏应元选编并监译：《中国史通论》，社会科学出版社2004年，第310页。

② 《略论魏晋南北朝学术文化与当时门第之关系》，前揭《中国学术思想史论丛》（卷三），第161～162页。

学激起之风尚的呢？本文附论于此，以进一步探究其家族文化的本质特征。

汉末魏晋以来，士风渐变，个性化的名士层出不穷，“世以儒雅为业”的颜氏自然少有预流者。两晋之际，玄化思潮风靡，任诞放达之风甚嚣尘上，颜氏家族代表人物对此表现出强烈的抵触与排斥情绪。如颜含在人物品评中，依然坚持德行而轻视玄化风采方面。《晋书》卷八八《颜含传》载：

> 或问江左群士优劣，答曰：“周伯仁之正，邓伯道之清，卞望之之节，余则吾不知也。”其雅重行实，抑绝浮伪如此。

可见颜含表彰诸人，皆重其忠、清之品格，完全是汉儒的标准，这与当时的品藻风气大相径庭，而邓、卞诸人皆曾遭到当时玄化名士的讥刺，可见颜含与时流的思想冲突。

颜含之后，其子孙也未入玄。其长子颜髦，《北堂书钞》卷五八引《颜含别传》称其“形仪严整，风貌端美”，桓温赞为“廊庙之望”。其“形仪严整”，与玄化名士的容止风貌不同，而所谓“廊庙之望”，即娴习儒家礼仪，能为百官准则，自然与玄学风尚有所疏离。

直到南北后期，颜氏代表人物对玄学风尚仍持批判态度。颜之推《颜氏家训·勉学篇》论及梁代玄学风尚，认为清谈“非济世成俗之要也。洎于梁世，兹风复阐……元帝在江、荆间，复所爱习，召置学生，亲为教授……吾时颇预末筵，亲承音旨，性既顽鲁，亦所不好云”①。可见颜之推明确批评“兹风复阐”的风气，希望其子弟疏离玄风。琅邪颜氏家族通过其代表人物的言行表现与严格的家教，始终对玄学保持排斥的态度，这从一个侧面维护了其家族崇尚儒家礼法的传统，使其家族成为侨姓士族中为数不多的少受玄风浸染的家族之一。

---

① 前揭《颜氏家训集解》，第187页。

当然,我们还必须注意到,作为上层社会的主流风尚,玄学风尚对世族社会的影响是极其深刻的,即便像琅邪颜氏这样守旧的儒学世家,也不可能完全置身于外,一点不受其影响。无论对于一个家族,或者其中的人物,玄风有如时代氛围,如果一点不融入其中,便难以为士族社会所接受,而无法获得政治与社会的现实利益。诚如田余庆所指出:

> 两晋时期,儒学家族如果不入玄风,就产生不了为世所知的名士,从而也不能继续维持其尊显的士族地位。东晋执政的门阀士族,其家族在什么时候、以何人为代表、在多大程度上由儒入玄,史籍都斑斑可考。他们之中,没有一个门户是原封未动的儒学世家。东晋玄学一枝独秀,符合门阀政治的需要。①

事实确实如此,琅邪颜氏人物长期抵制玄风,颜含之后其家族的政治及社会地位明显衰落。对此,颜氏子弟不能不有所忧虑。

晋宋之际,颜延之由儒入玄,成为琅邪颜氏家族第一个玄学名士。关于颜延之的玄化,史籍多有记载,《宋书》卷七三《颜延之传》称其"饮酒不护细行",晚年"好骑马,遨游里巷,遇知旧辄据鞍索酒,得酒必颓然自得",恣意任诞。又,《南史》卷三四《颜延之传》载何尚之曾问颜延之诸子"谁得卿狂",颜氏说"其狂不可及"。又载宋文帝"尝召延之,传诏频不见……他日醉醒乃见"。可见其以"狂"自傲,目的在于以此邀名,提升其个人和家族的声誉与地位。颜延之不仅在行为方面玄化,而且在学术上也儒玄结合,《文选》卷六〇王僧达《祭颜光禄文》称颜延之"义穷机象",李善注曰:"机象,谓《周易》。"②可知在《周易》研究方面,颜延之倾向于魏晋以来的玄化义学。此外,颜延之还着意指导其子弟习

---

① 氏著《东晋门阀政治》,北京大学出版社 2005 年第 4 版,第 292 页。

② [梁]萧统编,[唐]李善注:《文选》,中华书局 1977 年,第 837 页。

玄，其所撰《庭诰》中教导子弟学习清谈，要“练之庶士，校之群言”，而不能只是“呻吟于墙室之内，喧嚣于党辈之间”。① 此后，其诸子的玄学素养有所提高。《宋书》卷七五《颜竣传》载宋文帝曾问颜延之：“卿诸子谁有卿风？”颜延之曾说：“臭得臣义，跃得臣酒。”所谓颜臭之“义”、颜跃之“酒”，都是习染玄学与玄风的表现。颜延之入玄，拓展了其交游范围与层次，其得以与谢灵运齐名，并与谢晦等名士交往，成为当时最著名的名士之一，并受到宋武帝、宋文帝父子的关注，除了其文才外，与其玄化关系密切。这种社会地位的提升，也一度影响到其家族人物的仕宦。

由此可见，以往有论者以为琅邪颜氏为完全未受玄学影响的家族，这显然不合实际，在玄风盛行的大文化背景下，一尘不染，绝无可能。不过，琅邪颜氏毕竟儒学传统深厚，就其入玄而言，不仅时间甚晚，且为个别人物，不能从根本上改变其家族整体文化风貌。即便在玄化方面最为突出的颜延之，其任诞便具有明显的做作色彩，并不自然，其他子弟更是习玄不深。颜延之之入玄是其家族文化的一个“变调”，而不可能成为其家族文化新的“基调”。因此，就总体而言，琅邪颜氏家族虽曾接受了玄学风尚的影响，但无法撼动和改变其家族“世以儒雅为业”的文化传统，虽经受了玄风的影响，但依然保持着比较典型、纯粹的经学世家的本质。颜之推在《观我生赋》中自述其家族于永嘉之乱时由琅邪迁至建康后，“作羽仪于新邑，树杞梓于水乡，传清白而勿替，守法度而不忘”。所谓“传清白而勿替，守法度而不忘”②，都是以儒家礼法为根本，这是其家族文化的根本精神，而对玄学浮虚之论，他们是不以为意的。

---

① 《宋书》卷七三《颜延之传》，第 1895 页。

② 《北齐书》卷四五《颜之推传》，第 618 ~ 619 页。

第三章 琅邪颜氏家族的经史之学

第一节 “家籍儒风”

魏晋以降，中国社会与思想文化都经历着深刻的变化，玄学的兴起与玄风的传播，成为中古社会文化变化的重要思想“酵母”，但是，玄学终究是儒学在特定时代的一种表现形式，其利用“援道入儒”的思想方法对儒家经典进行新的阐释，至于士人的为人原则则主要以儒家礼法为主，诚如钱穆所指出，魏晋以降，士族社会人物“一面谨守儒家旧传统，一面又竞慕文学新风流”①。当然，两者有表里之分、内外之别。尽管当日士族社会的文化习尚普遍多元化，但其基础仍是儒家经学，这是由士族门第与儒学精神的关系所决定的，对此，钱穆曾说：“门第即来自士族，血缘本于儒家，苟儒家精神一旦消失，则门第亦将不复存在。……东汉末期下迄魏晋，当时人所抱之人生理想及人物标准，虽与汉儒大有转变，虽已羼进了不少老庄消极气氛，而仍不失为有一种甚深厚之儒家传统。最多只能说其是儒道合流，而非纯走上老庄行径，

---

① 钱穆：《略论魏晋南北朝学术文化与当时门第之关系》，收入《中国学术思想史论丛》（卷三），安徽教育出版社 2004 年，第 173 页。

则显然可见。”①

据东晋李阐所作《右光禄大夫西平靖侯颜府君碑》，东晋颜含曾对其家中子弟说“尔家书生为门，世无富贵”②，由此可知颜含自觉将其家族定位为文化世家。《北齐书》卷四五《颜之推传》称琅邪颜氏家族“世善《周官》、《左氏》”，唐颜真卿所作《晋侍中右光禄大夫本州大中正西平靖侯颜公大宗碑》谓其家族“文雎涣，学邹鲁”③，《旧唐书》卷七三史臣论也称颜师古“家籍儒风，该博经义”，显然琅邪颜氏家族家学的主要内容是儒家经义之学。

据现存文献记载，琅邪颜氏家族较早以学业著称者为魏晋时期的颜钦。据颜真卿所作《晋侍中右光禄大夫本州大中正西平靖侯颜公大宗碑》，颜钦字公若，为颜含祖父，历任大中大夫、东莞和广陵太守，封葛绎贞子，“明《韩诗》、《礼》、《易》、《尚书》，多所通说，学者宗之”④，可知颜钦所学颇为博通，在当时有着不小的影响。

颜含也通晓儒家传统礼制，据《晋书》卷八八《颜含传》，颜含过江后曾任国子祭酒，这是需要具备一定礼仪制度文化修养才能担当的职位。《晋书》卷七七《陆晔传》：

> 咸和中，(陆晔)求归乡里拜坟墓。有司奏，旧制假六十日。侍中颜含、黄门侍郎冯怀驳曰：“晔内蕴至德，清一其心，受托付之重，居台司之位，既蒙诏许归坟茔，大臣之义本在忘己，岂容有期而反，无期必违。愚谓宜还自还，不须制日。”帝

① 《略论魏晋南北朝学术文化与当时门第之关系》，前揭《中国学术思想史论丛》(卷三)，第141、147页。

② ［宋］马光祖修，周应合纂：《景定建康志》卷四三，《宋元方志丛刊》影印清嘉庆六年金陵孙忠愍祠刻本，中华书局1990年，第2027页。

③ ［唐］颜真卿著，［清］黄本骥编订，［清］蒋瓌参校：《颜鲁公集》卷七，《四部备要》本，第69页。

④ 前揭《颜鲁公集》卷七，第67页。

从之，晔因归。

这是颜含、冯怀二人根据实际情理，反对将官员的归省假期固定为六十日的旧制，并且他们的建议被当政者所采纳。

汉末魏晋以来，随着玄学的兴起与流行，儒家经学在汉末古文经学之后也开始发生变化，以何晏、王弼为代表的援道入儒的新经学流行于当时的文化中心洛阳附近。西晋末年，五胡乱华、永嘉南渡，新兴的经学随侨姓士族南迁，继续在东晋、南朝延续发展。作为南迁的侨姓士族，琅邪颜氏家族子弟所习也多为玄学影响之下的新经学。这可以刘宋时期的颜延之为代表。

一、颜延之的经学建树及其学风旨趣

众所周知，晋宋之际，颜延之与谢灵运并称，是当时最重要的文学家。不仅如此，正史文献多记载颜延之行为怪异，颇具名士的气质，以致人们常将其作为放浪形骸的任诞名士的代表。毫无疑问，这是颜延之最显著的性格特征。不过，深入研究相关文献，可知他还是一位学识渊博的经学家，其内在思想的核心则表现出儒学礼法的倾向。清人马国翰《玉函山房辑佚书》曾辑录有刘宋颜延之"《论语颜氏说》一卷"，马氏为之作《序》，其中有言：

> 览是编者，应叹江左之士说经锵锵，非徒以错彩镂金齐名康乐而已也。①

马氏意为颜延之非但在诗文创作上成就突出，与谢灵运齐名，在经学著述方面的成就也有值得称道之处。这是很有见地的看法。

颜延之如此，并不奇怪，这正是由上文所述其家族文化传统所决定的。汉唐之间琅邪颜氏家族其家学的核心内容是儒家经

① ［清］马国翰：《玉函山房辑佚书》，《续修四库全书》影印清光绪九年嫏嬛馆刻本，上海古籍出版社2002年，第1203册，第97页。

学,作为晋宋之间颜氏家族的关键人物,颜延之具有良好的经学文化修养并不偶然。进一步从中古时代世族社会总体的文化风尚而言,多数文化世族都是儒、玄双修,他们表面上为任诞名士,而本质上则努力实践礼法,以维系家族传承。令人遗憾的是,后来人们只是看到其表面上玄化任诞,却忽视了其内在的文化修养。以颜延之为例,由于其文学成就相对突出,以往学界特别是文学史界自然主要关注其诗文创作,而对其学术思想特别是经学方面则少有论述。有鉴于此,这里考论颜延之的经学活动、学风特征及其相关成就,并试图从一个侧面展示其家学风貌,以期有助于促进对其文学思想等方面的深入研究。①

(一)"折以简要":与周续之辩难及其所体现的颜氏学风

魏晋以来,以何晏、王弼为代表的以玄释儒的新经学,流行于当时的文化中心洛阳附近。永嘉南渡,这种新经学随侨姓士族南迁,继续在东晋、南朝延续发展。受玄学清谈的影响,"儒家经典也往往成为清言玄谈之资,说经亦玄谈化"②,这在颜延之也有突出表现。据《宋书》卷七三《颜延之传》:

> 雁门人周续之隐居庐山,儒学著称,永初中,征诣京师,开馆以居之。高祖亲幸,朝彦毕至,延之官列犹卑,引升上

① 近年来,已有学者开始关注颜延之的文学思想,并指出其特点是接近儒家。如曹道衡《论颜延之的思想和创作》指出:"如果结合他现存的一些文章来看,他的思想似乎还比较接近正统的儒家。这种思想在《宋书》本传所附载的《庭诰》一文中表现得最明显。"参《古典文学论丛》第4辑,齐鲁书社1986年,第142页。李宗长《论颜延之的思想》说:"(颜延之)的思想比较复杂,多种思想融于一身,既有传统的儒家思想,又不排斥新兴的玄佛思想,其中以儒家思想为主导。"该文载《南京社会科学》1996年第6期。另外,杨晓斌博士论文《颜延之生平与著述考》对颜延之经学著作多有精当考述。

② 唐长孺:《魏晋南北朝隋唐史三论》,武汉大学出版社1992年,第224页。

> 席。上使问续之三义，续之雅仗辞辩，延之每折以简要。既连挫续之，上又使还自敷释，言约理畅，莫不称善。

《宋书》卷九三《周续之传》也载此事，且称宋武帝所问具体为《礼记》"慠不可长"、"与我九龄"、"射于矍圃"三义。所谓"续之雅仗辞辩，延之每折以简要"，颜延之"还自敷释，言约理畅"云云，原因便在于二人所习的礼学所受玄学之浸染深浅有别。颜延之本为侨姓士族子弟，又生活于江左玄学风尚最为浓厚的首都建康，其受玄学影响较为明显。据《太平御览》卷六〇八引颜延之《庭诰》曰："观书贵要，观要贵博，博而知要，万流可一。"①可知颜延之明确主张读书为学宜"贵要"，而在得要的基础上进而通博。贵简约、重得要正是玄学风尚的典型特点。

周续之，《宋书》卷九三《周续之传》载：

> 雁门广武人也。其先过江居豫章建昌县。……豫章太守范宁于郡立学，招集生徒，远方至者甚众，续之年十二，诣宁受业。居学数年，通《五经》并《纬候》，名冠同门，号曰"颜子"。……通《毛诗》六义及《礼论》、《公羊传》，皆传于世。

又据《晋书》卷七五《范汪传附范宁传》，范宁任豫章太守时，"在郡又大设庠序……远近至者千余人，资给众费，一出私禄。并取郡四姓子弟，皆充学生，课读《五经》。……初，宁以《春秋谷梁氏》未有善释，遂沉思积年，为之集解。其义精审，为世所重"。可知周续之所学源自范宁，而范宁所长之《春秋谷梁传》属于汉代旧学，东晋以来未能立于学官。周续之所习为包括谶纬等在内的西汉今文经学，与魏晋以来的新经学迥异。更有甚者，范宁曾极力反对魏晋以来的玄虚之风。《晋书》卷七五《范汪传附范宁传》称："时以浮虚相扇，儒雅日替，宁以为其源始于王弼、何晏，二人之罪

---

① ［宋］李昉等撰：《太平御览》，中华书局1960年，第2736页。

深于桀纣。”同传收录其批评玄风的专文，谓其“崇儒抑俗，率皆如此”，可知在范宁主持的豫章郡学，生徒能习玄的机会必然较少。尽管据《宋书》卷九三《周续之传》，周续之后来也“闲居读《老》、《易》”，并“入庐山事沙门释慧远”，但毕竟他自十二岁便深受范宁之学的影响，其学术根柢为汉代以来的旧传经学，其习玄并不能深入，他同颜延之的辩论礼义有繁简之别就不难理解了。

（二）“黜郑置王”：有关《周易》注之选择及其学术思想倾向

东晋南朝玄学清谈盛行，儒家传统经典《周易》也名列“三玄”，成为名士谈玄的重要内容。当时《周易》有郑玄注与王弼注的不同，北朝多修郑玄注，南朝则多习王弼注，原因便在于南朝继承了魏晋新经学，而北朝则多因袭汉代旧学说。尽管据《艺文类聚》卷七五引颜延之《大筮箴》，颜延之也“读《易》，偶意蓍龟”①，并为友人行占卜之事，但在公开和正式场合，颜延之则倾向于王弼新注。《太平御览》卷六〇八引颜延之《庭诰》曰：

> 《易》首体备，能事之渊。马、陆得其象数，而失其成理；荀、王举其正宗，而略其数象。四家之见，虽各有所志，总而论之，情理出于微明，气数生于形分，然则荀、王得之于心，马、陆取之于物，其芜恶迄可知矣。夫数象穷，则太极著；人心极，则神功彰。若荀、王之言《易》，可谓极人心之数者也。②

可见于《周易》的象数与义理，颜延之明显倾向于王弼义理之学。不仅如此，颜延之还将此种学术倾向付诸实践，于元嘉年间任国子祭酒时罢黜《周易》郑玄注，单立王弼注。这一举措在颜延之卒后的南齐永明年间遭到了吴地士族陆澄的批评。据《南齐书》卷

① ［唐］欧阳询等撰，汪绍楹校：《艺文类聚》，上海古籍出版社 1982 年，第 1286 页。

② 前揭《太平御览》，第 2736～2737 页。

三九《陆澄传》:

> 时国学置郑、王《易》……(陆澄)乃与(王)俭书论之曰:"《易》……自商瞿至田何,其间五传。年未为远,无讹杂之失;秦所不焚,无崩坏之弊。虽有异家之学,同以象数为宗。数百年后,乃有王弼。王济云弼所悟者多,何必能顿废前儒。若谓《易》道尽于王弼,方须大论,意者无乃仁智殊见。且《易》道无体不可以一体求,屡迁不可以一迁执也。晋太兴四年,太常荀崧请置《周易》郑玄注博士,行乎前代,于时政由王、庾,皆俊神清识,能言玄远,舍辅嗣而用康成,岂其妄然。太元立王肃《易》,当以在玄、弼之间。元嘉建学之始,玄、弼两立。逮颜延之为祭酒,黜郑置王,意在贵玄,事成败儒。今若不大弘儒风,则无所立学,众经皆儒,惟《易》独玄,玄不可弃,儒不可缺。谓宜并存,所以合无体之义。且弼于注经中已举《系辞》,故不复别注。今若专取弼《易》,则《系》说无注。"

对于陆澄有关《周易》注的提议,时任尚书令的王俭也认为"依旧存郑,高同来说"。陆澄所以坚持《周易》象数学,有地域与家族传统等方面的原因。唐长孺《读〈抱朴子〉推论南北学风的异同》曾指出,魏晋之际玄学新风主要流行于以京洛为中心的黄河以南地区,而河北及江南等地则少受玄风影响,以致学风相对保守,他具体考查孙吴时期江南陆绩、虞翻、姚信的三种《易》注,指出:

> 江南所流行的乃是孟氏、京氏,都是今文说,这与时代学风相背驰,从这一点可以证明江南学风较为保守。……吴亡之后,京洛学风自当流入江南,然老庄之学在江南缺乏基础,接收自较困难。①

① 唐长孺:《唐长孺文存》,上海古籍出版社 2006 年,第 415~416 页。

两晋之际,玄化的京洛名士南迁,成为侨寓士族代表,他们在学术思想与士风表现上与江东本土人士存在差异。至于吴郡陆氏,为江东地区兴自汉代的传统文化旧族代表,王永平曾论述吴郡陆氏家学,指出:

陆氏之学术文化兴起于汉魏之际,第一位重要的代表人物当是陆绩。……他与虞翻同时,代表了当时江东地域学术的风尚和水平。……就学术方法而言,陆绩依然遵循汉代今文经学的传统,在《周易》与《太玄》的注疏上,比较重视象数、占卜……(东晋以后)江东儒学旧族在学风上大多保留着汉代经学的痕迹,但相较之下,陆氏最为保守,而陆氏中则尤以陆澄最为典型。①

以上对东晋南朝侨、旧士人学风异同的既有论述,有助于深入理解颜延之与陆澄之间有关《易》注的分歧问题,很明显,颜延之重王弼注,体现出东晋南朝侨姓士族的玄化经学的旨趣,而陆澄重郑玄注,则反映了吴地旧族倾向于汉代传统的立场。

(三)"多属说义,殊少解字":《论语颜氏说》

颜延之曾有解说《论语》之文,梁代皇侃《论语义疏》杂采其说,清人马国翰据以辑录十六条,收入《玉函山房辑佚书》"经编·论语类",题为"《论语颜氏说》一卷"。马氏为《序》曰:

《隋书·经籍志》……其说《论语》未尝著录。新、旧《唐书·志》亦无之。邢昺《正义》于"知及之"章引"颜特进说"。考皇侃《义疏》引与《正义》同。更辑得十有五节②,乃知古人著述湮没者众。书缺有间,而其轶时见他说,虽非完帙,益当

① 王永平:《六朝江东世族之家风家学研究》,江苏古籍出版社2003年,第90、91、94页。

② 按:马氏实辑得十六条,此或误记。其中所辑"子曰:'智及之,仁不能守之'"一条,为《论语·卫灵公》篇之文,马氏误置《宪问》篇题之下。

珍惜,合订一卷存之。①

今人杨晓斌对《颜氏论语说》有较为全面的考证,指出书名似当作“颜延之《论语说》”,为义疏之学,“盖后学辑录颜延之平时讲说《论语》的语录,非专门、系统的注解或讲疏之书”。②

唐长孺曾说,“《论语》也是便于从玄学角度来解释的儒经”,而“充分发挥玄学论点的则是梁代皇侃的《论语义疏》”。③ 颜延之说《论语》之文所以能被皇侃《论语义疏》所取,主要即是其解释《论语》与皇氏《论语义疏》在风格、旨趣上相近的缘故。关于皇侃《论语义疏》,清代皮锡瑞《经学历史》六《经学分立时代》说:

> 皇侃之《论语义疏》,名物制度,略而弗讲,多以老、庄之旨,发为骈俪之文,与汉人说经相去悬绝。此南朝经疏之仅存于今者,即此可见一时风尚。江藩以其得自日本,疑为足利赝鼎;不知此等文字,非六朝以后人所能为也。④

由皮锡瑞对皇侃《论语义疏》的学风倾向与特征的判定,可以间接理会颜延之解读《论语》的玄学意味。确实,今存颜延之解《论语》之文以说义为主。简博贤曾就此指出:

> (颜)延之遗说,今可考者,大抵晓畅平实。……其书多属说义,殊少解字……《论语》一书,解者特多,延之为说,亦多有本承……延之以词彩高世,是以敷畅经义,罕有特识。……至若《先进》“回也,其庶乎屡空”。延之说云:“空非回所体,故庶而数得。”(原注:皇侃《义疏》引)犹蹈江左习尚。

① 前揭《玉函山房辑佚书》,第97页。

② 杨晓斌:《颜延之生平与著述考》,西北师范大学2005年博士论文,第71、72页。

③ 唐长孺:《魏晋南北朝隋唐史三论》,武汉大学出版社1992年,第213页。

④ [清]皮锡瑞著,周予同注释:《经学历史》,中华书局2008年第2版,第176页。

盖南士多佞佛而好玄；薰霑时俗，固所不免也。①

由简氏所论“多属说义，殊少解字”，可知颜延之解说《论语》也有明显的玄化倾向。

（四）颜延之《逆降义》

王永平研究中古士族家学指出说：“世族家学的核心内容主要是儒家之礼学。”②与此相应，颜延之礼学方面的著作有《逆降义》。《隋书》卷三二《经籍志一》“经部·礼类”，“《三礼杂大义》三卷”条，据梁阮孝绪《七录》著录“《逆降义》三卷，宋特进颜延之撰”。唐代杜佑《通典》卷六八《礼》二八“甥侄名不可施伯叔从母议”条载：

宋代或问颜延之曰：“甥侄亦可施于伯叔从母邪？”颜答曰：“伯叔有父名，则兄弟之子不得称侄；从母有母名，则姊妹之子不可言甥。且甥侄唯施之于舅姑耳，何者？侄之言实也，甥之言生也。女子虽出，情不自绝，故于兄弟之子，称其情实；男子居内，据自我出，故于姊妹之子，言其出生。伯叔本内，不得言实；从母俱出，不得言生。然谓吾伯叔者，吾谓之兄弟之子；谓吾从母者，吾谓之姊妹之子。”③

清人马国翰以之为颜延之《逆降义》佚文，辑入《玉函山房辑佚书》“补编·经编·通礼类”。马氏于文前作《序》说：

书名“逆降义”④者，盖明礼制升降之义。《七录》三卷，

① 简博贤：《今存南北朝经学遗籍考》，台湾黎明文化事业股份有限公司1975年，第250～251页。

② 前揭《六朝江东世族之家风家学研究》，第350页。

③ ［唐］杜佑撰，王文锦等点校：《通典》，中华书局1988年，第1895页。

④ 前揭杨晓斌《颜延之生平与著述考》一文经考证认为颜氏此书“《隋志》著录的名称‘逆降义’较为恰当”，本文取其说。

《隋志》云亡，《唐志》不著录①，今佚无称述者。唯杜佑《通典》引颜延之问答一节，辨侄甥之名，义亦关礼服，当是此书佚文，据录以补其缺云。②

胡玉缙《续修四库全书总目提要礼类稿》对颜延之《逆降义》多有称许，指出：

是编所辑，只辨"甥侄名义"一条，而书名《逆降义》，则"逆降"云者，女子子成人而未嫁者，于礼有逆降旁亲之例，似与之不相涉。国翰序云"明礼制升降之义"，此望文为说，未足凭信。又云"侄甥名义，亦关礼服"，此说良是。……《丧服传》"大功九月"章，云"谓吾姑者吾谓之侄"，《缌麻》"三月"章，云"谓吾舅者吾谓之甥"，是"侄"者对"姑"立文，"甥"者对"舅"立文，其义甚明，安得施于伯叔从母。颜氏云"甥侄唯施于姑舅。谓吾伯叔者，吾谓之兄弟之子；谓吾从母者，吾谓之姊妹之子"，是甥、侄之称，其义又颇狭。贾疏云"侄唯对姑生称。若对世叔，唯得言昆弟之子，不得侄名。父之昆弟，有世叔之名；母之昆弟，不可复谓之世叔，故名为舅，舅既得别名，故谓姊妹之子为甥，亦为别称"，此说足与颜氏相发。由是言之，《尔雅·释亲》云"姑之子为甥，舅之子为甥，妻之昆弟为甥，姊妹之夫为甥"，《孟子·万章》篇云"帝馆甥于贰室"，诸"甥"字皆为别一义矣。颜氏又云"侄之言'实'，甥之言'生'。女子虽出，情不自绝，故于兄弟之子称其情实。男子居内，据自我出，故于姊妹之子，言其出生"。考《释名·释亲属》云"姑谓兄弟之女为'侄'。侄，迭也，其行事夫，更迭进

① 按：颜氏此著《旧唐书·经籍志》、《新唐书·艺文志》皆曾著录，马氏失考。参孙启志、陈建华《古佚书辑本目录》，中华书局1997年，第44页。

② 前揭《玉函山房辑佚书》，第570页。

御也；舅谓姊妹之子曰'甥'，甥亦生也，出配他男而生，故其制字男旁作生"，二者皆以叠韵为训。刘(熙)就甥、侄方面言，而颜就姑、舅方面言，于"吾谓之"三字尤得。然则颜氏此说，既关人治之大，抑亦见字学之精矣。若夫雷次宗云"侄字有女，明不及伯叔；甥字有男，见不及从母"，失之太凿，未足与颜并论也。①

胡氏释"逆降"为"女子成人而未嫁者，于礼有逆降旁亲之例"，从而认为马国翰所说颜延之《逆降义》"明礼制升降之义"是"望文为说，未足凭信"。杨晓斌不同意胡氏此说，认为"逆降"即"按着与进来时(原注：进来时有可能升阶)相反的顺序降出；大约在卒殓后最后进去者(原注：排在最后者)最先退出来，其他依次退出"。杨氏据此认为颜延之"《逆降义》是讲述有关礼制的问题的，比如丧礼中卒殓时的进退顺序，服丧时服丧主体与服丧对象、服制的关系等，今存部分应当不是原书的主要部分。……其《逆降义》就是讲礼制之普通义理，而不是针对某部礼经作的章句或注疏"②。不过，二者对《通典》所录之文，"侄甥名义，亦关礼服"的看法是一致的。就今存佚文而言，胡氏所论指出颜延之能援引字义以证礼，较雷次宗之说为得实，是不错的，由此可见颜延之礼学之精。

(五)颜延之与刘宋礼乐文化

朱熹说六朝人多精于礼学，"当时此学自专门名家，朝廷有礼事，便用此等人议之"③。由于礼学方面的优长，加之文采标世，

---

① 胡玉缙撰，吴格整理：《续四库提要三种》，上海书店出版社2002年，第929～930页。

② 前揭杨晓斌《颜延之生平与著述考》，第77～78页。

③ [宋]黎靖德编，王星贤点校：《朱子语类》，中华书局1986年，第2227页。

颜延之于刘宋时期得以屡屡参预国家的礼乐文化建设。宋武帝刘裕卒后，颜延之曾参加拟定谥号的讨论，其议谥之文今载于《艺文类聚》卷一三。据《宋书》卷四一《文帝袁皇后传》，元嘉十七年，宋文帝袁皇后卒，诏颜延之“为哀策，文甚丽”，该传具录其文。又，《宋书》卷六四《何承天传》载，元嘉年间皇太子讲《孝经》，何承天与颜延之曾同为执经。此外，据《宋书》卷一九《乐志一》元嘉二十二年“南郊，始设登哥，诏御史中丞颜延之造哥诗”。颜延之所作“南郊雅乐登歌”三篇分别为《天地郊夕牲歌》、《天地郊迎送神歌》、《天地飨神歌》，详载于《宋书》卷二〇《乐志二》。据《南齐书》卷一一《乐志》载，颜延之所造歌诗至南齐时尚多被袭用。

值得一提的还有，元嘉年间，好友王球卒后，颜延之曾为其撰墓志。这在当时被认为是新创之举，此后“王公以下，咸共遵用”。《南齐书》卷一〇《礼志下》：

> 建元二年，皇太子妃薨……有司奏：“大明故事，太子妃玄宫中有石志。参议墓铭不出礼典。近宋元嘉中，颜延(之)作王球石志。素族无碑策，故以纪德。自尔以来，王公以下，咸共遵用。储妃之重，礼殊恒列，既有哀策，谓不须石志。”从之。

此事又载于《南史》卷一一《齐武穆裴皇后传》，且言颜延之创制石志之说出于王俭。此后曾有学者对此提出异议。唐代封演《封氏闻见记》卷六“石志”条说：

> 古葬无石志，近代贵贱通用之。齐太子穆妃将葬，立石志。王俭曰：“石志不出《礼经》，起元嘉中颜延之为王球石志……”俭所著《丧礼》云：“施石志于圹里，《礼》无此制。魏侍中缪袭改葬父母，制墓下题版文。原此旨，将以千载之后，陵谷迁变，欲后人有所闻知。其人若无殊才异德者，但纪姓

名、历官、祖父、姻媾而已。若有德业，则为铭文。”按俭此说，石志宋、齐以来有之矣。齐时有发古冢得铭云：“青州世子，东海女郎。”河东贾昊以为司马越女，嫁为苟晞子妇。检之果然。东都殖业坊十字街有王戎墓，隋代酿家穿旁作窖，得铭曰：“晋司徒尚书令安丰侯王君铭。”有数百字。然古人葬者亦有石志，但不如今代贵贱通为之耳。①

宋代王应麟又在《困学纪闻》卷一三《考史》中说：

叶少蕴云：“……今世有崔子玉书《张衡墓铭》，则墓有铭，自东汉有之。”周益公谓：铭墓三代有之。唐开元四年，偃师耕者得比干墓铜盘。东汉志墓，初犹用砖，久方刻石。②

可见，对于墓志起源，历来众说纷纭、莫衷一是。对此，赵超《墓志溯源》一文认为：“古代社会中，任何一种典章制度和任何一种器物形制的形成，都要经过一个逐渐演化的过程，而不是突然产生出来的。墓志自然也不例外。”赵超追溯墓志的起源发展，认为墓志当滥觞于西汉早期的告地状，魏晋时期则是墓志发展史上的转化期，而“墓志的名称正式出现，形制、文体都相对稳定成型。墓志成为主要的墓葬铭刻，到达了它发展史上的第三个阶段——定型期”，则是在南北朝。值得注意的是，赵超该文还将刘宋大明三年的刘怀民墓志（原注：见《汉魏南北朝墓志集释》册三）作为墓志定型期的标志。③ 其实，如果不拘泥于实物遗存的话，从上述有关

① ［唐］封演撰，赵贞信校注：《封氏闻见记校注》，中华书局 2005 年，第 56 ~ 57 页。

② ［宋］王应麟著，［清］翁元圻等注，栾保群等校点：《困学纪闻》（全校本），上海古籍出版社 2008 年，第 1563 页。

③ 赵超：《墓志溯源》，《文史》第 21 辑，中华书局 1983 年，第 44、54 页。

颜延之于元嘉年间创制墓志的记载可知，产生于大明年间的刘怀民墓志无疑是在颜延之之后“王公以下，咸共遵用”的结果，从这个意义上说，颜延之在墓志定型这一问题上是更为确切的具有里程碑意义的人物。

颜延之所以为王球作石志的具体原因，则与魏晋南朝时期的禁碑有关。如日本学者日比野夫《关于墓志的起源》一文所云：“由于魏晋时代严禁在墓前立碑，迫不得已，在墓中埋下小型的石碑来代替墓碑，这被看做是墓志的起源。”①据《宋书》卷一五《礼志二》载，汉末建安十年、晋武帝咸宁四年、晋末义熙中，国家曾多次禁止立碑。其中义熙年间由裴松之建议的禁碑距颜延之最近，史称“义熙中，尚书祠部郎中裴松之又议禁断，于是至今”。据《宋书》卷六四《裴松之传》，裴松之“以世立私碑，有乖事实”，因此上表建议朝廷禁碑，以为“诸欲立碑者，宜悉令言上，为朝议所许，然后听之”，史称“由是并断”。据此可以推测，颜延之为王球作石志，是在朝廷禁碑的条件下，特援引古制采取的变通之法，这在当时被世人普遍效仿，产生了广泛影响。

另外，颜延之诸子也都有经礼之学方面的良好修养，长子颜竣、次子颜测、三子颜臭都曾参预讨论国家的礼制事宜。②

综上所述，以名士风流、诗赋文学著称的颜延之，同时也具备良好的经学文化修养。颜延之的这一为人品性与学术文化特征，正体现了中古时代士族社会的普遍文化状态，这里仅就其经学学风而言，作为侨姓士族中经学世家的代表，颜延之深受其时代玄学思潮的熏染，表现出鲜明的玄化经学的学风特点。从以上具体

① 转引自赵超《墓志溯源》，前揭《文史》第21辑，第44页。

② 三人参议国家礼制事宜分别见《宋书》卷九《乐志一》（第543～544页）、《宋书》卷一五《礼志二》（第399～400页）和《宋书》卷一六《礼志三》（第435页）。

考析可见，无论是其与周续之辩难，还是对《周易》注的“黜郑置王”，以及对《论语》的解说，都表现出了贵简约、重义理等典型的玄化倾向；此外，中古时代，无论是个体家族内部，还是整个士族社会，乃至国家，都普遍重视礼制，礼学为当时最受重视的学术门类，士族名士多擅长礼仪，颜延之也如此，他一再参预刘宋的礼乐文化建设，在朝廷禁碑的条件下，颜延之援引古制加以变通，为王球作石志，这在当时都有一定的影响。因此，通过对颜延之经学活动的具体研究，不仅有助于深化对其本人学术文化方面的认识，而且为深入理解和把握当时的士风与学风提供了一个具有典型意义的实例。

二、“士大夫风操”：颜之推的礼法教育

颜延之之后，琅邪颜氏家族人物致力于儒家经学及相关文化活动，有较多文献可资考察的是生活于南北朝末期至隋初的颜之推。颜之推在所著《颜氏家训·序致篇》中自述：

> 吾家风教，素为整密。昔在龆龀，便蒙诱诲；每从两兄，晓夕温凊，规行矩步，安辞定色，锵锵翼翼，若朝严君焉。赐以优言，问所好尚，励短引长，莫不肯笃。①

由此可见琅邪颜氏家族礼教的“整密”及颜之推幼年所受训导之严格。为了能将此种严整家风保持久远，颜之推除了在《颜氏家训》其他篇章多处言及儒家礼法规矩之外，还专门撰写了《风操篇》，以期在远离南朝社会的情况下以文字记录的形式培养子弟的“士大夫风操”。以下即对颜之推于《风操篇》中对当日士族日常生活礼仪风俗的总结与折中取舍略作讨论。

---

① ［北齐］颜之推撰，王利器集解：《颜氏家训集解》（增补本），中华书局 1993 年，第 4 页。

东汉以来由于国家、社会极力“尊崇节义，敦厉名实”，遂有“三代以下，风俗之美，无尚于东京者”这样的结果出现。① 但过分强调礼法节义的结果，也使得世俗礼仪风俗过于刻板僵化，从而使得那些徒具礼法之形式，而无真情实感的虚伪言行大量产生。这种现象发展至东汉末年尤为严重，加上宦官专权、党锢之祸等政治、社会事件的激荡，遂有戴良、孔融等有志之士起而蔑弃虚伪礼法，公然以放达、任诞之行与世俗相抗。② 此后曹魏继起，“尚刑名”、“重法术”，加之玄学的兴起，《老》、《庄》思想学说在士人间的流行，致使汉代以来的传统儒家礼法遭到了空前的挑战和破坏。魏末以司马氏为代表的儒学士大夫集团重新执掌政权，倡导以孝治国，因此引起了魏晋之际名教与自然的大讨论。当然，随着曹魏集团的失败，这一争论的结果也是“将无同”。此后，永嘉之乱，“名教危机随着玄风一起渡江，到了南方。……经过东晋以下一两百年的礼玄双修，再加上佛教的大力量，名教的危机终于被化解了。到了南朝后期士风已从绚烂而复归于平淡”③。不过，名教与自然的矛盾虽然已经得到解决，但到了颜之推晚年所处的南北朝末期及隋初，士大夫们在礼俗方面仍然面临许多问题需要解决。

首先，经过汉末到南北朝末期的长时段曲折发展，士族奉行的日常礼法有了很多变化，许多方面出现了古今之异；其次，由于自永嘉之乱后，南北政权长期对立，南北社会几乎在隔绝的状态

---

① [清]顾炎武著，陈垣校注：《日知录校注》，安徽大学出版社 2007 年，第 718 页。

② 关于汉末戴良的任诞之行及其意义，王永平《魏晋任诞风气的先声——略论汉末逸民戴良之“诞节”及其与魏晋风度之关系》（载《江苏社会科学》2006 年第 2 期）一文有详细考论，请参看。

③ 余英时：《士与中国文化》七《名教思想与魏晋士风的演变》，上海人民出版社 2003 年，第 384 页。

之下各自发展，从而使得士族奉行的礼法风俗又有了南北的显著差别；再次，由于玄学和任诞、放达言行的流行，严格的礼法规范只在士族门第之内得到施行，长期发展的结果使得“家门颇有不同”。在杨隋统一全国，南北社会重归于一之时，对这些礼仪风俗的总结与折中取舍就成为十分必要之举。颜之推著《颜氏家训·风操篇》尽管其初衷只是“整齐门内，提撕子孙”，但却是在这一总的社会情势之下的产物。

（一）斟酌于古今

《颜氏家训·风操篇》涉及当日士族社会日常礼法风俗的避讳、取名、称谓、交际、丧事等方方面面。① 颜之推颇留意其中的古今之变，如对避讳一事，屡屡申言“今人避讳，更急于古”②、“今世讳避，触途急切”③。对于古今之异，颜之推的态度倾向于与时俱进，多以今为是，不盲目崇古。如言及取名之习，说：

> 周公名子曰禽，孔子名儿曰鲤，止在其身，自可无禁。至若卫侯、魏公子、楚太子，皆名虮虱；长卿名犬子，王修名狗子，上有连及，理未为通，古之所行，今之所笑也。④

---

① 参钱国旗《在礼与情之间——〈颜氏家训〉对礼俗风尚的论述和辨正》，《孔子研究》2004年第5期。该文对此有详细论述，请参看。

② 《颜氏家训·风操篇》，前揭《颜氏家训集解》，第69页。

③ 《颜氏家训·风操篇》，前揭《颜氏家训集解》，第117页。颜氏的这一观点或许并不全面客观，如王建认为：“至于避讳的发展，南北朝是处于晋唐之间的一个过渡，继承多于创制。《通典》卷一〇四所载避讳史料，晋唐时期的占了绝大多数，而无一条是出于南北朝，就颇可以说明这一点。”王氏又引陈垣《史讳举例》所说“综观种种史实，南北朝避讳，实无定制，宽严随人而异。故矛盾之事，并见于一时”，进一步认为：“其实，这种‘实无定制，宽严随人意而异’的状况，也不仅限于南北朝，在避讳存在的古代社会，随时都能看到。所以陈先生的话也可以看做是对整个古代社会避讳实施情形的一个很好概括。”参王建《中国古代避讳史》，贵州人民出版社2002年，第91~100页。

④ 《颜氏家训·风操篇》，前揭《颜氏家训集解》，第67页。

在颜氏看来，周公名子为“禽”，孔子名子为“鲤”，已嫌不雅，但尚“止在其身”，可以不加厚非，而古人取名为“虮虱”、“犬子”者，则是以父为“虱”、“犬”，所谓“上有连及”，于父辈大为不敬，因此颜氏说“古之所行，今之所笑也”。又如言及称谓，颜氏也举有“古人之所行，今人之所笑也”之例，说：

昔侯霸之子孙，称其祖父曰家公；陈思王称其父为家父，母为家母；潘尼称其祖曰家祖：古人之所行，今人之所笑也。今南北风俗，言其祖及二亲，无云家者。……蔡邕书集，呼其姑姊为家姑家姊；班固书集，亦云家孙：今并不行也。①

这是指出汉魏之时在亲属称谓前缀以“家”字的通行做法，如今已“并不行”了，盲目效古就会闹笑话。②

当然，颜之推也并不是一味排古，如对当时北方士族的某些礼俗，往往因为有“古之遗风”，就被颜氏所取用，此当于下文详论。

（二）融汇于南北

对于南朝士族所奉行的礼法而言，虽然“家门颇有不同，所见

---

① 《颜氏家训·风操篇》，前揭《颜氏家训集解》，第74页。

② 颜之推还对汉魏之人赋诗作文的一些通行做法提出非议。如《颜氏家训·文章篇》云：“凡代人为文，皆作彼语，理宜然矣。至于哀伤凶祸之辞，不可辄代。蔡邕为胡金盈作《母灵表颂》曰：‘悲母氏之不永，然委我而夙丧。’又为胡颢作其父铭曰：‘葬我考议郎君。’《袁三公颂》曰：‘猗欤我祖，出自有妫。’王粲为潘文则《思亲诗》云：‘躬此劳悴，鞠予小人；庶我显妣，克保遐年。’而并载乎邕、粲之集，此例甚众。古人之所行，今世以为讳。陈思王《武帝诔》，遂深永蛰之思；潘岳《悼亡赋》，乃怆手泽之遗：是方父于虫，匹妇于考也。蔡邕《杨秉碑》云：‘统大麓之重。’潘尼《赠卢景宣诗》云：‘九五思飞龙。’孙楚《王骠骑诔》云：‘奄忽登遐。’陆机《父诔》云：‘亿兆宅心，敦叙百揆。’《姊诔》云：‘伣天之和。’今为此言，则朝廷之罪人也。王粲《赠杨德祖诗》云：‘我君饯之，其乐泄泄。’不可妄施人子，况储君乎？”参前揭《颜氏家训集解》，第280～281页。这与颜氏所说“今人避讳，更急于古”的情况是一致的。

互称长短”，但颜之推认为“然其阡陌，亦自可知”。相对而言，颜之推对当时士族礼法的南北差异的认识更为敏感，更多时候他是以南朝士族的视角评价北朝士族礼俗的优劣得失，因此弃取的态度也相当明确。余英时曾指出说：

(颜之推)对江南的“士大夫风操”大体上是相当称许的。所以他说：“昔在江南，目能视而见之，耳能听而闻之，蓬生麻中，不劳翰墨。汝曹生于戎马之间，视听之所不晓，故聊记录以传示子孙。”(《颜氏家训》卷二《风操》篇)《风操》篇所举避讳、丧礼、称呼诸项都是南方家族伦理的特色。①

余先生所引“昔在江南”云云，为《颜氏家训·风操篇》开场所白。颜之推言外之意即是说，如果不是侯景之乱、如果没有西魏灭梁、如果自己及子孙没有被迫迁往北方，即东晋南朝以来的士族文化氛围没有被破坏的话，其所著《风操篇》中的这些话是不用诉诸文字的，子弟们可以“蓬生麻中，不扶自直”，但是现在情况一切都改变了，所以颜之推的苦心孤诣就在于希望颜氏子弟能在南朝士族文化氛围业已不在的情况之下，仍能通过自己的这些文字而习得一些“士大夫风操”，而理所当然，这些“风操”是以南朝士大夫为标准的。与此相应，颜之推对那些长期生活在北朝社会，而仍能保持南朝士大夫风操的士人怀有强烈的认同感。这从他对北朝李构的态度就不难看出。《颜氏家训·风操篇》云：

二亲既没，所居斋寝，子与妇弗忍入焉。北朝顿丘李构，母刘氏，夫人亡后，所住之堂，终身锁闭，弗忍开入也。夫人，宋广州刺史纂之孙女，故构犹染江南风教。其父奖，为扬州刺史，镇寿春，遇害。构尝与王松年、祖孝徵数人同集谈谑。

① 参前揭《士与中国文化》七《名教思想与魏晋士风的演变》，第384页。

> 孝徵善画，遇有纸笔，图写为人。顷之，因割鹿尾，戏截画人以示构，而无他意。构怆然动色，便起就马而去。举坐惊骇，莫测其情。祖君寻悟，方深反侧，当时罕有能感此者。①

可知由于李构的母亲本是南朝后裔，因她之故，使得李氏家风"犹染江南风教"，也因此李构能够严格谨守与亡故父母的相关禁忌，由颜氏所云"当时罕有能感此者"，可知这在当时的北方社会是十分少见的。同时也由于李构的做法符合南朝士族的要求，所以其得到了颜之推的积极称扬。

为具体考察前引余英时所云"《风操》篇所举避讳、丧礼、称呼诸项都是南方家族伦理的特色"是否确实，本书特制作《〈颜氏家训·风操篇〉所举南北礼俗差异表》（见本节后附表一），以便于观察研究。表中可见，颜之推就南北社会礼仪风俗差异的比较，涉及命名、避讳、称谓、丧礼和一些其他习俗等，内容极为广泛丰富。纵观表中"颜之推观点"一栏，可以发现，北朝风俗除了最后两则因合于"古之道"和有"古之遗风"外，其他皆被颜之推视为不足取法，颜之推在此一边倒的倾向十分明显，余先生的论断基本是可信的。但何以会如此呢？这似乎与当时社会普遍以南朝政权、文化为正统有关。典型如《南齐书》卷一八《祥瑞志》载：

> （永明二年）十一月，虏国民齐详归入灵丘关，闻殷然有声，仰视之，见山侧有紫气如云，众鸟回翔其间。详往气所，获玺方寸四分，兽钮，文曰"坤维圣帝永昌"。送与虏太后师道人惠度，欲献虏主。惠度睹其文，窃谓"当今衣冠正朔，在于齐国"。遂附道人惠藏送京师，因羽林监崔士亮献之。

---

① 前揭《颜氏家训集解》，第104～105页。

这是说北魏之民偶然的机会得到了一枚玉玺，本想通过僧人惠度进献给北朝的当政，结果最后却被秘密献给了南齐的萧氏统治者，而直接原因就是惠度认为“当今衣冠正朔，在于齐国”。此惠度虽在北朝极受礼重，为“太后师”，但他却是“南方沙门”，他以“衣冠正朔，在于齐国”的观念，也许并不值得奇怪，但此后北齐政权的创立者高欢也在言谈中透露了北朝汉族士人与此相近的心态。《北齐书》卷二四《杜弼传》载：

(杜)弼以文武在位，罕有廉洁，言之于高祖。高祖曰："弼来，我语尔。天下浊乱，习俗已久。今督将家属多在关西，黑獭常相招诱，人情去留未定。江东复有一吴儿老翁萧衍者，专事衣冠礼乐，中原士大夫望之以为正朔所在。我若急作法网，不相饶借，恐督将尽投黑獭，士子悉奔萧衍，则人物流散，何以为国？尔宜少待，吾不忘之。"

面对杜弼要求惩治文官武将腐败贪污的忠直之言，高欢所出答语亦可谓出自肺腑，从中可见其对国情及朝臣心态的洞察。其中对于汉族士人而言，高氏所云“江东复有一吴儿老翁萧衍者，专事衣冠礼乐，中原士大夫望之以为正朔所在”，可谓道出了多数汉族士人面对少数民族政权出于无奈隐忍而仕的复杂心态。尽管由于北魏王朝长期推行汉化，大力起用汉族士人，这种情况多少有了一些改变，但面对由六镇武将出身，且已高度鲜卑化之高欢武将集团组建的政权，汉族士人的心态难免又会发生微妙的变化，高欢对此也不能完全置之不顾，不得不实行宽柔之策以笼络人心。

这样想来，连长期生活于北朝的汉族士大夫都以南朝“衣冠礼乐”文化为“正朔所在”，从而潜心效慕，那么由南方被迫迁往北朝的颜之推鄙弃“北杂夷虏”的北朝礼俗，坚持向子弟传输南方士族的礼仪风俗就是极自然的事情。

(三)严士庶之别

如果说对于北朝士大夫所习用的礼仪风俗,颜之推尽管认为多不可取,但还偶尔因其合于"古之道"和有"古之遗风"而有所取用外,而对于那些所谓"田里猥人"所承用的习俗,颜氏可谓是严防死守,丝毫不允许子弟有所习染,这种态度是极为明确而坚决的。如论说汉魏之时称"家公"、"家祖"、"家父"、"家母"是通行的做法,但颜之推认为"古人之所行,今人之所笑也。今南北风俗,言其祖及二亲,无云家者",只有那些"田里猥人,方有此言耳",颜氏之意即如果再称说"家公"、"家父"云云,就要等同于"田里猥人"了。①

颜之推所常批评的还有所谓"无风教者"。如言及外祖父母之称谓,颜氏说:

> 凡亲属名称,皆须粉墨,不可滥也。无风教者,其父已孤,呼外祖父母与祖父母同,使人为其不喜闻也。虽质于面,皆当加外以别之……河北士人,皆呼外祖父母为家公家母;江南田里间亦言之。以家代外,非吾所识。②

可见世间"无风教者",在"其父已孤"的情况下,仍"呼外祖父母与祖父母同",在颜之推看来是不通人情,"使人为其不喜闻也"。而北朝士族"呼外祖父母为家公家母","以家代外"与"江南田里间"相同,也为颜氏所不取。又如言及旧时"生日"习俗,颜之推说:

> 江南风俗,儿生一期,为制新衣,盥浴装饰,男则用弓矢纸笔,女则刀尺针缕,并加饮食之物,及珍宝服玩,置之儿前,观其发意所取,以验贪廉愚智,名之为试儿。亲表聚集,致宴享焉。自兹已后,二亲若在,每至此日,尝有酒食之事耳。③

---

① 《颜氏家训·风操篇》,前揭《颜氏家训集解》,第74页。

② 《颜氏家训·风操篇》,前揭《颜氏家训集解》,第85~86页。

③ 《颜氏家训·风操篇》,前揭《颜氏家训集解》,第115页。

此类欢聚之事，在颜氏看来，如果父母健在自然是可行的，但是那些“无教之徒”，在父母已亡故之后仍然于生日之时“皆为供顿，酣畅声乐，不知有所感伤”，这在士族社会是不允许的，并举梁元帝萧绎在其母亡后，停止于“载诞之辰，常设斋讲”之事为例。① 可见颜之推对“田里猥人”、“无教者”所习用的这些礼俗是严格排斥的。其所以会如此，可以从当日士族社会乃至颜之推本人对所谓“士大夫风则”的推崇，及颜氏著作《风操篇》的初衷就是培养子弟的“士大夫风操”中找到答案。② 而其更为深层的原因则是陈寅恪所言“士族之特点既在其门风之优美，不同于凡庶”③，即通过在礼仪风俗方面的严格区分，从而得以保持文化士族之身份标志和优越的社会地位。

（四）“家门颇有不同”与“自为节度”

就当时的南朝士大夫礼俗而言，尽管颜之推极为崇信，但也由于各家族门第往往“自为节度”的缘故，使得参差不齐、歧出多途，令人难以适从。颜之推就此说：

> 吾观《礼经》，圣人之教：箕帚匕箸，咳唾唯诺，执烛沃盥，皆有节文，亦为至矣。但既残缺，非复全书；其有所不载，及世事变改者，学达君子，自为节度，相承行之，故世号士大夫风操。而家门颇有不同，所见互称长短。④

① 《颜氏家训·风操篇》，前揭《颜氏家训集解》，第115页。

② 如《南史》卷五二《鄱阳忠烈王萧恢传》载：“（萧）恢美容质，善谈笑，爱文酒，有士大夫风则。”又如《颜氏家训·风操篇》言及“失教之家，阍寺无礼”，而黄门侍郎裴之礼“有如此辈，对宾杖之”，颜氏称其当时“号善为士大夫”。参前揭《颜氏家训集解》，第124～125页。

③ 陈寅恪：《唐代政治史述论稿》，生活·读书·新知三联书店2001年，第260页。

④ 《颜氏家训·风操篇》，前揭《颜氏家训集解》，第59页。

对于颜氏所言南朝士族礼法,"家门颇有不同,所见互称长短"的情况,参之史传可谓得实。

如魏晋名士华歆"遇子弟甚整,虽闲室之内,严若朝典"①,"常以腊日宴子弟,王朗慕之。盖其家法,由来渐矣"②。可见"以腊日宴子弟",便是华氏所独有,故能惹来王朗之慕。据说有人曾向张华提及此事,张曰:"王之学华,皆是形骸之外,去之所以更远。"③可见王朗虽热心效仿,却终是难得其神。又如《宋书》卷四二《王弘传》云:

> (王弘)明敏有思致,既以民望所宗,造次必存礼法,凡动止施为,及书翰仪体,后人皆依仿之,谓为王太保家法。

可见王弘之"动止施为,及书翰仪体"所以能有"王太保家法"之名,必有与普通门第所不同,而值得为人所称道处。又如《南史》卷一八《萧思话传附萧琛传》载:

> (梁武)帝每朝谳,接(萧)琛以旧恩。尝犯武帝偏讳,帝敛容。琛从容曰:"二名不偏讳。陛下不应讳顺。"上曰:"各有家风。"琛曰:"其如《礼》何。"

梁武帝萧衍父亲名萧顺之,"顺"为常用字,所以萧琛不免有所犯讳,致使梁武帝为之不快,萧琛所据以辩驳之"其如《礼》何",指《礼记·檀弓下》"二名不偏讳。夫子之母名徵在,言在不称徵,言徵不称在"之文,而梁武帝则以"各有家风"为辞,并不以《礼记》之文为然,此为颜之推所说"自为节度"之例显然。

---

① [宋]刘义庆撰,[梁]刘孝标注,余嘉锡笺疏:《世说新语笺疏》,中华书局2007年第2版,第14页。

② 参前揭《太平御览》卷三三"时序部·腊"引曹魏高堂隆《魏台访议》,第156页。

③ 《世说新语·德行篇》,前揭《世说新语笺疏》,第16页。

《颜氏家训·风操篇》又载以颜之推与周弘让讨论礼议之事说：

> 吾尝问周弘让曰："父母中外姊妹，何以称之？"周曰："亦呼为丈人。"自古未见丈人之称施于妇人也。吾亲表所行，若父属者，为某姓姑；母属者，为某姓姨。①

对于二者之是非，据王利器《颜氏家训集解》所引清人惠栋、卢文弨等考证之文，可知颜氏"自古未见丈人之称施于妇人"之说并不确，相反古人多有以"丈人"称说"妇人"者。不过，又引刘盼遂所据吴承仕云："父之姊妹为姑，母之姊妹为从母，此《家训》所谓'父母中外姊妹'也。礼有正名，而周云呼为丈人者，盖通俗之便辞也。"②可知琅邪颜氏之"家法"，"若父属者，为某姓姑；母属者，为某姓姨"也并有"礼据"。

（五）颜之推"节度"礼俗之诸原则

面对南北朝末期社会礼法风俗出现的古今之异、南北之别和士庶混淆，乃至南朝士族门第之间礼法仪规的参差不齐等状况，为了便于家中子弟易于遵从，作为"学达君子"的颜之推进而"自为节度"是不难理解的。而其从事礼仪风俗的"节度"所依据的三个基本原则就是礼文规定、具体场合及"礼缘人情"。

其据"礼"以决定对世俗礼俗之取舍者，如当时"南人冬至岁首，不诣丧家"，而北方却"至岁之日，重行吊礼"，对于北方士族的这种做法，颜之推说："礼无明文，则吾不取。"③又如对于避讳，当时南方士族讳名不讳字，而北方士族却"一皆讳之"，对此颜之推认为"古者，名以正体，字以表德，名终则讳之，字乃可以为孙氏"，并举孔子称仲尼、刘邦称刘季等为据，认为北方以王元景兄弟为

① 前揭《颜氏家训集解》，第89页。
② 前揭《颜氏家训集解》，第90页。
③ 《颜氏家训·风操篇》，前揭《颜氏家训集解》，第77页。

代表的名与字"一皆讳之"的做法并不可取。①

不过对于南北士族而言，这种不合"礼"的做法，毕竟还是少数。相对而言，南朝士族社会更多的却是对礼法的过分尊崇，致使许多极端的事例层出不穷。所谓过犹不及，颜之推对此言之较多，明确加以反对。如对于儒家礼法而言，孝是最为根本的要求，因此讲究礼法的士族门第多有"至性"之人，居丧尽礼，乃至有毁伤身体者。《颜氏家训》便举有此类典型事例说：

> 思鲁等第四舅母，亲吴郡张建女也，有第五妹，三岁丧母。灵床上屏风，平生旧物，屋漏沾湿，出曝晒之，女子一见，伏床流涕。家人怪其不起，乃往抱持；荐席淹渍，精神伤怛，不能饮食。将以问医，医诊脉云："肠断矣！"因尔便吐血，数日而亡。中外怜之，莫不悲叹。②

---

① 参《颜氏家训·风操篇》，前揭《颜氏家训集解》，第92页。按当时讳字与否的不统一，并非起于北朝士族。《续颜氏家训》说："魏常林年七岁，父党造门，问林：'伯先在否？何不拜？'伯先，父之字也。林曰：'临子字父，何拜之有！'庾翼子爰客尝候孙盛，见盛子放问曰：'安国何在？'放答曰：'在庾稚恭家。'盖放以爰客字父，亦字其父。然王丹对侯昱而字其父，昱不以为嫌；且字可以为孙氏，古尊卑通称，春秋书纪季姜，盖季者字也，杜预曰：'书字者，伸父母之尊，以称字为贵也。'谓子讳父字，非讳之也，称其父字于人子，人子有所尊而不敢当，亦宜也。"参《颜氏家训集解》第93~94页注引《爱日斋丛钞》一引《续家训》。今日社会民俗学者研究认为避讳起源于"原始人相信诅咒某人的名字……会使其本人受到伤害"，因此"不说出他人的名字也就意味着对他人的保护和尊敬"，取而代之的方法则是在名之外，再取一"小名"，"将大名隐瞒起来不使人知道，小名则是可以让别人知道、供他人称呼使用的"，正是这种变通的方法导致了中国古代"字"的产生。尽管学者们认为颜之推"名以正体，字以表德"这种完全从道德角度进行的解说"是经不起推敲的"，但这是颜之推所处时代的知识背景所限，相较而言，颜氏所说无疑比那些"讳字"之士要更合"礼"。参王建《中国古代避讳史》，贵州人民出版社2002年，第11~12页。

② 《颜氏家训·风操篇》，前揭《颜氏家训集解》，第108页。

则据颜氏所说,此张氏女只因偶然目睹母亲生前所使用的屏风,便哀感过度,乃至“肝肠寸断”。就士族门第而言,讲求孝道的根本目的本在于维护家庭和睦,以使家族能够绵延不衰,但如果将其极端化,如张氏女这样因哀感而殒命,则于家族的维持有害无利。颜之推讲述这样的事例就是希望自家子弟要避免此类极端事件的发生。颜之推此下又举陆襄、姚子笃、熊康等人因哀感而过于忌讳的例子,以近于玩笑的口吻说:“然礼缘人情,恩由义断,亲以噎死,亦当不可绝食也。”①显然对于这样的过度之举的颜氏是不主张的。

对于当时士人的众多避讳过度之举,颜之推也认为需要根据不同的场合“须有消息”,他举出例子说:

> 《礼》云:“见似目瞿,闻名心瞿。”有所感触,恻怆心眼;若在从容平常之地,幸须申其情耳。必不可避,亦当忍之;犹如伯叔兄弟,酷类先人,可得终身肠断,与之绝耶?又:“临文不讳,庙中不讳,君所无私讳。”益知闻名,须有消息,不必期于颠沛而走也。梁世谢举,甚有声誉,闻讳必哭,为世所讥。又有臧逢世,臧严之子也,笃学修行,不坠门风,孝元经牧江州,遣往建昌督事,郡县民庶,竞修笺书,朝夕辐辏,几案盈积,书有称“严寒”者,必对之流涕,不省取记,多废公事,物情怨骇,竟以不办而退。此并过事也。②

可见颜之推对于《礼记》之文“见似目瞿”,即看到与已故父母形象相似之人自然应当有所感伤的规定,在情理上也是认可的,但“必

① 《颜氏家训·风操篇》:“吴郡陆襄,父闲被刑,襄终身布衣蔬饭,虽姜菜有切割,皆不忍食;居家惟以掐摘供厨。江宁姚子笃,母以烧死,终身不忍啖炙。豫章熊康父以醉而为奴所杀,终身不复尝酒。”参前揭《颜氏家训集解》,第105页。

② 《颜氏家训·风操篇》,前揭《颜氏家训集解》,第61页。

不可避，亦当忍之”，如果伯叔兄弟中即有“酷类先人”者，难道就要“终身肠断”，与其绝交吗？① 甚至据吕思勉所考，当时即有陆缅与其父陆倕极为相像，以至于他人一下子都难以辨别，②若要依据礼文“见似目瞿”刻板而行，陆缅便要临镜即哀了，可见颜之推认为要根据情况有所斟酌是十分必要的。出于同样的考虑，颜之推认为谢举、臧逢世不分场合“闻讳必哭”，甚至以此防碍了正常公务，便是不当之举，是子弟们不可效仿的。颜之推对礼文“节度”者又如：

《礼经》：父之遗书，母之杯圈，感其手口之泽，不忍读用。政为常所讲习，雠校缮写，及偏加服用，有迹可思者耳。若寻常坟典，为生什物，安可悉废之乎？既不读用，无容散逸，惟当缄保，以留后世耳。③

颜之推的这一观点与南齐时张融略为相似。《南齐书》卷四一《张融传》载其临终戒子弟之言说：

手泽存焉，父书不读！况父音情，婉在其韵。吾意不然，别遗尔音。吾文体英绝，变而屡奇，既不能远至汉魏，故无取嗟晋宋。岂吾天挺，盖不隤家声。汝若不看，父祖之意欲汝见也。可号哭而看之。

---

① 事实上，当时便有人因长相与当世帝王之父相似而仕途受阻者。如《晋书》卷九〇《吴隐之传》：“孝武帝欲用为黄门郎，以隐之貌类简文帝，乃止。”

② 《吕思勉读史札记》丙帙“魏晋南北朝”部分“父子相似”条：“父子之相似，本不能如双生之子。且人貌随年而异……若父子则有老少之殊，纵使人追忆畴昔而惊其相肖，必不能混淆于一见之下矣。乃《南史·陆倕传》，谓倕次子缅，有似于倕，一看殆不能别，此诚罕有之事。意者倕生子甚早，子已壮而父犹未老欤？然终为罕见之事矣。”参《吕思勉读史札记》，上海古籍出版社2005年，第988页。

③ 《颜氏家训·风操篇》，前揭《颜氏家训集解》，第107页。

《礼记·玉藻》云:“父没而不能读父之书,手泽存焉尔。”此原本是儒家学者出于人之常情而设立的礼规,但在六朝极重家学传承的时代就显得不合时宜,于现实生活多有妨碍,于是才有张融、颜之推先后皆一致主张对此有所变通,这也是颜氏所谓“及世事变改者,学达君子,自为节度”之例。只是张融态度更为坚决,要求子弟“号哭而看之”,而颜之推还有所保留,认为“既不读用,无容散逸,惟当缄保,以留后世耳”。

颜之推于世间种种礼俗进行折中取舍还有一个重要的原则就是“礼缘人情”,而这一原则经曹魏时期曹羲所强调以来则是“后来的礼学专家所经常援引的最后根据”①。如言及节日礼拜亲戚,“己孤,而履岁及长至之节,无父,拜母、祖父母、世叔父母、姑、兄、姊,则皆泣;无母,拜父、外祖父母、舅、姨、兄、姊,亦如之”,颜之推非常赞同这种做法,便说“此人情也”②。又如说到对于一些特殊情景,如父兄因故被朝廷系劾入狱或者身陷战场及父母疾笃等凶危之事,当时南朝士大夫们通行有一系列的特别举动,如“诣阙三日,露跣陈谢”、“贬损自居,不宜奏乐宴会及婚冠吉庆”、参拜医师等,③因为这些都本于人之常情,颜之推都十分赞同,希望子弟能够依照实行。

出于同样的思想倾向,颜之推对那些斤斤计较于礼法的形式,而没有真情实意的世俗作法表示出特别的反感。这可以他对当时所谓“忌日不乐”的态度为例。《颜氏家训》云:

> 《礼》云:“忌日不乐。”正以感慕罔极,恻怆无聊,故不接外宾,不理众务耳。必能悲惨自居,何限于深藏也?世人或

① 前揭《士与中国文化》七《名教思想与魏晋士风的演变》,第380页。余先生此节专论魏晋以来的“礼缘人情”,请参看。

② 《颜氏家训·风操篇》,前揭《颜氏家训集解》,第102页。

③ 参《颜氏家训·风操篇》,前揭《颜氏家训集解》,第120、122页。

端坐奥室,不妨言笑,盛营甘美,厚供斋食;迫有急卒,密戚至交,尽无相见之理:盖不知礼意乎![①]

可知颜之推对当时社会据《礼记》"忌日不乐",从而于忌日闭门深藏的做法不以为然,认为"必能悲惨自居,何限于深藏也"。世俗之人,虽一面谨守此忌日深闭的规定,却又一面"不妨言笑,盛营甘美,厚供斋食",这种没有真实感情在内的虚伪做法,在颜之推看来简直就是"不知礼意"。

除此以外,颜之推对世俗许多违反人之常情的做法也都表示反对。如《颜氏家训·风操篇》称"近在扬都,有一士人讳审,而与沈氏交结周厚,沈与其书,名而不姓",对于这种过度避讳的做法,颜之推说"此非人情也"[②]。又如对于"兄弟之子已孤,与他人言,对孤者前,呼为兄子弟子"的做法,颜之推便说"颇为不忍",而认为"今呼为侄,于理为胜"。[③] 而对于世俗社会因民间道教影响而在丧葬习俗上形成的种种迷信和忌讳,如认为"死有归杀",以至于有"画瓦书符,作诸厌胜"等等做法,颜之推更是深恶痛绝,认为这些行为对逝去的亲人而言"不近有情",甚至激愤地说他们乃是"儒雅之罪人,弹议所当加也"![④]

事物总是相反相成,门第士族在严守家讳的同时,无疑就让其他阶层人士乃至士族之间以家讳互开玩笑有了可乘之机,再加之汉末魏晋以来的玄学名士任诞流风的影响,史籍所载这类相互笑谑之事便层出不穷。如《南史》卷二〇《谢弘微传附谢朏传》载:

宋明帝尝敕朏与谢凤子超宗从凤庄门入。二人俱至,超宗曰:"君命不可以不往。"乃趋而入。朏曰:"君处臣以礼。"

① 《颜氏家训·风操篇》,前揭《颜氏家训集解》,第109页。

② 《颜氏家训·风操篇》,前揭《颜氏家训集解》,第64页。

③ 《颜氏家训·风操篇》,前揭《颜氏家训集解》,第82页。

④ 《颜氏家训·风操篇》,前揭《颜氏家训集解》,第98页。

遂退不入。时人两称之，以比王尊、王阳。

谢朏父为谢庄，谢超宗父名谢凤，而宋明帝有意让谢朏、谢庄从"凤庄门"入，虽然二人一进一退各得其宜，"时人两称之"，但宋明帝所以如此的目的则是显然的，无非是要以谢氏子弟的家讳故意刁难、取乐。同书卷二二《王昙首传附王僧虔传》又载王僧虔子王慈：

少与从弟（王）俭共书学。谢凤子超宗尝候僧虔，仍往东斋诣慈。慈正学书，未即放笔，超宗曰："卿书何如虔公？"慈曰："慈书比大人，如鸡之比凤。"超宗狼狈而退。十岁时，与蔡兴宗子（蔡）约入寺礼佛，正遇沙门忏，约戏慈曰："众僧今日可谓虔虔。"慈应声曰："卿如此，何以兴蔡氏之宗。"

可知谢超宗、蔡约二人只因偶犯王慈的父讳，便遭到王慈直言二人父名，以牙还牙式的有力还击。《南史》不惜笔墨细述此类琐事者，正欲借此表现此类少年的机敏。以"吾家风教，素为整密"标世的颜之推对此类戏谑之事自然也是"不喜闻"，而认为"非人情"的。颜氏举例说：

昔刘文饶不忍骂奴为畜产，今世愚人遂以相戏，或有指名为豚犊者：有识傍观，犹欲掩耳，况当之者乎？近在议曹，共平章百官秩禄，有一显贵，当世名臣，意嫌所议过厚。齐朝有一两士族文学之人，谓此贵曰："今日天下大同，须为百代典式，岂得尚作关中旧意？明公定是陶朱公大儿耳！"彼此欢笑，不以为嫌。……齐朝士子，皆呼祖仆射为祖公，全不嫌有所涉也，乃有对面以相戏者。①

此处所举都是世人言笑之中上"有所涉"而间接牵连父祖者，颜之推尚对被嘲谑者"不以为嫌"有所不满，对称人为"豚犊者"，更是"傍观犹欲掩耳"，由此不难推知颜氏对那些直接冒犯他人家讳的

① 《颜氏家训·风操篇》，前揭《颜氏家训集解》，第71、72、91页。

反对态度,因为这些嘲谑对于崇尚孝悌的"至性"礼法之士而言无疑是最伤感情而"非人情"的。

(六)小结

综上所述,面对南北朝末期及隋初社会礼仪风俗的极度混乱情形,为培养子弟的士大夫风操,示以轨躅以便他们有所遵从,颜之推对当时社会礼俗进行了全方位的折中取舍。对于当时礼俗中出现的古今之别,颜之推与时俱进,多以今为是;而对于南北士族礼俗中的许多差异,颜之推出于以南朝文化为正统的心态,明确倾向于以南朝士族礼俗为优,他站在南朝士族的立场考量北方士族社会的礼仪风俗,认为多不可从;同时对于社会下层流行的一些习俗,颜之推出于当时欲严于士庶之别的门阀士族典型心态,对其避之若浼,明确禁止子弟效仿沾染。从中可以看出,对于当时社会礼俗的混乱不一,颜之推对士族礼俗的南北差异其重视度要高于古今之别,而对礼俗的士庶之别又要明显高于南北差异。总之,在颜之推看来,东晋南朝以来南方士族门第相承用的礼仪风俗实为当时之最美最善者。

不过,即使在颜之推看来最为美善之南朝士族所奉行的礼俗,也由于"世事变改"的缘故,"学达君子,自为节度",致使"家门颇有不同,所见互称长短",与当时礼俗的古今之别、南北之异、士庶之淆一样也同样需要加以取舍折中方能利于施用。

颜之推据以折中取舍礼俗的根本出发点无疑便是儒家礼文的规定,同时又主张根据具体场合、情景有所斟酌取舍。其用之较多,也值得注意的折中原则便是所提出的"礼缘人情,恩由义断"。颜之推所谓"礼缘人情"之"情"便是基于儒家孝悌等传统立场的"人之常情"。颜氏"礼缘人情"的提出所要反对的是两个方面。一方面是"无情",这既包括上文所提及的如世俗中人"忌日不乐"等徒有其表而无情实之例,又包括受魏晋玄学名士余风影响以父祖之讳为戏而不以为嫌等无礼举动，这在颜之推等儒学礼法之士看来都是“无情”的表现；“礼缘人情”所要反对的另一个方面则是“过情”，这包括颜之推所引以为戒的因“至性”发露而哀感过度和那些极端避讳的种种事例。

《礼记·中庸》载孔子之言说：“道之不行也，我知之矣，知者过之，愚者不及也。道之不明也，我知之矣，贤者过之，不肖者不及也。人莫不饮食也，鲜能知味也。”郑玄注曰：“过与不及，使道不行，唯礼能为之中。”但儒家传统所据以维护中庸之道的“礼”之本身到了颜之推的时代也出现了“知者过之，愚者不及”的参差状况。对于“中庸”，郑玄解释说：“庸，常也。用中为常，道也。”可见颜之推所提倡之“礼缘人情”，以“人之常情”为标尺来对社会礼俗进行折中取舍，正是本于儒家的中庸之道，基于儒家立场的“人之常情”，其最终目标便在于无论贤不肖皆能遵礼守法，在这一意义上颜之推可谓是孔夫子所说的“能知味”者。颜之推之前的魏晋名士曾援引上述孔夫子之言而以玄理加以参悟，《世说新语·伤逝篇》云：

> 王戎丧儿万子，山简往省之，王悲不自胜。简曰：“孩抱中物，何至于此？”王曰：“圣人忘情，最下不及情；情之所钟，正在我辈。”简服其言，更为之恸。①

可见王戎、山简辈玄学名士所谓之“情”，是“一往情深”之“情”，是基于老、庄玄学的不受任何束缚的自然人感情的真实流露。但这种“情”发展至极端，其弊端也是显然的，就是不可避免的滥情化，是对儒家传统礼法的彻底摧毁。② 颜之推的“礼缘人情”与此显然是不同的，他的“人之常情”则是基于儒者立场的“中庸之

---

① 前揭《世说新语笺疏》，第751页。

② 参李磊《六朝士风研究》第四章《在朝在野两种玄学交互作用下的晋代士风》，武汉出版社2008年，第117～122页。

情”，是受到礼法约束的情感流露。就是说同样是提倡“情”，但魏晋名士和颜之推，二者的根本出发点是完全不同的，前者是基于老、庄思潮的以玄释儒，而后者则是纯粹的儒家立场。进一步说，面对东汉末年世俗礼法的极端形式化、虚情化，魏晋玄学名士则矫枉过正，采取老、庄“绝圣弃智”之策，迈向了另一个相反的极端，即将儒家礼法完全丢弃，倡导感情完全不受约束的自然流露，其结果则是造成了此下数百年社会礼俗的更加混乱不堪。颜之推面对当下的混杂局面，则是以纯粹儒者的立场回归到儒家圣人先贤之所以创制种种礼法的本意和初衷，即一个具有社会性的人所应当背负的正常情感，及依据此种情感而所应有的言行表现。显然，颜之推的这些做法无论对于传统士族门第的维护，还是就整个社会的秩序维持而言都是具有积极意义的。①正是从这一意义上，我们便不能同意过去学者所提出的颜之推的“礼缘人情”是东晋南朝一直以来的“礼玄双修”、“情礼调和”的

① 当世学者也对颜之推的一些观点十分赞赏，说他“对避讳所持的是一种冷静平实的态度。既无热心鼓吹，也没有正面的反对……在那样的年代，颜之推不是人云亦云，随波逐流，而是冷静地保持着自己的判断力，保持着独立思考的自由。作为一个学者，这是最为可贵的地方，也表明他确实是那个时代里最有识见的人”。参王建《中国古代避讳史》，贵州人民出版社2002年，第113、115页。其实对颜之推的整体礼俗观念，我们也不妨作如是观。钱国旗对颜之推的“情礼调和”也给予了高度评价，他说：“经过东晋以降长期的情礼调和过程，到南北朝后期，时俗风尚已逐渐复归于经过革新的儒家礼教的轨道。《风操》篇对当时南北礼俗广泛而细微的记述，大体上反映了情礼调和的成效，而由颜之推‘礼缘人情，恩由义断’一语，也可看出他调和情礼的理性态度，这一切充分表明了他是一位复兴礼教的成功的躬行者。《颜氏家训》将儒家的礼教精神落实为具体的操作规范，使儒学的历史文化功能通过具体的礼俗得到了充分的体现，书中对礼俗风尚的有关论述和辨正，总结性地反映了礼的革新和复兴，这是魏晋以来礼与情从冲突走向融合的必然结果。”参《在礼与情之间——〈颜氏家训〉对礼俗风尚的论述和辨正》，《孔子研究》2004年第5期。

继续和总结①,他们之间有着根本出发点的不同和质的区别。需要指出的是,颜之推能有此种突出的成绩,则不能不说这与琅邪颜氏家族长期以来谨守儒家文化传统,“家籍儒风”、“风教素为整密”,相对于当时多数士族门第受玄学影响较少有着必然的关系。进一步促成了世俗礼法向儒家传统的真正回归,这也可说是以颜之推为代表的琅邪颜氏家族对传统社会文化的贡献之一。

昔日鲁迅曾因《世说新语》大量记载了魏晋名士的隽言诞行,而谓其为名士的教科书,而这些南朝门第所日常奉行的颇为繁杂的所谓“士大夫风操”,本是“蓬生麻中,不劳翰墨”的,颜之推将其书之于笔墨,又以“学达君子”的深厚学养“自为节度”,自然将大大利于后人“相承行之”,从这一意义上,《颜氏家训》中以《风操篇》为中心的有关士族礼法的种种解说,无疑具有了士族礼法教程的意味,而它的实际意义往往要超出那些对儒家经典的具体训解和思想阐发。②

① 如余英时曾说从颜之推“所引‘礼缘人情’一语便可见玄礼合流确有效验”。参前揭《士与中国文化》七《名教思想与魏晋士风的演变》,第384页。

② 陈寅恪曾认为:“自晋至今,言中国之思想,可以儒释道三教代表之。……儒者在古代本为典章学术所寄托之专家。李斯受荀卿之学佐成秦治。秦之法制实儒家一派学说之所附系。《中庸》之‘车同轨,书同文,行同伦’。(原注:即太史公所谓‘至始皇乃能并冠带之伦’之‘伦’。)为儒家理想之制度,而于秦始皇之身,而得以实现之也。汉承秦业,其官制法律亦袭用前朝。遗传至晋以后,法律与礼经并称,儒家周官之学说悉采入法典。夫政治社会一切公私行动,莫不与法典相关,而法典为儒家学说具体之实现。故两千年来华夏民族所受儒家学说之影响,最深最巨者,实在制度法律公私生活之方面,而关于学说思想之方面,或转有不如佛道二教者。如六朝士大夫号称旷达,而夷考其实,往往笃孝义之行,严家讳之禁。此皆儒家之教训,固无预于佛老之玄风者也。”参氏著《冯友兰〈中国哲学史〉下册审查报告》一文,收入《金明馆丛稿二编》,生活·读书·新知三联书店2001年,第283页。

三、颜之推及颜师古于国家礼乐文化建设的贡献与经学成就

据《北齐书》卷四五《颜之推传》，琅邪颜氏家族“世善《周官》、《左氏》”，而颜之推“早传家业”，琅邪颜氏此种家学在颜之推所著《颜氏家训》中也有所表现。其中他对一些传统的国家制度提出了自己的见解，如解说汉末以来以“禁中为省中”云：

> 案：《周礼·官正》：“掌王官之戒令纠禁。”郑注云：“纠，犹割也，察也。”李登云：“省，察也。”张揖云：“省，今省詧也。”然则小井、所领二反，并得训察。其处既常有禁卫省察，故以“省”代“禁”。詧，古察字也。①

又释“治狱参军为长流”曰：

> 《帝王世纪》云：“帝少昊崩，其神降于长流之山，于祀主秋。”案：《周礼·秋官》，司寇主刑罚、长流之职，汉、魏捕贼掾耳。晋、宋以来，始为参军，上属司寇，故取秋帝所居为嘉名焉。②

以上两则颜之推皆以《周礼》证古今制度变迁之由，可知他确能善用家传之学。③ 除此以外，颜之推还于隋初上奏建议朝廷采用南朝萧梁雅乐，《隋书》卷一四《音乐志中》载其事曰：

> 开皇二年，齐黄门侍郎颜之推上言：“礼崩乐坏，其来自久。今太常雅乐，并用胡声，请冯梁国旧事，考寻古典。”高祖不从，曰：“梁乐亡国之音，奈何遣我用邪？”

据《隋书》卷一三《音乐志序》，此前北周太祖宇文泰时曾“式遵周旧，依三材而命管，承六典而挥文”，这是其托古改制的组成部分，

---

① 《颜氏家训·书证篇》，前揭《颜氏家训集解》，第461页。

② 《颜氏家训·书证篇》，前揭《颜氏家训集解》，第507页。

③ 《宋书》卷一九《乐志一》所载颜竣议礼乐之文，也多引《周官》之文为据，从他们对《周官》之谙熟来看，琅邪颜氏家族有《周官》之家学传承实为不虚。

但实际上却又"登歌之奏,协鲜卑之音"。苏绰于北周实行的礼仪制度改革,依陈寅恪所言,不过是"依托关中之地域,以继述成周为号召,窃取六国阴谋之旧文缘饰塞表鲜卑之胡制,非驴非马,取给一时"①,因此其杂有胡乐或许并不奇怪。此后,隋代统一南北,文帝杨坚"受命惟新,八州同贯",但却仍然"制氏全出于胡人,迎神犹带于边曲"。这是以南朝衣冠礼乐为正朔的颜之推等人所不能接受的,因此才先后与何妥"骤请,颇涉雅音",奏请隋文帝采用南朝萧梁之乐。

尽管由于隋文帝"梁乐亡国之音"的成见,颜之推的建议暂时没有被采用。不过,据《隋书》卷一五《音乐志下》记载,此后"开皇九年平陈,获宋、齐旧乐,诏于太常置清商署,以管之。求陈太乐令蔡子元、于普明等,复居其职",牛弘、晋王杨广等认为北魏洛阳及北周之乐皆"戎音乱华,皆不可用",请求罢停,而认为梁陈旧乐"史传相承,以为合古",先后表请"请修缉之,以备雅乐"。此次牛弘、杨广的建议得以获准。于是"牛弘及秘书丞姚察、通直散骑常侍许善心、仪同三司刘臻、通直郎虞世基等,更共详议",于开皇十四年完成南朝旧乐的修缉工作,表奏朝廷云:

> 金陵建社,朝士南奔,帝则皇规,粲然更备,与内原隔绝,三百年于兹矣。伏惟明圣膺期,会昌在运。今南征所获梁、陈乐人,及晋、宋旗章宛然俱至。臣等伏奉明诏,详定雅乐,博访知音,旁求儒彦,研校是非,定其去就,取为一代正乐,具在本司。

史称"于是并撰歌辞三十首,诏并令施用"。陈寅恪据此认为"隋制雅乐,实采江东之旧",而"其中议乐诸臣多是南朝旧人"。② 可

① 氏著《隋唐制度渊源略论稿·礼仪篇》,生活·读书·新知三联书店2001年,第20页。

② 参前揭《隋唐制度渊源略论稿·音乐篇》,第128~130页。

见颜之推于开皇初的建议虽未被当即采纳，但无疑却是此后诸“南朝旧人”主张梁陈典乐的先声。

此后颜之推诸子也都有良好的儒学修养。颜思鲁“以学艺称，武德初为秦王府记室参军”①，而颜游秦又尝与名儒刘臻“讲论经义，臻屈服焉”②，但真正集琅邪颜氏家学的大成，又应时代所需，以琅邪颜氏家传《周官》之学，于国家制度建设作出突出贡献的无疑当是颜思鲁之子颜师古。因内容繁多，为便于表述，本文特制作《颜师古参预唐初礼乐建设表》（见本节后附表二）。表中可见唐初大量的诏诰都出自颜师古之手，其先后参加了《武德律》、《大唐新礼》的修订，又于贞观年间的封建、宗庙、封禅、乐制、丧服、明堂等礼乐文化建设多有参议，使其不但与刘宋颜延之遥相呼应，成为琅邪颜氏家族中于国家礼乐建设贡献突出的人物，而且也成为唐初“济济多士”情形之下令人瞩目的对象，由此也可证见琅邪颜氏家传学术于传统文化建设的突出贡献。

此下再论颜之推及颜师古在儒家经学著述方面的成就。据《北齐书》卷四五《颜之推传》，琅邪颜氏家族“世善《周官》、《左氏》”，而颜之推“早传家业”，十二岁时“值（萧）绎自讲《庄》、《老》”，曾“预门徒”，因“虚谈非其所好”，便又“还习《礼》、《传》”。此外，颜之推又曾在《颜氏家训·勉学篇》自述“二十之外，所诵经书，一月废置，便至荒芜矣”③，可知在其成年之后，经礼之学还是其时常温习的内容。颜之推主张博学，他曾谈到：

① 《旧唐书》卷七三《颜师古传》，第2594页。按：《新唐书》卷一九八《颜师古传》直接说颜思鲁“以儒学显”云云。

② 颜真卿：《晋侍中右光禄大夫本州大中正西平靖侯颜公大宗碑》，前揭《颜鲁公集》卷七，第68页。

③ 前揭《颜氏家训集解》，第173页。

俗间儒士，不涉群书，经纬之外，义疏而已。吾初入邺，与博陵崔文彦交游，尝说《王粲集》中难郑玄《尚书》事。崔转为诸儒道之，始将发口，悬见排蹙，云："文集只有诗赋铭诔，岂当论经书事乎？且先儒之中，未闻有王粲也。"崔笑而退，竟不以《粲集》示之。魏收之在议曹，与诸博士议宗庙事，引据《汉书》，博士笑曰："未闻《汉书》得证经术。"收便忿怒，都不复言，取《韦玄成传》，掷之而起。博士一夜共披寻之，达明，乃来谢曰："不谓玄成如此学也。"①

由此不但可见颜之推读书涉猎之广博，更可见其儒家经学修养的深厚，与北方俗儒有着天壤之别。颜之推没有系统的经学著述，但所著《颜氏家训》中多有对经学典籍中疑难字句的精彩校勘和训诂解说，其中一部分还被其孙颜师古所采取，用于唐初《五经定本》的撰写，而影响又及于孔颖达所主持修撰的《五经正义》。

承祖父颜之推之学，颜师古于校雠训诂之事特所精擅，因此在唐初被唐太宗任命校定《五经》，为唐代经学的统一打下了重要基础。《旧唐书》卷七三《颜师古传》载：

太宗以经籍去圣久远，文字讹谬，令师古于秘书省考定《五经》，师古多所厘正，既成，奏之。太宗复遣诸儒重加详议，于时诸儒传习已久，皆共非之。师古辄引晋、宋已来古今本，随言晓答，援据详明，皆出其意表，诸儒莫不叹服。于是兼通直郎、散骑常侍，颁其所定之书于天下，令学者习焉。

可见颜师古校定典籍除了高超的学识之外，又多"引晋、宋已来古今本"以证明，这主要得益于琅邪颜氏家族的丰富藏书这一优越条件。

---

① 《颜氏家训·勉学篇》，前揭《颜氏家训集解》，第183～184页。

颜师古完成《五经定本》后不久，孔颖达又奉命主持修撰《五经正义》，颜师古也曾参预其事。《新唐书》卷一九八《孔颖达传》载：

初，颖达与颜师古、司马才章、王恭、王琰受诏撰《五经》义训凡百余篇，号《义赞》，诏改为《正义》云。虽包贯异家为详博，然其中不能无谬冗，博士马嘉运驳正其失，至相讥诋。有诏更令裁定，功未就。永徽二年，诏中书门下与国子三馆博士、弘文馆学士考正之，于是尚书左仆射于志宁、右仆射张行成、侍中高季辅就加增损，书始布下。

可知颜师古参预了《五经正义》最初的修撰工作。至于《新唐书》卷五七《艺文志一》著录"《周易正义》十六卷"条于修撰人列有颜师古，而孔颖达所撰《周易正义序》所列撰修人却没有的矛盾，申屠炉明经考证认为《新唐书·艺文志》"'易疏'下所列之撰人姓氏，实际上综合了孔《序》（与马嘉运、赵乾叶同修撰）及《旧唐书·于志宁传》（预撰《五经义疏》）、《新唐书·孔颖达传》（与颜师古、司马才章、王恭、王琰受诏撰《五经正义》）诸书，合凑而成"，而为何列于《周易正义》之下，则是"因为《周易》乃群经之首，列名于此寓有开明宗义之意"。申屠炉明进一步认为颜师古"恐怕是像孔颖达一样，参与了《五经疏》的全部工作，而不是专任一经"，因此《新唐书·艺文志》的做法并不十分确切。①

由于颜师古《五经定本》与孔颖达《五经正义》同为奉唐太宗之诏而作，同为唐代开国之初儒学文化建设的系列计划的产物，而颜师古又曾参预《五经正义》的最初修撰工作，因此二者之间有着天然的密切联系。事实上颜师古《五经定本》中的一些结论也

① 参申屠炉明《孔颖达 颜师古评传》，南京大学出版社2006年，第124页。

多被《五经正义》所采用，而颜师古的许多结论又来自于家学所传。如颜之推考辨《诗经·小雅·大田》“有渰萋萋，兴云祁祁”一句中“兴云”当为“兴雨”之讹，[①]此后《毛诗正义》孔颖达疏文云：“《经》‘兴雨’或作‘兴云’，误也，《定本》作‘兴雨’。”清人阮元《校勘记》说：“考此经本作‘兴云’，颜氏《家训》始以为当做‘兴雨’，《(经典)释文》、《正义》、《唐石经》皆从其说也。”可见颜之推之说先是被其孙颜师古采入《五经定本》，而后又被孔颖达据以疏解经传。虽然颜之推此说经清人段玉裁等人多方考证并不正确[②]，但由此误正可见琅邪颜氏家学之祖孙相承及其对于当时经学文化的影响。

南北朝时期政权林立，战乱频仍，南北社会长期分裂，于经学也有南北之分。对此《北史》卷八一《儒林传序》云：

> 大抵南北所为章句，好尚互有不同。江左，《周易》则王辅嗣，《尚书》则孔安国，《左传》则杜元凯。河洛，《左传》则服子慎，《尚书》、《周易》则郑康成。《诗》则并主于毛公，《礼》则同遵于郑氏。南人约简，得其英华；北学深芜，穷其枝叶。

---

① 《颜氏家训·书证篇》，前揭《颜氏家训集解》，第421页。

② 诸家考说(包括以上所引)详王利器《颜氏家训集解》第421~423页，及周法高《颜氏家训汇注》，“中央研究院”历史语言研究所1993年第2版，第95~96页所引。清人皮锡瑞也论及于此说：“《家训》有不尽是者。如《诗》‘兴云祁祁’，《家训》以为当做‘兴雨’，《诗正义》即据《定本》作‘兴雨’，以或作‘兴云’为误。不知古本作‘兴云’，汉《无极山碑》可证。《毛诗》亦当与三家同。古无虚实两读之分，下云‘雨我公田’，若上句又作‘兴雨’，则文义重复。《家训》据班固《灵台诗》‘祁祁甘雨’，不知班氏是合‘兴云祁祁，雨我公田’为一句。班作《汉书·食货志》，引《诗》正作‘兴云’，尤可证也。”参[清]皮锡瑞著，周予同注释《经学历史》，中华书局2008年第2版，第207页。

而自永嘉之乱以来就长期侨居南朝的琅邪颜氏，其家传经学的倾向显然也是南朝化的。颜之推曾明确表示了对北方士人治经“穷其枝叶”方式的不满，他认为北朝崔浩、张伟、刘芳、邢邵等四人“虽好经术，亦以才博擅名。如此诸贤，故为上品”，除此以外：

> 率多田野间人，音辞鄙陋，风操蚩拙，相与专固，无所堪能，问一言辄酬数百，责其指归，或无要会。邺下谚云：“博士买驴，书券三纸，未有驴字。”使汝以此为师，令人气塞。……夫圣人之书，所以设教，但明练经文，粗通注义，常使言行有得，亦足为人；何必“仲尼居”即须两纸疏义，燕寝讲堂，亦复何在？以此得胜，宁有益乎？光阴可惜，譬诸逝水。当博览机要，以济功业；必能兼美，吾无间焉。①

颜之推这种明确的南朝化倾向，影响及于其孙颜师古，从而促进了唐初南朝经学对北朝经学的统一。对此经学史家多予以了高度评价。如清人许宗彦云：

> 经学自东晋后，分为南北。自唐以后，则有南学而无北学。……《(五经)正义》中所谓“定本”，盖出于颜师古(原注：见本传。)师古之学，本之之推。之推《家训·书证篇》，每是江南本而非河北本。师古为“定本”时，辄引晋、宋以来之本折服诸儒，则据南本为定可知已。(原注：《诗疏》称定本《集注》，盖指崔灵恩本。崔集众解为《毛诗集注》二十四卷。释文亦间引“定本”，当是后人羼入，非其原文。)孔仲达本兼涉南北学，本传称其习郑氏《尚书》、王氏《易》。至其为《正义》，则已有颜氏考定本在前，且师古首董其事，遂专用南学，而北学由此废矣。②

---

① 《颜氏家训·勉学篇》，前揭《颜氏家训集解》，第177页。

② [清]许宗彦：《鉴止水斋集》卷一四《记南北学》，《续修四库全书》影印清嘉庆二十四年德清许氏家刻本，第1492册，第445～446页。

皮锡瑞也说：

> 唐初又有《定本》，出颜师古，五经疏尝引之。师古为颜之推后人。之推本南人，晚归北，其作《家训》，引江南、河北本，多以江南为是。师古《定本》从南，盖本《家训》之说……自《正义》、《定本》颁之国胄，用以取士，天下奉为圭臬。唐至宋初数百年，士子皆谨守官书，莫敢异议矣。故论经学，为统一最久时代。①

综合二家之见，可知隋唐“天下由北而征服南方，使成一统，学问却是由南方而统一的”②，而颜之推、颜师古祖孙作为南朝侨姓士族之琅邪颜氏子弟在此发挥了关键作用。

综合全文，可知以“书生为门”、“家籍儒风”为显著特征的琅邪颜氏家族在魏晋以来学术思想多元，儒学相对衰落的时代之下，仍然顽强地坚持了儒家经学的家学传承。一方面，以其家世相传之《周官》之学，积极参预国家的礼仪制度文化建设；另一方面，无论是颜延之在晋宋之际的儒玄双修，积极推进以王弼《周易注》为代表的魏晋新经学，还是颜之推、颜师古祖孙为南北经学统一所作的努力，他们都很准确地把握了时代的脉搏，适时而动，为中国传统经学文化的传承发展做出了自己的贡献，而这些贡献的影响无疑是巨大和深远的。

附表一：《颜氏家训·风操篇》所举南北礼俗差异表

类别	序号	南朝	北朝	颜之推观点
命名	1		北土多有名儿为驴驹、豚子者。	使其自称及兄弟所名，亦何忍哉。

① 参前揭《经学历史》，第207页。

② （日）本田成之著，李俍工译：《中国经学史》，上海书店出版社2001年，第199页。

（续表）

类别	序号	南朝	北朝	颜之推观点
避讳	2	江南至今不讳字也。	河北士人全不辨之，名亦呼为字，字固呼为字。	尚书王元景兄弟，皆号名人……一皆讳之，其余不足怪也。
	3	须言阀阅，必以文翰，罕有面论者。	北人无何便尔话说，及相访问。	如此之事，不可加于人也。人加诸己，则当避之。
称谓	4	（父祖）若没，言须及者，则敛容肃坐，称大门中，世父、叔父则称从兄弟门中，兄弟则称亡者子某门中，各以其尊卑轻重为容色之节，皆变于常。	贤从弟门中，何故不解。	北土风俗，都不行此。
	5	同昭穆者，虽百世犹称兄弟；若对他人称之，皆云族人。	河北士人，虽三二十世，犹呼为从伯从叔。	于礼未通。
	6	江南田里间亦言之。	河北士人，皆呼外祖父母为家公家母。	以家代外，非吾所识。
丧礼	7	江南丧哭，时有哀诉之言耳。	山东重丧，则唯呼苍天，期功以下，则唯呼痛深。	礼以哭有言者为号；然则哭亦有辞也……（北朝士族）便是号而不哭。
	8	南人冬至岁首，不诣丧家；若不修书，则过节束带以申慰。	北人至岁之日，重行吊礼。	礼无明文，则吾不取。
	9	江南凡遭重丧，若相知者，同在城邑，三日不吊则绝之；除丧，虽相遇则避之，怨其不己悯也。有故及道遥者，致书可也；无书亦如之。	北俗则不尔。	
其他习俗	10	江南饯送，下泣言离。	北间风俗，不屑此事，歧路言离，欢笑分首。	人性自有少涕泪者……不可强责。

(续表)

类别	序号	南朝	北朝	颜之推观点
其他习俗	11	四海之人,结为兄弟,亦何容易。必有志均义敌,令终如始者,方可议之。	比见北人,甚轻此节,行路相逢,便定昆季。	
	12	南人宾至不迎,相见捧手而不揖,送客下席而已。	北人迎送并至门,相见则揖。	古之道也,吾善其迎揖。
	13	江南轻重,各有谓号。	北人多称名者。	乃古之遗风,吾善其称名焉。

附表二:颜师古参预唐初礼乐建设表

制度	时间	详情	出处	备注
诏诰	武德初	及起义,师古至长春宫谒见……从平京城……再迁中书舍人,专掌机密。于时军国多务,凡有制诰,皆成其手。师古达于政理,册奏之工,时无及者。	《旧唐书》卷七三《颜师古传》	《旧唐书》卷七〇《岑文传》:"初,武德中诏诰及军国大事,文皆出于颜师古。"
制律	武德七年	《武德律》十二卷,又《式》十四卷,《令》三十一卷。尚书左仆射裴寂,右仆射萧瑀,大理卿崔善为,给事中王敬业,中书舍人刘林甫、颜师古、王孝达,泾州别驾靖延,太常丞丁孝乌,隋大理丞房轴,天策上将府参军李桐客,太常博士徐上机等奉诏撰定。以五十三条附新律,余无增改。武德七年上。	《新唐书》卷五八《艺文志二》"乙部史录·刑法类"	《旧唐书》卷五〇《刑法志》:"(高祖)敕尚书左仆射裴寂,尚书右仆射萧瑀及大理卿崔善为,给事中王敬业,中书舍人刘林甫、颜师古、王孝远,泾州别驾靖延,太常丞丁孝乌,隋大理丞房轴,上将府参军李桐客,太常博士徐上机等,撰定律令,大略以开皇为准。于时诸事始定,边方尚梗,救时之弊,有所未暇,惟正五十三条格,入于新律,余无所改。"

（续表）

制度	时间	详情	出处	备注
王会图	贞观三年	贞观三年，(东谢蛮首领谢元深)入朝，冠乌熊皮冠，若今之髦头，以金银络额，身披毛帔，韦皮行縢而著履，中书侍郎颜师古奏言："昔周武王时，天下太平，远国归款，周史乃书其事为《王会篇》。今万国来朝，至于此辈章服，实可图写，今请撰为《王会图》。"从之。	《旧唐书》卷一九七《南蛮传》	《新唐书》卷五八《艺文志二》"乙部史录·杂传记类"："颜师古《王会图》，卷亡。"
封建	贞观四年前	始，唐兴，疏属毕王，至太宗，稍稍降封。时天下已定，帝与名臣萧瑀等喟然讲封建事，欲与三代比隆，而魏徵、李百药皆谓不然。……而颜师古独议建诸侯，当少其力，与州县杂治，以相维持。然天子由是罢不复议。	《新唐书》卷七八《宗室传》	《资治通鉴》卷一九三《唐纪九》"太宗贞观四年"(631)："十一月，诏：'皇家宗室及勋贤之臣，宜令作镇藩部，贻厥子孙，非有大故，毋或黜免，所司明为条例，定等级以闻。'" 又颜师古《论封建表》全文载于《文苑英华》卷六二三。
宗庙	贞观九年	贞观九年诏曰："太原之地，肇基王业，事均丰、沛，义等宛、谯，约礼而言，须议立庙。"时秘书监颜师古议曰："臣傍观祭典，遍考礼经，宗庙皆在京师，不于下土别置。昔周之丰、镐，实为迁都，乃是因事便营，非云一时别立。"太宗许其奏，即日而停。	《旧唐书》卷二六《礼仪志六》所载顾德章议礼之文所引述	《资治通鉴》卷一九四《唐纪一〇》"太宗贞观九年"(635)："十一月，庚戌，诏议于太原立高祖庙。秘书监颜师古议，以为：'寝庙应在京师，汉世郡国立庙，非礼。'乃止。"又颜师古《太原寝庙议》全文载于《文苑英华》卷七六三。

（续表）

制度	时间	详情	出处	备注
封禅	贞观十一年，十五年复议	封禅之礼……至（贞观）十一年，群臣复劝封山，始议其礼。于是国子博士刘伯庄、睦州刺史徐令言等，各上封祀之事，互设疑议，所见不同。多言新礼中封禅仪注，简略未周。太宗敕秘书少监颜思古（按：此处“思”字误，当做“师”。）、谏议大夫朱子奢等，与四方名儒博物之士参议得失。议者数十家，递相驳难，纷纭久不决。于是左仆射房玄龄、特进魏徵、中书令杨师道，博采众议堪行用而与旧礼不同者奏之。…… 太宗从其议，仍令附之于礼。十五年，下诏，将有事于泰山，复令公卿诸儒详定仪注。太常卿韦挺、礼部侍郎令狐德棻为封禅使，参考其议。时论者又执异见，颜师古上书申明前议。太宗览其奏，多依师古所陈为定。车驾至洛阳宫，会有彗星之变，乃下诏罢其事。	《旧唐书》卷二三《礼仪志三》	《旧唐书》卷七三《颜师古传》：“（贞观）十五年，太宗下诏，将有事于泰山，所司与公卿并诸儒博士详定仪注。太常卿韦挺、礼部侍郎令狐德棻为封禅使，参考其仪，时论者竞起异端。师古奏曰：‘臣撰定《封禅仪注书》在十一年春，于时诸儒参详，以为适中。’于是诏公卿定其可否，多从师古之说，然而事竟不行。”又颜师古《封禅仪》全文载于《文苑英华》卷七六一。

（续表）

制度	时间	详情	出处	备注
大唐新礼	贞观十一年	奉诏与博士等撰定《五礼》，（贞观）十一年，《礼》成，进爵为子。	《旧唐书》卷七三《颜师古传》	《新唐书》卷五八《艺文志二》"乙部史录·仪注类"："《大唐仪礼》一百卷，长孙无忌、房玄龄、魏徵、李百药、颜师古、令狐德棻、孔颖达、于志宁等撰。《吉礼》六十篇，《宾礼》四篇，《军礼》二十篇，《嘉礼》四十二篇，《凶礼》六篇，《国恤》五篇，总一百三十篇。贞观十一年上。"
乐制	贞观十四年	大唐贞观十四年六月，诏曰："殷荐祖考，以崇功德，比虽加诚洁，而庙乐未称。宜令所司详诸故实，制定奏闻。"秘书监颜师古议曰……	《通典》卷一四七《郊庙不奏乐庙诸室别舞议》	《旧唐书》卷二八《音乐志一》："皇祖弘农府君至高祖大武皇帝六庙，贞观中已诏颜师古等定乐章舞号。" 《新唐书》卷二一《礼乐志一一》略同。
丧服	贞观十四年	贞观十四年，太宗尝从容谓礼官曰："同尚有缌麻之恩而嫂叔无服，又舅之与姨亲疏相似而服纪有殊，理未为得，宜集学者详议。余有亲重而服轻者亦附奏闻。"秘书监颜师古议曰……	《唐会要》卷三七《服纪上》	颜师古《嫂叔舅服议》又载于《文苑英华》卷七六七。
明堂	贞观十七年	高祖受禅，不遑创仪。太宗平定天下，命儒官议其制。贞观五年，太子中允孔颖达以诸儒立议违古，上言曰：……侍中魏徵议曰：……议犹未决。十七年五月，秘书监颜师古议曰：……寻以有事辽海，未暇营创。	《旧唐书》卷二二《礼仪志二》	另参《新唐书》卷一三《礼乐志三》、《唐会要》卷一一，其议明堂之文又载于《文苑英华》卷七六二。

第二节 “详注史策”

汉末以来，随着政治、社会的急剧动荡，儒学独尊的局面被打破，老、庄及名、法等诸多思想得以再次在社会生活中纷纷崭露头角，文学、艺术等多种文化门类也都获得解放，从而得以自觉而逐渐兴盛繁荣。在这一背景之下，史学的发展也同样蔚为壮观。史学的发展进步，首先表现于逐渐摆脱了一直以来被系属于儒家“六艺·春秋”类的附庸地位，从观念上得以独立，其先是与经学并称“经史”，之后又与文学合称“文史”，甚至宋文帝元嘉年间国家设学而有“史学馆”，而此后不久，第一部单独的史学目录著作《史目》，也由裴松之编辑完成，凡此皆是史学独立的表征。[①] 经过魏晋南北朝近四百年的发展，史部著作不仅数量可观[②]，而且“性质复杂多样，门类异彩纷呈”[③]，史学也成为文人学士的必备修养，国家举用士人也由汉代的“率先经术”，转而成为“近世取人，多由文史”[④]。同这一时期学术文化突出的“家门化”特征相一致，史学也成为士族门第父

---

① 以上所述参逯耀东《〈隋书·经籍志·史部〉形成的过程》一文，收入《魏晋史学的思想与社会基础》，中华书局2006年，第24～38页。

② 钱穆具体统计的结果为：“《隋志》史部有八百一十七部，一万三千二百六十四卷，通计亡佚，有八百七十四部，一万六千五百五十八卷。张鹏一《隋志补》，又增出六十部。论其数量，较经部多出一倍。且经部多汉前旧书，史部则多魏晋以下人新著。”参《略论魏晋南北朝学术文化与当时门第之关系》，前揭《中国学术思想史论丛》(卷三)，第131页。

③ 周一良：《魏晋南北朝史学发展的特点》，收入《魏晋南北朝史论集》，北京大学出版社1997年，第390页。

④ 《梁书》卷一四《江淹任昉传论》姚察语，第258页。

子相传的家门学业。[1] 作为文化世族的琅邪颜氏家族子弟自然也习读史书,具有史学方面的文化修养,不过可能由于"晋、宋之际,学艺为多,齐、梁之间,经史弥盛"[2]的原因,晋宋时期的琅邪颜氏人物如颜延之辈虽以文学著名,而又不乏经学、小学等方面的著作,但却没有他们在史学方面著述的相关记载。齐梁以后,以颜之推及其子弟为代表的琅邪颜氏子弟则对史学多所着力,为史学文化的传承发展做出了他们不菲的贡献。具体而言,颜之推及其子孙的史学成绩主要表现在参预国家史籍编修和注解前代经典史著两个方面,以下分别就二者进行考述。

一、颜之推及颜师古参预国家史籍编修

颜之推鄙薄孤陋寡闻之士,提倡博学。其《颜氏家训》曾举例说:"俗间儒士,不涉群书,经纬之外,义疏而已。……魏收之在议曹,与诸博士议宗庙事,引据《汉书》,博士笑曰:'未闻《汉书》得证经术。'收便忿怒,都不复言,取《韦玄成传》,掷之而起。博士一夜共披寻之,达明,乃来谢曰:'不谓玄成如此学也。'"[3]据此则当时北方士人颇有不重读史者,颜之推则引以为子弟诫,则颜氏自身重读史、具有史学方面的修养可无疑问。颜之推对史学的贡献首先表现在参预史籍校订和直接编修史籍等方面。

首先,在江陵受诏参校史书。《隋书》卷四九《牛弘传》载开皇初,牛弘上表请开献书之路,曰:"及侯景渡江,破灭梁室……其文

---

① 《晋书》卷八八《刘殷传》载刘殷"有七子,五子各授一经,一子授《太史公》,一子授《汉书》,一门之内,七业俱兴"。前揭逯耀东《〈隋书·经籍志·史部〉形成的过程》一文曾以此作为史学"家学化"的典型事例。

② 《隋书》卷四九《牛弘传》所载牛弘语,第1299页。

③ 《颜氏家训·勉学篇》,前揭《颜氏家训集解》,第183~184页。

德殿内书史，宛然犹存。萧绎据有江陵，遣将破平侯景，收文德之书，及公私典籍，重本七万余卷，悉送荆州。故江表图书，因斯尽萃于绎矣。”又《陈书》卷二四《周弘正传》：“及侯景平，（王）僧辩启送秘书图籍，敕弘正雠校。”可知，梁末侯景之乱，虽给梁朝经济、社会造成了巨大破坏，但庆幸的是书籍并没有遭到严重损灭，得以在平定叛乱后由王僧辩运至江陵。梁元帝萧绎组织学人对这批图书加以雠校整理，颜之推得以参预其事。其《观我生赋》云，侯景之乱平后，至江陵“黍黄散于官谤，或校石渠之文”，据颜氏自注“时为散骑侍郎，奏舍人事也。王司徒表送秘阁旧事八万卷，乃诏比校，部分为正御、副御、重杂三本”，当时颜氏即与左仆射王褒、吏部尚书宗怀正、直学士刘仁英同校史部①，这是其所受命参加的史学工作之一。

其后，开皇年间与魏澹等修撰《后魏书》。由于杨隋政权是承西魏、北周而来，而之前魏收基于北齐立场所修撰的《魏书》，“突出东魏、北齐，而对西魏之事摒而不书，且多为北齐讳”，出于政权“正统”的需要，隋王朝迫切需要重修《魏书》，负责其事者主要为魏澹。②《隋书》卷五八《魏澹传》：“魏澹字彦深，钜鹿下曲阳人也。……博涉经史，善属文，词采赡逸。……高祖以魏收所撰书，褒贬失实，平绘为《中兴书》，事不伦序，诏澹别成《魏史》。澹自道武下及恭帝，为十二纪，七十八传，别为史论及例一卷，并《目录》合九十二卷。”本传详载其所立修撰体例，称其“义例与魏收多所不同”。参之唐代刘知几所述，由于魏收所撰《魏书》，“世薄其书，号为‘秽史’”，“至隋开皇，敕著作郎魏澹与颜之推、辛德源更撰《魏书》，矫正收失。澹以西魏为真，东魏为伪，故文、恭列纪，孝靖

① 参《北齐书》卷四五《颜之推传》，第622页。

② 参谢保成《隋唐五代史学》，商务印书馆2007年，第15页。

称传。合纪、传、论例，总九十二篇”。[①] 则与魏澹同撰《后魏书》者有颜之推、辛德源。其实，前后《魏书》的不同根本在于“魏澹等为适应隋政权的政治需要，‘以西魏为正，东魏为伪’……突出西魏，强调以礼法进行褒贬”，由此博得隋文帝之欢心，“上览而善之”。[②]

据《隋书》卷五八《魏澹传》：“澹所著《魏书》，甚简要，大矫（魏）收、（平）绘之失。上览而善之。”传末史臣又评论曰：“澹之《魏书》，时称简正，条例详密，足传于后。”但刘知几对《隋书》之论不以为然，称魏澹在魏收之后所撰《后魏书》为“以非易非”，“弥见其失矣”，“而撰《隋史》者，称澹大矫收失者，何哉”？[③] 刘氏又言：“炀帝以澹书犹未能善，又敕左仆射杨素别撰，学士潘徽、褚亮、欧阳询等佐之。会素薨而止。今世称魏史者，犹以收本为主焉。”[④]可知魏澹、颜之推等人所撰修的《后魏书》在成书后流传并不是很广。[⑤]

颜之推之后，其孙颜师古于唐初又参预了《隋书》的修撰工作。唐朝建立后，为取鉴之前纷乱时代各政权的盛衰得失，及表明唐政权的正统性，从而设立史馆，组织修撰了包括《隋书》等在内的多部正史。[⑥] 有关《隋书》，《旧唐书》卷四六《经籍志》“乙部

---

① [唐]刘知几撰，[清]浦起龙通释，吕思勉评，李永圻、张耕华整理：《史通》卷一二《古今正史》“后魏书”条，上海古籍出版社2008年，第261页。

② 前揭《隋唐五代史学》，第15页。

③ 前揭《史通》卷一八《杂说下》，第377页。

④ 前揭《史通》卷一二《古今正史》“后魏书”条，第261页。

⑤ 据前揭谢保成《隋唐五代史学》称“北宋初修《崇文总目》时，仅存纪1卷”。又李广龙曾对该书的著录流传有详考，见所著《颜氏家族著述考》（东北师范大学2007年硕士论文）第52～53页，可参看。

⑥ 《旧唐书》卷七三《令狐德棻传》：“（令狐）德棻尝从容言于高祖曰：‘窃见近代已来，多无正史……至周、隋遭大业离乱，多有遗阙。……陛下既受禅于隋，复承周氏历数，国家二祖功业，并在周时。如文史不存，何以贻鉴今古？如臣愚见，并请修之。’高祖然其奏。”

史录”著录为:“《隋书》八十五卷,魏徵等撰。”如今《隋书》署名也多依此。不过《新唐书》的著录信息较《旧唐书》略详。《新唐书》卷五八《艺文志二》“乙部史录·正史类”著录:

《隋书》八十五卷,《志》三十卷,颜师古、孔颖达、于志宁、李淳风、韦安化、李延寿与(令狐)德棻、敬播、赵弘智、魏徵等撰。

是欧阳修著录《隋书》,于编修人员首题颜师古。其他公私书目记载,则有将魏徵、颜师古并题者①,也有仅题颜师古者②。关于《隋书》修撰,《旧唐书》卷七三《令狐德棻传》载:

德棻尝从容言于高祖曰:“窃见近代已来,多无正史……如臣愚见,并请修之。”高祖然其奏,下诏曰:“……中书令萧瑀、给事中王敬业、著作郎殷闻礼可修魏史……兼中书令封德彝、中书舍人颜师古可修隋史……务加详核,博采旧闻,义在不刊,书法无隐。”瑀等受诏,历数年,竟不能就而罢。贞观三年,太宗复敕修撰……秘书监魏徵修隋史,与尚书左仆射房玄龄总监诸代史。……德棻仍总知类会梁、陈、齐、隋诸史。武德已来创修撰之源,自德棻始也。

可知在唐高祖李渊武德年间首次下诏修史时,颜师古就与封德彝

① 参[宋]陈振孙撰,徐小蛮、顾美华点校《直斋书录解题》卷四“《隋书》八十五卷”条,上海古籍出版社1987年,第102页。对《隋书》的署名问题,《四库全书总目》卷四五“《隋书》八十五卷”条云:“有天圣中校正旧跋称‘……每卷分题,旧本十《志》内惟《经籍志》题侍中郑国公魏徵撰。《五行志序》或云褚遂良作。《纪传》亦有题太子少师许敬宗撰者。今从众本所载,《纪传》题以徵、《志》题以无忌’云云。是此书每卷所题撰人姓名。在宋代已不能画一。至天圣中重刊,始定以领修者为主,分题徵及无忌也。”参《四库全书总目》,中华书局1965年,第408页。

② 《宋史·艺文志》卷二“史类·正史类”著录:“颜师古《隋书》八十五卷。”

共同承担了《隋书》的编修工作，不过“历数年，竟不能就而罢”。而贞观初年重修史书时，《隋书》改由魏徵负责。其实，魏徵于《隋书》也大略只承担监修之责。《旧唐书》卷七一《魏徵传》载：

初，有诏遣令狐德棻、岑文本撰《周史》，孔颖达、许敬宗撰《隋史》，姚思廉撰《梁(史)》、《陈史》，李百药撰《齐史》。徵受诏总加撰定，多所损益，务存简正。《隋史》序论，皆徵所作，《梁》、《陈》、《齐》各为总论，时称良史。史成，加左光禄大夫，进封郑国公，赐物二千段。

据此则只有《隋书》中“序论”明确为魏徵所作，而主体部分则多由孔颖达、许敬宗完成。① 其实颜师古也是贞观初年第二次撰修《隋书》的实际参预者。《史通》卷一二《外篇·古今正史》云：

隋史……皇家贞观初，敕中书侍郎颜师古、给事中孔颖达共撰成《隋书》五十五卷，与新撰《周书》并行于时。②

申屠炉明据此认为：“《隋书》的纪传，主要是出于颜师古、孔颖达两人撰写。魏徵仅写序论，并总其成。……魏徵的作用相当于主编。”③黄永年则认为《史通》所云“皇家贞观初敕中书侍郎颜师古、给事中孔颖达共撰成《隋书》五十五卷”云云，“当是包括了第一次武德时撰修人员而言，第二次修成的《隋书》里不会没有第一次颜师古及封德彝修成的篇卷”。④ 言下之意是颜师古并没有参加贞观年间《隋书》的第二次修撰，刘知几此处颜师古与孔颖达共

---

① 《旧唐书》卷七三《孔颖达传》：“又与魏徵撰成《隋史》，加位散骑常侍。”《旧唐书》卷八二《许敬宗传》又载：“自贞观已来，朝廷所修《五代史》……(许敬宗)皆总知其事，前后赏赉，不可胜纪。”

② 前揭《史通》卷一二《古今正史》“隋史”条，第265页。

③ 参前揭氏著《孔颖达 颜师古评传》，第222页。

④ 参氏著《〈隋书〉说略》，收入《黄永年古籍序跋述论集》，中华书局2007年，第340~341页。

同修撰《隋书》的说法是将两次修撰合并而言的结果，但史籍却有唐初学者敬播于贞观初奉诏“诣秘书内省佐颜师古、孔颖达修《隋史》”①的记载，唐初史臣李延寿也自言其“与敬播俱在中书侍郎颜师古、给事中孔颖达下删削”②，可见黄先生的说法并不确实。贞观初年《隋书》的第二次撰修，颜师古也是实际参预者。同时也因此之故，对《隋书》中的瑕疵之处，刘知几也曾归咎于颜师古名下。③

需要提及的是，上述《史通》所说颜师古、孔颖达等撰修的《隋书》只有五十五卷，不包括三十卷的《志》在内。《隋书》中《志》的部分原称“《五代史志》”，其成书较《纪》、《传》部分要晚。据《旧唐书》记载魏徵等奏上“梁、陈、齐、周、隋五代史”在贞观十年，而《五代史志》则由长孙无忌奏上，时间在唐高宗永徽七年。对此，《史通》卷一二《外篇·古今正史》也言之甚为明白：

> 初，太宗以梁、陈及齐、周、隋氏并未有书，乃命学士分修。……始以贞观三年创造，至十八年方就，（原注：唯姚思廉贞观二年起，功多于诸史一岁。）合为《五代纪传》，并目录凡二百五十二卷。书成，下于史阁。唯有十志，断为三十卷，寻拟续奏，未有其文。又诏左仆射于志宁、太史令李淳风、著作郎韦安仁、符玺郎李延寿同撰。其先撰史人，唯令狐德棻重预其事。太宗崩后，刊勒始成。其篇第虽编入《隋书》，其实别行，俗呼为《五代史志》。④

---

① 《旧唐书》卷一八九上《敬播传》，第4954页。

② 《北史》卷一〇〇《序传》，第3343页。

③ 前揭《史通》卷五《因习》：“夫王室将崩，霸图云构，必有忠臣义士，捐生殉节。……荀济、元瑾兰摧于孝靖之末，王谦、尉迥玉折于宇文之季，而李刊齐史，颜述隋篇，时无逼畏，事须矫枉，而皆仍旧不改，谓数君为叛逆。书事如此，褒贬何施？”（第101页）是刘知几对“颜述隋篇”中将王谦、尉迥等人事迹书为叛逆有所不满。

④ 前揭《史通》，第265～266页。

据此可知，《隋书》中《志》的部分内容涵盖“五代”，与《纪》、《传》部分专言有隋一代史事不同，而修撰《五代史志》之际，之前参预《隋书》修撰的史臣只有“令狐德棻重预其事”，颜师古未能参预其事，且已于贞观十九年逝世，也无缘见其成书。综上所述，可知颜师古曾先后两次参加《隋书》纪传的修撰工作，其于《隋书》也当为有功之臣。

除了参预《隋书》修撰之外，颜师古还曾著作有多种杂传，包括《安兴贵家传》①、《獬豸记》、《静乱安邦记》②等。此外，因参预《隋书》修撰，熟悉隋唐间历史人物之故，至今尚有署名为颜师古的有关隋末史事的野史、小说流传于世。其中如《隋遗录》，《宋史·艺文志》卷五“子·小说家类”有著录，称是一卷本，又有《百川学海》所辑的二卷本流传于世③。《续修四库全书总目提要》称：

> 《隋遗录》二卷（明翻宋本），唐颜师古撰……此书二卷，专记隋炀帝事，故称遗录，与《大业拾遗纪》互相发明，首述大业十二年，炀帝将幸江都事，次纪幸昭明文选楼，凡当时车舰壮阔、宫女华丽纪之极详，虽炀帝之荒淫无度，穷奢极欲，诚为亡国之君，而攸时社会进化、南北交通，亦于此可见，如谓萧妃所乘凤舸，前有舞台，其蔽日帘，即蒲泽国所进……足见

① 《新唐书》卷五八《艺文志》“乙部史录·杂传记类”：“颜师古《安兴贵家传》，卷亡。”安兴贵本为凉州豪族，自称“臣于凉州，奕代豪望，凡厥士庶，靡不依附”，曾自请为唐高祖李渊招抚凉州李轨，后在攻灭李轨政权中立有大功绩，为李唐开国功臣，事见《旧唐书》卷五五《李轨传》。

② 《宋史艺文志》卷二“史·传记类”：“颜师古《獬豸记》一卷，《静乱安邦记》一卷。”

③ 《百川学海》（嘉靖十五年莆阳郑氏壶云道人刊本）卷四收录“《隋遗录》二卷，唐颜师古撰”。参施廷镛《中国丛书综录续编》，北京图书馆出版社2003年，第1页。

> 其日常用物，多属外国贡物。而隋代声威远播，万国来朝，更促成专制君主之奢靡焉。故是编所记，虽仅宫中琐事，妃嫔艳迹，而当时之外交内政，即此可考。至书中所录诏令原文，尤关史实，且多为虞世南所草。至云帝达广陵，宫中多效吴言，因有侬语，则有关风俗方言。按中国习俗，由南北朝至隋唐，转变极巨，《颜氏家训》记载尤多，此书述其侈靡诸事，亦可知当时之俗。而运河贯穿南北，其劳役百姓，固为苛政，然融合南北之文化风俗，厥效亦伟。此书记炀帝幸江都事，即循运河南行，吾人今读是篇，犹可想象其珠玉之盛也。①

由提要可知此书不乏文学色彩，同时又多有关乎隋代社会风俗、政治经济等方面的史料价值。此外，《郡斋读书志》著录又有《南部烟花录》一卷，称："唐颜师古撰，载隋炀帝时宫中秘事。僧志彻得之瓦官阁笋笔中。一名《大业拾遗记》。"②尽管此书与前述《隋遗录》"互相发明"，但过去多认为其书是伪托之作，并非颜师古所著。《四库全书总目》卷一四三"子部·小说家类存目"著录该书称：

> 《大业拾遗记》二卷，一名《南部烟花录》。旧本题唐颜师古撰。末有跋语，称会昌中沙门志彻得之瓦棺寺阁，乃《隋书》遗稿云云。王得臣《麈史》称其极恶，可疑。姚宽《西溪丛语》亦曰"《南部烟花录》文极俚俗。又载陈后主诗云'夕阳如有意，偏向小窗明'，此乃唐人方域诗，六朝语不如此。《唐·艺文志》所载《烟花录》，记幸广陵事，此本已亡。故流俗伪作此书"云云。然则此亦伪本矣。今观下卷记幸月观时

① 中国科学院图书馆整理：《续修四库全书总目提要(稿本)》，齐鲁书社1996年，第32册，第317~318页。

② [宋]晁公武撰，孙猛校证：《郡斋读书志校证》，上海古籍出版社1990年，第244页。

与萧后夜话，有"侬家事一切已托杨素了"之语，是时素死久矣，师古岂疏谬至此乎？其中所载炀帝诸作，及虞世南赠袁宝儿作，明代辑六朝诗者往往采掇，皆不考之过也。①

此后，鲁迅《中国小说史略》第十一篇《宋之志怪及传奇文》也云："不知何人作者有《大业拾遗记》二卷，题唐颜师古撰，亦名《隋遗录》。跋言会昌年间得于上元瓦棺寺阁上，本名《南部烟花录》，乃《隋书》遗稿，惜多缺落，因补以传；末无名，盖与造本文者出一手。"②据此，则《大业拾遗记》多为伪书，不过此书所以托名颜师古，多半即是因为其既负著作盛名，又于隋唐之际史事尤为知悉之故。

二、颜师古《汉书》注与其家学渊源之关系

如前所述，汉末魏晋史学逐渐同经学脱离，开始独立发展后，出于较此前更为广泛的传习需要，"史书也像经书一样有了单独的注释"，而"其中又以《汉书》的注释最多"③，而清代以前《汉书》注释之集大成，且久负盛名者，则为唐初颜师古之注。颜师古注《汉书》是奉当时太子承乾之命而为，《旧唐书》卷七三《颜师古传》云："时承乾在东宫，命师古注班固《汉书》，解释详明，深为学者所重。

---

① ［清］永瑢等撰：《四库全书总目》，中华书局1965年，第1216页。

② 《鲁迅全集》卷九，人民文学出版社2005年，第109页。

③ 参逯耀东《〈隋书·经籍志·史部〉形成的过程》，收入前揭《魏晋史学的思想与社会基础》，第24～38页。对于为什么《汉书》注解最为繁多，《隋书》卷三三《经籍志二》"史部·正史类序"也有所解释云："陈寿删集三国之事……仍各依其国，部类相从，谓之《三国志》。……自是世有著述，皆拟班、马，以为正史，作者尤广。一代之史，至数十家。唯《史记》、《汉书》，师法相传，并有解释。《三国志》及范晔《后汉》，虽有音注，既近世之作，并读之可知。梁时，明《汉书》有刘显、韦棱，陈时有姚察，隋代有包恺、萧该，并为名家。《史记》传者甚微。"可知与《史记》、《汉书》相比，其他史籍"近世之作，并读之可知"，而与《汉书》相比，"《史记》传者甚微"，所以《汉书》注能在当时最为繁盛。

承乾表上之，太宗令编之秘阁，赐师古物二百段、良马一匹。"史称颜师古在当时被誉为"班孟坚忠臣"，所注《汉书》"大显于时"。①

（一）颜师古以"儒宗"训解的方式注解《汉书》

汉末以来出现的史注主要为两种形式。一种是承袭过去学者注经的方法，以释音训诂为主，即刘知几所言"韩、戴、服、郑，钻仰《六经》，裴、李、应、晋，训解'三史'，开导后学，发明先义，古今传授，是曰儒宗"之类；其二则为专注于史事，"掇众史之异辞，补前书之所阙"，如裴松之注《三国志》、刘孝标注《世说新语》之类。② 从史学史的意义上说，第二种史注形式的出现更为重要，因为它显示了史家对历史事件真实性的追求，这是当时历史意识的进一步自觉的重要表现。不过，颜师古的《汉书》注所采用的还是第一种，即"儒宗"训解的方式，这既与《汉书》难读的特性有关，也与其家族"家籍儒风"、"世传《苍》、《雅》"等在经学、小学方面深厚的家学渊源相适应。对于注解《汉书》，颜师古《汉书叙例》自述其方法与原则云：

> 上考典谟，旁究《苍》、《雅》，非苟臆说，皆有援据。③

将此与颜师古《急就篇注叙》所言"师古家传《苍》、《雅》，广综流略，尤精训故，待问质疑，事非精考，不妄谈说，必则古昔，信而有征"④相比照，可见二者在注解方法与原则方面多有相通之处。《汉书叙例》中颜师古还特意谈及对《汉书》中引用儒家经典文本出现异文时的处理原则，他说：

> 六艺残缺，莫睹全文，各自名家，扬镳分路。是以向、歆、

---

① 参《新唐书》卷一九八《颜师古传》，第5642页。

② 参前揭《史通》卷五《补注篇》，第96页。

③ 参中华书局本《汉书》卷首所附《汉书叙例》，第3页。

④ ［宋］王应麟辑：《玉海》所附《急就章补注》卷一，江苏古籍出版社、上海书店出版社1987年。

班、马、仲舒、子云所引诸经或有殊异，与近代儒者训义弗同，不可追驳前贤，妄指瑕颣，曲从后说，苟会扃途。今则各依本文，敷畅厥指，非不考练，理固宜然，亦犹康成注《礼》，与其《书》、《易》相背，元凯解《传》，无系毛、郑《诗》文。以类而言，其意可了。①

可知其于《汉书》中引用经典文本时出现的异文，处理原则是"各依本文，敷畅厥指"，而不以"近代儒者训义"进而"追驳前贤，妄指瑕颣，曲从后说，苟会扃途"，显然颜师古的这种处理方式是极为审慎的，其对《汉书》中这类文本的注解实质上不异于注经。

与以上这种坚持"经生家法"相一致，颜师古对于裴松之、刘孝标等人"掇众史之异词，补前书之所阙"这类新式史注极力排诋。《汉书叙例》言：

近代注史，竞为该博，多引杂说，攻击本文，至有诋诃言辞，掎摭利病，显前修之纰僻，骋己识之优长，乃效矛盾之仇雠，殊乖粉泽之光润。今之注解，翼赞旧书，一遵轨辙，闭绝歧路。

可见颜师古明确反对"多引杂说，攻击本文"的注解之法，他所坚持的则是"翼赞旧书，一遵轨辙，闭绝歧路"，正因如此，颜师古才获得了"班孟坚忠臣"的美誉。② 据说清人邵晋涵曾以颜师古注

---

① 前揭《汉书》卷首所附《汉书叙例》，第3页。

② 颜师古的这种做法显然可以有效避免"以讹传讹"，但却难免要传袭班固原文之讹。宋代吴元美作《吴缜〈新唐书纠谬〉序》曾就颜师古为"班孟坚忠臣"之说提出质疑，吴氏批评说："唐人称杜征南、颜秘书为左丘明、班孟坚忠臣，今观其推广发明，二子信有功矣，至班、左语意乖戾处，往往曲为说以附会之，安在其为忠也？……唐人之论忠也陋矣。"参《新唐书纠谬》，《二十五史三编》第7册，岳麓书社1994年，第62页。清人顾炎武赞赏吴氏此为"卓识之言"。参[清]顾炎武著，陈垣校注《日知录校注》卷二七"汉人注经"条，安徽大学出版社2007年，第1486页。虽然确如吴氏所说，颜师古注《汉书》有班固"语意乖戾处，往往曲为说以附会"的缺点，但由于尽可能保留了原文，尚便于后人核查，其失误较"以讹传讹"者相比还是要小去很多。

《汉书》“只聚诸家旧注而定其折衷,不能旁征载籍以推广其义”为可惜,而周中孚则认为颜师古用的是马融、郑玄注经之体,以裴松之注《三国志》的体例诘责的话,就是“知其一而不知其二”了。①

(二)颜师古注《汉书》与其家学渊源之关系

由上所述,可知颜师古所采取的“儒宗”训解的方式注解《汉书》,除了有《汉书》本身的原因外,还可以最大限度发挥其家世所传的经学、小学方面的优长,而除了颜师古自身的才学外,深厚的家学渊源无疑也是其《汉书》注能够取得突出成就的重要原因。由于《汉书》内容殊为广博,为其注解需要多方面的综合学识,并非易事。颜师古《汉书叙例》说:

> 《汉书》旧文多有古字,解说之后屡经迁易,后人习读,以意刊改,传写既多,弥更浅俗。今则曲核古本,归其真正,一往难识者,皆从而释之。古今异言,方俗殊语,末学肤受,或未能通,意有所疑,辄就增损,流遁忘返,秽滥实多。今皆删削,克复其旧。……礼乐歌诗,各依当时律吕,修短有节,不可格以恒例。读者茫昧,无复识其断章,解者支离,又乃错其句韵,遂使一代文采,空韫精奇,累叶钻求,罕能通习。今并随其曲折,剖判义理,历然易晓,更无疑滞,可得讽诵,开心顺耳。②

据此可见注解《汉书》不仅需要文字、音韵方面的广博知识,于“礼乐歌诗”也要有所知悉,而这些正是琅邪颜氏家族家学的优长之处。《旧唐书》卷七三史臣于《传论》中称赞颜师古云:“家籍儒风,该博经义,至于详注史策,探测典礼,清明在躬,天有才格。”此虽“说者无心”,但“听者有意”,我们于此正可见颜师古“详注史策”之于其“家

① 参祝鸿杰《颜师古和他的〈汉书注〉》,《语文研究》1982 年第 2 辑。据祝氏原文注释,邵、周二人的驳难之文出于《郑堂读书记》卷一五。

② 前揭《汉书》卷首所附《汉书叙例》,第 2 页。

籍儒风,该博经义"及"探测典礼"之间的密切关系。

除了以上笼统而言的家学条件之外,颜师古祖父颜之推所著《颜氏家训》于《汉书》之音释训诂多有卓见,其叔父颜游秦又有针对《汉书》的专著《汉书决疑》,这些无疑都是颜师古可以直接取鉴的丰富学术资源。

颜之推将一些有关《汉书》的训解在家庭之中日常讲说,又将其中精要部分写进《家训》,这使得子弟辈得以耳熟能详,受其影响。事实上也正如罗香林所言:"师古注《汉书》,尤于古音古义之诠释,多所致力。盖其幼受乃祖之推影响。"①又如王利器针对《颜氏家训》所说:

> 此书对于研究《汉书》,可供参考。……大颜、小颜之精通《汉书》,或多或少地都受了《家训》的影响。如《书证篇》言"犹豫"之"犹"为兽名,《汉书·高后纪》师古注即以"犹"为兽名;同篇引《太公六韬》以说《贾谊传》之"日中必熭",师古注亦引《六韬》为说;同篇又引司马相如《封禅书》"导一茎六穗于庖",而训导为择,师古注亦从郑氏说,训导为择。这些地方,师古都暗用之推之说,尤足考见其遵循祖训,墨守家法,步趋惟谨,渊源有自也。②

此类具体见解的承用,除了王先生此处所举外,又如颜师古《汉书注》中注解"紫色䵷声"之"䵷"、"肺附"之"肺",以及校"鹖"为"鴇"等,皆取自其祖父《颜氏家训》之说。③ 前述日本学者吉川忠夫也曾将《颜氏家训》与《汉书》颜师古注相关的条目加以排比罗

① 参前揭氏著《颜师古年谱》,第2页。

② 参氏著《颜氏家训集解》卷首所附《叙录》,第8页。

③ 参前揭《颜氏家训集解》之《书证篇》、《勉学篇》,第445、467、231页。王先谦《汉书补注》卷五九引诸家释"鹖"与"鴇"之说。参《汉书补注》,上海古籍出版社2008年,第5471页。

列，在此基础上总结说：

> 颜之推之说在师古注中的投影，大概即如以上。如果从师古注的整体来看，这些当然不过是九牛一毛。或许在师古注中另外也包含着颜之推之说，我想倒不如说应该这样考虑，但是今天已经失去验证手段了。不过，即使透过以上不多的事例，从祖到孙的传承关系还是很显著的。在(2)、(5)、(6)、(10)等几处尤其显著。如果师古与《汉书》有着即便很少的关系，那么不就是他想努力以某种形式来吸收仅限于《家训》中所见的东西吗？应该说颜师古在继承“家业”的事情上的确是很忠实的。①

除了在这些具体的文字说解中承其祖父之说外，颜师古在有关训诂的原则倾向方面，也禀承祖训。如颜之推重字书而轻音说，言：

> 夫文字者，坟籍根本。世之学徒，多不晓字：读《五经》者，是徐邈而非许慎；习赋诵者，信褚诠而忽吕忱；明《史记》者，专徐、邹而废篆籀；学《汉书》者，悦应、苏而略《苍》、《雅》。不知书音是其枝叶，小学乃其宗系。至见服虔、张揖音义则贵之，得《通俗》、《广雅》而不屑。一手之中，向背如此，况异代各人乎？②

与此相应，《汉书》卷五七上《司马相如传上》卷首，颜师古注云：“近代之读相如赋者多矣，皆改易文字，竞为音说，徐广、邹诞生、褚诠之、陈武之属是也。今依班《书》旧文为正，于彼数家，并无取焉。”刘盼遂注解上述《颜氏家训》之文，即曾引颜师古此注文说：“颜监之不取褚诠，盖亦绳其祖武则然。”③综上所述，颜师古注《汉书》不仅受益于其家传学术文化，且于其祖父颜之推诸说多有

---

① 前揭《六朝精神史研究》，第 281 页。

② 《颜氏家训·勉学篇》，前揭《颜氏家训集解》，第 220 页。

③ 前揭《颜氏家训集解》第 221 页引。

资取。

颜之推之后，其子颜游秦曾是《汉书》学方面的专家，著有《汉书决疑》十二卷，该书已佚，他书间有征引，与颜师古注分别标以“大颜”、“小颜”相区别，持诸家所引之“大颜”注与“小颜”注相比较，颜师古袭用其注解的痕迹甚为明白，甚至由此引发了后世学者的误会，认为颜师古注《汉书》于颜游秦《汉书决疑》“多取其义”涉嫌抄袭。如清人萧穆《跋颜师古汉书注》云：

> 大颜之注尚有见于司马贞《史记索隐》，如《高祖本纪》中之“楚歌”，《孝文本纪》之中“大夫令勉”，《封禅书》之“五百岁当复合”，《平准书》之“级七十万，凡直三十余万金并爵得至乐卿”，《张释之列传》之“锢南山”，《李将军列传》之“莫府”，《卫将军骠骑列传》之“剽姚”，《司马相如列传》之“故删取其要，归正道而喻之，并盖号以况荣”，《货值列传》之“适齐为鸱夷子皮”，凡十一条，所引大颜之说皆精密。今取小颜注本案之，此十一条皆散见《高纪》、《文纪》、《郊祀志》、《食货志》、《李广》、《卫青》、《霍去病》、《司马相如》、《货殖》等传中，悉作“师古曰”，不过行文有详略不一。虽此诸条即无大颜之注，小颜亦必能之，但小颜之注体大思精，凡前人之说有与己意相合即删润成之，不复一一细为区别耳，是则前人以为多掩取他人之说以为己说，亦不得谓之无因云。①

可知萧穆据此“十一条”，认为颜师古对颜游秦《汉书决疑》构成了“掩袭”。针对众人对颜师古的指责，王鑫义曾专门就颜游秦、颜师古二人的《汉书》注解进行考察，其研究结果指出：

> 综上，本文所举 19 条二颜注比义，师古全袭游秦义和基

① ［清］萧穆：《敬孚类稿》，《续修四库全书》影印清光绪三十三年刻本，上海古籍出版社 2002 年，第 1561 册，第 5 页。

本袭游秦义者共有15条之多，占今所见游秦《汉书决疑》佚文的近80%，故知昔人谓师古注尝窃采游秦义为不诬。然赵翼谓师古注《汉书》"尽取其义"，"师古注，实游秦注"，即认为师古注全抄游秦书、二书实为一书也以偏概全，甚为不当。如本文所述，师古注之于游秦《决疑》，虽有全袭之例，亦有在游秦义基础上又加申义者，更有与游秦不同乃至订正游秦义者。唐开元时代的司马贞，是一位既能见到颜师古《汉书注》而又能见到颜游秦《汉书决疑》的史注名家，他并无"师古注实游秦注"之说。其所撰《史记索隐》，大量引用师古注，而引游秦注仅19条，这说明师古注比游秦注丰富得多。游秦《决疑》只是师古注采摘对象之一，故不能视二书为一书。实际上，师古注集唐初以前《汉书》注成果之大成，又大量引用其他文献，并多施论断，是一部较为系统、全面的《汉书》注本。故"自颜监注行而班书义显"，其间虽稍有学术失范之处，但瑕不掩瑜，颜师古注书成就应当肯定，"班孟坚功臣"之称不容动摇。①

王先生通过具体考察认为"师古注，实游秦注"说并不确实。又以司马贞《史记索隐》"大量引用师古注，而引游秦注仅19条"，从而指出"这说明师古注比游秦注丰富得多"，这一见解十分高明。不过，王先生并没有就颜师古"掩袭"一事给予解释，因此也不得不承认颜师古"稍有学术失范之处"。事实上，从家学相传的角度而言，颜师古的这种做法在当时是在允许范围内的。金毓黻即从家学角度对此提出解释说：

不悟古人为学，或父子世业，或叔侄相续，尝自称曰某氏

① 氏著《颜游秦〈汉书决疑〉佚文与颜师古〈汉书注〉比义》，《史学月刊》2007年第3期。

> 学，人称之为一家之言，鲜有以一人一世而独成其学者。班固踵其父彪之业而撰《汉书》，而叙传中不称其父曾撰《史记后传》，微范书为之作传，何由征之？然古人不以为病者，正由父子世业学成家言故也。以此为解，庶有当乎。①

可知金先生认为古人为学"或父子世业，或叔侄相续"，"鲜有以一人一世而独成其学者"，也因此而通常自称为则为"某氏学"、人称则为"一家之言"，虽署名为个人，而实质为其家学之代表，对此古人是"不以为病"的。

日本学者吉川忠夫也在将《史记索隐》所引颜游秦说与相关《汉书》颜师古注加以罗列对比后认为，"颜师古多取其叔父之义的情况似乎是的的确确的"，"颜师古沉默地借用了颜游秦之说的情况在谁的眼里都是看得很清楚的"，但吉川先生紧接着又说：

> 大概近代人的洁癖也就把这称为剽窃了，但是古人在使用先人之说的事情上是如此程度的神经质吗？约束我们的伦理感，也同样地约束他们吗？赵翼在一并论述班彪和班固、颜游秦和颜师古的关系时说到："按古人著述，往往有先创者不得名，而集之者反出其上，遂因以擅名者，固不特此二书（《汉书》和师古注）也。"（《陔余丛考》卷五《班书颜注皆有所本》）而且，原本《汉书》学就是颜氏的家学。有关在颜之推和颜师古之间可寻的紧密关系我们已经指出了，而颜游秦肯定也是继承了其父颜之推之说，进而又流传到师古注中，大概如此认为才是正确的。如果大胆地想象一下，或许颜师古也是协助过《汉书决疑》的撰述的。所谓家学，大概应该说，也就是经过长时间而被积累起来的一家之共同研究的成果。其中大概也包含不少不能归于某一个人的个人之名的部分。

① 氏著《中国史学史》，商务印书馆1999年，第232～233页。

师古注是家学之集成的情况，通过有关颜师古的侄子颜昭甫协助了师古注撰作的推测则更可以确认了。[原注：《颜氏家庙碑》中说："昭甫字周卿，君(惟贞)之父也。幼而颖悟，尤明训诂，工篆籀草隶书，与内弟殷仲容齐名，而劲利过之，特为伯父师古所赏重，每有注述，必令参定。"还有《颜鲁公集》卷三《谢赠官表》中说："窃以臣亡祖(昭甫)伏膺文儒，克笃前烈，能读三坟、五典、八索、九丘，持为伯父故秘书监先臣师古之所赏爱。师古每有注释，未尝不参预焉。"]①

对于金毓黻、吉川忠夫二位先生从琅邪颜氏家学的角度对小颜《汉书注》取用大颜注不为"掩袭"给予解释，我们认为是较为合理的。不然，我们就很难理解在《汉书叙例》中明确标明对前代学者注解"以示不隐"的颜师古不仅"隐没"其叔父，就是取用其祖父颜之推诸说也不标名号，如此"光宗耀祖"之事，颜师古何乐而不为呢？想来这一定有其不必"画蛇添足"、"多此一举"的理由存在。

在学术文化传承以士族门第家世相传为主的魏晋南北朝时代，士族门第日常生活当中父子兄弟之间商讨学问自是常事，其见解相同无足为怪。何况颜之推又将其学术见解中自以为精要的部分写进了《颜氏家训》，这些知识对于琅邪颜氏子弟而言无疑是共享知识，应该多是耳熟能详的，也就是说它们并非是只有颜师古才能看到的"秘笈"。同时，颜之推又曾教导包括颜师古在内的颜氏子弟说："学为文章，先谋亲友，得其评裁，知可施行，然后出手；慎勿师心自任，取笑旁人也。"②颜氏家族子弟对于诗赋文章尚且要"先谋亲友"，以免"师心自任，取笑旁人"，更何况奉太子之命注解《汉书》这样的严肃之事，其"谋之亲友"更是理所必然。此

① 前揭《六朝精神史研究》，第 287 页。

② 《颜氏家训·文章篇》，前揭《颜氏家训集解》，第 257 页。

外，再虑及颜师古之祖颜之推曾明确将以掩袭他人学说为耻写入《颜氏家训》曰：

> 用其言，弃其身，古人所耻。凡有一言一行，取于人者，皆显称之，不可窃人之美，以为己力；虽轻虽贱者，必归功焉。窃人之财，刑辟之所处；窃人之美，鬼神之所责。①

如果颜师古所为在当时确属"不端"的话，较早能够发现并要阻止此事的极有可能是其自家兄弟子侄。这里还可以晋宋时雷次宗注《丧服》一事为例进行说明。《高僧传》卷六《义解三·晋庐山释慧远传》载：

> （慧）远内通佛理，外善群书，夫预学徒，莫不依拟。时（慧）远讲《丧服经》，雷次宗、宗炳等，并执卷承旨。次宗后别著义疏，首称雷氏，宗炳因寄书嘲之曰："昔与足下共于释和上间，面受此义，今便题卷首称雷氏乎？"②

据此可知，当时社会舆论对于此类学术侵权行为并不是完全漠视不管。雷次宗、宗炳这样的同门兄弟尚且于此斤斤计较，很难设想同族父兄子弟能任颜师古"冒天下之大不韪"，对其可能有辱家族声誉的"学术不端行为"听之任之。

同时，颜师古不仅在《汉书注》中承用其祖父之说不标名号，其所著《匡谬正俗》中凡用《颜氏家训》之说也是如此。再有颜之推曾注《急就篇》，而颜师古注《急就篇》也是继承父志，而在继承"父志"的同时也一定会继承"父学"，甚至连祖父颜之推有关《急就篇》的见解也不免要有所承用，但是颜师古所注《急就篇》中也没有出现父、祖的名号。综合这些信息，不得不使我们相信，颜师古在注解经史典籍时对承用自家父兄的见解一定是坚持了某种

---

① 《颜氏家训·慕贤篇》，前揭《颜氏家训集解》，第132页。

② ［梁］释慧皎撰，汤用彤校注，汤一玄整理：《高僧传》，中华书局1992年，第221页。

类似于“对于自家父祖不必一一标明名号”的通例，而这在当时是被默许的。

大约在学术以家世相传的情况之下，子弟之于学业也如财产一般，其中相当多的部分都是承自父兄，究竟原本哪些部分为继承，哪些是自己新创，却难以截然划分清楚。其中有些尚是父子祖孙俱有著述，可以按查，更多则多是父子兄弟口头谈说，相互之间承袭的痕迹早已湮灭。大概其署名虽为个人，但在实质上却体现的是家学。也就是说在魏晋六朝学术家门化的背景之下，士族子弟的学术观点多数带有家学的印记，可以设想其后人表达的学术见解多数是在其家族父兄子弟长期切磋讨论有所统一以后的结果。因此，颜师古《汉书注》中某些与颜游秦相近、相同的新异见解，虽然对于外人来说确是“与众不同”，但至少在颜氏家族范围之内这些多是可以共享的常识，要明确其真正归属通常是困难的。因此似乎可以设想对于这些家族门第中的共享知识，他们采取了“谁用谁署名，实质上却代表家学特色”这样的通例，只不过这样的规矩“不劳翰墨”而各自遵行。因此从这一角度而言，颜师古《汉书注》的成就与特色，某种意义上就体现了琅邪颜氏家族《汉书》学的成就与特色，其承用祖父颜之推和叔父颜游秦的学术见解而不标明名号，至少在当时是被许可的，并不构成所谓“掩袭”。此外，有学者还指出颜注《汉书》还涉嫌“抄袭”除其祖父、叔父之外的其他众家注解，我们不赞同其说，曾从文献流传变迁的角度考察，认为颜师古似不应为此类“抄袭”负责，并将此文作为附录置于文后，敬请参看。

颜师古之后，琅邪颜氏子孙多有精于史学者。据颜真卿《晋侍中右光禄大夫本州大中正西平靖侯颜公大宗碑》所载，颜幼舆“精班《汉》”，颜恭敏“明《汉书》”，颜光庭“博学，注《后汉书》”，颜乔卿“精《晋史》”，可知史学已确然成为琅邪颜氏家学的重要组成部分之一。

钱穆曾论及当时经史学术之间的密切关系说：

当时经学与史学之相通。史学本自经学中分出，而当时人亦每将经史相提并论。如吴华《核上表》，谓司马迁、班固命世大才，所撰精妙，与六经俱传。北魏李彪亦云：臣窃谓史官之达者，大则与日月齐明，小则与四时并茂。其大者，孔子、左丘是也。小者，史迁、班固是也。三国《尹默传》，默远游荆州，从司马德操仲子等受古学，皆通诸经史。晋《虞预传》：雅好经史，憎疾玄虚。……此皆当时人认经史为同类，以与老庄玄虚相对立之证。同时史家亦多兼经学著作，如张璠著《后汉纪》，亦有《周易集解》；孔衍著《汉魏春秋》，亦有《公羊集解》……刘知几《史通》，谓大抵作者，自魏以前，多效二史，从晋已降，喜学五经。可见当时人对经史之通观并重。而论其本源，则皆自崇尚儒学来。史学家中，如徐广、裴子野等，制行茂美，尤是粹然儒者之榘矱。《宋书》史臣曰：臧焘、徐广、傅隆、裴松之、何承天、雷次宗，并服膺圣哲，不为雅俗推移。此皆著作虽分经史，学术同归儒门之证。①

由此可知，琅邪颜氏家学之史学与前文所论其经学“皆自崇尚儒学来”，在根本是相通的，是在其家族深厚儒学基础上的新的开拓发展。

① 《略论魏晋南北朝学术文化与当时门弟之关系》，前揭《中国学术思想史论丛》（卷三），第134～135页。

第四章　琅邪颜氏家族的小学

古代小学著作附经学而立，是习读经典的必备基础，琅邪颜氏家族“家世儒学”，因此其家族对子弟在小学方面的修养也格外重视。颜之推尝教导子弟说：“吾家儿女，虽在孩稚，便渐督正之；一言讹替，以为己罪矣。云为品物，未考书记者，不敢辄名，汝曹所知也。”①可见琅邪颜氏家族素来重视对子弟进行文字音义方面的训导。其家族人物由重经史，进而于经史典籍之根本，即传统所称的小学方面致力尤勤。文字、音韵、训诂之学自颜之推后，子孙历代宝传、不断发扬，至唐代几可谓琅邪颜氏家族的显学。唐代颜师古《急就篇注叙》称：“师古家传《苍》、《雅》，广综流略，尤精训故。”②对颜氏家族小学的成绩，清人王昶褒扬说：

颜于宋齐隋唐间皆为著族，以簪绂世家，至开（元）天（宝）时更以忠节显名天下。然颜氏自之推以后，类能研覃经史，著书立说，而于六书声韵之学尤有专长。其所撰述，此书之外（按：指颜元孙《干禄字书》），载隋唐两志经解小学类者则有之推《急就章注》一卷、《训俗文字略》一卷、《笔

① 《颜氏家训·音辞篇》，前揭《颜氏家训集解》，第530页。

② ［宋］王应麟辑：《玉海》所附《急就篇补注》卷一，江苏古籍出版社、上海书店出版社1987年。

墨法》一卷；愍楚《证俗音略》一卷；师古《匡谬正俗》八卷、《急就章注》一卷；真卿《韵海镜源》三百六十卷。余如之推《家训·书证篇》，游秦《汉书决疑》、师古《汉书注》诸书，皆于小学家言再三致意，是则一门著作多有渊源，其讨论之功，非止旦夕。元孙《字书》繁简得中，辨正确凿，为历代楷模者宜也。①

观王氏此论，可知颜师古所谓“家传《苍》、《雅》”、“尤精训故”之言盖不为虚。

第一节　颜延之的小学著述

现有文献可知，琅邪颜氏子弟在小学方面成绩斐然者，最早为颜延之。颜延之小学方面的著述今可知者有《诂幼》、《纂要》及阮籍《咏怀诗》注等，分别考述如下：

一、颜延之《诂幼》

《隋书》卷三二《经籍志一》“经部·小学类”，“《证俗音字略》六卷”下附注称：“梁有《诂幼》二卷，颜延之撰；《广诂幼》一卷，宋给事中荀楷撰。亡。”《旧唐书》卷四六《经籍志》、《新唐书》卷五七《艺文志一》“甲部经录·小学类”皆著录为颜延之撰《诂幼文》三卷。颜氏全书已亡佚，清人多有辑录，如马国翰《玉函山房辑佚书·补编》辑得三条，今据录如下：

蚝蚝，蜢也，善跳，蜢音猛。（陆德明《尔雅释文》）

---

① ［清］王昶：《金石萃编》卷九九，《续修四库全书》影印清嘉庆十年刻同治钱宝传等补修本，上海古籍出版社2002年，第889册，第161页。

騆，呼县反。(《尔雅释文》引吕忱、颜延之、荀楷《诂幼》，荀楷著《广诂幼》，此并引者，二书音义同也。荀楷说可见者止此一条，故附著颜书中。)

罗唝，歌曲。(《广韵》上声"一董""唝"字注引《告幼童文》，案亦《诂幼》也。)①

姚振宗《隋书经籍志考证》谓"诂"、"诘"皆"诰"之误。又谓《唐志》所载多一卷者，似即合荀楷所广之一卷。② 或认为今存颜书佚文"无一不为诂训、音切之文，则仍以《隋志》作'诂'为是。此盖为童蒙而作，所诂训者皆习见字，犹今之小学生字典之类。其名似当做《幼诂》，谓童蒙所习见之诂训也。……《隋志》作《诂幼》者，文虽倒而字未误也"③。其说当可从。

二、颜延之《纂要》

《隋书》卷三四《经籍志三》"子部"著录："《纂要》一卷，戴安道撰，亦云颜延之撰。"《旧唐书》卷四六《经籍志》、《新唐书》卷五七《艺文志一》归入"甲部经录·小学类"，径题颜延之撰《纂要》六卷。此外，《初学记》等类书所引又有梁元帝《纂要》，体制与颜书相同，或认为"颜书本一卷，元帝增之"④。今颜书全本已亡，佚文散见于诸类书及唐宋人经史及《文选》李善注中。如《初学记》

① ［清］马国翰：《玉函山房辑佚书》，《续修四库全书》影印清光绪九年嫏嬛馆刻本，上海古籍出版社2002年，第1204册，第630页。

② 《隋书经籍志考证》，《二十五史补编》本，开明书店1936年，第6221页。

③ 孙启志、陈建华编：《古佚书辑本目录》，中华书局1997年，第100页。

④ 《梁元帝〈纂要〉序》，前揭《玉函山房辑佚书》，第1203册，第692页。此外，前揭《古佚书辑本目录》也认为："盖撰《纂要》者旧有数家，而其后浑不能别，不尔则同一书而诸家相继增补、作解，由一卷而演至六卷也。"(第106页)

卷一“天部上”引《纂要》云：

东西南北曰四方，四方之隅曰四维，天地四方曰六合。天地曰二仪，以人参之曰三才。四方上下谓之宇，往古来今谓之宙，或谓天地为宇宙。凡天地元气之所生，天谓之乾，地谓之坤。天圆而色玄，地方而色黄。日月谓之两曜，五星谓之五纬，日月星谓之三辰，亦曰三光。日月五星谓之七曜。天河谓之天汉。①

同书卷二“天部下·雨”又引《纂要》曰：

疾雨曰骤雨，徐雨曰零雨，雨久曰苦雨，亦曰愁霖。雨晴曰霁，雨而昼晴曰启。雨水曰潦，雨云曰渰，亦曰油云，梅熟而雨曰梅雨，雨师曰屏翳。②

以上《初学记》所引《纂要》，清人马国翰《玉函山房辑佚书》列于颜延之名下，并据所辑佚文总结颜延之《纂要》为“杂采训诂，效《尔雅》为之”③。

此外，颜延之还曾注解阮籍《咏怀诗》，继颜氏之后梁代沈约也曾对阮氏《咏怀诗》有过注解，二家之注后被唐李善注《文选》阮籍《咏怀诗》时加以采录。有学者认为“颜、沈注《咏怀》作为现存最早的别集诗注，具有很重要的地位”④。

最后当提及者为颜氏精于训诂之学于其诗赋文学创作实有影响。骆鸿凯《文选学》曾指出：

六代好用代语，触手纷纶。举“日”义言之，曰曜灵，（《归田赋》“于时曜灵俄景”，亦出屈子《远游》语。）曰灵晖，曰悬

① ［唐］徐坚等：《初学记》，中华书局1962年，第1～2页。

② 前揭《初学记》，第23页。

③ 前揭《玉函山房辑佚书》，第1203册，第690页。

④ 钱志熙：《论〈文选〉〈咏怀〉十七首注与阮诗解释的历史演变》，《文学遗产》2009年第1期。

景，曰飞辔（并见《演连珠》），曰阳乌（《蜀都赋》），皆替代之辞也。……颜、谢继作，缀缉尤繁。而溯其缘起，大氐由文人厌黩旧语，欲避陈而趋新，故课虚以成实抑或嫌文辞之坦率，故用替代之词，以期化直为曲，易径成迂。虽非文章之常轨，然亦修辞之妙诀也，安可轻议乎？①

观骆氏所举指称“日”之“曰曜灵，曰灵晖，曰悬景”云云，知上引颜延之《纂要》“疾雨曰骤雨，徐雨曰零雨，雨久曰苦雨，亦曰愁霖”确然于其诗文创作有助益。又有学者研究指出，颜延之诗文“时常准确使用词义的少见义项”，如《白鹦鹉赋》“性既养而亦温”之“养”为“快乐”、《三月三日曲水诗序》“阅水环阶”之“阅”为“流动”、《应诏观北湖田收》“息飨报嘉岁”之“息”为“田夫”等皆使用的是古词。② 如果考虑到颜延之精于训诂文字之学，对此现象则可有更为深切的解释。

第二节　颜之推及其子孙之小学

缪钺曾撰有《颜之推的文字、训诂、声韵、校勘之学》一文，其中概括颜之推在传统小学方面的成就说：

颜之推的学问方面很广，而文字、训诂、声韵、校勘之学尤其是他所擅长的……他对于文字、训诂、声韵之学，特别努力，造诣很深。颜之推对于古人以及他同时人撰写的字书、韵书与各种古书的音注，都很精熟，能批评其得失。《家训》中所引到的这一类书籍有四十种（原注：所引诸书，大都见于

① 骆鸿凯：《文选学》，中华书局1989年，第356页。

② 参李佳《颜延之的作品内容及其语言特色》，收入《第八届文选学国际学术研讨会论文集》，中国扬州2009年8月，第249～250页。

《书证》、《音辞》两篇）。①

缪先生此说可谓甚得颜之推的实情。今略仿缪先生之旧题，在前文基础上，对颜之推在训诂、音韵、校雠等方面的成绩重加检视，并加以扩充论及颜之推该方面学问在家族内的传承，及其子弟在相关方面的成就。

一、颜之推及其子孙的训诂学成就

（一）颜之推的训诂学

颜之推深知“文字者，坟籍根本”②，因此对当时世俗之人读书为学多不从“根本”中来表示不满说：

> 世之学徒，多不晓字：读《五经》者，是徐邈而非许慎；习赋诵者，信褚诠而忽吕忱；明《史记》者，专徐、邹而废篆籀；学《汉书》者，悦应、苏而略《苍》、《雅》。不知书音是其枝叶，小学乃其宗系。至见服虔、张揖音义则贵之，得《通俗》、《广雅》而不屑。一手之中，向背如此，况异代各人乎？③

据王利器引诸家注解，东晋徐邈撰有《五经音训》，刘宋褚诠之撰有《百赋音》十卷，刘宋徐野民撰有《史记音义》十二卷，梁邹诞生撰有《史记音》，东汉应劭撰有《汉书集解音义》二十四卷。可知颜之推对世人读书为学多以服虔、张揖诸人的“音义”之作为宗，而不深究《尔雅》、《说文》等小学著作深为担忧，认为“书音是其枝叶，小学乃其宗系”，教导自家子弟为学要重视《苍》、《雅》等“根本”之学。同篇还举例说：

> 元氏之世，在洛京时，有一才学重臣，新得《史记音》，而颇纰缪，误反“颛顼”字，顼当为许录反，错作许缘反，遂谓朝

① 收入《缪钺全集》第一卷，河北教育出版社 2007 年，第 352 页。

②③ 《颜氏家训·勉学篇》，前揭《颜氏家训集解》，第 220 页。

士言："从来谬音'专旭'，当音'专翾'耳。"此人先有高名，翕然信行；期年之后，更有硕儒，苦相究讨，方知误焉。①

可见此人正因为偏信上述"音义"之书而致误。因为深知"小学乃其宗系"，颜之推对许慎《说文解字》最为推崇，于《颜氏家训·书证篇》设主客问答曰：

客有难主人曰："今之经典，子皆谓非，《说文》所言，子皆云是，然则许慎胜孔子乎？"主人拊掌大笑，应之曰："今之经典，皆孔子手迹耶？"客曰："今之《说文》，皆许慎手迹乎？"答曰："许慎检以六文，贯以部分，使不得误，误则觉之。孔子存其义而不论其文也。先儒尚得改文从意，何况书写流传耶？必如《左传》止戈为武，反正为乏，皿虫为蛊，亥有二首六身之类，后人自不得辄改也，安敢以《说文》校其是非哉？"②

颜之推甚至有"今之经典，子皆谓非，《说文》所言，子皆云是"的嫌疑，可知其对《说文》推崇之高。当然，颜氏也自言并不迷信《说文》，说"其有援引经传，与今乖者，未之敢从"，但"大抵服其为书，隐括有条例，剖析穷根源……若不信其说，则冥冥不知一点一画，有何意焉"，③可谓深识许慎《说文》之优长。

颜之推关于经史训诂的精辟见解主要集中于所著《颜氏家训·书证篇》，观其众说，其训诂的特色主要表现为联系实际、汇通南北和务实切用三个方面。以下分别加以论说。

颜之推着手经史训诂的一个重要方法，就是将书本文字记载与生活实际相联系进行考察，缪钺曾就此说：

颜之推在训诂方面是很细心的。他解释古书中的字义，不但根据古人字书，而且参考当时语言，能够贯通古今，以求得正

① 《颜氏家训·勉学篇》，前揭《颜氏家训集解》，第207页。

② 前揭《颜氏家训集解》，第509页。

③ 《颜氏家训·书证篇》，前揭《颜氏家训集解》，第509~510页。

确意义，如解释《三辅决录》中的“蒜果”……他解释草木之名，也不只根据古人注释，而且考验实物，如解释“苦菜”……①

此外，又如《后汉书》“鹳雀衔三鳣鱼”，“鳣”多假借为“鳣鲔”之“鳣”，世俗学士因谓之为鳣鱼，颜之推纠之说：“魏武《四时食制》：‘鳣鱼大如五斗奁，长一丈。’郭璞注《尔雅》：‘鳣长二三丈。’安有鹳雀能胜一者，况三乎？”②此则以常理鳣鱼体积远过鹳雀，以其“衔三鳣鱼”为必不可能之事而知俗学之误。

由于有着由南入北的特殊经历，颜之推于南北风物、传世书籍之异同颇加留意，并以之来解决经史训诂中的疑难问题。如《书证篇》云：

> 《诗》云：“参差荇菜。”《尔雅》云：“荇，接余也。”字或为莕。先儒解释皆云：水草，圆叶细茎，随水浅深。今是水悉有之，黄花似莼，江南俗亦呼为猪莼，或呼为荇菜。刘芳具有注释。而河北俗人多不识之，博士皆以参差者是苋菜，呼人苋为人荇，亦可笑之甚。③

此是颜之推以南方人所共知的常识纠正北人之众误的例子。同篇又云：

> 《易》有蜀才注，江南学士，遂不知是何人。王俭《四部目录》，不言姓名，题云：“王弼后人。”谢炅、夏侯该，并读数千卷书，皆疑是谯周；而《李蜀书》一名《汉之书》，云：“姓范名长生，自称蜀才。”南方以晋家渡江后，北间传记，皆名为伪书，不贵省读，故不见也。④

---

① 《颜之推的文字、训诂、声韵、校勘之学》，收入前揭《缪钺全集》第一卷，第353页。

② 《颜氏家训·书证篇》，前揭《颜氏家训集解》，第463～464页。

③ 《颜氏家训·书证篇》，前揭《颜氏家训集解》，第409页。

④ 《颜氏家训·书证篇》，前揭《颜氏家训集解》，第440页。

这便是以北方所传的《李蜀书》，获知注解《周易》之蜀才本名范长生，以释南方学士之积疑。

对颜之推为学务实的特点，缪钺已有论及说：

在治学的态度与方法上，颜之推也有通达的见解，值得提一下。他反对那种死读经书，食古不化，“空守章句，但诵师言，施之世务，殆无一可”的人；也反对那种讲《孝经》“‘仲尼居’即须两纸疏义”的烦琐作风（《家训·勉学篇》）。①

此外，颜之推训诂考证的内容还多涉及儒家礼法、地理、文学及日常名物等许多方面。文字训诂涉及日常礼法者，如《颜氏家训·风操篇》云：

人有忧疾，则呼天地父母，自古而然。今世讳避，触途急切。而江东士庶，痛则称祢。祢是父之庙号，父在无容称庙，父殁何容辄呼？《苍颉篇》有倄字，《训诂》云：“痛而呼也，音羽罪反。”今北人痛则呼之。《声类》音于耒反，今南人痛或呼之。此二音随其乡俗，并可行也。②

据刘盼遂考证，其实“江东人痛呼祢，当是呼妳，妳者，母之俗字”，颜之推因“妳、祢同音而致疏失”。③ 可知颜之推因将当时南方人所呼之“妳”误作“祢”，又因“祢”是父之庙号，时常挂在嘴边，与礼法不合，遂建议采用当时北方人和少数南方人常称的“倄”字代替。此虽为颜氏致误之处，不过正是其以所学文字训诂知识应用于日常生活礼法的绝好事例。

至于颜之推以其所擅长的字学训诂解决地理疑难问题也有数例。如《颜氏家训·书证篇》载：

---

① 《颜之推的文字、训诂、声韵、校勘之学》，收入前揭《缪钺全集》第一卷，第358页。

② 前揭《颜氏家训集解》，第117页。

③ 前揭《颜氏家训集解》，第118页注引。

柏人城东北有一孤山，古书无载者。唯阚骃《十三州志》以为舜纳于大麓，即谓此山，其上今犹有尧祠焉；世俗或呼为宣务山，或呼为虚无山，莫知所出。赵郡士族有李穆叔、季节兄弟、李普济，亦为学问，并不能定乡邑此山。余尝为赵州佐，共太原王邵读柏人城西门内碑。碑是汉桓帝时柏人县民为县令徐整所立，铭曰："山有巏嵍，王乔所仙。"方知此巏嵍山也。巏字遂无所出。嵍字依诸字书，即旄丘之旄也；旄字，《字林》一音亡付反，今依附俗名，当音权务耳。入邺，为魏收说之，收大嘉叹。值其为《赵州庄严寺碑铭》，因云："权务之精。"即用此也。①

同书《勉学篇》又说：

吾尝从齐主幸并州，自井陉关入上艾县，东数十里，有猎闾村。后百官受马粮在晋阳东百余里亢仇城侧。并不识二所本是何地，博求古今，皆未能晓。及检《字林》、《韵集》，乃知猎闾是旧余聚，亢仇旧是禝鈗亭，悉属上艾。时太原王劭欲撰乡邑记注，因此二名闻之，大喜。②

以上所举二事皆为颜之推依据字书，并参校相关资料解决地名疑难问题之例。其考证的结论分别被魏收撰碑文、王劭著方志所采用，可知其所学与社会生活确有实际用途。

同时，颜之推的训诂内容还多涉及诗赋等文学作品的学习与写作。《书证篇》说：

---

① 前揭《颜氏家训集解》，第 498 页。同书《勉学篇》颜氏又自称："尝游赵州，见柏人城北有一小水，土人亦不知名。后读城西门徐整碑云：'洦流东指。'众皆不识。吾案《说文》，此字古魄字也，洦，浅水貌。此水汉来本无名矣，直以浅貌目之，或当即以洦为名乎？"参前揭《颜氏家训集解》，第 227 页。则颜氏还解决了柏人城附近一条河的命名问题。

② 前揭《颜氏家训集解》，第 224 ~ 225 页。

> 《尔雅》云:“术,山蓟也。”郭璞注云:“今术似蓟而生山中。”案:术叶其体似蓟,近世文士,遂读蓟为筋肉之筋,以耦地骨用之,恐失其义。①

可知当时文人多将“山蓟”误作“山筋”,从而在诗文写作中与“地骨”作对偶之用,颜氏据《尔雅》以证其非,可避免子弟作诗文时出现此类低级错误。此外,在专门讨论文学之事的《文章篇》,颜之推也特别注意从训诂的角度对前人诗文中的纰缪进行指正。典型如:

> 《诗》云:“孔怀兄弟。”孔,甚也;怀,思也,言甚可思也。陆机《与长沙顾母书》,述从祖弟士璜死,乃言:“痛心拔脑,有如孔怀。”心既痛矣,即为甚思,何故方言有如也?观其此意,当谓亲兄弟为孔怀。《诗》云:“父母孔迩。”而呼二亲为孔迩,于义通乎?②

此则指出西晋陆机因误将本意为“非常想念”之“孔怀”当做“兄弟”的代名词,从而在诗文中闹出笑话,让人引以为戒。

前引颜之推教导子弟之言曰:“云为品物,未考书记者,不敢辄名,汝曹所知也。”③相应地,颜之推在《颜氏家训》中的许多训诂内容便是所谓“云为品物”,即对日常事物名称的解疑答问。如《颜氏家训·勉学篇》举例说:

> 吾在益州,与数人同坐,初晴日晃,见地上小光,问左右:“此是何物?”有一蜀竖就视,答云:“是豆逼耳。”相顾愕然,不知所谓。命取将来,乃小豆也。穷访蜀土,呼粒为逼,时莫之解。吾云:“《三苍》、《说文》,此字白下为匕,皆训粒,《通俗文》音方力反。”众皆欢悟。④

---

① 前揭《颜氏家训集解》,第504页。

② 《颜氏家训·文章篇》,前揭《颜氏家训集解》,第287页。

③ 《颜氏家训·音辞篇》,前揭《颜氏家训集解》,第530页。

④ 前揭《颜氏家训集解》,第230页。

颜之推当场张口即来，巧妙地解答了蜀人呼“豆粒”为“豆逼”的根据，由此可见他对《说文》烂熟于心的实情。

（二）颜之推训诂学的传承与发扬

颜之推的所以能在文字训诂方面有这样大的成就，除了其自身努力外，也多得益于其家学渊源。颜之推的训诂曾有袭用颜延之所说者，如《文章篇》所云：

> 《诗》云：“有鷕雉鸣。”又曰：“雉鸣求其牡。”毛《传》亦曰：“鷕，雌雉声。”又云：“雉之朝雊，尚求其雌。”郑玄注《月令》亦云：“雊，雄雉鸣。”潘岳赋曰：“雉鷕鷕以朝雊。”是则混杂其雄雌矣。①

据王利器《集解》所引赵曦明、段玉裁等注，颜之推所指潘岳赋之“混杂其雄雌”的说法当袭自颜延之，而颜延之所说出自潘岳《射雉赋》徐爰注。《文选》卷九潘安仁《射雉赋》李善注援用刘宋徐爰旧注，其中“麦渐渐以擢芒，雉鷕鷕而朝雊”句，徐爰注说：

> 鷕鷕，雉声也。又云“雉之朝雊，尚求其雌”，雌雉不得言雊，颜延年以潘为误用也。案《诗》“有鷕雉鸣”，则云求牡，及其朝雊，则云求雌。今云“鷕鷕朝雊”者，互文以举雌雄皆鸣也。②

赵曦明、段玉裁等人皆以徐爰所说为是，段玉裁《说文解字注》卷四上“雊”字条甚至说：“颜延年、颜之推皆云潘误用，未孰于训诂之理。”这里值得注意的是，颜之推既熟知潘岳此赋，当亦有机会看到徐爰的注解，徐爰注已明确指出颜延之所说为非，而颜之推仍沿袭颜延之之误者，正可见其家学之传承，当然同时也从一个

---

① 前揭《颜氏家训集解》，第287页。

② ［梁］萧统编，［唐］李善注：《文选》，中华书局1979年，第139页。

侧面说明了学术仅以家族内传承的局限性。

针对《颜氏家训·书证篇》，清人黄叔琳说："此篇纯是考据之学，当另为一书，全删。"①黄氏认为《书证篇》"纯是考据之学"无疑是符合实情的，但其认为当"另为一书"，从《颜氏家训》中删去，则未免对颜之推于《家训》中置《书证》一篇之深意有所失察。试观《颜氏家训·勉学篇》云：

> 吾初读《庄子》"螝二首"，《韩非子》曰："虫有螝者，一身两口，争食相龁，遂相杀也。"茫然不识此字何音，逢人辄问，了无解者。案：《尔雅》诸书，蚕蛹名螝，又非二首两口贪害之物。后见《古今字诂》，此亦古之虺字，积年凝滞，豁然雾解。②

此则颜之推于《韩非子》所载"一身两口，争食相龁"之"螝"的音义久有疑惑，"逢人辄问，了无解者"，后阅字书，偶得《韩非子》之"螝"字为古之"虺"字，"积年凝滞，豁然雾解"，其得意之情溢于言表。所当注意者为此事载于《颜氏家训》之《勉学篇》，"勉学"者，劝勉子弟读书为学也，而颜之推所津津乐道，以之勉励子弟读书为学的内容则为文字训诂之学，可知此为颜之推所自认为得意之学问。《勉学篇》中此类有关文字训诂的内容尚有多条，可见颜氏欲以此文字训诂之学传示子孙之意甚明，而《勉学》一篇所说不能尽，遂开《书证篇》专言其事。③ 置于《家训》者，则立文字训诂为家学，欲子弟观读，世代宝传。

---

① 前揭《颜氏家训集解》，第409页注引。

② 前揭《颜氏家训集解》，第226页。

③ 黄永年《〈颜氏家训〉选译·前言》（巴蜀书社1991年）曾说："《书证》篇……《音辞》篇……都可说是《勉学》、《文章》两篇的补充。"该文曾收入氏著《学苑与书林》（上海书店出版社2006年），此处所引参氏著《黄永年古籍序跋述论集》，中华书局2007年，第224页。

事实上颜之推子孙也多能得其文字训诂之家学。如之推子思鲁"尤工训诂"①,思鲁子师古"少传家业,博览群书,尤精诂训"②,师古弟勤礼"尤精诂训,秘阁司经,史籍多所刊定"③,勤礼子昭甫"特为伯父师古所赏,凡所注释,必令参定焉"④,由此可见文字训诂之学在琅邪颜氏家族世代传承的情状。

当然,最能得其祖的训诂之学者,还当属颜师古。颜师古注《汉书》多承用其祖颜之推之说,前述琅邪颜氏家学之史学部分已有详说,此处不赘。这里要提及的是颜师古所著之《匡谬正俗》。此书为颜师古晚年未竟之作,在其卒后,由其子颜扬庭整理成书,表上朝廷。至于该书内容,《匡谬正俗提要》说:"前四卷凡五十五条,皆论诸经训诂、音释。后四卷凡一百二十七条,皆论诸书字义、字音及俗语相承之异。考据极为精密。"⑤可知颜师古此书上承其祖颜之推《颜氏家训》之《书证》、《勉学》诸篇,可看做是《颜氏家训》这些篇章的扩展版。⑥

关于琅邪颜氏家族训诂学成就,复当提及者为颜之推、颜思鲁、颜师古祖孙三代相继注解《急就章》。《急就章》者为汉史游

---

① [唐]颜真卿著,[清]黄本骥编订,[清]蒋瓌参校:《颜鲁公集》卷七《晋侍中右光禄大夫本州大中正西平靖侯颜公大宗碑》,《四部备要》本,第68页。

② 《旧唐书》卷七三《颜师古传》,第2594页。

③④ 颜真卿:《晋侍中右光禄大夫本州大中正西平靖侯颜公大宗碑》,前揭《颜鲁公集》卷七,第68页。

⑤ [清]永瑢等撰:《四库全书总目》,中华书局1965年,第341页。

⑥ 近人罗香林于颜师古《匡谬正俗》说:"后世学者所为读书札记或质疑辨证以及文字雠校诸文,大率昉于是书。"参氏著《颜师古年谱》,台湾商务印书馆,第3页。而前揭《四库全书总目》卷四〇《匡谬正俗提要》:"古人考辨小学之书,今皆失传。自颜之推《家训·音证篇》外,实莫古于是书。"(第341页)则后世学者之考证札记之文更当追溯至颜之推《颜氏家训》之《书证》、《勉学》等篇。

撰,“书凡三十二章,杂记姓名、诸物、五官等字,以教童蒙”①,“旧有曹寿、崔浩、刘芳、颜之推注,今皆不传,惟颜师古《注》一卷存。王应麟又补注之,厘为四卷”②。颜之推《急就章注》一卷,《旧唐书·经籍志》、《新唐书·艺文志》皆著录,大约于南宋时已亡佚③。之推子思鲁注《急就章》见颜师古《急就篇注叙》,该《叙》云:“先君(原书注:思鲁)常欲注释《急就》,以贻后学,雅志未申,昊天不吊,奉遵遗范,永怀罔极。”④是颜思鲁欲注《急就章》未就而卒。

至于颜师古注《急就篇》,其《叙》曰:

> 师古家传《苍》、《雅》,广综流略,尤精训故,待问质疑,事非精考,不妄谈说,必则古昔,信而有征。……旧得皇象、钟繇、卫夫人、王羲之等所书篇本,备加详核,足以审定,凡三十二章。究其真实,又见崔浩及刘芳所注,(原书注:后魏太宗元年敕崔浩解,刘芳续《注音义证》三卷。)人心不同,未云善也。遂因暇日,为之解训,皆据经籍遗文、先达旧旨,非率愚管,斐然妄作。字有难识,随而音之。别理兼通,亦即并载,可以祛发未寤,矫正前失,振幽翳之学,摅制述之意,庶将来君子裁其衷焉。⑤

观此,则颜师古之于《急就篇注》所用心力大略可知,其所以能流传至今者不为无因。高二适曾批评颜师古《急就篇注》“舍章存正”,“以至成学之士,亦只维其文,不维其书”,“终唐之世,章草之

---

① [宋]晁公武撰,孙猛校证:《郡斋读书志校证》,上海古籍出版社1990年,第149页。

② 前揭《四库全书总目》卷四一《急就章提要》,第344页。

③ 王利器据宋王应麟《急就篇后序》:“颜之推注解,轶而不传。”推测颜之推所注《急就章》于南宋时已亡佚。参前揭《颜氏家训集解》,第656页。

④⑤ 前揭《玉海》所附《急就篇补注》卷一。

法若存若亡",致使以章草书法艺术形式相传之《急就章》几于不传。[1] 对此批评,申屠炉明已有所辩解。[2] 不过透过高先生的批评,也可见颜师古《急就篇注》在当时的影响力。颜师古之后,宋人王应麟又对颜注《急就篇》加以补正,然《四库全书总目》尚称:"应麟所注,多从颜本,盖以其考证精深,较他家为可据焉。"[3]于此可见颜师古《急就篇注》的成绩。

综上所述,可见自颜延之,尤其是颜之推以来,琅邪颜氏家族在文字训诂领域的成就实可谓蔚为大观。上引颜师古《急就篇叙》所云"师古家传《苍》、《雅》,广综流略,尤精训故,待问质疑,事非精考,不妄谈说,必则古昔,信而有征",这可以说是琅邪颜氏家族子弟对其家族人物从事文字训诂之学所谨守之优良传统的信实概括。

二、颜之推及其子孙的音韵学成就

受清谈的影响,魏晋南朝的士人于言语之优美多有措意,发言吐语"音韵清雅"成为士族的必备修养和身份标志,如刘宋张畅以"吐属如流,音韵详雅,风仪华润"而令北魏使者李孝伯等人"并相视叹息"[4];梁周舍"善诵书,背文讽说,音韵清辩"[5],西阳王萧大钧七岁时讽诵《诗经》"音韵清雅"[6]。风气播扇,北朝也是如此,如北魏任城王元澄以"音韵遒雅,风仪秀逸"而得到南朝使者庾荜的叹赏[7],凡此皆事迹特著而被史籍记载者,由此可见当时士

---

① 参高二适《新定急就章考证·自序》,上海古籍出版社 1982 年。
② 参前揭《孔颖达 颜师古评传》,第 245～246 页。
③ 前揭《四库全书总目》卷四一《急就章提要》,第 344 页。
④ 《宋书》卷五九《张畅传》,第 1605 页。
⑤ 《梁书》卷二五《周舍传》,第 375 页。
⑥ 《梁书》卷四四《西阳王大钧传》,第 617 页。
⑦ 参《魏书》卷一九中《任城王元云传附元澄传》,第 464 页。

族社会普遍重视口语音辞，往往将其与人物仪度相提并论，将"音韵清雅"视作人物风度的重要表现。与此相应，当时社会对那些在言语音辞上修养欠佳之人多有轻视。这可以《颜氏家训·音辞篇》所载梁世某贵族之事为例：

古人云："膏粱难整。"以其为骄奢自足，不能克励也。吾见王侯外戚，语多不正，亦由内染贱保傅，外无良师友故耳。梁世有一侯，尝对元帝饮谑，自陈"痴钝"，乃成"飔段"，元帝答之云："飔异凉风，段非干木。"谓"郢州"为"永州"，元帝启报简文，简文云："庚辰吴入，遂成司隶。"如此之类，举口皆然。元帝手教诸子侍读，以此为诫。①

可见，此人虽为贵族，但由于语音"不正"而被简文帝、元帝兄弟调笑，元帝还"手教诸子侍读，以此为诫"。此外，言语音辞还涉及当日士族奉行的礼法，如颜之推所说：

河北切攻字为古琮，与工、公、功三字不同，殊为僻也。比世有人名暹，自称为纤；名琨，自称为衮；名洸，自称为汪；名䴕，自称为獡。非唯音韵舛错，亦使其儿孙避讳纷纭矣。②

可见如果"音韵舛错"，可能使得"儿孙避讳纷纭"，难以措手。有鉴于此，前文所引颜之推教导子弟之言"吾家儿女，虽在孩稚，便渐督正之；一言讹替，以为己罪矣"③，便不难理解了。同时也可以知道，颜之推在《颜氏家训》中设立《音辞篇》也是为避免子弟"音韵舛错"的重要举措之一。

（一）《颜氏家训·音辞篇》与《切韵》音系之关系

当然，今天看来颜之推所著《颜氏家训·音辞篇》早已超越了琅邪颜氏一家之教而具有了更广泛的意义，正如周祖谟《颜氏家

① 前揭《颜氏家训集解》，第564页。
② 《颜氏家训·音辞篇》，前揭《颜氏家训集解》，第566页。
③ 《颜氏家训·音辞篇》，前揭《颜氏家训集解》，第530页。

训音辞篇注补》一文题前所说："考《家训》此篇专为辨析声韵而作，斟酌古今，掎摭利病，具有精义，实乃研求古音者所当深究。"①颜之推于音韵学之精，前人所论几不可计数，此处录《音辞篇》一则以窥其崖略：

> 古今言语，时俗不同；著述之人，楚、夏各异。《苍颉训诂》，反稗为逋卖，反娃为于乖；《战国策》音刎为免，《穆天子传》音谏为间；《说文》音戛为棘，读皿为猛；《字林》音看为口甘反，音伸为辛；《韵集》以成、仍、宏、登合成两韵，为、奇、益、石分作四章；李登《声类》以系音羿，刘昌宗《周官音》读乘若承：此例甚广，必须考校。前世反语，又多不切，徐仙民《毛诗音》反骤为在遘，《左传音》切椽为徒缘，不可依信，亦为众矣。今之学士，语亦不正；古独何人，必应随其讹僻乎？《通俗文》曰："入室求曰搜。"反为兄侯。然则兄当音所荣反。今北俗通行此音，亦古语之不可用者。玙璠，鲁人宝玉，当音余烦，江南皆音藩屏之藩。岐山当音为奇，江南皆呼为神祇之祇。江陵陷没，此音被于关中，不知二者何所承案。以吾浅学，未之前闻也。②

颜之推此文评论古今、指点南北，虽其说并非尽善③，但他精于音

---

① 参氏著《问学集》，中华书局1966年，第405页。

② 《颜氏家训·音辞篇》，前揭《颜氏家训集解》，第545页。

③ 如钱大昕《十驾斋养新录》卷四"徐仙民多古音"条，历说徐仙民《毛诗音》多存古音，而后世皆废。又说："徐仙民音有不载于《释文》者，如颜之推所举《毛诗》'反骤'为'在遘'、《左传》'切椽'为'徒缘'，今陆氏《释文》皆无之。颜、陆皆南士，而陆年辈差后，颜既诋前世反语多不切，陆即因而削之，盖自周彦伦、沈休文之学行，南士靡然从之，争改旧音以从新切，而古音之失传之多矣。"参[清]钱大昕著，陈文和主编《嘉定钱大昕全集》，江苏古籍出版社1997年，第7册，第93~94页。颜氏此处所言有失者尚有多处，参《颜氏家训集解》所引诸家之说可知。

韵之学，深悉诸家音韵著作之得失殆可无疑。

中国幅员辽阔，各地方音本来就差异很大，颜之推所谓“九州之人，言语不同，生民以来，固常然矣”①，而中古时期的战乱频仍，胡人入主中原，移民运动规模空前，南北社会长期分裂等等，致使当时的书面语音即所谓的读书音也一度混乱不堪。颜之推精于音韵之学，又有由南入北的特殊经历，从而能够知悉当时南北语音之得失差异，这是颜之推音韵学成就的一大特色。其指摘吴人之失者，如：

> 或问曰：“《东宫旧事》何以呼鸱尾为祠尾？”答曰：“张敞者，吴人，不甚稽古，随宜记注，逐乡俗讹谬，造作书字耳。吴人呼祠祀为鸱祀，故以祠代鸱字；呼绀为禁，故以糸傍作禁代绀字；呼盏为竹简反，故以木傍作展代盏字；呼镬字为霍字，故以金傍作霍代镬字；又金傍作患为镮字，木傍作鬼为魁字，火傍作庶为炙字，既下作毛为髻字；金花则金傍作华，窗扇则木傍作扇：诸如此类，专辄不少。”②

所论皆有根本，可谓深悉南人语音之失。其论北人音韵之误者如：

> 诸字书，焉者鸟名，或云语词，皆音于愆反。自葛洪《要用字苑》分焉字音训：若训何训安，当音于愆反，“于焉逍遥”，“于焉嘉客”，“焉用佞”，“焉得仁”之类是也；若送句及助词，当音矣愆反，“故称龙焉”，“故称血焉”，“有民人焉”，“有社稷焉”，“托始焉尔”，“晋、郑焉依”之类是也。江南至今行此分别，昭然易晓；而河北混同一音，虽依古读，不可行于今也。③

① 《颜氏家训·音辞篇》，前揭《颜氏家训集解》，第529页。
② 《颜氏家训·书证篇》，前揭《颜氏家训集解》，第491页。
③ 《颜氏家训·音辞篇》，前揭《颜氏家训集解》，第559页。

此则指出虚词"焉"字自西晋葛洪指出在不同用法时读音应当有所区别以来，江南士子普遍遵而从之，而当时北方士人则不是如此。

正是由于颜之推知悉当时南北音的得失，因此晚年得以同众人商校南北音韵，从而为《切韵》的编撰做出了贡献。关于《切韵》的成书，据巴黎国民图书馆藏敦煌写本伯希和号二一二九唐写本王仁昫《刊谬补缺切韵序》中所录陆法言《切韵序》，隋初刘臻等八人同在陆法言家中讨论音韵，当时陆法言"烛下握笔，略记纲纪"，后陆法言即在此"纲纪"的基础上于隋仁寿年间撰成《切韵》，陆氏也自言"非是小子专辄，乃述群贤遗意"。该序回顾当年众人讨论音韵的情境说：

> 昔开皇初，有刘仪同（臻）、颜外史（之推）、卢武阳（思道）、李常侍（若）、萧国子（该）、辛咨议（德源）、薛吏部（道衡）、魏著作（彦渊）等八人，同诣法言门宿，夜永酒阑，论及音韵，以古今声调，既自有别，诸家取舍，亦复不同。吴、楚则时伤清浅，燕、赵则多涉重浊，秦、陇则去声为入，梁、益则。诸家取舍，亦复不同。平声似去。又支脂鱼虞，共为不韵。先仙尤侯，俱论是切。欲广文路，自可清浊皆通；若赏知音，即须轻重有异。吕静《韵集》、夏侯咏《韵略》、阳休之《韵略》、李季节《音谱》、杜台卿《韵略》等，各有乖互。江东取韵，与河北复殊。因论南北是非，古今通塞，欲更捃选精加，除削疏缓，颜外史、萧国子多所决定。①

值得注意的是陆法言所言"颜外史、萧国子多所决定"，而众人讨论各地音韵之得失"吴、楚则时伤清浅，燕、赵则多涉重浊，秦、陇则去声为入，梁、益则平声似去。诸家取舍，亦复不同"云

① 参周祖谟编《唐五代韵书集存》，中华书局1983年，第243～244页。

云,也与颜之推《家训》论南北音韵之言多有相似。《颜氏家训·音辞篇》说:

> 自兹厥后,音韵锋出,各有土风,递相非笑,指马之谕,未知孰是。共以帝王都邑,参校方俗,考核古今,为之折衷。搉而量之,独金陵与洛下耳。南方水土和柔,其音清举而切诣,失在浮浅,其辞多鄙俗。北方山川深厚,其音沉浊而鈋钝,得其质直,其辞多古语。然冠冕君子,南方为优;闾里小人,北方为愈。易服而与之谈,南方士庶,数言可辩;隔垣而听其语,北方朝野,终日难分。而南染吴、越,北杂夷虏,皆有深弊,不可具论。其谬失轻微者,则南人以钱为涎,以石为射,以贱为羡,以是为舐;北人以庶为戍,以如为儒,以紫为姊,以洽为狎。如此之例,两失甚多。①

陈寅恪曾据《音辞篇》此言,推测颜之推论南北音之得失,其心中所存之衡度标准为"东汉、曹魏、西晋以来居住洛阳及其近傍之士大夫集团所操之雅音","亦即未染吴、越语音时殆即东晋过江时侨姓士族所操用之洛阳旧音",而隋初颜之推等八人讨论南北音韵时所持之标准也为此"洛阳旧音",因"颜、萧所操用者较近于此一标准",故"捃选除削,乃多取决于颜、萧"。②

由此可知,琅邪颜氏家族作为永嘉南渡的侨姓士族,原本即操洛阳旧音,又特因家族文化严谨之故,家中"儿女,虽在孩稚,便渐督正之",特别能够保持此种语音的纯正性,故在杨隋南北统一之际,能有颜之推于南北语音的统一作出此等突出贡献,此也士族门第保存文化之一例。

(二)颜之推其他音韵著作及子弟之音韵学成就

---

① 《颜氏家训·音辞篇》,前揭《颜氏家训集解》,第529~530页。

② 参氏著《从史实论切韵》,收入《金明馆丛稿初编》,生活·读书·新知三联书店2001年,第390、392、405、406页。

除《颜氏家训·音辞篇》外，颜之推还著有《证俗音字》。①《玉海》卷四五引《中兴书目》云："北齐颜之推《证俗音字》四卷，援诸书为据，正时俗文字之谬，凡三十五目。"其子颜愍楚又著《证俗音略》，大略是纠世俗文字读写谬误之作。颜之推之孙颜师古也精于审音，并受乃祖的影响。

此外，当提及者尚有唐代颜真卿所主持编撰的《韵海镜渊》，其所撰《湖州乌程县杼山妙喜寺碑》中自述《韵海镜渊》的编修说：

> 真卿自典校时，即考五代祖隋外史府君与法言所定《切韵》，引《说文》、《苍》、《雅》诸字书，穷其训解，次以经、史、子、集中两字已上成句者，广而编之，故曰"韵海"；以其镜照源本，无所不见，故曰"镜源"。②

可知颜真卿撰修《韵海镜渊》是自觉上继其五代祖颜之推所参预拟定的《切韵》而作，正可见其家学渊源。关于该书的内容体例，唐代封演所著《封氏闻见记》卷二"声韵"条云：

> 其书于陆法言《切韵》外，增出一万四千七百六十一字。先起《说文》为篆字，次作今文隶字，仍具别体为证，然后注以诸家字书，解释既毕，征九经两字以上，取其句末字编入本

① 《隋书》卷三二《经籍志一》著录"《训俗文字略》一卷，后齐黄门郎颜之推撰"后有"《证俗音字略》六卷"，不著撰人姓名，颜真卿《唐故通议大夫行薛王友柱国赠秘书少监国子祭酒太子少保颜君碑铭》载颜之推著作有《证俗文字音》五卷，《新唐书》卷五七《艺文志一》著录有"张推《证俗音》三卷"，清人姚振宗认为"张推当是颜之推之写误"，王利器又说："郭忠恕修《汗简》所得凡七十一家事迹，列有颜黄门《说字》及《证俗古文》，即《证俗音字略》，亦即《证俗文字音》也。"参前揭《颜世家训集解》，第656页；姚振宗《隋书经籍志考证》，《二十五史补编》本，开明书店1936年，第5220～5221页。

② 前揭《颜鲁公集》卷七，第70页。

韵；爰及诸书，皆仿此。自有声韵以来，其撰述该备，未有如颜公此书也。①

实际颜真卿主持编修此《韵海镜渊》为按韵排列之类书，《四库全书总目》即说："知元阴时夫《韵府群玉》实源于此。……并知《永乐大典》列篆隶诸体于字下，乃从此书窃取其式，而讳所自来。"②今人也称"此书自为类书，为后人韵府之滥觞"③。颜真卿此著可谓琅邪颜氏音韵学著作的余响。

三、颜之推及其子孙的校雠与正字学成绩

前文曾引及颜之推的名言"夫文字者，坟籍根本"④，一方面从学习的角度而言，经史著作都是由文字写就的，因此要真正读懂经史著作就必然要从文字训诂等根本做起，正是从这一意义上，颜之推强调阅读《说文解字》等文字著作以掌握读书为学的基本功。另一方面，就书籍本身而言，文字也是"坟籍根本"，文字的错讹脱误自是书籍的大害，从这一角度出发，颜之推又强调书籍的校雠工作，而凭借其在音韵、训诂方面的特长，颜之推在此方面也有着突出的成就。颜之推曾说：

校定书籍，亦何容易，自扬雄、刘向，方称此职耳。观天下书未遍，不得妄下雌黄。或彼以为非，此以为是；或本同末异；或两文皆欠，不可偏信一隅也。⑤

---

① ［唐］封演撰，赵贞信校注：《封氏闻见记校注》，中华书局 2005 年，第 14 页。关于《韵海镜源》的编修过程，清人黄本骥撰有《颜鲁公著〈韵海镜源〉始末考》，附于所编订《颜鲁公集》卷一九，可资参考。

② 前揭《四库全书总目》卷一二〇《封氏闻见记提要》。（第 1033 页）

③ 中国科学院图书馆整理：《续修四库全书总目提要（稿本）》，齐鲁书社 1996 年，第 11 册，第 766 页。

④ 《颜氏家训 · 勉学篇》，前揭《颜氏家训集解》，第 220 页。

⑤ 《颜氏家训 · 勉学篇》，前揭《颜氏家训集解》，第 235 页。

“观天下书未遍，不得妄下雌黄”由此便成为后世学者从事校雠工作的座右铭，可见颜之推对于校书所持的谨慎态度。颜之推于书籍校勘方面手段极为丰富，核以陈垣的“校法四例”①，颜之推除本校法鲜用之外，其他三种如对校法、他校法、理校法都能熟练使用。

就对校法而言，颜之推经常使用的方法是用南朝本与北朝本对校，以及以古本与流行之本对校等。以南北本对校之例如：

> “也”是语已及助句之辞，文籍备有之矣。河北经传，悉略此字，其间字有不可得无者，至如“伯也执殳”，“于旅也语”，“回也屡空”，“风，风也，教也”，及《诗传》云：“不戢，戢也；不傩，傩也。”“不多，多也。”如斯之类，傥削此文，颇成废阙。《诗》言：“青青子衿。”《传》曰：“青衿，青领也，学子之服。”按：古者，斜领下连于衿，故谓领为衿。孙炎、郭璞注《尔雅》，曹大家注《列女传》，并云：“衿，交领也。”邺下《诗》本，既无“也”字，群儒因谬说云：“青衿、青领，是衣两处之名，皆以青为饰。”用释“青青”二字，其失大矣！又有俗学，闻经传中时须也字，辄以意加之，每不得所，益成可笑。②

此则颜之推通过南北本对校，指出了北方古籍因删略虚词“也”而造成的混乱和谬误。其以古本校流行之本者如：

> 《诗》云：“黄鸟于飞，集于灌木。”《传》云：“灌木，丛木也。”此乃《尔雅》之文，故李巡注曰：“木丛生曰灌。”《尔雅》末章又云：“木族生为灌。”族亦丛聚也。所以江南《诗》古本皆为丛聚之丛，而古丛（按：繁体作“叢”）字似最字，近世儒生，因改为最，解云：“木之最高长者。”案：众家《尔雅》

---

① 参氏著《校勘学释例》，中华书局2004年。

② 《颜氏家训·书证篇》，前揭《颜氏家训集解》，第436～437页。

及解《诗》无言此者，唯周续之《毛诗注》，音为徂会反，刘昌宗《诗注》，音为在公反，又祖会反：皆为穿凿，失《尔雅》训也。①

此则不但通过对照“江南《诗》古本”，揭示近世儒生改《诗传》之“丛木”为“最木”为误，更凭借其所精擅的文字学知识，联系到“丛”（叢）字古体与“最”相近，从而进一步找到其所以致误之由。

他校法也是颜之推所常用的校勘手段。其中有据他书所引以校原书者，如：

应劭《风俗通》云：“《太史公记》：‘高渐离变名易姓，为人庸保，匿作于宋子，久之作苦，闻其家堂上有客击筑，伎痒，不能无出言。’”案：伎痒者，怀其伎而腹痒也。是以潘岳《射雉赋》亦云：“徒心烦而伎痒。”今《史记》并作“徘徊”，或作“傍徨不能无出言”，是为俗传写误耳。②

此是以应劭《风俗通》所引《太史公记》之文校读《史记》当日流传之本，又参以前人诗赋之证，揭出当时流传本《史记》中“傍徨”一词原当为“伎痒”。同篇又云：

《太史公记》曰：“宁为鸡口，无为牛后。”此是删《战国策》耳。案：延笃《战国策音义》曰：“尸，鸡中之王。从，牛子。”然则，“口”当为“尸”，“後”当为“從”，俗写误也。③

此则以史源学之法，以《太史公记》之文本出自《战国策》，遂能以后人训释《战国策》的材料校正司马迁之文。

颜之推他校之法，又有以存世碑文乃至出土金石文物校正古籍之讹误者。如其据隋初所出土的秦时铁称权上的铭文校正传

① 《颜氏家训·书证篇》，前揭《颜氏家训集解》，第434页。
② 《颜氏家训·书证篇》，前揭《颜氏家训集解》，第452页。
③ 《颜氏家训·书证篇》，前揭《颜氏家训集解》，第450～451页。

世《史记·始皇本纪》"丞相隗林"当为"丞相隗状"之讹。此举被王利器誉为"实开后代以金石文证史之先例"。①

颜之推对校书之事尽管十分谨慎,但也不乏使用理校法之例,如:

> 《后汉书》:"酷吏樊晔为天水郡守,凉州为之歌曰:'宁见乳虎穴,不入冀府寺。'"而江南书本"穴"皆误作"六"。学士因循,迷而不寤。夫虎豹穴居,事之较者;所以班超云:"不探虎穴,安得虎子?"宁当论其六七耶?②

此是以"虎豹穴居"的常识校正《后汉书》南方流传之本误"穴"为"六"之例。又如:

> 《左传》曰:"齐侯痎,遂痁。"《说文》云:"痎,二日一发之疟。痁,有热疟也。"案:齐侯之病,本是间日一发,渐加重乎故,为诸侯忧也。今北方犹呼痎疟,音皆。而世间传本多以痎为疥,杜征南亦无解释,徐仙民音介,俗儒就为通云:"病疥,令人恶寒,变而成疟。"此臆说也。疥癣小疾,何足可论,宁有患疥转作疟乎?③

对于理校法,陈垣言:"此法须通识为之,否则卤莽灭裂,以不误为误,而纠纷愈甚矣。故最高妙者此法,最危险者亦此法。"④上引颜之推校《左传》之说,据诸家之注引陆德明《经典释文》本于梁元帝及袁狎,颜氏则又在其说之上复证以"疥癣小疾,何足可论,宁有患疥转作疟乎",此则纯以常理而推论。与颜之推相反,陆德明《经典释文》则据《左传》之文例"因事曰遂",而谓"若痎已是疟疾,何为复言'遂痁'乎",以证"世间传本多以痎为疥"之不误,相

① 《颜氏家训·书证篇》,前揭《颜氏家训集解》,第455~456、460页。
② 《颜氏家训·书证篇》,前揭《颜氏家训集解》,第466页。
③ 《颜氏家训·书证篇》,前揭《颜氏家训集解》,第427页。
④ 前揭校勘学释例,第133页。

较之下，自是陆氏之说为胜。① 可知以博学渊通如颜之推以理校之法校正古籍也不能免于“卤莽灭裂，以不误为误”的错失。

除以上校正古籍文字之外，颜之推还曾纠正世人因句读之误而于文意产生误会者，如：

《三辅决录》云：“灵帝殿柱题曰：‘堂堂乎张，京兆田郎。’”盖引《论语》，偶以四言，目京兆人田凤也。有一才士，乃言：“时张京兆及田郎二人皆堂堂耳。”闻吾此说，初大惊骇，其后寻愧悔焉。②

是该学士因句读不当而误以“张”字为姓，从而认为有“张京兆”之人，而闹出笑话。此外，颜之推考证之文还曾涉及《通俗文》的作者，及《山海经》中有后人羼入之文等古籍辨伪问题，③也是传统校雠学范围之事。对于颜之推在校雠学方面的成就，文献学家王欣夫说：“它如据《说文》以正形体，据《尔雅》以正训诂，据韵书以正音读。又所据材料，遍及群书，兼之金石，于校勘之业，已是非常全面而具体，虽不是讲校雠的专书，而确是于校雠有重要的关系，我们应该取法的。”④

受其祖父的影响，唐代颜师古于校雠之事也特精擅，而其最重要的贡献之一就是在唐初考定《五经》，为唐代经学的统一做好了基础，此事于我国传统经学文化影响深远，已于琅邪颜氏经学部分有较详考述，请参看。

此下复当论及者为琅邪颜氏子弟的正字之学。关于“字样”

---

① 参周法高撰辑《颜氏家训汇注》，“中央研究院”历史语言研究所1993年第2版，第96页。

② 《颜氏家训·勉学篇》，前揭《颜氏家训集解》，第206页。

③ 参《颜氏家训·书证篇》，前揭《颜氏家训集解》，第481页、483～484页。

④ 前揭《文献学讲义》，第215页。

学出现的背景，一般说来是由于"政治分裂、南北阻隔，兼以字体上隶、楷、行、草均可通行，士大夫作书妄改笔画，自造简字，于是俗讹、异体不断滋生"①。这种情况使得"六朝是文字学衰颓，也是文字混乱的时期"②，于是到南北朝末期，开始有人重视文字的规范整理工作③。出于"文字者，坟籍根本"的认识，琅邪颜氏子弟在对书籍中讹误文字进行校正的同时，对当时书籍流传中出现的大量俗体字的规范工作也十分重视。

当然，文字书写不仅关乎"坟籍根本"，特定场合甚至与礼法风操相关涉。如颜之推批评世间之人"至于文字，忽不经怀"，举例说：

> 近世有人为子制名：兄弟皆山傍立字，而有名峙者；兄弟皆手傍立字，而有名机者；兄弟皆水傍立字，而有名凝者。名儒硕学，此例甚多。若有知吾钟之不调，一何可笑。④

对《颜氏家训》此条，洪业综合众说云："案命名之三字，窃疑当做峙、擿、凝。……所谓'钟之不调'者，貌合而神离也。名峙、擿、凝者，虽得山傍、手傍、水傍，而字实乖舛也。"⑤是世间之人取名多因俗体字而错误百出，难怪颜之推要当做笑话而引以为子孙之戒。据此则当时人连取名之字都错讹至此，而犯此错误者还都是"名儒硕学"，当时文字使用的混乱状况可想而知。颜之推还对个别

---

① 胡奇光:《中国小学史》，上海人民出版社 1987 年，第 128 页。

② 唐兰:《中国文字学》，上海古籍出版社 2005，第 14 页。

③ 如《周书》卷四七《赵文深传》载赵文深"少学楷隶……太祖以隶书纰缪，命文深与黎季明、沈遐等依《说文》及《字林》刊定六体，成一万余言，行于世"。关于魏晋南北朝以来正字方面的工作和相关著述，张隆华、曾仲珊著《中国古代语文教育史》（四川教育出版社 2000 年第 2 版，第 200 ~ 201 页）有详细考述，可参看。

④ 《颜氏家训 · 勉学篇》，前揭《颜氏家训集解》，第 223 页。

⑤ 前揭《颜氏家训汇注》第 49 页引。

人以书法的名义自创字体表示反对说：

江南闾里间有《画书赋》，乃陶隐居弟子杜道士所为；其人未甚识字，轻为轨则，托名贵师，世俗传信，后生颇为所误也。①

清人卢文弨注引五代后蜀林罕《字源偏傍小说序》云："俗有《隶书赋》者，假托许慎为名，颇乖经据。《颜氏家训》云：'斯实陶先生弟子杜道士所为，大误时俗。吾家子孙，不得收写。'"②据此，则颜之推明确要求子弟不得盲目效仿此类私意杜撰的俗体字。

当然，颜之推并不是食古不化，一味反对新产生的字体。他于《颜氏家训·书证篇》表达了其通达的见解。他认为：

世间小学者，不通古今，必依小篆，是正书记；凡《尔雅》、《三苍》、《说文》，岂能悉得苍颉本指哉？亦是随代损益，互有同异。西晋已往字书，何可全非？但令体例成就，不为专辄耳。考校是非，特须消息。至如"仲尼居"，三字之中，两字非体，《三苍》"尼"旁益"丘"，《说文》"尸"下施"几"：如此之类，何由可从？古无二字，又多假借，以中为仲，以说为悦，以召为邵，以閒为闲：如此之徒，亦不劳改。自有讹谬，过成鄙俗，"乱"旁为"舌"，"揖"下无"耳"，"鼋"、"鼍"从"龟"，"奋"、"夺"从"雚"，"席"中加"带"，"恶"上安"西"，"鼓"外设"皮"，"凿"头生"毁"，"离"则配"禹"，"壑"乃施"豁"，"巫"混"经"旁，"皋"分"泽"片，"猎"化为"獦"，"宠"变成"寵"，"业"左益"片"，"灵"底著"器"，"率"字自有律音，强改为别；"单"字自有善音，辄析成异：如此之类，不可不治。吾昔初看《说文》，蚩薄世字，从正则惧人不识，随俗则意嫌其

① 《颜氏家训·杂艺篇》，前揭《颜氏家训集解》，第577页。

② 前揭《颜氏家训集解》，第578页注引。

非，略是不得下笔也。所见渐广，更知通变，救前之执，将欲半焉。若文章著述，犹择微相影响者行之，官曹文书，世间尺牍，幸不违俗也。①

以上颜之推清晰描述了他对古体与今体字看法的变化过程。缪钺分析这部分内容说“这都是很通达的见解”，颜之推“一方面重视《说文》，一方面又不拘泥固执，信古非今，而是了解‘随代损益’的道理，能够‘通变’以合时”。② 不过，颜之推虽然对新体字在日常生活工作中的广泛应用表示接受，但他反对以新体字去追改古籍，对此他举出的例子有以“影”改“景”，以“阵”改“陈”等。③ 此外，据《隋志》所载，颜之推还著有《训俗文字略》一卷，④似当也为讨论文字正俗得失的专门著作。

继颜之推之后，其子颜愍楚又撰有《俗书证误》一书讨论文字的正俗问题。清人辑录《俗书证误》为一卷，《续修四库全书总目提要》称：

编中证误之字凡一百余体，每字之下皆曰：“注曰从某，从某非。”多以体字为主，间及于音，如观音娶，毋音无，戛音惄，厩音救，朿音次……泛音凡之类，则不及所证俗体之什一。后附讹习诸字，凡五十余体，每字之下前半注曰“原音某，今某”，则专以音（按：原文作“体”，字旁又加注一“音”字，依文意作“音”字是。）为主；后半但注曰“原某，今某”，则又以体为主矣。……考新、旧《唐书》愍楚所撰《证俗音字略》，《新志》作一卷，《旧志》作两卷，是编原为两节，可分可

① 《颜氏家训·书证篇》，前揭《颜氏家训集解》，第515～516页。

② 参《颜之推的文字、训诂、声韵、校勘之学》，收入前揭《缪钺全集》第一卷，第353页。

③ 参《颜氏家训·书证篇》，前揭《颜氏家训集解》，第430、432页。

④ 参《隋书》卷三二《经籍志一》，第944页。

合，而又音体并举，不专主一类，当即新旧两《志》所载《证俗音略》之易名，新《志》之一卷，盖合而言之，旧《志》之二卷，盖分二言之也。……是编既为愍楚所撰，编中既证俗体，又复略举字音，其为《唐志》等录愍楚所撰之《证俗音略》无疑。①

则据《提要》所说颜愍楚此书“既证俗体，又复略举字音”，即前文所曾提及之《证俗音略》。清人所辑又有颜愍楚所撰《字鹄》一卷，《续修四库全书总目提要》著录说：

是书《隋书·经籍志》及新、旧《唐书艺文志》均不录，盖其佚已久，而唐以来类书亦无征引之者，据《秘册丛书》所载，凡一百五十三条，书分二编，一曰《俗书证误》，所以纠正俗书之误写也。如“美从大，从火非”，“博、协，从十，从小非”……一曰《讹习诸字》，所以订正世俗音读之讹也。……是书于字学无所发明，仅辨正于声训点法之间，与吕忱《分毫字样》、颜师古《颜氏字样》、颜元孙《干禄字书》、郭忠恕《佩觿》诸书相类，而精审过之。……又按《说郛》及《青照堂丛书》并辑有颜愍楚《俗书证误》，盖即《字鹄》之一也。②

据此，则颜愍楚所撰的《俗书证误》又与《讹习诸字》合刊为《字鹄》，总之即是审正文字音读、剖判字体正俗之作，而又颇为“精审”，可谓得家学之传。

继颜愍楚之后，在正字方面，琅邪颜氏家族又有颜师古撰有《颜氏字样》，据颜师古侄孙颜元孙《干禄字书序》云：

元孙伯祖故秘书监，贞观中刊正经籍，因录字体数纸，以示雠校，楷书，当代共传，号为《颜氏字样》，怀铅是赖，汗简攸资。③

① 前揭《续修四库全书总目提要（稿本）》，第 2 册，第 144 ~ 145 页。

② 前揭《续修四库全书总目提高（稿本）》，第 12 册，第 57 页。

③ 参施安昌编《颜真卿书干禄字书》，紫禁城出版社 1990 年。

据此，则《颜氏字样》乃是颜师古在前述"考定《五经》"，及贞观七年"专典刊正"时的"副产品"，而问世后影响一度很大。《颜氏字样》久佚，清人汪庆黎有辑本。

史家称自颜师古《颜氏字样》之后，"'字样'书蜂出"，最早有杜延业《群书新定字样》，而以颜师古侄孙颜元孙所撰《干禄字书》最有名，罗振玉甚至说其书："当与'仓雅'并重。"①颜元孙《干禄字书序》云颜师古《颜氏字样》问世后，虽"怀铅是赖，汗简攸资"，但"时讹顿迁，岁久还变"，即文字的变化还是层出不穷。该《序》又说：

> 后有《群书新定字样》，是学士杜延业续修。虽稍增加，然无条贯，或应出而靡载，或诡众而难依。且字书源流起于上古。自改篆行隶，渐失本真。若总据《说文》，便下笔多碍；当去泰去甚，使轻重合宜。不揆庸虚，久思编缉，顷因闲暇，方契宿心，遂参校是非，较量同异。其有义理全僻，冈弗毕该；点画小亏，亦无所隐。勒成一卷，名曰《干禄字书》。②

据此，则颜元孙于杜延业之《群书新定字样》多有不满，起而上继伯祖颜师古之业撰修此《干禄字书》，而其于《说文》等古字书的变通精神又颇与颜之推《颜氏家训》中的态度相一致，可见其家学的传承不替。至于《干禄字书》的编撰体例，颜元孙《干禄字书序》云：

> 以平、上、去、入四声为次，具言俗、通、正三体。偏旁同者，不复广出，字有相乱，因而附焉。所谓俗者，例皆浅近，唯籍帐文案，券契药方，非涉雅言，用亦无爽，倘能改革，善不可加。所谓通者，相承久远，可以施表奏笺启，尺牍判状，固免诋诃。所谓正者，并有凭据，可以施著述文章，对策碑碣，将

---

① 参前揭《中国小学史》，第128~131页。据原书注所引罗振玉语出自罗氏《干禄字书笺证序》。

② 参前揭《颜真卿书干禄字书》，第5~8页。

为允当。……用舍之间，尤须折衷，目以干禄，义在兹乎！①

对于颜元孙《干禄字书》明确将传世文字区别为俗、通、正三体，学者们给予很高人评价，说他“在汉字规范化历史上第一次明确地把字分为正、通、俗三类，划分了规范字与非规范字的界限。而且为正、通、俗字分别作了简短的说明，指出了它们的适用范围，对当时和后世都有一定的参考价值”②。对于全书内容及影响，清人段玉裁《书干禄字书后》云：

> 朝议之撰此书，辨别俗、通、正三体，则张氏《五经文字》、唐氏《九经字样》之先声也。字有相乱，因而附焉，则郭氏《佩觿》之始基也。其正字既皆合古，即其通字、俗字，学者流览，亦可以推古今迁移之故，今世俗字与唐时俗字之有不同，而为校定古书之一助。……顾其言字形字义时，分别不雅驯，如“羁、羇”云“上羁勒，下羇旅”，而不知“羁勒”之义，演之为“羇旅”，古无羇字也。……其他不协者尚多……然学者诚志乎治经为己，由此书拾级而上，搜张氏、唐氏之书，进而求诸《说文解字》，庶由文以得其辞，由辞以得其志，而经可渐治矣。③

段氏此说道出了《干禄字书》在后世正字学著作中的开创意义，虽也存有纰缪，但终是瑕不掩瑜，自有其独特价值。此后，颜真卿又以其独标一世之颜体书法将其伯父所撰的《干禄字书》书之于碑石，更助其广为流传。正如史家所说“‘字样’书的出现，与颜氏家族的努力分不开”④。由以上所述可知，琅邪颜氏家族自颜之推以

① 参前揭《颜真卿书干禄字书》，第 8 ~ 12 页。

② 范可育、王志方、丁方豪著：《楷字规范史略》，华东师范大学出版社 2000 年，第 17 页。

③ ［清］段玉裁撰，钟敬华校点：《经韵楼集》，上海古籍出版社 2008 年，第 154 ~ 155 页。

④ 参前揭《中国小学史》，第 129 页。

来，世代关注社会中流传文字的变迁，祖孙几代人都对当时的汉字规范化倾注了心血，做出了卓越贡献。

综合全文，可知琅邪颜氏家族子孙在训诂、音韵及古籍的校雠、文字规范等传统小学的诸多方面都有卓越的表现，其中不少人的相关著述对传统文化的发展产生了深远影响，“家传《苍》、《雅》”无疑已成为琅邪颜氏家学中最具特色的一个方面。观颜之推在训诂文字、纠说音读、审正字体之际，处处不忘申说文字与避讳、称谓、名字等士族礼法诸多方面的关系，可知此种家学有益于子弟士大夫风操的养成，有助于家风的维系。章太炎曾就琅邪颜氏家族评论说：

> 若夫行己有耻，博学于文，则可以无大过。隋唐之间，其惟《颜氏家训》也。后嗣游秦、师古、元孙，至于真卿，世缵其绪，则王勃《中说》弗能间。所著不过训释字书之流，而真卿卓跞，为束身当官者宗。故知学贵其朴，不贵其华也。……是故处约当视《家训》。①

章氏此说阐明了琅邪颜氏家族音韵训诂等质实之学与其质朴家风之间的微妙联系，所见可谓高明。王国维又论“两汉古文学家多小学家”说：

> 原古学家之所以兼小学家者，当缘所传经本多用古文，其解经须得小学之助，其异字亦足供小学之资，故小学家多出其中，比而录之，亦学术沟通之林也。②

据此，则琅邪颜氏家族的文字训诂之学与朴实家风同出于东汉儒生的旧学，其二者间的一致性或可由此得以解释。唐长孺又论汉

---

① 章太炎：《检论》，《章太炎全集》，上海人民出版社 1984 年，第 3 册，第 452～453 页。

② 《两汉古文学家多小学家说》，收入《观堂集林》卷七，中华书局 1959 年，第 331 页。

晋之际南北学风的差异说：

> 北朝经学即河北之学，而河北之学基本上沿袭汉末的郑玄之学。所谓"北学深芜，穷其枝叶"，亦即郑玄之学的特点，表现之一是重视章句训诂，其次是杂以谶纬占候。……"北学"上承汉代经学，自然要重视名物训诂。崔浩解《急就章》，刘献之作《章句疏》，孙惠蔚任秘书丞时集诸儒"专精校考"经史，"校练句读"，"参定字义"，皆是章句训诂之学。①

由此可知，琅邪颜氏家族的小学多沿袭汉末的郑玄之学，与当时多数南迁侨姓士族的学风有所不同，这一家学方面的保守性使得琅邪颜氏家学的风貌在某种程度上与北方士族气类相投。

① 《魏晋南北朝隋唐史三论——中国封建社会的形成和前期的变化》，武汉大学出版社 1992 年，第 228 页。

第五章　琅邪颜氏家族的佛道信仰

佛教自汉代传入中国以来，长期以来一直被当做一种道术，而真正受到广泛关注，得以在社会各阶层得到普遍崇信，是在魏晋南北朝时期。也是该时期思想文化领域值得关注的一个重要现象。东晋南朝，本土士人采用“格义”的方法阐释传播佛教义理，佛教文化与中国本土儒学、玄学及道教文化不断冲突、融合，最终成为中国文化的重要组成部分。佛学能在这一时期获得较大发展的原因很多，如儒学一统地位的失落而带来的思想自由，玄学兴起而激发的士人对思辨的兴趣，以及帝王的爱好、朝廷的提倡等等。其中对佛教传播发展具有重要影响的一个因素则是当时上层社会的主导力量士族名士对佛教的热情学习和宣扬。刘宋何尚之尊崇佛教，他曾对宋文帝刘义隆说：

> 中朝已远，难复尽知。度江以来，则王导、周顗、庾亮、王濛、谢尚、郄超、王坦、王恭、王谧、郭文、谢敷、戴逵、许询，及亡高祖兄弟、王元琳昆季、范汪、孙绰、张玄、殷顗，或宰辅之冠盖，或人伦之羽仪，或置情天人之际，或抗迹烟霞之表。并禀志归依，厝心崇信。①

---

①　[梁]释慧皎撰，汤用彤校注，汤一玄整理：《高僧传》，中华书局1992年，第261页。

由此可以略窥东晋以来门阀士族崇信佛教的普遍情形。① 关于门阀士族普遍信奉佛教的原因,钱穆曾说:"名士世族在不安宁的大世界中,过着他们私人安宁的小世界生活,他们需要一种学理上的(原注:精神方面、内心方面的)解释与慰藉。瞿昙与庄、老,遂同于当时此种超世俗的学理要求下绾合。"②可知与玄学的盛行一样,佛教的流行也与汉末以来长时期战争、社会政治动乱的现实背景有关。

与当时士族社会的普遍情况一致,琅邪颜氏家族也尊崇佛教。为此,颜之推在所著《颜氏家训》中设有《归心篇》,其劝导子弟信仰佛教说:"三世之事,信而有征,家世归心,勿轻慢也。"③由颜之推所说"家世归心",可知琅邪颜氏家族与佛教关系颇有渊源。

据梁释僧祐《出三藏记集》卷一二所载,宋明帝时陆澄所著《法论集》第十二帙《色心论》录有《山巨源问》、《挚元礼咨》及《颜答山挚二难》。其中山巨源者即山涛(205~283),为西晋名士,挚元礼无考,著文答山、挚问难之颜姓人物也未详,其能与山涛往复问答者,当大略与山涛同时,若其出于琅邪,则琅邪颜氏于西晋时已有人习染佛教,惟不可确考,此处存疑。④ 琅邪颜氏家族人物的

① 汤用彤《汉魏两晋南北朝佛教史》(武汉大学出版社 2008 年)第十三章《佛教之南统》曾专列"世族与佛教"一目,详考当时庐江何氏、吴郡陆氏、汝南周氏、琅邪王氏、陈郡谢氏等士族门第与佛教的关系,请参看。

② 钱穆:《国史大纲》(修订本),商务印书馆 1996 年第 3 版,第 358 页。

③ [北齐]颜之推撰,王利器集解:《颜氏家训集解》(增补本),中华书局 1993 年第 3 版,第 364 页。

④ 张伯伟曾论及琅邪颜氏家族与佛教的最早因缘说:"颜氏家族与佛教的因缘究竟始于何时,难以确考。虽然《释氏稽古略》卷二有关于颜含的一段记载,但其文出于《晋书》,且与佛教无涉。《弘明集》卷十有光禄勋颜缮关于神不灭的文章,但他与瑯琊颜氏是否一脉,却无从考之。明确的记载始见于颜延之。"参氏著《〈颜氏家训〉与颜氏家风》,收入《第三届魏晋南北朝文学国际学术研讨会论文集》,文史哲出版社 1998 年,第 767 页。张先生似未注意《出三藏记集》所载此条材料。

崇佛可以刘宋颜延之及其子颜竣和入隋的颜之推为代表，以下分别加以考述。

第一节　颜延之及其子弟的相关佛教活动

颜延之以文采风流、名士放达而有盛名于当世，其于佛教的崇信、于僧人的敬仰也同样引人瞩目。梁释僧祐编撰《弘明集》便曾收录颜氏所撰《庭诰》中论佛道优劣得失的篇章，及其与何承天往复辩论佛理的大量书信文章。以至于唐代僧人道宣言及梁代释僧祐编撰《弘明集》，便说其是“讨颜、谢之风规，总周、张之门律，辨驳通议，极情理之幽求”①。张伯伟指出这里的“颜、谢”就是颜延之与谢灵运，并说“可见颜延之佞佛，是很为佛门所重视的”②。琅邪颜氏家族至晋宋之际而有颜延之为代表的崇信佛教之士，大略也与时代相关。汤用彤曾说：“宋代佛法，元嘉时极有可观……元嘉以文治见称，而佛家义学，固亦此文治之重要点缀也。”③元嘉年间佛教之盛行，可于宋文帝君臣的言谈中窥知。如宋文帝曾对何尚之言：“朕少来读经不多，比日弥复无暇，三世因果未辩厝怀，而复不敢立异者，正以卿辈时秀，率所敬信故也。”又言：“若使率土之滨，皆敦此化，则朕坐致太平，夫复何事。”④可见士族门第的佛教崇信影响及于帝王，乃至使宋文帝产生了以“神道助教”的设想。史言

① ［唐］释道宣：《广弘明集》，新文丰出版有限公司1983年，第97页。

② 《〈颜氏家训〉与颜氏家风》，前揭《第三届魏晋南北朝文学国际学术研讨会论文集》，第768页。

③ 前揭《汉魏两晋南北朝佛教史》，第281页。

④ 前揭《高僧传》，第261页。

文帝“自是信心乃立，始致意佛经。及见(慧)严、(慧)观诸僧，辄论道义理”①，而帝王对佛教的热诚又必然对社会各阶层皈依佛教形成积极鼓励，颜延之崇奉佛法便有这样的时代背景。

一、颜延之与僧人之交游

《宋书》卷七三《颜延之传》载：

> 时沙门释慧琳，以才学为太祖所赏爱，每召见，常升独榻，延之甚疾焉。因醉白上曰：“昔同子参乘，袁丝正色。此三台之坐，岂可使刑余居之。”上变色。

颜延之所谓“袁丝正色”者，为汉代袁盎谏止汉文帝以宦官赵同参乘一事。颜延之斥慧琳和尚为“刑余”，曾被作为其反佛的例证。唐代傅奕“本宗李老，猜忌释门”，曾“引古来王臣讪谤佛法者二十五人，撰次品目，名为《高识传》”，其中即引上述颜延之斥责慧琳一事，“叙之为名士”。② 唐代僧人释道宣曾就此事作辩解说：

> 以琳得宠于文帝，延之非莅政之能官，嫉而讥之……岂不以无预独榻之荣，嫉琳而谓刑余也。……然颜公著论，褒赞极多……刑余之言，一时之贬琳耳。③

道宣所言“刑余之言，一时之贬琳耳”，诚为事实。颜延之早年即与慧琳有密切交往。《宋书》卷六一《庐陵孝献王义真传》载：

> 义真聪明爱文义……与陈郡谢灵运、琅邪颜延之、慧琳道人并周旋异常，云得志之日，以灵运、延之为宰相，慧琳为西豫州都督。

可见颜延之早年曾与慧琳一同得以与文帝之兄刘义真过从亲密，而今慧琳复得文帝赏爱，自认才能德业不在其下，而己独被旁落，

① 前揭《高僧传》，第262页。

② 参前揭《广弘明集》，第123、127页。

③ 前揭《广弘明集》，第127页。

故颜延之激而有此言论。

慧琳之外，颜延之还与当时的高僧大德有着广泛的交游，并积极对众多高僧品题称扬。如释慧亮，《高僧传》卷七《义解四·宋京师何园寺释慧亮传》："释慧亮，姓姜，先名显亮，为东阿靖公弟子。少有清誉，时人呼靖为大师，亮为小师。虽年望未逮，而风轨继之。后立寺于临淄，讲《法华》、《大小品》、《十地》等，学徒云集，千里命驾。后过江止何园寺，颜延之、张绪眷德留连，每叹曰：'安、汰吐珠玉于前，斌、亮振金声于后，清言妙绪，将绝复兴。'"①

得到颜延之赞赏者还有释慧静。据《高僧传》卷七《义解四·宋山阴天柱山释慧静传》："释慧静，姓邵，吴兴余杭人。……风姿秀整，容止可观。始游学庐山，晚还上都进业。解兼内外，偏善《涅槃》，初止治城寺，颜延之、何尚之并钦慕风德，颜延之每叹曰：'荆山之玉，唯静是焉。'"②由以上所列诸事可知，颜延之对当时高僧及所讲佛教义理的钦往。

又如求那跋陀罗。据《高僧传》卷三《译经下·宋京师中兴寺求那跋陀罗传》，元嘉年间求那跋陀罗至建康后，"琊琊颜延之通才硕学，束带造门，于是京师远近，冠盖相望，大将军彭城王义康，丞相南谯王义宣，并师事焉"③。由此可见颜延之敬礼高僧在当时上层社会中所发生的影响。

颜延之与当时创立"善不受报，顿悟成佛"的高僧竺道生也有交往。《高僧传》卷七《义解四·宋京师龙光寺竺道生传》云，竺道生初师竺法汰，后"入庐山，幽栖七年"，又同"慧睿、慧严同游长

---

① 前揭《高僧传》，第 292 页。颜延之、张绪所谓"安、汰"者，为东晋高僧道安、竺法汰；"斌、亮者"，"斌"为释昙斌。

② 前揭《高僧传》，第 285 页。

③ 前揭《高僧传》，第 131 页。

安，从什公受业”，之后回到建康“止青园寺”，当时士族名士王弘、范泰、颜延之“并挹敬风猷，从之问道”。①

此外，颜延之与高僧释慧观似当也有交情。史称宋文帝早年即与慧观有过交游②，后慧观于建康“止道场寺”，名士辈“瑯琊王僧达、庐江何尚之，并以清言致款，结赏尘外”。而文帝又于“元嘉初三月上巳，车驾临曲水谯会，命观与朝士赋诗。观即坐先献，文旨清婉，事适当时”③，颜延之也曾参与此次诗会并作序。④ 由其曾与慧观同场竞诗，似乎可以推测颜延之平日里或也如王僧达、何尚之等与慧观有“清言致款，结赏尘外”之事。⑤

二、颜延之论佛

颜延之崇信佛教不但表现在其乐于和高僧大德交游谈论，而且颜氏本身对佛教义理也有深刻理解。他在《庭诰》中明确主张子弟信同佛教义理，认为“天之赋道非差胡华，人之禀灵岂限外内，一以此思可无臆裁”，又言及佛教的利弊说：

---

① 前揭《高僧传》，第 255～256 页。

② 前揭《高僧传》卷七《义解四·宋京师道场寺释慧观传》载：“（刘裕）至江陵与（慧）观相遇，倾心待接，依然若旧。因敕与西中郎游，即文帝也。”（第 264 页）

③ 前揭《高僧传》，第 264～265 页。

④ 《文选》卷四六颜延之《三月三日曲水诗序》，李善注引裴子野《宋略》曰：“文帝元嘉十一年，三月丙申，禊饮于乐游苑，且祖道江夏王义恭、衡阳王义季，有诏会者咸作诗，诏太子中庶子颜延年作序。”颜延之序文也称：“并命在位，展诗发志。”参［梁］萧统编，［唐］李善注：《文选》，中华书局 1977 年，第 645、647 页。

⑤ 按：黄水云《颜延之及其诗文研究》第三章《颜延之的交游及其思想》（文史哲出版社 1989 年，第 86～88 页）曾详考颜延之当时与僧道的交游情况，包括上述慧琳道人、竺道生、释慧亮、释慧严、释慧静、昙无成、求那跋陀罗等，但没有提及释慧观，似可据补。

> 崇佛者本在于神教，故以治心为先。……治心之术，必辞亲偶，闭身性，师净觉，信缘命，所以反一无生，克成圣业。智邈大明，志狭恒劫，此其所贵。及诡者为之，则藉髡落，狎菁华，傍荣声，谋利论，此其甚诬也。物有不然，事无终弊，衡石日陈，犹患差忒，况神道不形，固众端之所假。未能体神而不疑神无者，以为灵性密微，可以积理知，洪变欻恍，可以大顺待。照若镜天，萧若窥渊，能以理顺为人者，可与言有神矣。若乃罔其真而责其弊，是未加心照耳。①

可见颜延之并不像世俗之人那样对佛教盲目崇信，而是对其优劣利弊有着清楚的认识。不过他认为尽管过分崇信佛教难免滋生种种弊端，但"灵性密微，可以积理知，洪变欻恍，可以大顺待"，并不妨碍对佛法的信从，而那些因种种弊失而力抵佛教者，则是"未加心照耳"。

除了在文章中表达自己对佛教的理解和观点之外，颜延之还经常与僧人、名士讨论佛理，史载当时高僧释昙无成著《实相论》，就是与颜延之、何承天"往复弥晨"、频繁讨论的结果。此外，颜延之论辩佛理在当时影响极大者，则是其就何承天《达性论》，与何氏的往返讨论。

先是元嘉年间僧人释慧琳著《均善论》（又称《白黑论》）力抵世俗社会过分崇信佛教产生的种种弊失，在当时引起了很大反响，以致"旧僧谓其贬黜释氏，欲加摈斥"，赖宋文帝的祖护才得以幸免②。当时崇信佛法之士如宗炳等皆著文加以反驳，而"衡阳太守何承天，与（慧）琳比狎，雅相击扬，著《达性论》，并拘滞一方诋呵释教"③，颜延之目睹何氏《达性论》后便著文加以反驳。由此

---

① ［梁］释僧祐：《弘明集》，新文丰出版有限公司1983年，第89页。

② 参《宋书》卷九七《天竺迦毗黎国传附释慧琳传》，第2388～2391页。

③ 前揭《弘明集》，第69页。

便有了颜、何二人就相关问题前后往复三番的相互辩驳，这些辩难文字后被梁代释僧祐《弘明集》卷四全文收录，流传至今。

何承天《达性论》大略认为，人与天地“三才同体，相须而成”，从而否定了佛教所说人与“飞沉蠉蠕并为众生”的说法。而“众生平等”与佛教六道轮回和因果报应等系列理论直接相关，同时又是佛教“戒杀”的理论依据。颜延之对此加以反驳，提出“三才者，是必合德之称，非遭人之目”。也就是说，不是任何人都可以与天地共成三才，只有那些“合德”的圣人才可有此称，从而认为“议三才者，无取于氓隶；言众生者，亦何滥于圣智”？将圣人排除于众生之外。

何承天以“三才”说否定了“众生平等”后，进一步提出，“陆产水育，酸咸百品，备其膳羞”，即天地间万物皆为人用，这是自然之理，而出于生成“乐治之心”、“济治之务”的需要，“天地以俭素训民，乾坤以易简示人”，因此儒家圣人主张人对万物的利用要“取之有时，用之有道”，而并不是因为轮回、报应的原因。颜延之对此反驳说，人类的“役物以为养”，“虽始或因顺，终至裁残”，圣人“设侯物之教，谨顺时之经”，只是“反渐息泰”的权宜之计，而佛家则“不剂此而止”，直接主张以杀生为戒。

此外，何承天还对佛教“神不灭论”提出了质疑，认为“生必有死，形毙神散，犹春荣秋落，四时代换，奚有于更受形哉”？接着又对主张“神不灭论”者所常引以为证的儒家经典如《诗经·大雅·旱麓》“恺悌君子，求福不回”，及《诗经·大雅·下武》“三后在天”等提出了自己的解释，认为前者“言弘道之在己也”，后者则“言精灵之升遐也”。颜延之则认为若如何氏所说人之生死如同草木“春荣秋落”，便不能复言“三后升遐，精灵在天”，何氏所论是“欲毁后生，反立升遐，当毁更立，固知非力所除”，正可以证成己说。

最后何承天还就世俗社会因佛教报应说滋生的弊端，即“内怀嗜欲，外惮权教，虑深方生，施而望报”提出了非难。颜延之则说“气数之内，无不感对，施报之道，必然之符”，再次肯定了佛教报应之说，而认为“人有贤否，则意有公私，不可见物或期报，因谓树德皆要”，即不能因为个别之徒的错误之见，而否定佛家报应之说。① 此后，颜、何二人就对方的观点进行了反复的驳难。

虽然在今天看来，颜、何“双方都没有提出新的论证方式，常常是在重复前人的论点与论据”，没能如当时“宗炳所撰的《明佛论》，代表了当时居士阶层研究形神问题的最高水平”②，但却在当时却得到了宋文帝的高度赞誉，认为“颜延年之折《达性》、宗少文之难《白黑》，明佛汪汪，尤为名理，并足开奖人意”③，可知在当时人看来，颜、何二人的辩难是以颜延之胜利告终的。而宋文帝的评语“明佛汪汪，尤为名理”正是颜延之等南朝士族参预从事佛教活动的特点。对此，汤用彤指出说：

> 南方自永嘉衣冠南渡以来，继承三国以来之学风。迨至宋初，士大夫仍尊玄谈。……详察罗什、慧远之后，南北佛学亦渐分途。南统偏尚义理，不脱三玄之轨范。而士大夫与僧

---

① 参《弘明集》卷四所载何承天《达性论》、颜延之《释何衡阳达性论》。对颜、何二人的佛理辩论，前贤如汤用彤（《汉魏两晋南北朝佛教史》第十三章《佛教之南统》）、方立天（《中国佛教哲学要义》第五章《中国佛教的神不灭论》）、黄水云（《颜延之及其诗文研究》第三章《颜延之的交游及其思想》）、李小荣（《〈弘明集〉〈广弘明集〉述论稿》第五章《因果报应论》）等皆有较详评析，此处不具引，敬请参看。

② 参李小荣《〈弘明集〉〈广弘明集〉述论稿》，巴蜀书社 2005 年，第 511 页。

③ 参何尚之《答宋文皇帝赞扬佛教事》，前揭《弘明集》卷一一，第 69 页。

徒之结合，多袭支（原注：道林）许（原注：询）之遗风。……佛义与玄学之同流，继承魏晋之风，为南统之特征。①

可见颜延之辩论佛理“纯用笔舌，以义理较长短”②，正体现了南朝社会士族玄佛相参的特点，与颜延之礼玄兼修一样，都可看到玄学在其中的影响。

受时风及父亲的影响，颜延之之子颜竣对佛教也极为崇信。颜竣与佛教的关系，可述者略有三事。一为信僧谶言。据《宋书》卷七五《颜竣传》，元嘉末年：

初，沙门释僧含粗有学义，谓竣曰：“贫道粗见谶记，当有真人应符，名称次第，属在殿下。”竣在彭城尝向亲人叙之，言遂宣布，闻于太祖。时元凶巫蛊事已发，故上不加推治。

可知，颜竣早年即与僧人有所交往。当时僧人与上层政治关系紧密，在国家政治将有大的变乱之际，于僧人的言语中多有反映。③当时太子刘劭巫蛊事发，与文帝关系极度恶化，故僧含有此谶言。其所谓“殿下”者，即当时颜竣的幕主文帝第三子刘骏，后刘劭弑父自立，刘骏举义讨伐，颜竣不顾父亲安危，积极参预，或于相信僧含的谶言不无关系。

二为“延僧至郡”。据《高僧传》卷七《义解四·宋山阴天柱山释慧静传》，慧静“风姿秀整，容止可观。……解兼内外，偏善《涅槃》”，颜延之“钦慕风德”，叹曰：“荆山之玉，唯静是焉。”后颜竣出任东扬州刺史即携慧静同行。④ 汤用彤曾总结

---

① 前揭《汉魏两晋南北朝佛教史》，第280页。

② 前揭《汉魏两晋南北朝佛教史》，第338页。

③ 如前揭《高僧传》卷三《译经下·宋京师中兴寺求那跋陀罗传》载：“元嘉将末，谯王屡有怪梦，跋陀答云：‘京都将有祸乱。’未及一年，元凶构逆。”（第132页）

④ 前揭《高僧传》，第285页。

南朝官员有“延僧至郡”的风气,“宋代此风甚盛”,即曾据颜竣此事为例。[①] 由父子二人共同礼遇僧人慧静可知,颜竣崇信佛法当有其父的影响。

三为求宅为寺。据《华阳隐居先生本起录》载南朝道人陶弘景祖父陶隆,“行参征南中郎军事”,曾与颜竣一同“侍从宋孝武伐逆有功”,后“颜峻恃宠,就求宅以益佛寺”,陶隆“弗与,因辞官,见谮削爵,徙广州”。[②]《华阳隐居先生本起录》为陶弘景从子陶翊所撰,其述家事,当为可信。陶氏为道教世家,自然对颜竣“求宅以益佛寺”十分反感,宁肯“辞官”也不能应允,其“见谮削爵,徙广州”则是颜竣陷害的结果。颜竣逼迫陶氏舍宅为寺之举不免有挑衅的意味,他们之间的恩怨,从一个侧面反映了当日佛、道之间的斗争情状。

受家风影响,颜竣之女也崇信佛法,且出家为尼,法号法弘,还曾为寺主,是当时具有一定社会影响的比丘尼。《出三藏记集》卷五《小乘迷学竺法度造异仪记》称昙摩耶舍弟子法度:

> 性存矫异,欲以摄物,故执学小乘,云无十方佛,唯礼释迦而已,大乘经典不听读诵,反抄著衣,以此为法,常用铜钵,无别应器。乃令诸尼作镇肩衣,似尼师坛,缝之为囊,恒著肩上,而不用坐,以表众异。每至出路,相捉而行;布萨悔过,但伏地相向,而不胡跪。法度善闲汉言,至授戒先作胡语,不令汉知。……竺度昧罔,面行诡术,明识之众,咸共骇弃。唯宋故丹阳尹颜竣女宣业寺尼法弘,交州刺史张牧女弘光寺尼普明等信受其教,以为真实。虽出贵族,而识谢慧心,毁呰方等。既绝法雨,妄学诡科,乖背律仪,来苦方深,良可愍伤。

---

① 前揭《汉魏两晋南北朝佛教史》,第307页。

② [宋]张君房编,李永晟点校:《云笈七签》,中华书局2003年,第2322页。

可知颜竣女法弘所习法度之小乘学颇为“矫异”，致使僧祐对其迷途之举既不满又同情。上述《小乘迷学竺法度造异仪记》又言：

竺度之悖，以毒饮人。凡女人之性，智弱信强，一受伪教，则同惑相挻。故京师数寺遂尘异法，东境尼众亦时染此风，将恐邪路易开，淄污不已。嗟乎！斯岂魔断大乘，故先侮女人欤？此实开士之所痛悼，而法主所宜匡制也。①

由“京师数寺遂尘异法，东境尼众亦时染此风”而观，法弘尼等人所习之法影响颇广，其为比丘尼中之领袖人物也据此可知。

第二节　颜之推论佛及佛教著述

东晋南朝佛教极盛的另一个时期是梁武帝执政时期，其中一个重要的原因就是梁武帝本人对佛教十分痴迷，对此大力倡导，甚至几度以帝王之身舍身入寺。有鉴于梁武帝“溺情内教，朝政纵弛”，过度崇信佛法给社会造成的严重问题，当时有郭祖深“舆榇诣阙上封事”，其中描述当时社会佛教的盛况说：“比来慕法，普天信向，家家斋戒，人人忏礼，不务农桑，空谈彼岸。”此后因梁武帝“大弘释典，将以易俗”，郭氏再次上言说：

都下佛寺五百余所，穷极宏丽。僧尼十余万，资产丰沃。所在郡县，不可胜言。道人又有白徒，尼则皆畜养女，皆不贯人籍，天下户口几亡其半。而僧尼多非法，养女皆服罗纨，其蠹俗伤法，抑由于此。请精加检括……不然，恐方来处处成寺，家家剃落，尺土一人，非复国有。②

① 前揭《出三藏记集》，第232～233页。

② 《南史》卷七〇《郭祖深传》，第1720～1722页。

由此不难窥知萧梁时期南朝佛教的极盛之状。琅邪颜氏本有佛教信仰的家风，又受时代浓厚佛法风气的熏染，所以产生颜之推这样的佛教忠实信徒并不奇怪。

具体而言，颜之推对当时佛教文化传播发展的贡献主要表现在对佛教义理的辩解和以具体“真人实事”宣扬因果报应两个方面。前者的表现是在《颜氏家训》中著作《归心篇》，以增进家族中子弟对佛教义理的理解和戒律的遵从；后者的表现则是辑录相关灵异故事为《集灵记》、《冤魂志》等，宣布佛家的因果报应之说。

一、《归心篇》与颜之推的佛法说教

颜之推的佛法说教主要集中于《颜氏家训·归心篇》。其自言著作该篇意旨云：

> 三世之事，信而有征，家世归心，勿轻慢也。其间妙旨，具诸经论，不复于此，少能赞述；但惧汝曹犹未牢固，略重劝诱尔。①

可见颜之推对佛法崇信之坚定，其希望子弟奉佛之意也甚为明白。对于颜之推宣扬佛法的《归心篇》，佛教信徒曾给予好评，如唐释道宣称“沈休文之《慈济》、颜之推之《归心》，词彩卓然，迥张物表”②，将《颜氏家训·归心篇》与沈约《究竟慈悲论》相提并论③，不仅赞同其佛教主张，而且对二人论佛篇章的文学辞彩给予

① 前揭《颜氏家训集解》，第364页。清人龚自珍《最录归心篇》曰：“夫说法人者，立宗立因立喻，道大原，觉群聋，华雨自天，天乐坠空，斯比丘之躅，非居士之宗。居士者，词气夷易，略说法要，引人易入也，而不入于窔，在家为家训，在教为始教，以儒者多乐之。”参前揭《颜氏家训集解》注引，第367页。龚氏此言对颜之推著《归心篇》而言颇相吻合。

② 参《广弘明集序》，前揭《广弘明集》，第97页。

③ 《广弘明集》卷二六《慈济篇》收有沈约所撰《究竟慈悲论》，可知释道宣所谓“沈休文之《慈济》”即指此篇。

了高度评价。

颜之推在《归心篇》中讲说佛法，其主要内容是对当时佛教怀疑论者通常所持的五个理由给予了反驳。颜之推云：

> 俗之谤者，大抵有五：其一，以世界外事及神化无方为迂诞也，其二，以吉凶祸福或未报应为欺诳也，其三，以僧尼行业多不精纯为奸慝也，其四，以糜费金宝减耗课役为损国也，其五，以纵有因缘如报善恶，安能辛苦今日之甲，利益后世之乙乎？为异人也。今并释之于下云。①

其一所论为佛教信仰的终极问题，颜氏旨在说明佛法所说“恒沙世界、微尘数劫”已超出“人事寻常”，不可“信凡人之臆说，迷大圣之妙旨”，要相信通过修习终能成佛，佛教所说西方极乐世界是确实无疑的。其二所论为佛法的实理和根要，即因果报应问题。其五所论为因果报应的主体，其实质则是形神关系问题。所论三、四则是对佛教给当时社会现实造成的诸多弊端加以辩护。

需要提及的是，颜之推对佛教的理解、讲说也多借助于当时士大夫所常用的“格义”之法。不同的是，东晋及南朝前期士人多以老庄玄学参悟佛理，表现为玄佛交融，而至南朝末期，随着佛教的进一步流行及儒学的渐有复兴，士族子弟多儒释兼修，而在佛理的参悟中也多引儒家学说以证佛法。如《归心篇》云：

> 内外两教，本为一体，渐积为异，深浅不同。内典初门，设五种禁；外典仁义礼智信，皆与之符。仁者，不杀之禁也；义者，不盗之禁也；礼者，不邪之禁也；智者，不酒之禁也；信者，不妄之禁也。②

关于“格义”，陈寅恪说：“盖晋世清谈之士，多喜以内典与外书互

① 《颜氏家训·归心篇》，前揭《颜氏家训集解》，第371～372页。
② 《颜氏家训·归心篇》，前揭《颜氏家训集解》，第368页。

相比附。僧徒之间复有一种具体之方法,名曰‘格义’。”陈先生且特别指出颜之推“以经中事数拟配外书”,“虽时代较晚,然亦‘格义’之遗风也”。①

二、《冤魂志》与颜之推对因果报应的宣扬

随着汉末以来佛教的流布和影响的深入,魏晋以降,世人对佛教因果报应之说多有深信。如《搜神后记》卷九“竺法度”一则载:

> 沙门竺法度者,会稽人。先与北中郎将王坦之友善,每共论死生罪福报应之事,茫昧难明,未审有无。因便共为要,若先无常,其神有知,及罪福决定者,当相报语。②

此则竺法度、王坦之二人因惑于佛教因果报应之说究竟是否属实,因而有此约定,以见其征验。《晋书》卷七五《王湛传附王坦之传》亦载此事,且又称:“后经年,(竺法)师忽来云:‘贫道已死,罪福皆不虚。惟当勤修道德,以升济神明耳。’言讫不见。坦之寻亦卒。”此类记载在今天看来不免滑稽可笑,但却足以说明当时僧俗对因果报应之说的痴迷程度。同样,颜之推对报应之说也深信不疑。他曾说:

> 夫信谤之征,有如影响;耳闻目见,其事已多,或乃精诚不深,业缘未感,时傥差阑,终当获报耳。善恶之行,祸福所归。九流百氏,皆同此论,岂独释典为虚妄乎?项橐、颜回之短折,伯夷、原宪之冻馁,盗跖、庄蹻之福寿,齐景、桓魋之富强,若引之先业,冀以后生,更为通耳。如以行善而偶钟祸

---

① 参氏著《支愍度学说考》,收入《金明馆丛稿初编》,生活·读书·新知三联书店 2001 年,第 166、170 页。

② [宋]陶潜撰,李剑国辑校:《新辑搜神后记》,中华书局 2007 年,第 580～581 页。

报,为恶而傥值福征,便生怨尤,即为欺诡;则亦尧、舜之云虚,周、孔之不实也,又欲安所依信而立身乎?①

可见中国传统文化中的善恶报应之说,由于囿于人生现世,对于“项橐、颜回之短折”、“盗跖、庄蹻之福寿”等违背常理之事,往往难以做出圆融的解释,颜之推则认为借以佛教三世轮回及报应之说,可以有更为通达的解答。儒学、佛教在善恶报应之说方面显然具有一些相通性,但无疑佛教理论对相关现象的解释要优于儒家学说,这当也是为什么颜之推迷信佛教的原因。

在因果报应之说的基础上,为了避免恶报的发生,佛教又制定了种种戒律。对于佛教普遍所主张的“五戒”,其中禁止“盗、淫、妄言、饮酒”②四者多于中国传统礼教相一致,容易被汉族士大夫所接受,而禁杀生一项则难以在儒家学说中找到根据。儒家学说尽管也主张捕鱼、狩猎等杀伐之事要有所节制,但并不完全禁止,而在各种礼仪祭祀活动中还要宰杀大量的牲畜作为“牺牲”,这在反对佛教禁杀生的人士看来,正是儒家圣人不禁止杀生的根据。而禁杀生与佛教轮回及报应说直接相关,是佛教的基本理论之一,因此是否主张禁止杀生便成为当时崇佛与反佛双方争论较多的问题之一,如前述颜延之与何承天二人便也曾就此展开过反复论辩。对于儒家礼教中有违杀生之戒的方面,颜之推也有所解释、调和。如《归心篇》说:

至如畋狩军旅,燕享刑罚,因民之性,不可卒除,就为之节,使不淫滥尔。③

面对传统社会生活中难以避免,但又显然有违杀生之戒的“畋狩军旅,燕享刑罚”等事,颜之推解释为儒家圣贤“不可卒除,就为之

---

① 《颜氏家训·归心篇》,前揭《颜氏家训集解》,第 385 页。

② 参《魏书》卷一一四《释老志》,第 3026 页。

③ 前揭《颜氏家训集解》,第 368 页。

节"的权宜之计。

因此在对因果报应深信不疑的基础上，颜之推对杀生之戒谨守不懈。《归心篇》云：

> 儒家君子，尚离庖厨，见其生不忍其死，闻其声不食其肉。高柴、折像，未知内教，皆能不杀，此乃仁者自然用心。含生之徒，莫不爱命；去杀之事，必勉行之。好杀之人，临死报验，子孙殃祸，其数甚多。①

考虑到理论说教的不足，颜之推在《归心篇》中还举出八则因杀生而得祸报的具体事例以见因果之实验。如云：

> 江陵刘氏，以卖鳝羹为业。后生一儿头是鳝，自颈以下，方为人耳。②

此处刘氏所生婴儿头为鳝鱼，显然是当时人附会佛教轮回转生之说。事实上，颜之推所辑这类善恶报应事迹，较诸于单纯的理论说教往往更能深入人心，也因此之故，《归心篇》中的这些因果报应故事后曾单出别行，广为流布。③

同时，颜之推在这些故事之外，还曾专门搜集编撰了同类性质的故事集《集灵记》和《冤魂志》。前者已亡佚，后人有辑本。④《冤魂志》代有流传，今有罗国威整理本。此外，敦煌遗

---

① 前揭《颜氏家训集解》，第399页。

② 前揭《颜氏家训集解》，第401页。

③ 《广弘明集》卷二六据《颜氏家训》载录这些故事，冠名以"《诫杀训》"，《法苑珠林》卷一一九著录有颜之推《诫杀训》一卷。参王利器《颜氏家训集解》第656页所考。

④ 据孙启志、陈建华编《古佚书辑本目录》所载《说郛》卷一〇八、《古今说部丛书》三集皆有颜之推《集灵记》辑本。此外，该书又云："《隋志》史部杂传类载《集灵记》二十卷，颜之推撰。两《唐志》同，《新唐书》入子部小说类。鲁迅(《古今小说钩沉》)从《太平御览》七百八采得佚文一节。"参《古佚书辑本目录》，中华书局1997年，第258页。

书中卷末署“冥报记”者，据王重民所考实为颜之推《冤魂志》残卷。① 《四库全书总目》卷一四二“子部·小说家类”著录颜氏该书题为“《还冤志》三卷”，并云：

自梁武以后，佛教弥昌，士大夫率皈礼能仁，盛谈因果。之推家训有《归心篇》，于罪福尤为笃信，故此书所述，皆释家报应之说。然齐有彭生，晋有申生，郑有伯有，卫有浑良夫，其事并载《春秋传》。赵氏之大厉，赵王如意之苍犬，以及魏其、武安之事，亦未尝不载于正史。强魂毅魄，凭厉气而为变，理固有之，尚非天堂地狱，幻杳不可稽者比也。其文词亦颇古雅，殊异小说之冗滥，存为鉴戒，固亦无害于义矣。②

而鲁迅则称颜氏所著二书为“释氏辅教之书”，“大抵记经像之显效，明应验之实有，以震耸世俗，使生敬信之心”，而《冤魂志》“引经史以证报应，已开混合儒释之端”。③ 事实上，当时因果报应观念流行，世人多就现实之事因缘附会，史书也常据以载录。其显著者，如《魏书》卷六四《张彝附张始均传》载：

（张始均）以郎中为行台，忿军士重以首级为功，乃令检集人首数千，一时焚爇，至于灰烬，用息侥幸，见者莫不伤心。及始均之死也，始末在于烟炭之间，有焦烂之痛，论者或亦推咎焉。

张始均以犯杀生之戒，而被世人附会为因果报应之说，由此可见颜之推辑录《集灵记》、《冤魂志》等报应故事，具有浓厚的社会文化背景。在如此环境下，这类报应事迹的宣传效果无疑是相当可观的。如《高僧传》卷七《义解·宋京师灵根寺释僧瑾传》载：

---

① 参氏著《敦煌古籍叙录》，中华书局 1979 年，第 227 页。

② ［清］永瑢等撰：《四库全书总目》，中华书局 1965 年，第 1208～1209 页。

③ 参氏著《中国小说史略》，上海古籍出版社 1998，第 32 页。

释僧瑾……宋孝武敕为湘东王师……时湘东践祚，是为明帝。仍敕瑾使为天下僧主……及明帝末年，颇多忌讳……凡诸死亡凶祸衰白等语，皆不得以对，因之犯忤而致戮者，十有七八。瑾以匡谏，恩礼遂薄。时汝南周颙入待帷幄，瑾尝谓颙曰："陛下比日所行，殊非人君举动。俗事讽谏，无所复益，妙理深谈，弥为奢缓。唯三世苦报，最切近情。檀越傥因机候，正当陈此而已。"帝后风疾，数加针灸，痛恼无聊，辄召颙及殷洪等，说鬼神杂事，以散胸怀。颙乃习读《法句》、《贤愚》二经，每见谈说，辄为言先。帝往往惊曰："报应真当如此，亦宁可不畏。"因此犯忤之徒，屡被全宥。①

由此可知，这类因果报应故事除了感召作用之外，还有"以散胸怀"的娱乐效用，因此在特殊处境之下，释僧瑾深知"俗事讽谏，无所复益，妙理深谈，弥为奢缓"，而"三世苦报，最切近情"，因此很明智地选择了让周颙等人向宋明帝谈说《法句》、《贤愚》等佛经中的报应故事，而由宋明帝所言"报应真当如此，亦宁可不畏"而观，其效果也是显然的。由此我们也可以大略推知颜之推所辑《集灵记》、《冤魂志》这些报应故事，对当时佛教因果报应观念的传播所具有的现实意义。

三、颜之推佛教思想对颜延之的继承和发展

由于"家世归心"的原因，将颜之推对佛教的理解、所持的观念主张与颜延之相比照，可以发现二者之间无疑具有相承性，但同时由于时代的原因，在一些方面也产生了变化。如张伯伟即将颜延之《庭诰》"玄神之径，穷明之说，义兼三端，至无二极"之说与颜之推《归心篇》"内外两教，本为一体，渐极为异，深浅不同"云

---

① 前揭《高僧传》，第294～295页。

云，加以比观，指出二者终究之意皆认为儒、佛二道殊途同归，在思想上一脉相承。①

方立天研究中国佛教因果报应论的发展，也先后提及颜延之“为维护灵魂不灭说和因果报应说而跟持反对意见的何承天往返争论”，和颜之推“《冤魂记》，引经史以证报应，客观上也推动了因果报应观念的流传”，揭示了琅邪颜氏子孙对佛教思想文化发展的影响。② 但也正如在因果报应观念问题上，颜之推没有像颜延之那样仅停留于理论论析层面，而是进一步“将因果报应和精神不灭紧密相连，并把它上升为和儒家伦理道德一样重要的行为规范”，为“佛教伦理中国化”做出了努力。③ 汤用彤曾指出说：

> 佛法之广被中华，约有二端。一曰教，一曰理。在佛法，教理互用，不可偏执。而在中华，则或偏于教，或偏于理。……至言夫理，则在六朝通于玄学。说体则虚无之旨可涉入《老》、《庄》。说用则儒在济俗，佛在治心。二者亦同归而殊途。④

可知，就琅邪颜氏家族而言，颜延之于晋宋之际修习玄学，长于辩难，着意于佛教义理的辨析阐发，而处于南北朝末年的颜之推则不好清谈，其为学以“济世益物”为宗旨，于佛教也多倾向于戒律修习的具体指导和因果报应的重征求验。前后比观，颜延之可谓偏于“体”，而颜之推则更倾向于“用”，二者殊途同归，各自适应所处时代的佛教发展潮流，做出了自己的贡献。

---

① 参《〈颜氏家训〉与颜氏家风》，收入前揭《第三届魏晋南北朝文学国际学术研讨会论文集》，第 768 ~ 769 页。

② 参氏著《中国佛教哲学要义》，中国人民大学出版社 2002 年，第 83 ~ 84 页。

③ 参前揭《〈弘明集〉〈广弘明集〉述论稿》，第 568 ~ 570 页。

④ 前揭《汉魏两晋南北朝佛教史》，第 282 ~ 283 页。

第三节　琅邪颜氏家族佛教信仰与其儒学文化传统的关系

据前文相关章节的考述，可知琅邪颜氏家族无论家风还是家学，都表现为浓厚的儒学文化色彩。而这与其“家世归心”的佛教信仰，是否存有冲突，如果有矛盾，他们当时又是如何处理的呢？

对于颜延之的儒释兼修，较少有人非议，今天的学者也经研究指出，颜延之在思想上很好地将儒释思想进行了融合，并没有导致“水火难容”。① 不过，对于颜之推的兼习佛法，由于《颜氏家训》的基本立场是儒家传统的原因，前人多认为《归心篇》与该书其他篇章内容不类，进而对颜之推提出了种种非议。甚至如清人卢文弨说：“高安朱文端梓此书，删去此篇，以其崇释而轻儒也。北平黄昆圃少宰所梓乃全文。有一学者，犹以为不宜，劝当删去。”则清人在刊刻此书时乃至有主张删去该篇者。尽管卢氏出于保存古籍全貌的考虑，不主张删削，但也说：“昔人之书，美恶皆当仍之，使后人得悉其所学之纯驳，自为审择可耳。余于释氏之书，寓目者少，不能如李善之注《头陀寺碑》，览者幸无尤焉。”②则卢文弨也因为对佛教的偏见而不肯于此篇注释多所用力。

不仅如此，颜之推甚至一度置佛法于儒家学说之上，说：

原夫四尘五荫，剖析形有；六舟三驾，运载群生：万行归

① 参李宗长《论颜延之的思想》，《南京社会科学》1996 年第 6 期。

② 参《颜氏家训集解》注引，第 366～367 页。王利器另有案语称：“黄删节此篇，朱本乃全文，卢氏说误。”

空，千门入善，辩才智惠，岂徒《七经》、百氏之博哉？明非尧、舜、周、孔所及也。①

对于颜之推的上述言论，卢文弨便说："之推此言，得罪名教矣。"②事实上也确实如卢氏所说，颜之推此言招致了后世囿于儒家传统思想的许多学者的极力批评，如郝懿行曰："《归心》一篇，意在佞佛，便尔掊击周、孔，非儒者之言也。"对颜之推此篇所论佛事，诋之最力者要数清人陶贞一，其《退庵文集》中著有《读〈颜氏家训〉说》一文专论此事，曾对颜之推《归心篇》中所持五论一一加以辩驳。③

其实儒释道兼修是魏晋南北朝士族门第的普遍现象。颜之推之前有南齐张融，遗令要求"左手执《孝经》、《老子》，右手执小品《法华经》"，④颜之推同时又有王褒著《幼训》诫子弟曰：

> 儒家则尊卑等差，吉凶降杀。君南面而臣北面，天地之义也。鼎俎奇而笾豆偶，阴阳之义也。道家则堕支体，黜聪明，弃义绝仁，离形去智。释氏之义，见苦断习，证灭循道，明因辨果，偶凡成圣，斯虽为教等差，而义归汲引。吾始乎幼学，及于知命，既崇周、孔之教，兼循老、释之谈，江左以来，斯业不坠，汝能修之，吾之志也。⑤

可见颜之推兼信佛法，著《归心篇》教导家中子弟信仰释教，甚至其《终制篇》极力主张减省，但仍念念不忘七月十五之盂兰盆斋供者，都是其所处时代的普遍现象，清人特以《归心》一篇对颜之推

---

① 《颜氏家训·归心篇》，前揭《颜氏家训集解》，第368页。

② 参周法高《颜氏家训汇注》，"中央研究院"历史语言研究所1993年第2版，第83页所引。

③ 参前揭《颜氏家训集解》，第364～367注引。

④ 《南齐书》卷四一《张融传》，第729页。

⑤ 《梁书》卷四一《王规传附王褒传》，第583～584页。

纷纷痛斥,可谓并非知者之言。包括颜之推以佛法置于儒家之上的言论,也非首创于颜之推,有学者指出比颜氏更早的宗炳已认为"佛教的报应论不但信而有征,而且还比周孔的教化更加高明",而当时"这种观点,似乎成了教内人士与信佛居士的共识"。[①] 其实陈寅恪曾言:"中国自来号称儒释道三教,其实儒家非真正之宗教,决不能与释道二家并论。故外服儒风之士可以内宗佛理,或潜修道行,其间并无所冲突。"[②]可知琅邪颜氏子弟儒释兼修并不存在什么难以调和的冲突,这也不是问题的重点。问题的重点在于,颜氏子弟尤其是颜之推将两者融汇到了什么程度,具体又是如何调和的。

正如学者所说,"在一定程度上,颜之推的儒佛一体论是对魏晋南北朝儒佛融合思潮的概括和总结"[③]。而据陈启智的研究结果,颜之推的"世界基本上还是属于儒家",他所以归心佛教,"是认识到佛教的某些功用为儒学所不及,因而要用儒家的思想去改造利用佛教",而"《归心》篇的宗旨可以用'以儒匡佛'四个字来概括"。[④] 其实非仅颜之推个人如此,即使就当时整个社会文化的思想情形来说也是普遍现象。如钱穆所论:

> 东晋南北朝政府规模,以及立国之理论,仍沿两汉而来。当时帝王卿相,诚心皈依佛教者,非无其人;要之,僧人与佛经,特为人生一旁趋,始终未能篡夺中国传统政治社会之人生伦理教育而与为代兴。隋唐统一政府复建,其精神渊源,

---

① 参前揭《〈弘明集〉〈广弘明集〉述论稿》,第460~461页。

② 参氏著《陶渊明之思想与清谈之关系》,收入前揭《金明馆丛稿初编》,第219~220页。

③ 王国炎:《魏晋南北朝的儒佛融合思潮和颜之推的儒佛一体论》,《南昌大学学报》(人文社会科学版)1984年第4期。

④ 参氏著《颜之推"归心"佛教析》,《东岳论丛》1985年第6期。

明为孔子、董仲舒一脉相传之文治思想，而佛教在政治上，则无其指导之地位。①

据《颜氏家训·勉学篇》颜之推自述，其家庭在北周灭掉北齐后，被迁往关中，其子思鲁以“朝无禄位，家无积财”，希望“当肆筋力，以申供养”，而颜之推却勉励他“务先王之道，绍家世之业”，即使因为如此而让自己“藜羹缊褐”，也在所不惜。② 由此可知，琅邪颜氏家族虽然“家世归心”，子弟也多有崇佛的积极表现，但在本质上，佛教对于他们来说终究不过是“人生一旁趋”，而其家族文化仍然是汉末以来的儒学本色。

第四节　琅邪颜氏家族道教信仰的推测

与前述对于佛教的积极态度截然相反，颜之推对于道教基本持否定的态度。他曾说：

神仙之事，未可全诬；但性命在天，或难钟值。人生居世，触途牵絷：幼少之日，既有供养之勤；成立之年，便增妻孥之累，衣食资须，公私驱役；而望遁迹山林，超然尘滓，千万不遇一尔。加以金玉之费，炉器所须，益非贫士所办。学如牛毛，成如麟角。华山之下，白骨如莽，何有可遂之理？考之内教，纵使得仙，终当有死，不能出世，不愿汝曹专精于此。③

不过，虽然颜之推所言明白如此，但参以今人对当时道教文化及其与士族门第关系的相关研究，我们对颜氏是否真的与道教毫无瓜葛，不免存有疑虑。如陈寅恪说：

① 前揭氏著《国史大纲·引论》，第18页。
② 《颜氏家训·勉学篇》，前揭《颜氏家训集解》，第204页。
③ 《颜氏家训·养生篇》，前揭《颜氏家训集解》，第356页。

东西晋南北朝时之士大夫，其行事遵周孔之名教（如严避家讳等），言论演老庄之自然。玄儒文史之学著于外表，传于后世者，亦未尝不使人想慕其高风盛况。然一详考其内容，则多数之世家其安身立命之秘，遗家训子之传，实为惑世诬民之鬼道，良可慨矣。①

再参任继愈所主编《中国道教史》的统计结果：

当时北方的大士族如清河崔（原文作"崖"，讹）氏、范阳卢氏、冯翊寇氏、京兆韦氏、天水尹氏，南方侨姓大士族琅琊王氏、高平郗氏、颍川庾氏、陈郡殷氏、阳夏谢氏、泰山羊氏、谯国桓氏、汝南周氏、晋王室司马氏，次等士族如琅琊孙氏、长乐冯氏，吴姓士族丹阳葛氏、许氏、陶氏、吴兴沈氏、晋陵华氏、会稽孔氏、钱唐杜氏、吴郡顾氏、陆氏、张氏、孙氏（孙吴后裔）等等，这些家族中都有人信奉道教。实际可能还不止于此。这样多的门阀士族信道，表明五斗米道在东晋以后向上层的传播取得了很大成功。②

由上述两位先生所论，不得不令人对颜之推的言论有所疑问，琅邪颜氏家族果真可以"免俗"吗？虽然难以在传世文献中找到有关琅邪颜氏家族"世传五斗米道"、"事天师道"等类似的明确记载，但通过对琅邪颜氏家族一些相关信息诸如郡望、著述、婚姻、取名、养生及后世子孙信道等多个方面的考察，可以推测颜氏家族也极有可能曾对道教有所习染。现将这些疑点逐一考述如下：

其一，琅邪颜氏家族的郡望琅邪地域与道教关系甚密。据陈

① 参氏著《天师道与滨海地域之关系》，收入前揭《金明馆丛稿初编》，第44～45页。

② 任继愈主编：《中国道教史》（增订本），中国社会科学出版社2001年版，第119页。

寅恪《天师道与滨海地域之关系》一文的研究，"凡东西晋南北朝奉天师道之世家，旧史记载可得而考者，大抵与滨海地域有关。故青徐数州，吴会诸郡，实为天师道之传教区"。当时的琅邪国正在这样的"滨海地域"范围之内，而与颜氏家族同居此地的琅邪王氏家族即受"地域熏习，家世遗传"，子孙多为"五斗米教徒"，"地域风习影响于思想信仰者至深且巨"，琅邪颜氏家族在永嘉南渡之前长期居住于此一道教风习浓厚的地域，这是其家族可能习染道教的疑点之一。①

其二，琅邪颜氏人物曾有关于道教的著述。其先有南齐时颜游明注解《灵棋经》。该书收录于《正统道藏》719 册"太玄部·贵"字号②，是颜氏子弟曾为道教经典作有注解可知。此后琅邪颜氏有颜协撰《晋仙传》五篇③，梁元帝萧绎所撰《金楼子》卷五《著书篇》著录"《晋仙传》一秩，五卷"，此下有萧绎自注云"金楼使颜协撰"④，据此可知颜协著《晋仙传》为受命而作。尽管如此，但颜协于道教神仙之事多所熟知可以推知。⑤ 与此相应，甚至前文所

① 参前揭《金明馆丛稿初编》，第 17、18、21 页。

② 具体有关此书作者、内容及颜游明注解等情况，本文于下文"琅邪颜氏家族的文学与杂艺之学"一节有相关考述，请参看。

③ 参《梁书》卷五〇《颜协传》。曹道衡、沈玉成二先生曾据唐释皎然《杼山集》卷六《赋颜氏古今一事得晋仙传送颜逸》题下自注"梁湘东王国常侍颜协著《晋仙传》五篇"，认为该书"唐时尚有存者，而为皎然所及见"。参氏著《中国文学家大辞典·先秦汉魏晋南北朝卷》，中华书局 1996 年，第 491 页。

④ [梁]萧绎撰，许逸民校笺：《金楼子校笺》，中华书局 2011 年，第 1010 页。

⑤ 高国藩考论颜之推所撰《冤魂志》是"多元思想的反映"，并不是"皆释家报应之说"，就曾据颜协著有《晋仙传》而认为他"深研道教……故之推出身于书香门第，自幼受道家思想熏陶"。参氏著《论敦煌本〈冤魂志〉》，《固原师专学报》（社科版），1988 年第 4 期。

述不喜道教的颜协之子颜之推也有《神仙诗》云“愿得金楼要，思逢玉钤篇”①云云流传至今。又颜之推于《颜氏家训·杂艺篇》言及其早年学习占卜之术，说“吾尝学《六壬式》，亦值世间好匠，聚得《龙首》、《金匮》、《玉軨变》、《玉历》十许种书”，据王利器所引之诸家注解，这些书多为道教著作，虽然颜氏又说“讨求无验，寻亦悔罢”，但其曾大量收聚并学习这类道教书籍可知。②此外，敦煌出土道经之伯希和2462号《玄言新记明老部》又署名为颜之推之孙唐初颜师古所作。由于历代公私书目均无颜师古撰著此书的记载，日本学者斋藤智宽经多方考校认为“没有材料能够证明颜氏和《玄言新记明老部》有关系，反而《汉书注》和《玄言新记明老部》之间有着明显的差异”，“颜师古不可能是该书的作者”。③ 而早于斋藤氏的国内学者李斌城《敦煌写本〈玄言新记明老部〉残卷研究》④一文则径直以该残卷作者为颜师古进行了相关考论。综观二家之论，可知该残卷作者究竟是否确为颜师古尚待进一步研究，难以遽断，但其祖上先辈曾有相关道教著述是可知的，这是琅邪颜氏家族可能习染道教的疑点之二。

其三，与琅邪颜氏家族世代联姻的家族多有道教之信仰。如东莞刘氏，据《宋书》卷七三《颜延之》载，作为宋武帝刘裕重要谋臣之一的刘穆之“与(颜)延之通家”，颜延之妹适刘穆之子。据同书卷四二《刘穆之传》载刘穆之“字道和，小字道民”，卷八一《刘

① 诗文原载《文苑英华》卷二二五，王利器《颜氏家训集解》“附录”部分已收录并作有注解。

② 前揭《颜氏家训集解》，第582～587页。

③ 参氏著《伯希和2462〈玄言新记明老部〉初探——〈老子〉的义疏学》，收入南华大学敦煌学研究中心编《敦煌学》第27辑《柳存仁先生九十华诞祝寿专辑》，乐学书局有限公司2008年。

④ 载《唐史论丛》第5辑，三秦出版社1990年6月。

秀之传》载刘穆之族人刘秀之"字道宝",无论从名、还是由字而看,东莞刘氏叔侄都有信仰道教的明显标记。此外,又有陈郡殷氏,颜之推曾提及其子颜思鲁从舅为殷外臣①,而颜真卿《秘书省著作郎夔州都督长史上护军颜公神道碑》(即《颜勤礼碑》)又载颜思鲁"娶御正中大夫殷英童女"②,可知殷、颜二氏为世婚。前揭陈寅恪《天师道与滨海地域之关系》一文已"推定陈郡殷氏为天师道世家"③。北魏崔浩极崇道教,陈寅恪言"助成其事者,最主要因实在少时所受于其母之家庭教育"④,可见当时婚姻对家世宗教信仰的影响,而据《魏书》卷三五《崔浩传》:"(崔浩)非毁佛法,而妻郭氏敬好释典,时时读诵。浩怒,取而焚之,捐灰于厕中。"又可见当时因佛道信仰不同而结婚姻者,容易引起家庭内部的冲突矛盾,因此宗教信仰一致与否也是当时婚姻应当考虑的因素之一。总之,由与琅邪颜氏通婚的东莞刘氏、陈郡殷氏皆有道教之信仰,可以推知,当日琅邪颜氏家中的女主妇多有道教信仰,而颜氏子弟难免要受到其母亲及舅家的影响,这是琅邪颜氏子弟有可能修习道教的疑点之三。

其四,琅邪颜氏子弟取名多有"某之"者,据相关记载有颜靖之、颜劭之、颜延之、颜镇之、颜系之、颜希之、颜微之、颜炳之等。陈寅恪《崔浩与寇谦之》一文曾言及当时人取名与道教信仰之间的关系说:"盖六朝天师道信徒之以'之'字为名者颇多,'之'字在其名中,乃代表其宗教信仰之意,如佛教徒之以'昙'

① 《颜氏家训·后娶篇》,前揭《颜氏家训集解》,第38页。

② [唐]颜真卿著,[清]黄本骥编订,[清]蒋瓌参校:《颜鲁公集》卷八,《四部备要》本,第75页。

③ 前揭《金明馆丛稿初编》,第31页。

④ 参氏著《天师道与滨海地域之关系》,收入前揭《金明馆丛稿初编》,第17页。

或'法'为名者相类。东汉及六朝人依公羊春秋讥二名之义,习用单名。故'之'字非特专之真名,可以不避讳,亦可以省略。"①据此,琅邪颜氏子弟多以"某之"为名的特点或也是其家族曾有道教信仰之痕迹。

其五,无论颜延之,还是颜之推都对道教养生之说有所取。颜延之曾深知当时世俗道教的得失优弊,所撰《庭诰》云:

为道者盖流出于仙法,故以练形为上。……练形之家,必就深旷,支飞灵,糇丹石,粒芝精,所以还年却老,延华驻彩,欲使体合纁霞,轨遍天海,此其所长。及伪者为之,则忌灾祟,课租愿,混士女,乱妖正,此其巨蠹也。②

黄水云有论云:

推论颜延之于儒、佛、道三教之见解,实主儒佛并存说,并兼取道教炼形之法……延之的道教知识虽系承袭嵇康、葛洪,然而对于嵇康所致力的养生及仙道论证,却迥然有异。延之乃系脱胎换骨地将它使用于报应及来世的论证。……延之对于佛、道二教,可谓信佛而不废道……如欲观其阶差,则道系从属于佛……所谓的'义兼三端,至无二极。'正说明了儒、道、佛三教的关系。"③

前文所述颜之推虽然不主张道教隐居修炼之说,但又说:"若其爱养神明,调护气息,慎节起卧,均适寒暄,禁忌食饮,将饵药物,遂其所禀,不为夭折者,吾无间然。"④则也于道教养生之法主张有所取用。由此则颜延之、颜之推等琅邪颜氏子弟对当日盛行的道教

---

① 参前揭《金明馆丛稿初编》,第121页。

② 参前揭《弘明集》卷一三,第89页。

③ 参前揭《颜延之及其诗文研究》,第105~106页。此外,该书颜延之"养生神仙思想"部分(第89~95页)也有相关论述,请参阅。

④ 《颜氏家训·养生篇》,前揭《颜氏家训集解》,第356页。

文化必有所风闻可知。

其六，或可据以为旁证者为《真诰》所载道教鬼官有汉代颜怀。《真诰》卷一五《阐幽微》云：

> 又有中禁晨，如今之中书令监。有二人。颜怀、杨彪二人居之。怀，字思季。彪，字文先者。①

文下有梁陶弘景注曰："颜怀，字思季，未得此人。"可知颜怀在陶弘景之时已不得其详，是否与琅邪颜氏一支有关更不得而知，由其与汉末名公杨彪在鬼官中居同位可知，其于汉末或也为一有影响的人物。此也颜姓人物与早期道教关系之事，故志于此，以俟后考。

最后，可据以参证者有唐代之颜真卿则为举世公认的道教徒。有关颜真卿道教故事，唐代笔记、小说记载颇多，如《太平广记》卷三二"颜真卿"条据《仙传拾遗》及《戎幕闲谭》、《玉堂闲话》等记载：

> 真卿年十八九时，卧疾百余日，医不能愈。有道士过其家，自称北山君，出丹砂粟许救之，顷刻即愈。谓之曰："子有清简之名，已志金台，可以度世，上补仙官，不宜自沉于名宦之海。若不能摆脱尘网，去世之日可以尔之形炼神阴景，然后得道也。"复以丹一粒授之，戒之曰："抗节辅主，勤俭致身，百年外，吾期尔于伊洛之间矣。"真卿亦自负才器，将俟大用，而吟阅之暇，常留心仙道。②

此外，《太平广记》此文所载又有颜真卿被李希烈杀害之后，"后达葬所，空棺而已"，道士邢和璞称其为"形仙"，时人皆称其"尸解得道"等记载，都可见颜真卿是不折不扣的道教徒。唯颜真

① （日）吉川忠夫、麦谷邦夫编，朱越利译：《真诰格注》，中国社会科学出版社2006年，第488页。

② ［宋］李昉等编：《太平广记》，中华书局1961年，第205～208页。

卿所处已是中唐，又有李唐崇尚道教的影响，难以据以确考其家族于唐前已有道教的热切信仰，但颜真卿深受其母亲及舅族陈郡殷氏的影响，则其对道教的崇信或与此有关也未可知。

综上所述，虽难以找到琅邪颜氏家族于魏晋南北朝时期事奉天师道或五斗米道的直接文献记载，但综合各种因素似乎可以推测琅邪颜氏家族子弟或也不能免俗，与当日流行的道教有所染习，但如本节开篇所述颜之推明确以排斥态度看待道教，并以佛教考量当时的道教，认为“纵使得仙，终当有死，不能出世”，由此而不愿子孙“专精于此”者也有其故。据钱穆言，“东晋名族，并多信持‘天师道’”的社会风气，“到宋、齐以下，始渐渐消失，而其时则佛教思想遂一跃而为时代之领导者”①，可知颜之推的崇佛排道也是顺应其时的社会潮流。对于当时士族社会所出现的纷纷弃道投佛现象，周一良解释其原因说：

> 东晋南朝很少听说佛教徒改宗道教，却颇有些道教徒信仰了佛法。也有虽非改宗，而兼习佛法……这说明佛教对于东晋南朝的士大夫具有更强的吸引力。因为佛教经和论的唯心主义哲学思想，各宗派严整完备的戒律，以及与佛教相关联的文学、绘画、雕刻、音乐等等，都远比道教内容丰富。所以当时北方的寇谦之和南方的陶弘景，都企图采用佛教教义来改造道教……这些情况都足以说明，为什么颇有道教徒改宗佛教，而很少见佛教徒放弃原来信仰去信奉道教了。②

而除了如周先生所说佛教文化“远比道教内容丰富”，“对于东晋南朝的士大夫具有更强的吸引力”之外，最根本的问题还在于当时一些道教仪轨过于粗劣，与士族门第奉行的儒家礼法多有冲

---

① 参前揭《国史大纲》，第 359 ~ 360 页。

② 周一良：《论梁武帝及其时代》，收入《魏晋南北朝史论集》，北京大学出版社 1997，第 361 ~ 362 页。

突。对此,陈寅恪指出说:

两晋天师道信徒属于士大夫阶级者固不少,但其大多数仍是庶族平民,士族儒家之礼法自不可于当时天师教中求之,其淫秽浊乱最为反对道教者所藉口,观佛教徒撰集之两《弘明集》中诸文可知也。

而佛教于此则远较道教为优,“六朝格义之风盛行,中国儒家之礼,与天竺佛教之律,连类拟配,视为当然”,当时不仅名僧慧远“以为礼律殊无二致,即同时一般之儒士佛徒亦俱作如是观”。① 将以上诸说参以颜之推当日言论,可谓得实。如《颜氏家训·治家篇》云:

吾家巫觋祷请,绝于言议;符书章醮亦无祈焉,并汝曹所见也。勿为妖妄之费。②

又如《风操篇》说:

阴阳说云:“辰为水墓,又为土墓,故不得哭。”王充《论衡》云:“辰日不哭,哭必重丧。”今无教者,辰日有丧,不问轻重,举家清谧,不敢发声,以辞吊客。道书又曰:“晦歌朔哭,皆当有罪,天夺其算。”丧家朔望,哀感弥深,宁当惜寿,又不哭也? 亦不谕。偏傍之书,死有归杀。子孙逃窜,莫肯在家;画瓦书符,作诸厌胜;丧出之日,门前然火,户外列灰,被送家鬼,章断注连:凡如此比,不近有情,乃儒雅之罪人,弹议所当加也。③

可见对于当时道书所载“晦歌朔哭,皆当有罪,天夺其算”诸说,及由道教而形成的“巫觋祷请”、“符书章醮”等习俗,颜之推因其与儒家礼法相违背的缘故,皆所不取。

---

① 参氏著《崔浩与寇谦之》,收入前揭《金明馆丛稿初编》,第 135 页。
② 前揭《颜氏家训集解》,第 57 页。
③ 前揭《颜氏家训集解》,第 96 ~ 98 页。

而从更深广的意义上看，当日士族门第无论信道还是崇佛，都多于门第的维护有关系。即如道教，在魏晋及南朝前期也与门第的维持具有益助。钱穆对此有论云：

> 东晋名族，并多信持“天师道”。（原注：……此等名士，皆理解超卓，而犹信此等道术者，盖彼辈于世俗事既不肯多所尽力，则个人的私期求自难舍弃。故超世必希长生，犹幸其术之一验；否则鼓琴烧香，常乐我净，亦与彼辈私生活之闲适相谐。又其道须自首过失，凡度出世生活者，必以此为调节。且此等求长生、乐清净、自首过失诸端，亦复与当时门第之克绵其世泽者有补。守之既有素，一旦临祸变，则亦惟有乞灵以自慰也。）可见当时南方名士，彼辈对国家民族，政教大业，虽尽可捉麈清谈，轻蔑应付，然涉及其个人私期求，则仍不免要乞灵于从来方术之迷信。①

可见当时流行的道教一面可以满足门第士族的“个人的私期求”，一面又因其“求长生、乐清净、自首过失”，而于他们“门第之克绵其世泽者有补”，东晋南朝士族门第多信奉道教之根要在此。上引钱先生之文曾有注文云：“彼辈既不经营世务，又安富累世，而能清净自守者，固为于庄老玄理薄有所得，亦由此等外在的律行，有以助之。将来之转而佞佛，理亦有由是者。”②可见对于当日士族阶层而言，取信道佛皆有出于门第本位的考虑，至于后来的纷纷弃道投佛，则是因为其辈发现了更好的工具而已。

---

① 参前揭《国史大纲》，第359～360页。

② 参前揭《国史大纲》，第359页。

第六章 琅邪颜氏家族的文学与杂艺之学

第一节 “家世文章，甚为典正”

汉末魏晋以来，由于儒学独尊的局面得以打破，伴随着玄学风尚在士人间的兴起、流行，以自由抒发“性灵”为本质的文学艺术得以自觉，被认为是“经国之大业，不朽之盛事”①，风气相荡，从而使文学创作有了空前的繁荣和发展。梁启超论及这一时期的文学成就说：

> 吾昔尝论六朝、隋、唐之间，为中国学术思想最衰时代。虽然，此不过就儒家一方面言之耳。当时儒家者流，除文学外，一无所事。

梁氏又自注说：“儒学与文学适成反比例。著《中国儒学史》，当以六朝、唐为最衰时代；著《中国文学史》，当以六朝、唐为全盛时代。”②钱穆则经具体的数字统计指出：

---

① 曹丕：《典论·论文》，收入［梁］萧统编，［唐］李善注《文选》卷五二，中华书局 1977 年，第 720 页。

② 氏著《论中国学术思想变迁之大势》，上海古籍出版社 2001 年，第 81 页。

> 集部大兴自东汉，至魏晋南北朝而极盛。据《隋志》，共五百五十四部，六千六百二十二卷，通计亡佚，有一千一百四十六部，一万三千三百九十卷。张鹏一《隋志补》，又增出专集七十二家。卷帙之多，堪与史部相埒。以四百年计，每年平均当出一部至三部集，亦可谓每年可出一位乃至三位专业作家。此即长治久安之世，前如汉，后如唐，亦难有此盛。①

同当时的很多文化现象一样，魏晋南北朝文学的繁荣也与其时的文化主导群体，即门第士族有着密切的关系，不可避免地带有了他们的深刻印记。其为人熟知者如琅邪王筠与子弟论其家世之文学云：

> 史传称安平崔氏及汝南应氏，并累世有文才，所以范蔚宗云崔氏“世擅雕龙”。然不过父子两三世耳；非有七叶之中，名德重光，爵位相继，人人有集，如吾门世者也。沈少傅约语人云：“吾少好百家之言，身为四代之史，自开辟已来，未有爵位蝉联，文才相继，如王氏之盛者也。”汝等仰观堂构，思各努力。②

又如庾信，人称其家族“或昭或穆，七世举秀才；且珪且璋，五代有文集。贵族华望盛矣哉”③！凡此皆见“贵族华望”者多重视诗赋等文学之事，累世有创作的实绩。李源澄概括南朝的学风说：“玄谈与文学为当时之主潮，言名士者必以此为标准。……谱牒丧服玄谈文学，同为士大夫阶级之学问；故异曲同工。”④对此，刘师培

---

① 氏著《略论魏晋南北朝学术文化与当时门第之关系》，《中国学术思想史论丛》（卷三），安徽教育出版社 2008 年第 2 版，第 207 页。

② 《梁书》卷三三《王筠传》，第 487 页。

③ 宇文逌：《庾信集序》，［北周］庾信撰，［清］倪璠注，许逸民校点《庾子山集注》，中华书局 1980 年，第 51 页。

④ 李源澄：《东晋南朝之学风》，收入《李源澄学术论著初编》，路明书店 1944 年，第 209 页。

则直接说:“自江左以来,其文学之士,大抵出于世族,而世族之中,父子兄弟各以能文擅名。”①同当时众多士族门第一样,琅邪颜氏家族子弟也积极致力于各种文学活动,并且成绩不凡,形成了家族文学的鲜明特色,以下特就此相关现象展开论说。

一、“重叶以凤采”:琅邪颜氏子弟之文学成就

刘勰《文心雕龙·时序篇》言及刘宋一代文学之盛云:“尔其缙绅之林,霞蔚而飙起,王、袁联宗以龙章,颜、谢重叶以凤采,何、范、张、沈之徒,亦不可胜数也。”②观刘勰此论,则知当日文学之事当为此等“缙绅之林”所主导,其中“颜、谢重叶以凤采”之“颜”者,即是说以颜延之为杰出代表的琅邪颜氏家族世代有文学的相承。事实上也确实如此。以下为便于叙述起见,分为颜延之与颜协两支,就颜氏家族诸子弟的文学成就略作考述。

(一)颜延之及其子侄之文学

唐代颜真卿提及其家族的文学成就时曾特别标举“特进、黄门之文章”③,其中“特进”指颜延之,“黄门”为颜之推,可知在颜氏后人心中,颜延之、颜之推可谓其家族文学成就的杰出代表。琅邪颜氏人物自汉末以来,多以经术著称于世,以诗赋文学闻名则始于晋宋之际的颜延之。

颜延之文学在当时与谢灵运齐名,享有盛名。《宋书》卷七三《颜延之》说颜延之“好读书,无所不览,文章之美,冠绝当时”,又

---

① 《中国中古文学史讲义》,上海古籍出版社2000年,第95页。

② [梁]刘勰撰,黄叔琳注,李详补注,杨明照校注拾遗:《增订文心雕龙校注》,中华书局2000年,第542页。

③ 参氏著《世系谱序》,收入[唐]颜真卿著,[清]黄本骥编订,[清]蒋瓌参校《颜鲁公集》卷五,《四部备要》本,第419页。

称“延之与陈郡谢灵运俱以词彩齐名,自潘岳、陆机之后,文士莫及也,江左称颜、谢焉。所著并传于世”。裴子野《宋略总论》总结刘宋一代的文化成绩,言及文学方面也说:“文章则颜延之谢灵运,有藻丽之钜才。”[①]凡此皆可见在当时史家看来,颜、谢二人实为刘宋文学的领袖和杰出代表。颜延之卒后,王僧达作《祭颜光禄文》,称其“才通汉魏,誉浃流沙”,评价可谓极高。以上仅略述其当时之文名,关于颜延之文学,后文当详论。

颜延之长子颜竣也特具文采,史称其“早有文义”[②],与何偃“以文义赏会,相得甚欢”[③],“文集行于世”[④]。颜竣特所擅长者为当时所称之“笔”,《宋书》卷七五《颜竣传》载宋文帝曾问颜延之“卿诸子谁有卿风”? 颜延之于颜竣则说“竣得臣笔”,可见在颜延之看来其诸子中,颜竣即以“笔”最为优长[⑤]。至唐代诗人元稹《代曲江老人百韵》中尚津津乐道“乐章轻鲍照,碑板笑颜竣”,以之为夸饰之言。此诗为元稹十六岁时所作,可知至少在中唐时期,颜竣之“笔”还是妇孺皆知的事。[⑥]

颜竣之“笔”,当以其为孝武帝刘骏讨伐其兄刘劭弑父篡立所草之檄文为代表。该文载于《宋书》卷九九《元凶刘劭传》,传至建

---

① [宋]李昉等编:《文苑英华》,中华书局1966年,第3947~3949页。

② 《南史》卷三四《颜延之传附颜竣传》,第882页。

③ 《宋书》卷五九《何偃传》,第1608页。

④ 《宋书》卷七五《颜竣传》,第1966页。《隋书》卷三五《经籍志四》著录:“宋东扬州刺史《颜竣集》十四卷(附注:并目录)。”

⑤ 据《宋书》卷七三《颜延之传》,及孝武帝义师入讨,颜竣参定密谋,兼造书檄。刘劭以其所撰檄文示颜延之,问曰:“此笔谁所造?”延之曰:“竣之笔也。”又问:“何以知之?”延之曰:“竣笔体,臣不容不识。”可知颜延之深悉其子“笔”体。

⑥ 参杨军《元稹集编年笺注(诗歌卷)》,三秦出版社2006年,第2、16页。杨军注称:“……帝问延之诸子,对曰:‘竣得臣笔。’竣长于碑志之文,即所谓‘碑版’也。”

康曾引起极大的震动。《宋书》卷七三《颜延之传》刘劭以此檄文示颜延之,便谓"言辞何至乃尔",可知其文极尽夸张之能事。又据《宋书》卷八五《谢庄传》,谢庄言:"奉三月二十七日檄,圣迹昭然,伏读感庆。……檄至,辄布之京邑,朝野同欣,里颂途歌,室家相庆,莫不望景耸魂,瞻云伫足。"据此则颜竣此文于当时政治、民心之影响可知。

颜竣之外,其弟颜测也以文学擅名,颜延之自称颜测得其文①,《宋书》卷七三《颜延之传》也称"竣弟测,亦以文章见知"。《隋书》卷三五《经籍志四》"集部"著录"宋大司马录事《颜测集》十一卷(附注:并目录)"。钟嵘《诗品》专评五言诗,于下品论及颜测诗歌。

此外,颜竣族兄颜师伯也有诗文创作才能。《诗品·下》:"宋监典事区惠恭"条载:"惠恭本胡人,为颜师伯干。颜为诗笔,辄偷定之。"②由"颜为诗笔"可知颜师伯常有诗文之事。史载孝武帝"尝欢饮,普令群臣赋诗",逼令不识字的武将沈庆之作诗,"即令颜师伯执笔"③,可见颜师伯经常参预孝武帝组织的诗文唱和。颜师伯诗作今存《拟诗》曰:"自君之出矣,芳帷低不举;思君如回雪,流乱无端绪。"④胡应麟《诗薮》称其为"佳句"⑤。

宋齐之际琅邪颜幼明也有文学才辩,并于永明七年曾代表南齐朝廷出使北魏。史称"永明年中,与魏氏和亲,岁通聘好,特简才学之士,以为行人。(范)缜及从弟云、萧琛、琅邪颜幼明、河东

---

① 参《宋书》卷七五《颜竣传》,第1959页。

② [梁]钟嵘著,曹旭集注:《诗品集注》,上海古籍出版社1994年,第415页。

③ 《宋书》卷七七《沈庆之传》,第2003页。

④ [唐]欧阳询等撰,汪绍楹校:《艺文类聚》,上海古籍出版社1999年新2版,第564页。

⑤ [明]胡应麟:《诗薮·外编》,上海古籍出版社1979年,第155页。

裴昭明相继将命，皆著名邻国”①。其外交辞令见于史籍，可谓不辱使命。② 据郦道元《水经注》，颜幼明还曾为故主宋司空刘勔庙作有庙铭。③

（二）颜协及诸子之文学

梁代琅邪颜氏有颜协以文学特著而入《文学传》，史载颜协任湘东王萧绎荆州幕府记室，“时吴郡顾协亦在蕃邸，与协同名，才学相亚，府中称为‘二协’”④。颜协作品，颜之推称“有诗赋铭诔书表启疏二十卷，吾兄弟始在草土，并未得编次，便遭火荡尽，竟不传于世”⑤。

《梁书》卷五〇《颜协传》言颜协“有二子：之仪、之推，并早知名”。其中颜之仪“幼颖悟，三岁能读《孝经》。及长，博涉群书，好为词赋。尝献《神州颂》，辞致雅赡。梁元帝手敕报曰：‘枚乘二叶，俱得游梁；应贞两世，并称文学。我求才子，鲠慰良深。’”⑥可知颜之仪与其父曾同处萧绎幕府，为其所赞赏。庾信有《同颜大夫初晴》，可知颜之仪还曾与庾信有过唱和。

颜之仪弟之推长于诗文创作，其著《颜氏家训》自述幼年“虽读《礼传》，微爱属文”⑦，“七岁时，诵《灵光殿赋》”⑧。令狐峘《光禄大夫太子太师上柱国鲁郡开国公颜真卿神道碑铭》称颜之推

---

① 《梁书》卷四八《范缜传》，第 664 ~ 665 页。

② 参《南齐书》卷五七《魏虏传》、卷五八《东南夷传》。

③ ［北魏］郦道元著，陈桥驿校证《水经注校证》卷三二“肥水”条，郦注：“肥水又左纳芍陂渎……渎东有东都街，街之左道北，有宋司空刘勔庙……建元四年，故吏颜幼明为其庙铭，故佐庞珽为庙赞，夏侯敬友为庙颂，并附刊于碑侧。”参《水经注校证》，中华书局 2007 年，第 751 页。

④ 《梁书》卷五〇《颜协传》，第 727 页。

⑤ 《颜氏家训 · 文章篇》，前揭《颜氏家训集解》，第 269 页。

⑥ 《周书》卷四〇《颜之仪传》，第 719 页。

⑦ 《颜氏家训 · 序致篇》，前揭《颜氏家训集解》，第 4 页。

⑧ 《颜氏家训 · 勉学篇》，前揭《颜氏家训集解》，第 173 页。

"为海内大儒",所著《稽圣赋》及《文集》,"藏在书府,历代传之"。① 所著《颜氏家训》专有《文章篇》言诗文创作之事。值得一提的是,颜之推入北齐,与萧放、祖珽、邓长颙等以后主高纬"颇好咏诗",遂"更广其事",奏立文林馆。史称"当时操笔之徒,搜求略尽"②。文林馆的设立,为北齐士人的诗文创作、交流提供了难得的平台,尤其是颜之推、萧放等南朝士人的加入,进一步推动了当时南北文化的融合,深刻影响到此后隋及初唐文学的面貌。③ 颜之推掌知馆事,参撰《修文殿御览》、《续文章流别》,其作为文林馆的领袖人物之一,所发挥的作用尤当值得注意。《北史》卷八三《文苑传》史臣历举王褒、庾信等北迁南士,称诸人"并极南土誉望,又加之以才名,其为贵显,固其宜也",颜之推也名列其中。

颜之推诸子孙也有文学才艺。颜真卿《大宗碑》谓"思鲁字孔归,博学善属文"④,《北齐书》卷四五《颜之推传》又说"《之推集》在,思鲁自为序录"。颜思鲁弟颜相时则于唐初参撰《文思博要》。⑤ 颜思鲁子颜师古以经史著述著称外,也有文学之长。《旧唐书》卷七三《颜师古传》言:"师古少传家业,博览群书……善属文。"时襄州总管薛道衡"悦其才,有所缀文,尝使其掎摭利病"。及

① 参前揭《颜鲁公集》卷一四,第 119 页。王利器谓:"之推集,隋、唐《志》都未著录,盖在隋代已亡佚。"参前揭《颜氏家训集解》,第 707 页。

② 《北史》卷八三《文苑传》,第 2780 ~ 2781 页。

③ 参魏宏利《北齐文林馆的设立、构成及其历史意义》,《西南交通大学学报》(社会科学版)2006 年第 5 期;又参王允亮《北齐文林馆考论》,《长沙大学学报》2006 年第 6 期。

④ 前揭《颜鲁公集》卷七,第 68 页。

⑤ 参《文苑英华》卷六九九所载高士廉撰《文思博要序》及《新唐书》卷五九《艺文志三》载"《文思博要》一千二百卷,《目》十二卷"条所附修撰人名,第 1562 页。

李世民起义，师古至长春宫谒见，后“迁中书舍人，专掌机密。于时军国多务，凡有制诰，皆成其手。……册奏之工，时无及者。……有集六十卷”。

综上所述，琅邪颜氏虽不能说如琅邪王氏之“七叶之中……人人有集”，但无论从房支还是就朝代而论，其家族代有擅长诗赋文学之士，谓其“世擅雕龙”、“重叶以风采”当不是过誉。

二、“甚为典正，不从流俗”：琅邪颜氏文学特色之一

颜之推曾说“吾家风教，素为整密”①，对琅邪颜氏家风中恪守传统儒家礼法的特征，前文已经有过详细考述。值得注意的是，琅邪颜氏家风的这一特点还直接影响到家中子弟的诗文创作及对文学的看法，其结果就是颜之推所总结的“吾家世文章，甚为典正，不从流俗”②。南朝以来，吴歌、西曲等南方民歌因统治者的喜爱提倡，而风靡于世，士族文人也受其影响，纷纷拟写、改作，尤其是对了民歌抒情的特点大加发扬，极端结果便是南朝末期宫体诗的流行。这种对爱情乃至色情的大肆描摹，无疑是对传统礼法的巨大挑战，是那些恪守传统礼法的士人所不能接受的，对此琅邪颜氏子弟如颜延之、颜测、颜协、颜之推等都在不同时期以不同的方式对这种文学的滥情化趋势表示了不满。

（一）“委巷中歌谣耳”：颜延之对“鲍休美文”的贬斥

一般而言，刘宋文坛在后世以颜延之、谢灵运、鲍照，即“元嘉三大家”而著称，但在当时门阀社会的情形之下，由于“士庶悬隔”，一般只是“颜谢”并称，而鲍照因身世寒贱的原因，地位远不能与颜、谢相侔。沈约《宋书》中颜、谢二人各自单独立传，

---

① 《颜氏家训·序致篇》，前揭《颜氏家训集解》，第4页。

② 《颜氏家训·文章篇》，前揭《颜氏家训集解》，第269页。

而《鲍照传》只是附于其幕主《刘义庆传》，这种地位的悬殊显然可知①。

由于当时士族与寒士在政治地位、文化背景等各方面的差异悬殊，表现于文学创作也有明显的不同。正如王瑶《政治社会情况与文士地位》一文所揭示：

> 在变相的封建势力下面，高门世族不只是握有政治经济的特权，而且也是文化的传统继承者。他们有累代的上层家庭教养，有优裕的生活闲暇，有收藏的典籍和文化的环境。这一切都构成了他们有独特的享有和承继文化传统的特权；都不是一个出身寒素的人底环境所可比拟的。……名门大族，多以玄理文笔等当做他们高贵和才能的表现，所以成就也多。寒士则孜孜勤苦，希图以文籍学业作为进身之资……典籍文义，正是贵门子弟高贵的招牌，和寒素人士进仕的手段。……因此文人学士的社会地位，也只决定于他的门第和官爵，而并不一定在于他所构诗文的优劣高下。②

可见是以文学创作为“高贵的招牌”还是“进仕的手段”，正是士族子弟与寒门文士的最大不同，这决定了二者对文学创作的态度和各自采取的路数。萧涤非论及鲍照擅长乐府写作的原因时说：

> 故以诗言，陶、鲍、谢三家，先后鼎足，以乐府言，则当让

① 钱大昕《廿二史考异》卷二四“《宋书·谢灵运传》”条言：“宋世文士以谢、颜为首，故各立专传。”参《廿二史考异》，上海古籍出版社 2004 年，第 416 页。王鸣盛《十七史商榷》卷五九“沈约重文人”条也说：“一部《宋书》以一传独为一卷者，谢灵运之外，惟颜延之、袁淑、袁粲而已。二袁忠义，固当详叙，颜、谢则惟重其文章。……沈约重文人如此。”参《十七史商榷》，上海古籍出版社 2004 年，第 466 页。二者都指出沈约因看重颜、谢二人文学成就的原因而给他们单独立传，鲍照在当时文名也极盛，而不能单独立传，可见以沈约为代表的当时社会的偏见。

② 《中古文学史论》，北京大学出版社 1998 年第 2 版，第 23 ~ 24 页。

> 鲍照独步！盖乐府本含有普遍性与积极性二要素，以入世为宗，而不以高蹈为贵。以摹写人情世故为本色，而不以咏叹自然为职志。谢既出身名门，纵情丘壑，陶亦高卧北窗，安贫乐道，同为一种超人间之生活，本不适宜于乐府之写作，其内心亦无写作乐府之需要。至如鲍照，位卑人微，才高气盛，生丁于昏乱之时，奔走乎死生之路，其自身经历，即为一悲壮激烈可歌可泣之绝好乐府题材，故所作最多，亦最工。陶谢之短于乐府，而照独以乐府鸣者，斯其故也欤？①

可见鲍照与陶渊明、谢灵运相比，在写作体裁上偏重于乐府诗，其根源就在于这种士庶之间生存境遇的不同。至于颜延之诗文的贵族格调，我们可以陈庆元的分析为例加以说明。

陈先生曾具体比较颜延之《赠王太常》和王僧达《答颜延年》这组赠答诗，指出他们“无非是表达一些士大夫的生活内容和情趣，诸如道德文章、语默出处、流连光景之类”。同时又比较汤惠休《赠鲍侍郎》和鲍照《答休上人》的赠答之作，说：“休、鲍赠答，则完全抛开传统，讲些玉杯金碗、芳意秋愁的艳语俗话。颜、王诗用大量的事典、刻意的藻饰以见其渊雅，休、鲍则用侧艳的意象、缠绵的话语以求动俗。”②

可见就士庶的角度而论，颜延之与谢灵运大致可以说代表了当时的士族文学风尚，而鲍照、汤惠休则更多体现寒门文士的创作倾向。《南齐书》卷五二《文学传论》言：“颜、谢并起，乃各擅奇，休、鲍后出，咸亦标世。”就是明确将“休、鲍”合称，与“颜、谢”并立的表示。只是因为谢灵运过早被杀，致使其无缘目睹鲍照、汤惠休等人作品的流行，因此元嘉年间士族与寒士在文学方面的

---

① 《汉魏六朝乐府文学史》，人民文学出版社1984年，第260页。

② 陈庆元：《大明泰始诗论》，《文学遗产》2003年第1期。

消长，主要就表现为颜延之所代表的士大夫典雅文学与鲍照及汤惠休的民间俗文学之间的争胜。更重要的是，偏偏由于家风影响及个人喜好等原因，颜延之在文学创作上趋于保守，因此对休、鲍等人的“俗”、“野”文学反对最力，其影响也最深远。

颜延之与“休、鲍美文”的争胜具体表现形式则为雅俗之争。刘勰《文心雕龙·体性篇》说：“学有浅深，习有雅郑。”又认为：“事义浅深，未闻乖其学；体式雅郑，鲜有反其习。”①据前文所考述，琅邪颜氏家族“家籍儒风，该博经义”，有着深厚的儒家经学传统，按照刘勰的理论，颜延之显然属于“学深”、“习雅”一类，其诗文创作自然容易形成典雅的特征。钟嵘即认为颜延之的五言诗是“经纶文雅”②。事实上，当时的士族子弟多与颜延之有着相似的家族文化背景，因此颜延之后来成为士族文学的代表和典型。《诗品》即说诗歌创作祖袭颜延之的檀超等七人是“得士大夫之雅致”③。《南齐书》卷五二《文学传论》概括当时当时文学的“三体”，对这一类文学概括为：“缉事比类，非对不发，博物可嘉，职成拘制。或全借古语，用申今情，崎岖牵引，直为偶说。唯睹事例，顿失清采。此则傅咸五经，应璩指事，虽不全似，可以类从。”萧子显虽追其渊源，标以傅咸、应璩，实则其典型代表则为颜延之。

关于鲍照，南齐虞炎说他“本上党人，家世贫贱”，又称其创作为“照所赋述，虽乏精典，而有超丽”④，显然在当时人看来，鲍照诗文的特点是缺少“精典”，而不乏“超丽”，与颜延之等士族的创

① 前揭《增订文心雕龙校注》，第379~380页。

② 参前揭《诗品集注·中》“宋光禄大夫颜延之”条，第270页。

③ 参前揭《诗品集注·下》“齐黄门谢超宗”等七人条，第432页。

④ 参［宋］鲍照著，钱仲联增补集说校《鲍参军集注》卷首所附虞炎《鲍照集序》，上海古籍出版社1980年，第5页。

作风格有别。萧子显对"鲍照之遗烈"一派的文学创作概括说:"发唱惊挺,操调险急,雕藻淫艳,倾炫心魂。亦犹五色之有红紫,八音之有郑、卫。"钟嵘《诗品·中》"宋参军鲍照诗"条也称鲍照诗"得景阳之諔诡,含茂先之靡嫚。骨节强于谢混,驱迈疾于颜延。……贵尚巧似,不避危仄,颇伤清雅之调。故言险俗者,多以附照"①。可见鲍照及其追随者的诗歌创作多以"险俗"为特征。②《文心雕龙·体性篇》归纳文章为"八体",认为"雅与奇反",而"典雅者,熔式经诰,方轨儒门者也。……新奇者,摈古竞今,危侧趣诡者也"③。由此可知,刘勰所言"典雅"与"新奇"大略能分别代表颜延之与鲍照二人诗歌的风格特点。关于汤惠休,《宋书》卷七一《徐湛之传》谓其"善属文,辞采绮艳",可见其作品多属《文心雕龙·体性篇》所说"轻靡"一类,即"浮文弱植,缥缈附俗者也"④。

至于颜延之与鲍照、汤惠休等人的互相贬薄,《诗品·下》"齐惠休上人"等三人条说:

> 惠休淫靡,情过其才。世遂匹之鲍照,恐商周矣。羊曜璠云:"是颜公忌照之文,故立休、鲍之论。"⑤

曜璠为羊璇之字,羊璇之曾为谢灵运"四友"之一,其"颜公忌照之文"之说或当有所据,如其属实,则颜延之对鲍照创作的不满已是众所周知之事,同时将鲍照、汤惠休并称多半也始于颜延之。钟嵘认为"休、鲍之论"有所不当,一则因为汤惠休不论在当时还是

---

① 前揭《诗品集注》,第290页。

② 孙楷第论鲍照诗文之"险俗"说:"险者,不平易之谓。六朝人谓服怪衣裳为险衣,今人犹谓作诗押窄韵为险韵也。俗者,不用事之谓。"参《鲍照与芜城赋》,收入《沧州后集》,中华书局1985年,第301页。

③④ 前揭《增订文心雕龙校注》,第380页。

⑤ 前揭《诗品集注》,第421页。

对后世诗歌创作的影响都不足以和鲍照比肩，同时也是因为二人在创作上也确有差别①，不过二者的创作都与颜延之等人雍容典雅的士大夫文学不同，或许在颜延之等人看来，二人都具有寒门文士作品"俗野"的特点，大同小异，因此将其并称。

如果说颜延之是用与汤惠休并称的曲折方式来贬低鲍照的话，颜氏对汤惠休则是直接的讥讽，《南史》卷三四《颜延之传》：

> 延之尝问鲍照己与灵运优劣，照曰："谢五言如初发芙蓉，自然可爱。君诗若铺锦列绣，亦雕缋满眼。"延之每薄汤惠休诗，谓人曰："惠休制作，委巷中歌谣耳，方当误后生。"

可见"委巷中歌谣耳"就是颜延之对汤惠休诗歌的评价，"方当误后生"则是对其"流毒"的预言，还警告世人不要效仿。钟嵘《诗品·中》"宋光禄大夫颜延之诗"条又载"汤惠休曰：'谢诗如芙蓉出水，颜诗如错彩镂金。'颜终身病之"②。二者评论颜延之诗歌之语略同，而一说出自汤惠休，一说出自鲍照，不免引起后世学者的猜测。如宋代黄彻曾指出《诗品》所载"与本传不同"，又说："岂惠休因为延之所薄，遂有芙蓉错镂之语，故史取以文饰之耶！"③这可以看做是鲍、休一派对颜延之批评的反击。

总之，颜延之是持传统儒家"思无邪"等雅正诗学观念，对鲍照、汤惠休等人的"险俗"、"淫靡"等诗歌创作表现出不满，甚至有"方当误后生"的深忧。

---

① 如曹道衡曾考察指出，鲍照"虽然也拟作了某些'吴声'和'西曲'，毕竟只占少数"."鲍照的七言和杂言乐府受到过东晋南渡以前在中原流行过，却没有被采入乐章的民歌的影响"，这与汤惠休主要受"吴声"、"西曲"的影响不同。参《论鲍照诗歌的几个问题》，前揭《中古文学史论文集》，第231页。

② 前揭《诗品集注》，第270页。

③ ［宋］黄彻：《䂬溪诗话》，《历代诗话续编》本，中华书局1983年，第371页。

（二）“颜诸暨最荷家声”：雅俗之争的继续

颜延之卒后，其所代表的士族“雅”文学与鲍照、汤惠休为代表的“俗”文学的抗衡并没有停止。钟嵘《诗品》卷下评齐黄门谢超宗、齐浔阳太守丘灵鞠、齐给事中郎刘祥、齐司徒长史檀超、齐正员郎钟宪、齐诸暨令颜测、齐秀才顾则心等人诗云：

> 檀、谢七君，并祖袭颜延，欣欣不倦，得士大夫之雅致乎！余从祖正员常云：“大明、泰始中，鲍、休美文，殊已动俗。唯此诸人，传颜、陆体。用固执不移。颜诸暨最荷家声。”①

七人中“颜测”原作“颜则”，素有争议，或以为即颜延之次子颜测，或以为非是。曹道衡、沈玉成以为“《诗品》记作家时代多有讹误，其例甚多”，颜测以兄颜竣显贵为忧，“先竣卒”，从而断定“‘齐诸暨令’当是‘宋诸暨令’”，“颜则”即颜延之次子“颜测”②之讹，又说“颜延之评二子分得笔、文，有韵为文，是颜恻当工五言诗，故钟嵘于此条引钟宪语称‘颜诸暨最荷家声’，恰如桴鼓之相应”③。所论较为确实，今即以其说为据。

这里需要注意的是钟嵘所列七人的阶层性质。其中谢超宗出自陈郡谢氏，为谢凤子、谢灵运孙，宋孝武帝称其“殊有凤毛，恐灵运复出”④。丘灵鞠出自吴兴丘氏，曾因东南士族长期受侨姓士族的压制，扬言：“我应还东掘顾荣冢。……顾荣忽引诸伧渡，妨我辈涂辙，死有余罪。”⑤钟宪出自颍川钟氏，为晋侍中钟雅

---

① 前揭《诗品集注》，第432页。

② “颜测”，《宋书》及《诗品》各种版本多作“颜恻”，参《宋书》卷七三《颜延之传》校勘记及前揭《诗品集注》。

③ 参前揭《中国文学家大辞典·先秦汉魏晋南北朝卷》，第493页。此外，曹道衡、沈玉成所撰《中古文学史料丛考》“颜测”条（中华书局2003年，314页）也详考颜测卒于刘宋。

④ 《南齐书》卷三六《谢超宗传》，第635页。

⑤ 《南齐书》卷五二《丘灵鞠传》，第890页。

六世孙①。再加上颜测，五人皆出自士族门第当无疑问。当中刘祥、檀超二人的家世早先难以视作士族。刘祥出自东莞刘氏，为宋武帝刘裕重要谋臣刘穆之曾孙，家世寒微，是典型的勋贵后人②，刘祥本人就被褚渊斥为“寒士不逊”③。檀超出自高平金乡檀氏，自称“是国家微贱时外戚耳”④，也非士族门第。不过，刘祥、檀超二人虽原本门第不高，但入宋后，或以功臣之后，或以外戚之由，成为刘宋新贵，有了学习贵族文化的条件。事实上，二人也颇具名士气质，积极效仿士族名士的倾向比较明显，与普通寒门文士的处境不可同日而语。顾则心，或作“顾惖”，虽家世不详，但曾为南齐临川王萧映讲《周易》，也具有良好的儒学修养。因此，学者们透过《诗品》此条的记载，觇见颜延之卒后，以其为代表的士族典雅诗风与鲍照、汤惠休为代表的寒士“野俗”诗风之间的转移消长大致是没有问题的。

其实是否真如前文所引钟宪所言大明、泰始年间，惟有他们七人“传颜、陆体，用固执不移”呢？也不尽然。如钟嵘《诗品序》就说：“颜延、谢庄，尤为繁密，于时化之。故大明、泰始中，文章殆同书抄。”⑤可见钟氏叔侄对同一时期的文学现象作出的评价却完全相反。其实这主要是因为二人所站的立场及好恶不同的缘故。

① 参《梁书》卷四九《钟嵘传》，第 694 页。又参梅运生《钟嵘的身世与〈诗品〉的品第》，《安徽师大学报》（哲学社会科学版）1984 年第 4 期。该文对颍川钟氏是否为士族的问题有详密的考析，请参看。

② 《宋书》卷四二《刘穆之传》载刘穆之次子、刘祥祖父刘式之，曾任宣城、淮南二郡太守，“在任赃货狼藉，扬州刺史王弘遣从事检校。从事呼摄吏民，欲加辩覆。式之召从事谓曰：‘治所还白使君，刘式之于国家粗有微分，偷数百万钱何有，况不偷邪！吏民及文书章不可得。’从事还具白弘，弘曰：‘刘式之辩如此奔！’亦由此得停。”这可谓是典型的勋贵表现。

③ 《南齐书》卷三六《刘祥传》，第 639 页。

④ 《南史》卷七二《檀超传》，第 1765 页。

⑤ 前揭《诗品集注》，第 180 页。

钟宪追摹颜诗之体,故谓习颜诗者"唯此诸人",殊恨其少;又谓鲍、休"殊已动俗",特嫌其多。相反,钟嵘因主张"吟咏情性,亦何贵于用事",故谓颜延、谢庄之繁密"于时化之,文章殆同书抄",因恶之而嫌其多耳。虽然如此,但"鲍、休美文,殊已动俗"也是确然的事实,这是应当注意的新现象。王瑶在其《政治社会情况与文士地位》一文中指出中古时期的士族门弟不仅拥有政治、经济方面的特权,而且在文化方面也拥有绝对优势,在各方面起着主导作用。于文学方面,王瑶说:

> 文学的时代潮流却的确是由他们领导着的。因为当文化和政治经济同样地为他们所把持保有的时候,不只他们在学习的环境地位上方便,而且诗赋文笔等的风格和内容,也都一定是适应着他们的生活需要的。……寒士如果成名了,那就说明他已经钻进了那种上层士大夫的生活,他虽然出身寒素,但已变成华贵之胄的附庸了。因为一个寒士如果把文义当做进仕的手段,则他的作品一定须受到大家的称赞,那他就不能不用心摹学当时一般的作风和表现内容;也许他的诗文比别人的还好,但他只能追随而不能创造一种新的潮流,因为他的身份资望都不够。……所以每一种文学潮流——作风或表现内容的推移变化,都是起于名门贵胄文人们自己的改变;寒素出身的人是只能追随的。①

王先生所言着眼于中古时期文学发展的普遍情况,无疑是十分正确的。不过,若依照这一普遍的规律,鲍照、汤惠休等寒门文士本应当"追随"颜延之等士族文人的创作"殆同书抄"才对,可为什么他们却能够以所谓"美文"自标一格,"殊已动俗",足以与颜延之等士族一派抗衡呢?其实,这主要与晋宋以来统治者

① 前揭《中古文学史论》,第28~29页。

阶层的变动有关，门第士族的影响固然甚大，但帝王及皇室的影响也不可小觑。

陈寅恪曾指出东晋与之后的宋、齐、梁三朝社会性质的不同说："东晋为北来士族与江东士族协力所建，宋、齐、梁由北来中层阶级的楚子与南北士族共同维持。"①即东晋统治阶级无论是帝室司马氏还是北来与江东士族，就阶层性质而言皆为文化士族，在文化价值取向上大体是一致的。刘裕政权的建立，致使这种情况发生了变化，不只由于刘宋皇权的加强，此前的"王与马，共天下"局面不复存在，而且由于刘宋帝室出身于侨居彭城的次等士族，其文化素养及趣味都与门第士族有所不同。其中最显然者当为对士族门第所谨守的儒家礼法的轻视与违越，对"儒学之功难习"②的传统经史之学不免有所隔膜，却有文学艺术的偏好，"宋孝武好文章，天下悉以文采相尚，莫以专经为业"③，以致有转移社会风尚的结果。刘宋皇室在生活习尚与文化趣味方面，又多与社会下层人士趋同，各个方面容易受到他们的影响，以致有不少帝王喜好在宫廷里面"摆摊设点"，效仿民间买卖行为。由此，刘宋帝王及皇室成员在音乐、文学等方面也极容易有俗化倾向，他们的喜好直接导致了吴歌、西曲的空前兴盛局面，而这当中又以孝武帝最为突出。王运熙对此多有论述，如《刘宋王室与吴声西曲的发展》一文说：

吴声、西曲在刘宋时代的繁荣昌盛，与刘宋帝皇、宗室的提倡有莫大的关系。……《南史·武帝纪》说刘裕不解音乐，

---

① 万绳楠整理：《陈寅恪魏晋南北朝史讲演录》，贵州人民出版社 2007 年，第 129 页。

② 徐陵：《玉台新咏序》，［陈］徐陵编，［清］吴兆宜注，程琰删补，穆克宏点校《玉台新咏笺注》，中华书局 1985 年，第 13 页。

③ 《南史》卷二二《王昙首传附王俭传》，第 595 页。

"后庭无纨绮丝竹之音",平时生活"清简寡欲"。但其子孙长期生活在这一地区,又贵为帝皇宗室,物质生活优裕,情况自会起很大变化,在当时贵族普遍爱好通俗乐曲的风气中,其中一部分人就成为吴声、西曲的提倡与制作者。再则,刘裕出身寒贱,由一介武夫而逐步篡登王位,其家族人员缺少深厚的传统文化教养,在艺术方面自更容易喜爱通俗的民间乐曲。①

对于孝武帝的作用,王运熙《吴声西曲的产生时代》一文指出说:

刘宋是吴声西曲的黄金时代……吴声西曲,至此在统治阶层中完全确立了地位。在这方面,宋孝武帝刘骏曾起了不小的作用。孝武生活奢侈,喜欢淫宴,他自己更爱作吴歌。据《玉台新咏》(卷一〇),他在这方面的作品有《自君之出矣》一首,《丁都护歌》二首。《宋书·乐志》载他曾将出于民间的"鞞拂杂舞,合之钟石,施于殿廷",提高了它们的地位。《杂舞曲》跟吴声、西曲同属清商乐,我们可以推想通过他的手,吴声、西曲在宫廷中的地位也更为提高了。②

正因如此,裴子野《宋略总论》云:"宋初讫于元嘉,多为经史;大明之代,实好斯文。高才逸韵,颇谢前哲,波流同尚,滋有笃焉。"③《南齐书》卷四六《萧惠基传》也说:"自宋大明以来,声伎所尚,多郑卫淫俗,雅乐正声,鲜有好者。"可知当时之人皆以孝武帝当政的大明年间作为社会文化风气的转折点。④

---

① 收入氏著《乐府诗述论》(增补本),上海古籍出版社 2006 年,第 487 ~ 488 页。

② 参前揭《乐府诗述论》(增补本),第 16 页。

③ [唐]杜佑撰,王文锦等校点:《通典》卷一六"选举四·杂议"引,中华书局 1988 年,第 389 页。

④ 参前揭《大明泰始诗论》一文。

由此可知，“鲍、休美文，殊已动俗”，其背后却有刘宋帝室的大力推动。可见晋宋之际的政权交替，不仅在政治上打破了门阀士族独擅其权的局面，“多以寒人掌机要”①，给了寒门士人更多政治方面的出路。即使在文化方面，刘宋帝室也因趣味相投的缘故，与寒门文士联手，跟士族文士集团相抗衡。寒素文士既多以文学之能为进仕的手段，自然明白个中道理，趋之若鹜，以投其所好。这方面也可以鲍照为典型，如史载其始以诗干谒刘义庆而得赏识，又以孝武帝“好为文章，自谓物莫能及”，既悟其旨，“为文多鄙言累句”，连史家都说“当时咸谓照才尽，实不然也”②。明人张溥曾概括其所为说：“相时投主，善周其长，非祢正平、杨德祖流也。”③今人陈庆元则明白指出：“鲍照是个聪明人，既然可以以‘鄙言累句’来牵就孝武，那就更可以创作一些侧艳俗歌来迎合孝武好俗的文化心理，何况这对熟悉乐府民歌的他来说并不是一件很困难的事。”④由于钟嵘评论诗歌主张出语自然，不主张士族一派“书抄”诗作，钟嵘这种观念与寒门文士创作的一致性，使得《诗品》在有限的名额内收录为数不少的寒门文士甚至僧人、胡人作者在内，这可以从一个侧面反映当时“鲍、休美文，殊已动俗”的实际情形。

如《诗品·下》评宋御史苏宝生、宋中书令史陵修之、宋典祠令任昙绪、宋越骑戴兴等人诗说：“苏、陵、任、戴，并著篇章，亦为搢绅之所嗟咏。人非文是，愈有可嘉焉。”所举诸人皆为寒人。

① 参前揭《廿二史札记》卷八“南朝多以寒人掌机要”条，第172~174页。

② 《宋书》卷五一《临川烈武王道规传附刘义庆传》，第1480页。

③ ［明］张溥著，殷孟伦注：《汉魏六朝百三家集题辞注》，中华书局2007年，第227页。

④ 前揭《大明泰始诗论》一文。

《诗品·下》"宋监典事区惠恭"条又载:"惠恭本胡人……及大将军修北第,差充作长。时谢惠连兼记室参军,惠恭时往共安陵嘲调。末作《双枕诗》以示谢。谢曰:'君诚能,恐人未重。且可以为谢法曹造。遗大将军。'见之赏叹,以锦二端赐谢。谢辞曰:'此诗,公作长所制,请以锦赐之。'"①此则当时在南之胡人也以诗干进,且所作《双枕诗》恐也多为涉及床帷之作。《诗品·下》评晋参军毛伯成、宋朝请吴迈远、齐朝请许瑶之三人诗说:

(吴迈远)善于风人答赠。……汤休谓远云:"吾诗可为汝诗父。"以访谢光禄,云:"不然尔,汤可为庶兄。"②

《南史》卷七二《檀超传》载:

又有吴迈远者,好为篇章,宋明帝闻而召之。及见曰:"此人连绝之外,无所复有。"迈远好自夸而蚩鄙他人,每作诗,得称意语,辄掷地呼曰:"曹子建何足数哉!"超闻而笑曰:"昔刘季绪才不逮于作者,而好抵诃人文章。季绪琐琐,焉足道哉,至于迈远,何为者乎?"

所谓吴迈远"连绝之外,无所复有"者,即谓其除了连句、绝句等短小之制外,其他概不能作,是典型的寒门文士特征。而其扬言"曹子建何足数哉",汤休又谓"我诗可为汝诗父",凡此皆可见当日寒门文士的嚣张气焰,钟宪谓其"殊已动俗"并不夸张。

对此,士族文士当然不能坐视不管,除了钟宪所举七人坚持作颜延之诗体外,其他士族成员也从多方面进行了抵制。其著者如袁廓之,《南史》卷二六《袁湛传附袁彖传》:

彖宗人廓之……(袁)宏之曾孙也。父景隽,宋世为淮南太守,以非罪见诛。廓之终身不听音乐,布衣蔬食,足不出

---

① 参前揭《诗品集注》,第415~416页。

② 参前揭《诗品集注》,第440页。

> 门，示不臣于宋，时人以比晋之王裒。颜延之见其幼时，叹曰："有子如袁廓足矣。"齐国建，方出仕……为太子洗马。于时何僩亦称才子，为文惠太子作《杨畔歌》，辞甚侧丽，太子甚悦。廓之谏曰："夫《杨畔》者，既非典雅，而声甚哀思，殿下当降意《箫》、《韶》，奈何听亡国之响？"太子改容谢之。①

这里所提及的何僩为东海郯人，为何承天孙，何逊从叔，史称其"宦游不达，作《拍张赋》以喻意"，东海何氏虽是文化士族，但于萧齐时仕宦不达却是事实。何僩所制《杨畔歌》者，原本为西曲歌辞，描写宫闱之乱，何作"既非典雅，而声甚哀思"②，其取悦于文惠太子，投其所好的意图显然。袁廓之出自陈郡袁氏，其因谨守礼法而为颜延之所称赏，其与颜氏自为同一气类，而于文学也尚典雅，于何僩此"伤风败俗"之作自然强烈排斥。此虽南齐时事，但可看做是颜延之以来雅、俗文学之争的继续。

（三）颜协与《西府新文》

上文所论可知，颜延之、颜测父子因受家族文化与儒家礼法的影响，倡导适合士大夫身份与口味的典雅诗作，而对刘宋帝王及广大寒门文士所倡导的效仿民歌的"美文"极力抵制。虽然如此，"美文"一派的诗作毕竟已经"动俗"，且影响日广，"亦为搢绅之所嗟咏"③，逐渐为不少士族文士所接受，纷纷拟作，经沈约等人进一步雅化，遂渐演变而成为当时普遍接受的永明体诗歌。至梁代萧纲、萧绎兄弟文学集团的进一步改造，不断加重其中描写女色的成分，从而形成所谓宫体文学。值得注意的是，在"美文"已经被社会普遍接受的齐梁时代，琅邪颜氏子弟却因为家世儒学、风教整密的缘故，仍然对世俗风行的"美文"有所排斥，这可以颜

① 《南史》卷三三《何承天佳》，第871页。
② 《南史》卷二六《袁湛传附袁彖传》。
③ 前揭《诗品集注》"宋御史苏宝生"等人条，第412页。

协、颜之推父子为典型。《颜氏家训·文章篇》云：

吾家世文章，甚为典正，不从流俗，梁孝元在蕃邸时，撰《西府新文》，讫无一篇见录者，亦以不偶于世，无郑、卫之音故也。①

《西府新文》者，《隋书》卷三五《经籍四》著录："《西府新文》十一卷，并录。梁萧淑撰。"萧淑出自兰陵萧氏，为刘宋萧思话后人，曾与从兄萧介等"文酒赏会"②，《西府新文》当是其受幕主萧绎之命而编撰。③ 史称颜协深受幕主萧绎赏爱，其卒后，萧绎"甚叹惜之，为《怀旧诗》以伤之"④。即颜协不只在萧绎蕃邸文名特著，而且还特被萧绎知爱，但萧绎组织编撰的《西府新文》却将颜协之作排除在外，这不能不让人生疑。对此，颜之推便认为是其父文章"典正，不从流俗"，"无郑、卫之音故也"。所谓"新文"者，即萧纲、萧绎兄弟当时倡导的宫体文学，也即颜之推称之为"郑、卫之音"者。

关于萧纲的宫体文学主张，其《诫当阳公书》公开宣称："立身之道，与文章异，立身先须谨重，文章且须放荡。"⑤《梁书》卷四九《庾於陵传附庾肩吾传》又载太子萧纲与湘东王萧绎书论文曰：

比见京师文体，懦钝殊常，竞学浮疏，争为阐缓。玄冬修夜，思所不得，既殊比兴，正背《风》、《骚》。若夫六典三礼，所施则有地，吉凶嘉宾，用之则有所。未闻吟咏情性，反拟《内

---

① 《颜氏家训·文章篇》，前揭《颜氏家训解集》，第269页。

② 《梁书》卷四一《萧介传》，第588页。

③ 《颜氏家训集解》引卢文弨注曰："《金楼子·著书篇》所载诸书，有自撰者，有使颜协、刘缓、萧贲诸人撰者，此书当亦元帝所使为之。"王利器又案："西府，指江陵，时荆州居分陕之要，故称江陵为西府……《西府新文》，盖梁孝元使萧淑辑录诸臣僚之文，时之推父协正为镇西府谘议参军，未见收录，故之推引以为恨耳。"参前揭《颜氏家训解集》，第270页。

④ 《梁书》卷五〇《颜协传》，第727页。

⑤ 前揭《艺文类聚》卷二三，第424页。

则》之篇；操笔写志，更摹《酒诰》之作；迟迟春日，翻学《归藏》；湛湛江水，遂同《大传》。

可知萧纲明确反对在“吟咏情性”时仍墨守儒家经典，其所针对的正是颜协等人的“典正”派文学。据日本学者清水凯夫考证，萧纲此书主要针对的目标是以裴子野为首的“古体派”文学，当时萧绎跟“古体派”文人交往密切，所以萧纲写信给萧绎，以促使其所领导之下的文学集团转向宫体文学的创作，而萧绎本人并没有独自的文体，遂以此萧纲的书信为转机，逐渐接受了“宫体”的影响，故而有《西府新文》的编撰。

裴子野“古体派”的文学主张，可参其所著《雕虫论》，裴氏云：

古者四始六艺总而为诗，既形四方之气，且彰君子之志，劝美惩恶，王化本焉。后之作者，思存枝叶，繁华蕴藻，用以自通。……自是闾阎年少，贵游总角，罔不摈落六艺，吟咏情性。学者以博依为急务，谓章句为专鲁。淫文被典，斐尔为功。①

这种处处以儒家学说为依归的文学观念，自然与琅邪颜氏家族文化风尚相接近，事实上颜协也与“古体派”文学成员如顾协等交往密切，其创作大体上也可归于“古体”一派，因此受到萧氏兄弟宫体文学的抵制，而被之后所编撰的《西府新文》排除在外。② 由此可知琅邪颜氏家族由于受儒家文化的影响较深，在文学创作中谨守典雅的传统，对世俗文学的新变之体表现出疏离，有倾向于保守的特点。

(四)颜之推论《三妇艳》

琅邪颜氏这种典正的文学观念，在颜之推的言论中也有所表

① 前揭《文苑英华》卷七四二，第3873页。

② 参《简文帝萧纲〈与湘东王书〉考》，收入(日)清水凯夫著，韩基国译《六朝文学论文集》，重庆出版社1989年。

现。其《颜氏家训·书证篇》云：

《古乐府》歌词，先述三子，次及三妇，妇是对舅姑之称。其末章云："丈人且安坐，调弦未遽央。"古者，子妇供事舅姑，旦夕在侧，与儿女无异，故有此言。……近代文士，颇作《三妇诗》，乃为匹嫡并耦己之群妻之意，又加郑、卫之辞，大雅君子，何其谬乎？①

据《颜氏家训集解》引赵曦明注，颜氏所引《古乐府》歌辞"丈人且安坐，调弦未遽央"，本于汉乐府《相逢行》，《乐府诗集》卷三四载晋乐所奏歌辞为：

相逢狭路间，道隘不容车。不知何年少，夹毂问君家。君家诚易知，易知复难忘。黄金为君门，白玉为君堂。堂上置樽酒，作使邯郸倡。中庭生桂树，华灯何煌煌。兄弟两三人，中子为侍郎。五日一来归，道上自生光。黄金络马头，观者盈道傍。入门时左顾，但见双鸳鸯。鸳鸯七十二，罗列自成行。音声何噰噰，鹤鸣东西厢。大妇织绮罗，中妇织流黄。小妇无所为，挟瑟上高堂。丈人且安坐，调丝方未央。（原注：一作"调丝未遽央"。）②

郭建勋认为，《相逢行》与《长安有狭斜行》、《相逢狭路间行》实为同一曲目，并概括说：

其基本主题，是描写豪门生活风貌，夸耀家族天伦之乐。……（作品）首先从京城中一条狭窄的街道写起，然后引出街上的一座甲第，渲染其壮观的大门和华丽的建筑，刻画这一家人的权势和阔气。接着夸耀三个儿子，突出他们都身居高位，然后叙述三个媳妇在家中的活动。大妇和中妇在织

① 《颜氏家训集解》，前揭《颜氏家训解集》，第476～477页。

② 前揭《乐府诗集》，第508页。

作，而最宠爱的小妇挟瑟登堂，陪公公消闲作乐。这是一个宅第富丽堂皇，儿子前途无量，儿媳贤惠孝顺，奉礼守道，兴旺和乐的美满家庭，是汉代理想化的家庭模式。作品的主体通过三子为官显赫尊贵、三妇居家勤劳贤惠、父亲安享晚年三幅画面的描绘，凸显出父慈子孝、家庭和美的亲孝伦理内涵。①

这种“汉代理想化的家庭模式”自然是东汉的世家大族与魏晋以来的士族门第所共同追慕的理想，但不巧的是自晋宋吴歌、西曲流行，鲍照、汤惠休等“美文殊已动俗”以来，社会上下纷纷仿效，对《相逢行》等汉代乐府歌辞的拟作也日趋“美文”化，这是颜之推这样的谨守传统礼法之士所难以接受的。

《颜氏家训集解》引清人卢文弨注曰：“宋南平王铄，始仿乐府之后六句作《三妇艳诗》，犹未甚猥亵也。梁昭明太子、沈约，俱有‘良人且高卧’之句。王筠、刘孝绰尚称‘丈人’，吴均则云‘佳人’，至陈后主乃有十一首之多，如‘小妇正横陈，含娇情未吐’等句，正颜氏所谓郑、卫之辞也。张正见亦然，皆大失本指。”②卢氏此注已经道出了自乐府古辞《相逢行》、《长安有狭斜行》等到《三妇艳》的形成过程。郭建勋对此有更为详密的考证与表述，他说：

由东汉中后期无名氏所创作的“古辞”《长安有狭斜行》，其主旨为夸耀家族天伦之乐，到南朝一变大妇、中妇“织作女”的身份而为无所事事的“金丝雀”，再变体现亲孝伦理的“丈人”而为表征男女情事的“夫君”。《长安有狭斜行》在南朝派生出一个新题《三妇艳》，剔除权势富贵及“三子”的情节，截取最后六句成篇，此后《三妇艳》也发生了两次演变：其

---

① 郭建勋：《从〈长安有狭斜行〉到〈三妇艳〉的演变》，《文学遗产》2007年第5期。

② 前揭《颜氏家训集解》注引，第479页。

一是用“良人”代替“丈人”，其二是“良人”本身亦被删除，从而完全转变成专写“三妇”而尤重“小妇”的艳情之作。

可见，这种逐渐将乐府古辞所蕴含的儒家礼法内容进行蔑弃，代之以日甚一日的“艳情化”，正是导致“持儒家正统观念的颜之推对此深为不满”的原因所在。①

综上考述可知，晋宋之际，随着士族高门的衰弱和东晋司马氏政权的覆灭，典型的门阀政治形态已不存在，出身次等士族的刘裕及其勋贵宗戚集团登上了社会政治的前台。相伴而至的是南朝寒人的兴起，南朝寒人掌机要。即与此前的东晋社会不同，社会中出身寒门的人士发展的机会增多了；而在门阀士族的一面，则日益敏感于寒士对自己阶层地位的威胁和利益的侵夺，因此在社会生活的各方面更加警惕士庶界限的划分，于冒籍、财婚等于士族阶层巩固不利的现象不遗余力加以批驳。同样，在文学方面，也出现了类似的拉锯战。一方面，长期生活于社会下层的刘裕及其集团掌握了政权，走到了社会前台，他们在文化方面虽然终将向士族社会学习靠拢，以实现自身及家族的士族化，但在短时间内、在本质上，他们对士族社会流行的清谈玄虚，高视无为的生活及政治作风十分不满，而对或玄虚清远或引经据典的士族文学也十分隔膜。相比之下，刘裕集团对流行于社会下层的，在士族社会看来低俗煽情的南方民歌则较为熟悉，倍感亲切。在这一方面，寒门知识分子恰恰有着用武之地，他们长期活动于社会下层，对下层社会流行的民歌等俗文化有熟悉的便利，又和士族人士相比少了很多不利的积习，可以便利地转向于民歌的创作及仿作，一时顿成风尚。这种士族与寒门所代表的不同文学，或者说雅俗文学的转移消长的关键时期便在元嘉之后孝武帝、明帝执

① 参前揭《从〈长安有狭斜行〉到〈三妇艳〉的演变》一文。

政的大明泰始年间。钟嵘《诗品》一方面指出此时期的诗歌创作受颜延之、谢庄等诗歌的影响,“殆同书抄”,一方面又录其叔父钟宪之言,谓此间诗歌受汤惠休、鲍照等人诗歌创作的影响“殊已动俗”。同时,《诗品》“齐黄门谢超宗”等七人条所谓惟谢超宗等七人“传颜陆体”,已经透露出以鲍照为代表的寒门知识分子的“美文”,其影响超过了颜、谢为代表的士族典雅诗风。就此而言,士族人士是感到失落的,对煽情的“美文”是不满的。当然,随着这些“美文”的日益流行,士族人士最终也加入其中进行创作和仿作,并最终产生了萧纲、萧绎兄弟为代表的宫体文学。

对此,士族群体的典雅文学派进行了积极而持续的抗争。其中琅邪颜氏人物因家世儒学、风教整密等原因,表现得最为积极。颜延之以群望所归,成为士族典雅文学派的领袖与旗帜;而其子颜测也能继承父业“最荷家声”,成为士族典雅派文学的中坚;此后颜协、颜之推父子也都立于儒家文化的“典正”立场,对当时盛行的绮靡文学表示了不满。虽然琅邪颜氏也有个别人物,限于所处境遇的特殊性,也曾参预流行的“俗”文学的创作,但从整体而观,颜氏人物对有违儒家文化立场的绮靡文风的抵制是一以贯之的、坚定的。由此可见,琅邪颜氏家族基于儒家文化的典雅文学在当时士族文学中实具独特之意义。

三、“颜、谢并起,乃各擅奇”:颜延之、谢灵运文学风格之比较

前文已经论及,后世所谓“元嘉三大家”,在当时一般仅以“颜、谢”并称,鲍照因出身寒微的缘故,多与同样出身微贱的汤惠休被称为“休、鲍”,也就是说颜延之与谢灵运大体代表了当时士族阵营的文学风尚。

(一)“体裁明密”与“兴会标举”

颜、谢二人生逢同时,有着相似的士族文化背景,所处政治、

文化环境大略相同，又交游甚密，皆以文名而并称于世，因此颜、谢诗文自然有许多共同之处。即使钟嵘《诗品》谓其诗体渊源有所不同，谓颜诗“源出于陆机”①，而谢诗“源出于陈思，杂有景阳之体”②，但颜氏所祖之陆机也“源出于陈思”③，因此王瑶据此说：“盖陈思之诗既词采华茂，体被文质，譬人伦之有周孔，实为颜谢诗之所共本。”④此外，据王瑶所析，二者在尚巧似、多繁缛等方面都多有雷同之处。⑤ 不过，颜、谢的文坛地位毕竟有所轩轾，如钟嵘《诗品序》即说：“谢客为元嘉之雄，颜延年为辅。”⑥且诗歌风格也确实存有差异，古今学者也对其相异之处特加注意。即如当时鲍照已言他们二人之不同：

谢五言如初发芙蓉，自然可爱。君诗若铺锦列绣，亦雕缋满眼。⑦

继鲍照之后，沈约《宋书》卷六七《谢灵运传论》又云：

爰逮宋氏，颜、谢腾声。灵运之兴会标举，延年之体裁明密，并方轨前秀，垂范后昆。

又有钟嵘《诗品·上》评谢灵运诗：

其源出于陈思，杂有景阳之体。故尚巧似，而逸荡过之。颇以繁芜为累。嵘谓：若人学多才博，寓目辄书，内无乏思，外无遗物，其繁富，宜哉！然名章迥句，处处间起；丽曲新声，络绎奔发。譬犹青松之拔灌木，白玉之映尘沙，未足贬其高洁也。⑧

---

① 前揭《诗品集注》，第270页。
② 前揭《诗品集注》，第160页。
③ 前揭《诗品集注》，第132页。
④ 氏著《颜谢诗之比较》，收入前揭《中古文学史论》，第436页。
⑤ 参《颜谢诗之比较》，前揭《中古文学史论》，第437页。
⑥ 前揭《诗品集注》，第28页。
⑦ 《南史》卷三四《颜延之传》，第881页。
⑧ 前揭《诗品集注》，第160～161页。

《诗品·中》评颜延之诗：

其源出于陆机。故尚巧似。体裁绮密。然情喻渊深，动无虚发；一句一字，皆致意焉。又喜用古事，弥见拘束。虽乖秀逸，固是经纶文雅；才减若人，则陷于困踬矣。①

《南史》卷一九《谢晦传附谢灵运传》：

（灵运）文章之美，与颜延之为江左第一。纵横俊发过于延之，深密则不如也。

综合各家所说，可知大略谢灵运以自然兴会为胜，而颜延之则多着意于人工之经营，此其二者的最大不同。王瑶即认为汤惠休的"芙蓉出水"与"错彩镂金"之喻，沈约之"兴会标举"与"体裁明密"之说，"最足以说明二人之特长"，又在众家之说的基础上，概括指出谢灵运诗"实则亦即情与景合，兴会标举也"。颜延之则"善于制篇布局，经纶文雅"，"深密即指体裁组织言之。……如何组织成章，即须神思，此即延之之所擅也"。② 王瑶继此进一步揭示说：

抑灵运之兴会标举，尤与其所写之体裁有关。盖山水诗为灵运之独特成就，因景以致情，自易有所表现。……故山水诗之价值，非独在于写景，而尤在于由景以抒情，情景交融，斯即所谓兴会标举也。盖山水诗之兴起，其根本之社会背景，厥在于两晋以来崇尚自然，鄙视名教之士风，故谓其为玄言诗之改变，不若谓之为玄言诗之继续。其所欲表现之思想情趣，与前并无大异；特以诗人发现以抽象之老庄哲语入诗，反不若描写具体之自然实景为佳耳。此自左思、王羲之辈已启其端，至灵运而蔚为大观。③

① 前揭《诗品集注》，第270页。

② 前揭《颜谢诗之比较》，《中古文学史论》，第437～438页。

③ 前揭《颜谢诗之比较》，《中古文学史论》，第439页。

可知谢灵运所以多“兴会标举”的奥秘就在于其诗多关山水，而便于即景抒情，而颜延之在诗歌内容在上，则较少山水之作，而“长于廊庙之体”①。王瑶此说于颜、谢二人诗歌的渊源理路的揭示至为显豁。盖晋宋之际，谢混等人已深感永嘉以来盛行的玄言诗的弊失，起而引领诗风的变革，至谢灵运“庄老告退，而山水方滋”②，方从玄言诗中脱胎而出为山水诗，故可“谓之为玄言诗之继续”。与此相对，士族当中另一部分倾向于保守的人士如颜延之辈，此前其家族并不曾入玄或入玄不深，他们转写山水诗会有困难是可以想见的，对于他们来说最可行的途径便是跨越东晋的玄言诗，转而向曹魏西晋时期的诗歌学习。颜延之学习陆机的诗作可以看做是这一路数的典型。也就是说颜、谢二者诗歌取向上的不同，其深层原因则是儒、玄背景的差异。刘永济曾说：“及刘宋纂统，颜、谢腾声。虽组练之工益精于太康，旷达之情犹规乎正始，而寄玄思于山水，运人巧出天然，殆将合二流而并新之者矣。然观延年之雕缋满眼，岂为之而未至者欤？”③刘氏此言已敏锐地发觉颜延之于“玄思”似乎“心有余而力不足”的尴尬。

（二）“谢才颜学，谢奇颜法”

与谢灵运“兴会标举”和颜延之“体裁明密”似二实一的另一个问题是，人们还经常将二者比较的结果归结为“谢才颜学，谢奇颜法”④。最早道出“颜学”之秘密者，似当为钟嵘，其《诗品序》曰：

> 观古今胜语，多非补假，皆由直寻。颜延、谢庄，尤为繁密，于时化之。故大明、泰始中，文章殆同书抄。近任昉、王元长

① ［清］刘熙载：《艺概》，上海古籍出版社1978，第56页。

② 《文心雕龙·明诗篇》，前揭《增订文心雕龙校注》，第65页。

③ 参氏著《十四朝文学要略》，中华书局2007年，第180~181页。

④ 前揭《艺概》，第55页。

等,词不贵奇,竞须新事。尔来作者,浸以成俗。遂乃句无虚语,语无虚字,拘挛补纳,蠹文已甚。但自然英旨,罕值其人。词既失高,则宜加事义。虽谢天才,且表学问,亦一理乎!①

钟嵘所言"虽谢天才,且表学问",可谓一语中的,而颜延之又首当其冲。后人比较颜、谢也多袭用钟嵘此说,如明人王世贞云:

延之创撰整严,而斧凿时露,其才大不胜学。岂惟惠休之评,视灵运殆更霄壤。如《应诏曲水谯》,而起语云:"道隐未形,治彰既乱。帝迹悬衡,皇流共贯。惟王创物,永锡洪算。"与题有毫发干涉耶?至于东宫释奠之篇,起句"国尚师位,家崇儒门",老生板对,唐律赋之不若矣。②

清人方东树也谓:"颜诗凝厚典质,钩深持重,力足气完,差与康乐相埒,但功力有余,天才不足,而奇观意外之妙,不及谢精警,又不及明远俊逸奇峭警拔,所谓词足尽意而已。"③

关于颜诗之尚"法",可以其诗之"密"见之。前文所引,关于颜诗,沈约谓"体裁明密",钟嵘说"体裁绮密,情喻渊深,动无虚散,一句一字,皆致意焉",《南史》复云谢灵运"纵横俊发过于延之,深密则不如也",可见颜延之诗作实有"密"的特点。《文心雕龙·熔裁篇》说:

故三准既定,次讨字句。句有可削,足见其疏;字不得减,乃知其密。……昔谢艾、王济,西河文士,张骏以为艾繁而不可删,济略而不可益;若二子者,可谓练熔裁而晓繁略矣。④

---

① 前揭《诗品集注》,第174、180~181页。

② [明]王世贞著,罗仲鼎校注:《艺苑卮言》,齐鲁书社1992年,第131~132页。

③ [清]方东树著,汪绍楹校点:《昭昧詹言》,人民文学出版社1961年,第159页。

④ 前揭《增订文心雕龙校注》,第426页。

可知颜延之诗能"密"者,即善于刘勰所称之"熔裁"之法也。因此颜诗虽以用典著称,但少有繁缛之病。① 至于谢灵运则颇以繁芜为累。上文所引《诗品》评谢灵运诗"逸荡"、"颇以繁芜为累",又说:"若人学多才博,寓目辄书,内无乏思,外无遗物,其繁富,宜哉!"②可知谢灵运诗近于"寓目辄书",不甚讲"熔裁",甚至又"不辨有首尾"③,大略多是兴会一来,信笔写就,多不顾所谓章法。

清人章学诚言:"学文之事,可授受者规矩方圆;其不可授受者心营意造。"④如此,谢灵运为诗既多以兴会,又不甚讲章法,则不免使得作诗学谢灵运者难以得门而入。如萧纲就曾指责梁代之作诗"效谢康乐者",说:"谢客吐言天拔,出于自然,时有不拘,是其糟粕……是为学谢则不届其精华,但得其冗长。"复又重申"谢故巧不可阶"⑤。又《南齐书》卷三五《武陵昭王(萧)晔传》:

> 武陵昭王晔字宣照,太祖第五子也。……(晔)与诸王共作短句,诗学谢灵运体,以呈上,报曰:"见汝二十字,诸儿作中最为优者。但康乐放荡,作体不辨有首尾,安仁、士衡深可宗尚,颜延之抑其次也。"

此即萧纲之前,萧道成已深知谢灵运诗"作体不辨有首尾",不讲究章法,初学不宜效仿。实际上,南朝时期作诗学谢灵运者,也确

---

① 前揭刘熙载《艺概》卷二《诗概》云:"颜延年诗体近方幅,然不失为正轨,以其字字称量而出,无一苟下也。文中子称之曰:'其文约以则,有君子之心。'盖有以观其深矣。"(第56页)此说道及颜诗"文约以则"与"君子之心"的关系。

② 前揭《诗品集注》,第160页。

③ 《南齐书》卷三五《武陵昭王晔传》萧道成语,第625页。

④ [清]章学诚著,叶瑛校注:《文史通义校注》,中华书局1985年,第288页。

⑤ 《梁书》卷四九《庾於陵传附庾肩吾传》,第691页。按:简文帝萧纲曾著有"《谢客文泾渭》三卷","谢客"者,即谢灵运,可见简文帝对谢灵运作品曾有过专门研究,当是深悉其诗文者。

实不多。[1]《颜氏家训·文章篇》云：

学问有利钝，文章有巧拙。钝学累功，不妨精熟；拙文研思，终归蚩鄙。但成学士，自足为人。必乏天才，勿强操笔。[2]

颜之推所言固得其理，但由其以此诫约子弟者，正见当时社会风尚，"乏天才"之学士辈多有"强操笔"之事。如上所述，谢灵运诗既不便效仿，则"虽谢天才，且表学问"，又有章法可循的颜延之诗自是广大士人易循的捷径。清人方东树也说："颜诗全在用字密，典则楷式，其实短浅，其所长在此，病亦在此。然学者用功，先从颜诗下手，可以药伧父无学率填砌之陋。"[3]尽管萧道成曾言"安仁、士衡深可宗尚，颜延之抑其次也"，但如刘勰所说"今才颖之士，刻意学文，多略汉篇，师范宋集"[4]，可知当时究竟是以学颜延之诗体者居多。前引《诗品序》所云："颜延、谢庄，尤为繁密，于时化之。故大明、泰始中，文章殆同书抄。近任昉、王元长等，词不贵奇，竞须新事，尔来作者，浸以成俗。"是继刘宋大明、泰始年间之后，南齐永明年间以任昉、王融等人为代表曾经又一次掀起了效仿颜延之诗体的高潮。

昔日王国维撰《古雅之在美学上之位置》一文，论及美学意义上之优美、宏壮与古雅的区别，其中论古雅说：

"美术者，天才之制作也"……然天下之物，有决非真正

---

① 日本学者清水凯夫经考察说："谢灵运的文体模拟者大概不曾以集团的形式开展交流活动，而且史书等史料所确认的人数很少。"经清水凯夫所考，梁代只有伏挺、王籍、灵运之孙谢几卿、庾仲容等少数几个人学谢灵运体。清水凯夫也声明说："当然，若研究梁代的实际诗文，还可能查出更多的人来。"参氏著《简文帝萧纲〈与湘东王书〉考》，前揭《六朝文学论文集》，第173页。

② 前揭《颜氏家训集解》，第254页。

③ 前揭《昭昧詹言》卷五，第160页。

④ 《文心雕龙·通变篇》，前揭《增订文心雕龙校注》，第397页。

之美术品，而又绝非利用品者；又其制作之人，决非必为天才，而吾人之视之也，若与天才所制作之美术无异者。无以名之，名之曰“古雅”。……一切之美皆形式之美也。……而一切形式之美，又不可无他形式以表之。惟经过此第二之形式，斯美者愈增其美，而吾人之所谓古雅，即此第二种之形式。……故古雅者，可谓之形式之美之形式之美也。①

可见就美学上的意义而言，元嘉三大家之谢灵运诗歌近优美，鲍照近于宏壮，而颜延之诗则大略可以古雅称之，其所以古雅的原因就在于其诗歌较谢、鲍二者更加偏重于典故这种“第二形式”，正是由于第二形式的不同，“于是有所谓雅俗之区别起”。

王氏又论古雅之美术之创造说：

古雅之性质既不存于自然，而其判断亦但由经验，于是艺术中古雅之部分，不必尽俟天才，而亦得以人力致之。苟其人格诚高，学问诚博，则虽无上之天才者，其制作亦不失为古雅。……若夫优美及宏壮，则非天才，殆不能捕攫之而表出之。今古第三流以下之艺术家，大抵能雅而不能美且壮者，职是故也。……而后之无艺术上之天才者，亦以其典雅故，遂与第一流之文学家等类而观之。②

可知颜延之的诗歌创作得与谢、鲍并称者，其由大略不外如此。王氏复论古雅之意义云：

至论其实践之方面，则以古雅之能力能由修养而得之，故可为美育普及之津梁。虽中智以下之人，不能创造优美及宏壮之物者，亦得由修养而有古雅之创造力；又虽不能喻优美及宏壮之价值者，亦得于优美宏壮中之古雅之原质，或于

---

① 王国维著，傅杰编校：《王国维论学集》，云南人民出版社 2008 年，第 358～359 页。

② 《古雅之在美学上之位置》，前揭《王国维论学集》，第 361 页。

古雅之制作物中，得其直接之慰藉。故古雅之价值，自美学上观之，诚不能及优美及宏壮；然自其教育众庶之效言之，则虽谓其范围较大、成效较著可也。①

由此对颜延之诗歌的评价，除了可以从其用典的积极性方面着眼外，似乎更应重视颜延之诗歌创作对当时社会文学普及所具有的示范意义，毕竟文学创作由于有典故可搬，有章法可依而得以进一步在社会中普及，也是社会文学繁荣的一个重要表征。

四、余论：琅邪颜氏文学与家族文化传统之关系

徐复观论及中国文学中“气”的功用曾言：“由气的把握，对文学艺术中的个性问题才可彻底加以说明。思想、生活环境，可以说明作品的大的方向，但并不能说明每一作品的个性，因为在相同的思想与生活背景中，因作者生理构造的作用（气）及创作时的身体状态互不相同，依然可以发现个性的互不相同，否则不能算是成功的文学、艺术作品。”②对于前文所论颜延之与谢灵运二者的“谢才颜学”之别，固然可以徐先生所说是由于二人之“气”不同所致，但复观明人胡应麟所云：

延之与灵运齐名，才藻可耳。至于丰神，皆出诸谢下，何论康乐！③

即在胡氏看来，就“丰神”而言，颜延之不唯不能与谢灵运相提并论，就是与谢氏家族其他人士相比，也为逊色。这不免令人想到，颜、谢二人除了在先天之“气”不同外，在决定“作品的大的方向”的“思想、生活环境”等方面一定也有不同，即是说

① 《古雅之在美学上之位置》，前揭《王国维论学集》，第362页。

② 参《中国文学中的气的问题》，收入《中国文学精神》，上海书店出版社2004年，第115页。

③ 前揭《诗薮·外编》卷二，第148页。

“诸谢”所处的环境较颜氏更有助于“丰神”养成。在学术“家门化”、“地域化”特征突出的中古时代，颜、谢二者“思想、生活环境”的差异，自然主要为家族文化风尚的不同，就是说“谢才颜学”差别，一定程度上是由于两个家族文化风尚不同所造成。关于颜、谢两个家族的文化风尚，大体上陈郡谢氏玄谈、文学氛围浓厚，而琅邪颜氏则特以经学礼法谨严传家。可各以典型事例加以说明。

陈郡谢氏的家族文化氛围，可以《世说新语·言语篇》诸条所载为典型：

谢太傅寒雪日内集，与儿女讲论文义。俄而雪骤，公欣然曰：“白雪纷纷何所似？”兄子胡儿曰：“撒盐空中差可拟。”兄女曰：“未若柳絮因风起。”公大笑乐。

谢公云：“贤圣去人，其间亦迩。”子侄未之许。公叹曰：“若郗超闻此语，必不至河汉。”

晋武帝每饷山涛恒少。谢太傅以问子弟，车骑答曰：“当由欲者不多，而使与者忘少。”①

琅邪颜氏家族内的日常文化活动，则可以《颜氏家训·勉学篇》所载为例：

思鲁等姨夫彭城刘灵，尝与吾坐，诸子侍焉。吾问儒行、敏行曰：“凡字与谘议名同音者，其数多少，能尽识乎？”答曰：“未之究也，请导示之。”吾曰：“凡如此例，不预研检，忽见不识，误以问人，反为无赖所欺，不容易也。”因为说之，得五十许字。诸刘叹曰：“不意乃尔！”若遂不知，亦为异事。②

---

① ［宋］刘义庆撰，［梁］刘孝标注，余嘉锡笺疏：《世说新语笺疏》，中华书局2007年第2版，第155、161、162页。

② 《颜氏家训·勉学篇》，前揭《颜氏家训解集》，第234页。

可知以谢安为代表的陈郡谢氏家族父兄子侄日常聚会，所从事的活动常为文学想象的培养与清谈玄思的启发，而琅邪颜氏则因日常礼教的避讳需要而孜孜于文字的音读与训诂。前者虽为东晋之事，而后者发生于南北朝末年，要之可以代表其各自的典型家风当无疑问。家风相承，陈郡谢氏后遂有所谓"乌衣之游"[①]，其家族的"雅道相传"[②]，在文学方面"诸谢迭起，后先辉映，何其盛也"[③]，自当从此种清谈文学的家族文化传统而来。与此相对，琅邪颜氏在颜延之之前自不必说，即使在颜延之以后也不再有特以文学而为后人所知的人物，而多以经史小学方面的成就著称于后世。即便以文名著称的颜延之，其诗文创作又过多依凭其儒学之修养，"逞学"多而"兴会少"，这不能不说是因其家族的深厚儒学文化传统影响的结果。清人刘熙载言："尚礼法者好《左氏》，尚天机者好《庄子》。"[④]与刘氏之言相符，前引《北齐书》卷四五《颜之推传》即称琅邪颜氏家族"世善《周官》、《左氏》"，则若依刘熙载之言而论，琅邪颜氏子弟的丰神之所以"出诸谢下"殆也可由其家学传统而得解。

此外，更当论者为琅邪颜氏崇尚儒学礼法的家风，不唯不能助成其家族文学人才的培养，反而从多方面阻碍其文学情性的长成，这可由颜之推在《颜氏家训》中的言论所觇见。首先就读书学问的目的而言，颜之推首重那些对修身治国有实际用途的方面，而将文学等浮华之事置于可有可无的次要地位。如《颜氏家训·勉学篇》云："夫所以读书学问，本欲开心明目，利于行耳。"之后历

---

① 《宋书》卷五八《谢弘微传》，第 1590 ~ 1591 页。

② 《南史》卷一九传论，第 546 页。

③ ［清］田雯：《古欢堂杂著》，《清诗话续编》本，上海古籍出版社 1983 年，第 697 页。

④ 前揭《艺概》卷一《文概》，第 13 页。

数读书为学在养亲、事君、戒骄奢、戒鄙吝、戒暴悍、戒怯懦等方面的功用，说“历兹以往，百行皆然。纵不能淳，去泰去甚。学之所知，施无不达”。与此实用的读书观相反，他认为：

世人读书者，但能言之，不能行之……吟啸谈谑，讽咏辞赋，事既优闲，材增迂诞，军国经纶，略无施用：故为武人俗吏所共嗤诋，良由是乎！①

可知在颜氏看来，“讽咏辞赋”等文学活动，“事既优闲，材增迂诞”而“略无施用”，难以有什么实际之用。与此相应，《颜氏家训·文章篇》说：

夫文章者，原出《五经》：诏命策檄，生于《书》者也；序述论议，生于《易》者也；歌咏赋颂，生于《诗》者也；祭祀哀诔，生于《礼》者也；书奏箴铭，生于《春秋》者也。朝廷宪章，军旅誓诰，敷显仁义，发明功德，牧民建国，施用多途。②

可见颜之推对那些由儒家经书衍生而成的，对社会事务有实际用处的各种应用文十分重视，而对“陶冶性灵”的文学之事，只说“入其滋味，亦乐事也。行有余力，则可习之”。同篇又说：“学问有利钝，文章有巧拙。钝学累功，不妨精熟；拙文研思，终归蚩鄙。但成学士，自足为人。必乏天才，勿强操笔。”③由此可知抒发性灵的诗赋文学与有着实际功用的应用文体在颜氏心目中的先后轻重，甚至可以说颜之推实际上并不主张子弟刻意追求诗赋之能。

除了“略无施用”之外，让颜之推更加要对诗赋等文学警惕的

---

① 《颜氏家训·勉学篇》，前揭《颜氏家训解集》，第166页。同篇又说：“古之学者为己，以补不足也；今之学者为人，但能说之也。古之学者为人，行道以利世也；今之学者为己，修身以求进也。夫学者犹种树也，春玩其华，秋登其实；讲论文章，春华也，修身利行，秋实也。”也与此意相近。

② 前揭《颜氏家训集解》，第237页。

③ 前揭《颜氏家训集解》，第254页。

是"自古文人,多陷轻薄",《颜氏家训·文章篇》历举从先秦屈原、宋玉到南齐王融、谢朓等诸多以诗赋文学擅名之士及汉武帝、魏太祖等偏爱文学之帝王的人格缺点,说:

> 每尝思之,原其所积,文章之体,标举兴会,发引性灵,使人矜伐,故忽于持操,果于进取。今世文士,此患弥切,一事惬当,一句清巧,神厉九霄,志凌千载,自吟自赏,不觉更有傍人。加以砂砾所伤,惨于矛戟,讽刺之祸,速乎风尘,深宜防虑,以保元吉。①

可见颜氏深知文学之"标举兴会,发引性灵"与儒家礼法有违异的道理。钱穆于此深有洞见说:

> 可见当时爱好文辞之习尚,实与门第教养,礼法修践,存在有背道而驰之裂痕。一本两汉儒家传统,一出曹魏轶荡新轨。后人兼采并存,而未能陶冶合一。颜黄门亲以过来人教戒子弟,其言可谓恳切谆到。……可知当时尚文之风,溯源实始曹魏。而门第来历,则远在其前。门第必重儒术,谨礼法,尚文则竞虚华,开轻薄。惟魏晋以下之门第,既不能在政治上有建树,乃转趋于在文辞上作表现。盖矜尚门第,自当重门第中之人物,人物则必有所表现。在始仅认文学为人生表现之一种工具,在后则认人生即在文学表现上。如此一变,遂至于大谬而不然。……曹魏当时之新文体,本不与门第相顾。而魏晋以下之门第,一面谨守儒家旧传统,一面又竞慕文学新风流。在此二者间,未能融会调剂,故使利弊互见,得失交乘。②

颜之推《颜氏家训·文章篇》尝言:

---

① 前揭《颜氏家训集解》,第238页。

② 《略论魏晋南北朝学术文化与当时门第之关系》,前揭《中国学术思想史论丛》(卷三),第172~173页。

凡为文章，犹人乘骐骥，虽有逸气，当以衔勒制之，勿使流乱轨躅，放意填坑岸也。文章当以理致为心肾，气调为筋骨，事义为皮肤，华丽为冠冕。今世相承，趋末弃本，率多浮艳。辞与理竞，辞胜而理伏；事与才争，事繁而才损。放逸者流宕而忘归，穿凿者补缀而不足。时俗如此，安能独违？但务去泰去甚耳。必有盛才重誉，改革体裁者，实吾所希。①

观此则知颜氏于文学之“兴会”希望能有所控勒，而又希望于世俗之重形式乏内容的浮华文学有所折衷。另外，《颜氏家训·文章篇》中不厌其烦地频频讨论文学写作中应当注意的避讳等涉及儒家礼法的种种琐碎细节，这不免使美国学者丁爱博感到惊叹。丁氏概述颜之推所讲的种种为文禁忌说：

颜氏的着重点在文章的结构和语言方面……首先，颜氏对与“孝”联系的义务和情感极其敏锐，有时近乎过分敏感。他所关心的第一个问题是标题的选择和语法的使用。例如，“破镜”是一种食父的恶兽，吴均以此为赋题就很不妥。……颜氏所告诫的是，如果两个字的反切相连产生文外别义的话，则应避免这两个字的连用。……颜氏指出的又一个值得警惕之处，是在特定的语境中误用前人的典故：“北面事亲，别舅摛《渭阳》之咏……”……这首诗具有暗示母亲已故的特定内涵。……另一个需要小心的方面是关于代人为文时禁忌。……还有一类错误是象征的误用。（如曹植）用“永蛰”一词来表现他的深切哀思……颜氏认为，前者似乎是把父亲比成昆虫。②

---

① 前揭《颜氏家训集解》，第266~267页。

② ［美］丁爱博著，蔡雁彬、左江译：《评〈颜氏家训〉第九章〈文章〉篇》，《古典文学知识》1996年第4期。据译者按语，该文为南京1995年魏晋南北朝文学国际学术讨论会论文。

丁氏该文结尾曾引日本学者林田慎之助对《颜氏家训·文章篇》的研究结论称“颜之推向往的是一种伦理和审美协调融合的文学”,如果我们同意这一说法的话,某种意义上就可以说,面对如上述钱穆所说的士族门第维系与文学创作之间“利弊互见,得失交乘”的局面,颜之推所提出的一些文学创作原则,正是试图在文学创作与士族礼法之间寻找折衷的平衡点,可以看做是为当时的文学发展开辟新的途辙的努力。

徐复观曾说:“人类一切文化,都是归结于为人类自身的生存、发展,文学也不例外。假定道德真正束缚了文学,因而须通过文学以反道德,则人类在二者选一的情势之下,为了自身长久的利益,也只有选择道德而放弃文学。”①颜之推对于文学所持的复杂态度,也许因此可以得到我们的些许同情之理解。

第二节 “学精百氏,艺绝六书”

我国书法、绘画等各种艺术技艺自汉末以来,经魏晋南北朝无不有了很大发展,而艺术的繁荣从根本上说当由其时思想文化艺术诸领域的主导群体,即门阀士族所造成。魏晋南北朝士族多重艺术之修养。如王微,“少好学,无不通览,善属文,能书画,兼解音律、医方、阴阳术数”②。又如《南齐书》卷二三《王俭传》载:“上曲宴群臣数人,各使效伎艺,褚渊弹琵琶,王僧虔弹琴,沈文季歌《子夜》,张敬儿舞,王敬则拍张。”皆可见当日士族人士多一身兼备多种艺术与技艺。正如钱穆所云,当日门第士人重视书法、

① 参氏著《儒道两家思想在文学中的人格修养问题》,前揭《中国文学精神》,第16页。

② 《宋书》卷六二《王微传》,第1664页。

绘画等艺术,“正犹其重视诗文,皆为贵族身份之一种应有修养与应有表现”①。

琅邪颜氏家族厕身当日文化士族之中,自无轻忽子弟修习艺术技艺之理。如颜之推曾申言:

> 真草书迹,微须留意。江南谚云:“尺牍书疏,千里面目也。”承晋、宋余俗,相与事之,故无顿狼狈者。吾幼承门业,加性爱重,所见法书亦多,而玩习功夫颇至。②

颜氏所谓“幼承门业”者,即谓颜氏家族有修习书法的传统,而其自身曾颇致力于书法艺术的修为也可概见。唐颜真卿也谓“真卿自南朝来,上祖多以草隶篆籀为当代所称”③。唐肃宗也有诏书褒扬颜真卿,“卿之先人,德行优著,学精百氏,艺绝六书”④云云于此尤可见颜氏家族之艺术贡献为社会所公认。

钱穆曾据《颜氏家训·杂艺篇》所载将当日士族所重各种技艺分为九类:“一书法,二画绘,三弓矢射艺,四卜筮,五算术,六医方,七音乐琴瑟,八博戏与围棋,九投壶与弹棋。”并指出说:“其中有在中国文化传统中占极重要地位者,厥为书法与画绘。”⑤就琅邪颜氏而言,艺术方面的成绩主要表现于书法方面。以下略以时代为序,论述颜氏子弟的书法艺术成就,其他方面的技艺略附焉。

---

① 《略论魏晋南北朝学术文化与当时门第之关系》,前揭《中国学术思想史论丛》(卷三),第184页。

② 《颜氏家训·杂艺篇》,前揭《颜氏家训集解》,第567页。

③ 颜真卿:《草篆帖》,前揭《颜鲁公集》卷四,第48页。

④ 颜真卿:《唐故通议大夫行薛王友柱国赠秘书少监国子祭酒太子少保颜君碑铭》,前揭《颜鲁公集》卷七,第72页。

⑤ 《略论魏晋南北朝学术文化与当时门第之关系》,前揭《中国学术思想史论丛》(卷三),第184页。

一、颜延之、颜竣父子之擅书法

两晋之前颜氏有无擅书法者，没有看到相关文献记载，今不可知。最早见于记载，颜氏擅书法者为颜延之。唐张怀瓘《书断》"能品·草书"谓谢朓"风华黼藻，当时独步，草书甚有声，草殊流美。薄暮川上，余霞照人，春晚林中，飞花满目。诗曰'有美一人，清扬婉兮，邂逅相遇，适我愿兮'，是之谓矣"。复谓"颜延之亦善草书，乃其亚也"①。可知颜延之虽书法不如诗赋文学著名，却也具有书法方面的修养，且所擅长为草书。

继颜延之之后，以书擅名，且超乎其父之右者为颜竣。颜竣字士逊，唐人窦臮《述书赋》于刘宋之擅书者列二十五人，颜竣得以侧身乎其中。窦臮云："颜氏儒门，士逊墨妙，大令典则，中散气调。薄首孔肩，体格惟肖，如惊弦履险，避地膺峭。"所附窦蒙注称其曾亲睹颜竣"具姓名行书一纸五行"，又云："言薄首孔肩，则献之、羊欣、绍之、琳之。"②据此则颜竣书法的风格也与王献之、羊欣、薄绍之、孔琳之诸人相近，以行书擅长。

此后，由于颜竣末年遇祸，家人多遭牵连，颜延之一支遂不显于世。颜氏家族得以传承不替者，主要得赖于颜含长子颜髦一支，家传之书法也是如此。

二、"巴陵、记室之书翰"：颜腾之、颜协祖孙之书法成就

颜腾之为颜髦曾孙，与颜竣为从兄弟。关于其书法，南齐王僧虔《论书》云："颜腾之、贺道力，并便尺牍。"③颜真卿则谓颜腾

---

① ［唐］张彦远撰，范祥雍等点校：《法书要录》卷九，人民美术出版社1984年，第300页。

② 参前揭《法书要录》卷五，第189页。

③ 参前揭《法书要录》卷一，第21页。

之“善草隶书，有风格”，复引梁武帝《草书评》云：“颜腾之、贺道力并便尺牍，少行于代。”①

颜腾之子颜炳之字叔豹，也“以能书称”②。此后以能书称者为颜炳之孙颜协。《南史》卷七二《颜协传》载颜协幼孤，由舅氏陈郡谢暕抚养成人，“少以器局称。博涉群书，工于草隶飞白”。时吴人范怀约以擅书著名，时任梁东宫侍书，为专业宫廷书法家，史称颜协“学其书，殆过真也”③。史谓当时“荆楚碑碣皆（颜）协所书”。又说：“时又有会稽谢善勋能为八体六文，方寸千言，京兆韦仲善飞白，并在湘东王府。善勋为录事参军，仲为中兵参军。府中以（颜）协优于韦仲而减于善勋。”颜协书法，唐张怀瓘《书断》“能品·草书”下“庾肩吾”条末言：“时有殷钧、范怀约、颜协等，并善隶书，有名于世。”④颜真卿《世系谱序》也特将“巴陵、记室之书翰”⑤标示于天下，“巴陵”者即颜腾之，“记室”即颜协，也可见二公为颜氏家族书法艺术的代表。

三、颜之推及其子孙书法艺术之传承

承家族之书学传统，尤其是其父颜协的影响，颜之推也于书法之事用功颇多，此由前文所引《颜氏家训》之言“吾幼承门业，加性爱重，所见法书亦多，而玩习功夫颇至”⑥可以窥知。颜之推又曾言“遂不能佳者，良由无分故也”⑦，虽有自谦之意，但从其在后

---

①② 颜真卿：《唐故通议大夫行薛王友柱国赠秘书少监国子祭酒太子少保颜君碑铭》，前揭《颜鲁公集》卷七，第72页。

③ ［宋］范成大撰，陆振岳校点：《吴郡志》，江苏古籍出版社1999年，第592页。

④ 参前揭《法书要录》卷九，第300页。

⑤ 前揭《颜鲁公集》卷五，第419页。

⑥⑦ 《颜氏家训·杂艺篇》，前揭《颜氏家训集解》，第567页。

世不以书艺著名来看，所言或也为事实。不过，颜之推于书法却有鉴赏方面的超识，如其所述：

梁孝元前在荆州，有丁觇者，洪亭民耳，颇善属文，殊工草隶；孝元书记，一皆使之。军府轻贱，多未之重，耻令子弟以为楷法，时云："丁君十纸，不敌王褒数字。"吾雅爱其手迹，常所宝持。孝元尝遣典签惠编送文章示萧祭酒，祭酒问云："君王比赐书翰，及写诗笔，殊为佳手，姓名为谁？那得都无声问？"编以实答。子云叹曰："此人后生无比，遂不为世所称，亦是奇事。"于是闻者少复刮目。稍仕至尚书仪曹郎，末为晋安王侍读，随王东下。及西台陷殁，简牍湮散，丁亦寻卒于扬州；前所轻者，后思一纸，不可得矣。①

南朝社会，士庶悬隔，于书法之事也概莫能外。如梁代袁昂《古今书评》论王羲之书法云："王右军书，如谢家子弟，纵复不端正者，爽爽有一种风气。"相反对时人徐希秀书法则曰："徐淮南书，如南冈士大夫，徒好尚风范，终不免寒乞。"②徐希秀为南朝恩幸徐爰子，史称"齐游击将军徐希秀亦号能书"③，"甚有学解，亦闲篆隶，正觉、禅灵二寺碑，即希秀书也"④，但因其门第寒微，书法也被视为"不免寒乞"。比而观之，颜之推于寒人丁觇书法的赏识，能免于门第的偏见，专意于其书法之优长，"雅爱其手迹，常所宝持"，与时人"军府轻贱，多未之重，耻令子弟以为楷法"者相比，其识可谓超卓。

颜之推对书法的识力，还表现于对书体的辨别。如《颜氏家训·杂艺篇》言："梁氏秘阁散逸以来，吾见二王真草多矣，家中

① 《颜氏家训·慕贤篇》，前揭《颜氏家训集解》，第133页。

② 参前揭《法书要录》卷二，第74页。

③ 《梁书》卷二一《王志传》，第320页。

④ 《南史》卷七七《徐爰传附徐希秀传》，第1919页。

尝得十卷；方知陶隐居、阮交州、萧祭酒诸书，莫不得羲之之体，故是书之渊源。萧晚节所变，乃是右军年少时法也。”①又表现于对当时所流传的讹俗书贴的揭伪，如云：“江南闾里间有《画书赋》，乃陶隐居弟子杜道士所为；其人未甚识字，轻为轨则，托名贵师，世俗传信，后生颇为所误也。”②唐五代林罕《字源偏傍小说序》引《颜氏家训》且云：“吾家子孙，不得收写。”③凡此皆为指点修习书法的正途，标示世俗所犯的误辙，于家族子弟学习书法之有助益者也。此外，上文所引当注意者，又有颜之推之所留意于书贴墨迹的收藏，如二王真草，“家中尝得十卷”，收聚丁觇手迹“常所宝持”，此则使家中子弟修习书法有所凭依，家族书法之传承有赖焉。《新唐书》卷五七《艺文志》“甲部经录·小学类”还著录有“颜之推《笔墨法》一卷”，是颜之推尚有著作专论书艺者。

颜之推之孙颜师古虽以经史、小学著称，但受家学及世风影响，也酷爱书法。史称其“搜求古迹及古器，耽好不已”④、“多藏古图画、器物、书帖，亦性所笃爱”⑤。此外，其所撰《圣德颂》称赞唐太宗书法“妙心洞达，神笔允从。磥硌新势，奋发奇锋。珪稷钩婉，雾散烟浓，竦同企鹤，蔚若据龙，岂唯于赵，信乃过钟，道惟天纵，艺兼人术，用而不知，速而不疾，至德无象，微言罕述”⑥。可见其也具书艺鉴赏之能。

进入唐代，琅邪颜氏子孙多有以书法擅名者，如据颜真卿所

① 《颜氏家训·杂艺篇》，前揭《颜氏家训集解》，第572页。

② 《颜氏家训·杂艺篇》，前揭《颜氏家训集解》，第577页。

③ 参前揭《颜氏家训集解》引卢文弨注，第578页。

④ 《旧唐书》卷七三《颜师古传》，第2595页。

⑤ 《新唐书》卷一九八《颜师古传》，第5642页。

⑥ ［唐］徐坚等：《初学记》，中华书局1962年，第213页。

述，颜勤礼“工于篆籀”，颜千里“工书”，颜昭甫“善工篆隶草书”，颜曜卿“工草隶”，颜旭卿“善草书”，颜惟贞“尤善草隶”，[①]颜元孙“特以草隶擅名”，颜允南“善草隶”[②]等等，可见琅邪颜氏可谓书法世家。值得提及的是，颜氏子弟多因早孤而由其舅氏抚养成人，因此他们的成长还深受与其家族世代婚姻的陈郡殷氏的影响。尤其是陈郡殷氏也为书法世家，因此颜氏子弟在书法方面多受其沾溉。其事尤著者如颜真卿称其伯父颜元孙“少孤，育舅殷仲容氏，蒙教笔法。家贫无纸笔，与兄以黄土扫壁木石画而习之，故特以草隶擅名”。[③]据说当时殷仲容“以能书为天下所宗，人造请者笺盈几，辄令（颜元孙）代遣，得者欣然莫之能辨”[④]。此则颜元孙的书法几乎可以仿真其舅氏，可见其受影响之深。

当然，琅邪颜氏的书法最引人注目者当为颜真卿。其被公认为是继东晋王羲之后，集书法之大成者，甚者谓其书得与杜诗、韩文并称。[⑤] 作为一个集大成式的书法家，颜真卿必然是转益多师、博采众长，如近学褚遂良、张旭，远师王羲之，甚至从民间书法吸取营养。[⑥] 这里要强调的是颜真卿的书法成就与其家族文化传统

① 颜真卿：《晋侍中右光禄大夫本州大中正西平靖侯颜公大宗碑》，前揭《颜鲁公集》卷七，第 68 页。

②③ 颜真卿：《唐故通议大夫行薛王友柱国赠秘书少监国子祭酒太子少保颜君碑铭》，前揭《颜鲁公集》卷七，第 72 页。

④ ［宋］陈思：《书小史》卷九，《美术丛书》本，江苏古籍出版社 1986 年，第 2804 页。

⑤ 苏轼《书吴道子画后》曰：“诗至于杜子美，文至于韩退之，书至于颜鲁公，画至于吴道子，而古今之变，天下之能事毕矣。”参［宋］苏轼撰，孔凡礼点校《苏轼文集》，中华书局 1986 年，第 2210 页。其《书唐氏六家书后》又曰：“颜鲁公书雄秀独出，一变古法，如杜子美诗，格力天纵，奄有汉、魏、晋、宋以来风流，后之作者殆难复措手。”参前揭《苏轼文集》，第 2206 页。

⑥ 参金开诚《颜真卿书法艺术概论》，收入氏著《文艺心理学论稿》，北京大学出版社 1982 年，274 页。

有着密切关系。已有的研究已经证实,就家庭亲族人物而言,颜真卿由于早孤,其幼年成长深受母亲殷幼舆、舅父殷践猷、伯父颜元孙、姑母颜真定及二兄颜允南等人的直接影响,"颜、殷两家的家风、家学,是颜真卿得以茁壮成长的一方沃土"①。颜真卿所撰碑文中,一一详载其家族的善书人物,也可见其以此为豪,受此浓厚的家族书法文化传统潜移默化之影响。

四、颜氏子弟其他诸艺之表现

颜之推曾说:"近世有两人,朗悟士也,性多营综,略无成名,经不足以待问,史不足以讨论,文章无可传于集录,书迹未堪以留爱玩,卜筮射六得三,医药治十差五,音乐在数十人下,弓矢在千百人中,天文、画绘、棋博,鲜卑语、胡书,煎胡桃油,炼锡为银,如此之类,略得梗概,皆不通熟。惜乎,以彼神明,若省其异端,当精妙也。"②此虽博学众艺之尤为过分者,以致颜氏引以为子弟之戒,但据此尤可见诸艺术技艺为当日士族所重及他们借以标示其"贵族身分"的技艺种类。今就颜氏家族子弟所习之杂艺略述如下。

一、绘画。宋颜延之颇重杂艺之事,如其称赞魏徐邈之画,晋魏舒之射。③ 又论画云:"图载之意有三:一曰图理,卦象是也;二

① 严杰:《颜真卿评传》,南京大学出版社 2005 年,第 10 页。另外,杜旭光《颜体书风及其家学关系考》[载《河南师范大学学报》(哲学社会科学版)2007 年第 5 期]一文也对颜真卿书法与其家族文化的关系有深入考析,请参看。

② 《颜氏家训·省事篇》,前揭《颜氏家训集解》,第 327 页。

③ 《续齐谐记》载颜延之《庭诰》有"徐景山之画獭是也"之语。参《汉魏六朝笔记小说大观》,上海古籍出版社 1999 年,第 1005 页。徐邈的画以逼真著名,《续齐谐记》载有其为魏明帝画鲼鱼而诱获白獭事。又,《历代名画记》卷四述徐邈,称颜延之有"魏元阳之射,徐侍中之画"之语。参《历代名画记》,人民美术出版社 1963 年,第 104 页。

曰图识，字学是也；三曰图形，绘画是也。”①认为绘画在本质上是图写事物的具体形象。又刘宋王微《叙画》云：

辱颜光禄书：以图画非止艺行，成当与《易》象同体，而工篆隶者，自以书巧为高。欲其并辩藻绘，核其攸同。②

本来书与画同源异流，各有功用，不能强分优劣。只是书法的应用范围广，书家比画家多，于是社会上就不免有人重视书法，轻视绘画。颜延之认为不对，所以特请王微加以辩明。③ 颜延之认为“图画非止艺行”，而“与《易》象同体”，有研究者认为这是庄子“技之至者进乎道”的意思。其把绘画的价值提到“与《易》象同体”的高度，是魏晋以来对艺术的价值的强调这一带有普遍性的思潮的又一种表现。④ 由颜延之精于《周易》，通于玄学而观，此说可谓的见。

颜之推也曾向子弟道及绘画之妙。《颜氏家训·杂艺篇》云：

画绘之工，亦为妙矣；自古名士，多或能之。吾家尝有梁元帝手画蝉雀白团扇及马图，亦难及也。武烈太子偏能写真，坐上宾客，随宜点染，即成数人，以问童孺，皆知姓名矣。萧贲、刘孝先、刘灵，并文学已外，复佳此法。玩阅古今，特可宝爱。⑤

可见颜之推重视对子弟的美术熏陶，并且家中宝藏有名人图画，可供子弟赏玩。此后，颜氏家族以绘画擅名者，有唐代颜元孙，曾被唐玄宗授命“专掌令画”⑥。

---

① 前揭《历代名画记》卷一，第 2 页。

② 前揭《历代名画记》卷六，第 132 ~ 133 页。

③ 参俞剑华《中国画论选读》，江苏美术出版社 2007 年，第 83 ~ 84 页。

④ 李泽厚、刘纲纪著：《中国美学史》（魏晋南北朝编），安徽教育出版社 1999 年，第 500 ~ 501 页。

⑤ 前揭《颜氏家训集解》，第 578 页。

⑥ 《唐故通议大夫行薛王友柱国赠秘书少监国子祭酒太子少保颜君碑铭》，前揭《颜鲁公集》卷七，第 72 页。

二、音乐。儒家以礼乐化天下，受其影响，中国传统士大夫素重音律之修养；汉末魏晋，玄学兴起，玄学名士如嵇康、阮籍等又多藉音乐以畅玄，以此相互浸染，以致音乐遂成为此下士族子弟的必备修养，特例者如陶渊明即使不解音声也置无弦之素琴一张，“每有酒适，辄抚弄以寄其意”①。颜之推言及此种风气说：

> 《礼》曰：“君子无故不彻琴瑟。”古来名士，多所爱好。洎于梁初，衣冠子孙，不知琴者，号有所阙；大同以末，斯风顿尽。然而此乐愔愔雅致，有深味哉！今世曲解，虽变于古，犹足以畅神情也。②

就琅邪颜氏家族而言，颜延之、颜竣、颜之推等都曾制礼作乐，参预国家的文化制度建设，具有音乐方面的修养是没有疑问的。此外，颜氏家族对音乐具有特殊爱好者当为刘宋颜师伯。《宋书》卷七七《颜师伯传》言其“颇解声乐”，晚年“居权日久……多纳货贿，家产丰积，伎妾声乐，尽天下之选”。《南史》卷二三《王华传附王琨传》又载：“大明中，尚书仆射颜师伯豪贵，下省设女乐，琨时为度支尚书，要琨同听，传酒行炙，皆悉内妓。琨以男女无亲授，传行每至，令置床上，回面避之然后取，毕又如此，坐上莫不抚手嗤笑，琨容色自若。师伯后为设乐邀琨，琨不往。”此可谓由精通声乐而至于豪奢者。颜延之《庭诰》言：“声乐之会，可简而不可违，违而不背者鲜矣，背而非弊者反矣。既弊既背，将受其毁。必能通其碍而节其流，意可为和中矣。”③观颜师伯之所为，颜延之之言不为无用。

三、历法与算术。颜之推尝言：“算术亦是六艺要事；自古儒士论天道，定律历者，皆学通之。”④是则天文历法及与此相关的算

---

① 《宋书》卷九三《陶潜传》，第 2288 页。

② 《颜氏家训·杂艺篇》，前揭《颜氏家训集解》，第 589 页。

③ 《宋书》卷七三《颜延之传》，第 1897 页。

④ 《颜氏家训·杂艺篇》，前揭《颜氏家训集解》，第 587 页。

术之学也为颜氏家学所重。颜延之东晋末义熙中奉使至洛阳，道中曾目睹东汉张衡所制浑天仪，并有过一番研究，后曾上表刘宋朝廷立浑天仪。

颜之推也深通天文历法之学。《颜氏家训·省事篇》载：

> 前在修文令曹，有山东学士与关中太史竞历，凡十余人，纷纭累岁，内史牒付议官平之。吾执论曰："大抵诸儒所争，四分并减分两家尔。历象之要，可以晷景测之；今验其分至薄蚀，则四分疏而减分密。疏者则称政令有宽猛，运行致盈缩，非算之失也；密者则云日月有迟速，以术求之，预知其度，无灾祥也。用疏则藏奸而不信，用密则任数而违经。且议官所知，不能精于讼者，以浅裁深，安有肯服？既非格令所司，幸勿当也。"举曹贵贱，咸以为然。①

观其所论，知其甚得历学之精要。此外，《颜氏家训·归心篇》言：

> 夫遥大之物，宁可度量？今人所知，莫若天地。天为积气，地为积块，日为阳精，月为阴精，星为万物之精，儒家所安也。星有坠落，乃为石矣；精若是石，不得有光，性又质重，何所系属？一星之径，大者百里，一宿首尾，相去数万；百里之物，数万相连，阔狭从斜，常不盈缩。又星与日月，形色同尔，但以大小为其等差；然而日月又当石也？石既牢密，乌兔焉容？石在气中，岂能独运？日月星辰，若皆是气，气体轻浮，当与天合，往来环转，不得错违，其间迟疾，理宜一等；何故日月五星二十八宿，各有度数，移动不均？宁当气坠，忽变为石？地既滓浊，法应沉厚，凿土得泉，乃浮水上；积水之下，复有何物？江河百谷，从何处生？东流到海，何为不溢？归塘尾闾，渫何所到？沃焦之石，何气所然？潮汐去还，谁所节

---

① 前揭《颜氏家训集解》，第340页。

度？天汉悬指，那不散落？水性就下，何故上腾？天地初开，便有星宿；九州未划，列国未分，翦疆区野，若为躔次？封建已来，谁所制割？国有增减，星无进退，灾祥祸福，就中不差，乾象之大，列星之夥，何为分野，止系中国？昴为旄头，匈奴之次；西胡、东越，雕题、交阯，独弃之乎？以此而求，迄无了者，岂得以人事寻常，抑必宇宙外也？凡人之信，唯耳与目；耳目之外，咸致疑焉。儒家说天，自有数义：或浑或盖，乍宣乍安。斗极所周，管维所属，若所亲见，不容不同；若所测量，宁足依据？何故信凡人之臆说，迷大圣之妙旨，而欲必无恒沙世界、微尘数劫也？而邹衍亦有九州之谈。①

此则为颜之推以其所掌握的天文历法知识以参悟理解佛法之例。

颜之推子颜敏楚也习知历法。《隋书》卷七八《张胄玄传》，张胄玄"渤海蓨人也。博学多通，尤精术数"，"改定新历，言前历差一日"，颜敏楚时任内史通事，上言曰："汉时落下闳改《颛顼历》作《太初历》，云后当差一日。八百年当有圣者定之。计今相去七百一十年，术者举其成数，圣者之谓，其在今乎！"后隋文帝"大悦，渐见亲用"。② 可知颜敏楚于新历得以颁行有所贡献。

四、卜筮。自早期人类的天神崇拜，到甲骨卜辞、《周易》，乃至汉代的谶纬之学，我国卜筮等方术文化源远流长。汉末魏晋以来由于佛教的传入、道教的兴起传播都曾借助于方术，故使得这种风气一度十分盛行。值得注意的是，这类方术卜筮对于士族门第而言也有其独特价值，这可从当时著名方士郭璞的活动中觇见。如琅邪王氏，"初，王导渡淮，使郭璞筮之。卦成。璞曰'吉无不利'"，"其后子孙繁衍，竟如璞言"③。又如吴郡张氏，"初，

---

① 《颜氏家训·归心篇》，前揭《颜氏家训集解》，第372~373、379页。

② 《隋书》卷一七《律历志中》载："胄玄所造历法，付有司施行。"

③ 《晋书》卷六五《王导传》，第1760页。

(张)裕曾祖澄当葬父,郭璞为占墓地,曰:‘葬某处,年过百岁,位至三司,而子孙不蕃。某处年几减半,位裁卿校,而累世贵显。’澄乃葬其劣处。位光禄,年六十四而亡,其子孙遂昌云”①。凡此可见当日士族门第与方术之间的密切关系。

同琅邪王氏、吴郡张氏一样,郭璞也曾有意为琅邪颜氏占卜前途。《晋书》卷八八《颜含传》:“郭璞尝遇含,欲为之筮。含曰:‘年在天,位在人,修己而天不与者,命也;守道而人不知者,性也。自有性命,无劳蓍龟。’”初看此,必以为琅邪颜氏为不信此道者也。其实并不尽然。如东晋李阐《右光禄大夫西平靖侯颜府君碑》载颜含:“幼禀贞粹,长而好古,睦亲之誉,发于羁贯,每读书,见孝友通灵之事,辄悽然改容,以为人神相与,何远之有?但患人心浇伪,自绝于神耳。苟能无以伪杂贞,神其舍诸?”②观此则知颜含所信奉者仍不出“积善之家,必有余庆”之传统。

更有甚者,颜氏子弟多对方术之事直言不讳。如颜延之《庭诰》言:

> 夫数相者,必有之征,既闻之术人,又验之吾身,理可得而论也。人者兆气二德,禀体五常。二德有奇偶,五常有胜杀,及其为人,宁无叶沴。亦犹生有好丑,死有夭寿,人皆知其悬天;至于丁年乖遇,中身迂合者,岂可易地哉。是以君子道命愈难,识道愈坚。③

观此则知颜延之曾以方术之事训导子弟。又《艺文类聚》卷七五“方术部·卜筮”引颜延之《大筮箴》曰:

> 余因读《易》,偶意蓍龟,友人有请决游宦务志,卦有咎

① 《南史》卷三一《张裕传》,第804页。

② [宋]马光祖修,[宋]周应合纂:《景定建康志》卷四三,《宋元方志丛刊》影印清嘉庆六年金陵孙忠愍祠刻本,中华书局1990年,第2026页。

③ 《宋书》卷七三《颜延之传》,第1898页。

占，故作大箴以悟焉。先王设筮，大人尽虑，卦遭《同人》，变而之《豫》，先号后笑，初睽末遇。时至运来，当在三五。功毕官成，几乎衍数。庆在坤宫，灾在坎路。不出户庭，独立无惧。违此而动，投足失步。无惰尔仪，灵骨有知。无曰余逆，神策不豫。南人司箴，敢告驰骛。①

据此，则颜延之确曾研习《周易》，并"偶意蓍龟"为友人决"游宦务志"。此外，又有南齐时琅邪颜幼明所注《灵棋经》，也为占卜之书②。

颜之推虽因为"解阴阳者，为鬼所嫉……多不称泰"、"世传术书，皆出流俗，言辞鄙浅，验少妄多"等原因不鼓励子弟学习方术之事，但也于《颜氏家训》中申言："卜筮者，圣人之业也……凡阴阳之术，与天地俱生，其吉凶德刑，不可不信。"又自言"尝学《六壬式》，亦值世间好匠，聚得《龙首》、《金匮》、《玉軨变》、《玉历》十许种书"，只是"讨求无验"，才"寻亦悔罢"。③ 此外，据《新唐书》卷九六《杜如晦传》太子承乾谋反，杜如晦次子

① 前揭《艺文类聚》，第1286页。

② 该书收入《正统道藏》719册"太玄部·贵"，据任继愈主编《道藏提要》称《灵棋经》者"言占卜术，其法名'灵棋'者，概用特制棋子十二枚，书以上中下字，每字四枚，虔诚焚香祝祷毕，以十二枚棋子一时掷之，然后以所得上中下字依次布之成卦，按经文繇辞解释，推测休咎。经文为四言卦辞，凡一百二十四卦，全仿《周易》而作"。参《道藏提要》，中国社会科学出版社1995年第2版，第785~786页。《南史》卷三六《江秉之传附江谧传》载，齐武帝萧赜病危，江谧有非分之言，后被武帝获知，斥出为镇北长史、南东海太守，江谧"忧甚，乃以奕棋占卦云：'有客南来，金碗玉杯。'"后"诏赐死，果以金罂盛药鸩之"。《四库全书总目》卷一〇九《灵棋经提要》，曾指出《南史》所载"有客南来，金碗玉杯"云云为《灵棋经》第三十七卦"送货卦"卦象词。参《四库全书总目》，中华书局1965年，第923页。这是南朝士人以《灵棋经》占卜的实例。由此也可见占卜之术在南北朝动荡之世的现实用途，只不过江谧的最后结局却适与该卦卦辞所示"丰利之象"相违背。

③ 《颜氏家训·杂艺篇》，前揭《颜氏家训集解》，第583页。

杜荷曰:“琅邪颜利仁善星数,言天有变,宜建大事,陛下当为太上皇。请称疾,上必临问,可以得志。”则至唐代颜氏子弟尚有精于方术之事者。众所周知,汉代经学,尤其是今文经学有与谶纬结合、重灾异的特点,由琅邪颜氏家族子弟如颜延之、颜幼明等多精于卜筮之术而看,可知在琅邪颜氏家族似乎还有汉代经学的遗存。

此外,颜之推《颜氏家训》还涉及当日士族所尚的多种技艺。如虽言医方之事“取妙极难,不劝汝曹以自命也”,但又说“微解药性,小小和合,居家得以救急,亦为胜事”①。言道家修炼“不愿汝曹专精于此”,但“若其爱养神明,调护气息,慎节起卧,均适寒暄,禁忌食饮,将饵药物,遂其所禀,不为夭折者,吾无间然”,并举其依《抱朴子》之法自疗牙齿松动之事为例,云“此辈小术,无损于事,亦可修也”②。又如言围棋“有手谈、坐隐之目,颇为雅戏”③,“弹棋亦近世雅戏,消愁释愦,时可为之”④等等,皆为当日士族子弟日常生活交游的必备节目。

五、余　论

读《颜氏家训·杂艺篇》不难发现,颜之推对当日士族子弟中所流行的诸种技艺,其态度表现得颇为复杂。一方面,因为这些技艺在士族子弟中普遍流行,已成为彼辈展现身份的特别标识,故颜氏家族也不得不在这些方面对子弟有所教育,以免在相关场合有失身份;另一方面,却又碍于传统的儒家功业观念,不愿子弟在这些“小道”之事上过于精擅而以此为安身立命之术。如《颜氏

---

① 《颜氏家训·杂艺篇》,前揭《颜氏家训集解》,第588页。
② 《颜氏家训·养生篇》,前揭《颜氏家训集解》,第356页。
③ 《颜氏家训·杂艺篇》,前揭《颜氏家训集解》,第591页。
④ 《颜氏家训·杂艺篇》,前揭《颜氏家训集解》,第594页。

家训·杂艺篇》言：

王逸少风流才士，萧散名人，举世惟知其书，翻以能自蔽也。萧子云每叹曰："吾著《齐书》，勒成一典，文章弘义，自谓可观；唯以笔迹得名，亦异事也。"王褒地胄清华，才学优敏，后虽入关，亦被礼遇。犹以书工，崎岖碑碣之间，辛苦笔砚之役，尝悔恨曰："假使吾不知书，可不至今日邪？"以此观之，慎勿以书自命。虽然，厮猥之人，以能书拔擢者多矣。故道不同不相为谋也。①

可知颜之推对于王羲之"举世惟知其书"、萧子云"唯以笔迹得名"等皆以书法之名过盛，而掩盖了在德行、功业及经史学业方面的成就，颜之推为他们表示惋惜。有鉴于此，颜氏更是戒说子弟"慎勿以书自命"！在颜之推看来，王褒的处境较之王羲之、萧子云更加不如，"崎岖碑碣之间，辛苦笔砚之役"对于"不以事务经怀"②的士族人士而言更是有失身份，不愿为之的。至于"以能书拔擢"，在颜氏看来则是寒门之士"厮猥之人"的下劣途径，跟他们这些以门弟及正统文化之资入仕的门第士族根本是道不同不相为谋的。不只对书法，对其他技艺，如算术，颜之推也持相同态度，认为"可以兼明，不可以专业"。

颜之推对艺术技艺的这种一以贯之的观念，实是当日士族的普遍态度，观颜氏所引萧子云"唯以笔迹得名，亦异事也"之言、王褒"假使吾不知书，可不至今日邪"云云可知，而这样一种普遍态度，实是根深蒂固的传统儒家立德、立功、立言即所谓"三不朽"价值观的表现。在此种"德成为上，艺成为下"③观念支配之下，自然对书法等技艺之事视之为小道，从西汉扬雄谓辞赋"童子雕虫

① 前揭《颜氏家训集解》，第570页。

② 《南史》卷二六《袁湛传附袁粲传》，第704页。

③ 《南齐书》卷四三"史臣曰"语，第767页。

篆刻，壮夫不为"①，到东汉末年士大夫对鸿都门学的批评，②再到颜之推，其根本原因都不外如此。

同样受儒学家风传统的影响，对于那些容易使人违背礼法之教的休闲技艺之事，颜氏家族代表人士的态度更加倾向于谨慎。如颜延之尽管自身曾"坐围棋免官"③，但他的《庭诰》中对于博戏之事却说：

> 抃博蒲塞，会众之事，谐调哂谑，适坐之方，然失敬致悔，皆此之由。方其克瞻，弥丧端俨，况遭非鄙，虑将丑折。岂若拒其容而简其事，静其气而远其意，使言必诤厌，宾友清耳，笑不倾抚，左右悦目。非鄙无因而生，侵侮何从而入，此亦持德之管籥，尔其谨哉。④

可知博戏之事，虽亦为"适坐之方"，但"失敬致悔，皆此之由"，因此颜延之对子弟从事此类活动需要注意的规矩礼节特别加以强调。又如对一些可能有损其文化士族身份和特征的活动如射箭，颜之推虽承认"亦济身之急务"，但仍坚持"要轻禽，截狡兽，不愿

① 《法言·吾子》："或问：'吾子少而好赋。'曰：'然。童子雕虫篆刻。'俄而，曰：'壮夫不为也。'"参[汉]扬雄撰，汪荣宝义疏，陈仲夫点校《法言义疏》，中华书局1987年，第45页。

② 可以蔡邕为例，《后汉书》卷六〇《蔡邕传》载汉灵帝好学，"自造《皇羲篇》五十章，因引诸生能为文赋者。本颇以经学相招，后诸为尺牍及工书鸟篆者，皆加引召，遂至数十人"。蔡邕上封事称："夫书画辞赋，才之小者，匡国理政，未有其能。陛下即位之初，先涉经术，听政余日，观省篇章，聊以游意，当代博弈，非以教化取士之本。而诸生竞利，作者鼎沸。其高者颇引经训风喻之言；下则连偶俗语，有类俳优；或窃成文，虚冒名氏。"（第1996页）关于汉灵帝设立鸿都门学引发的宦官辞赋艺术之学与士大夫儒学的斗争，参王永平《汉灵帝之置"鸿都门学"及其原因考论》，《扬州大学学报》（人文社会科学版）1999年第5期。该文有深入考析，请参看。

③ 《太平御览》卷七五三"工艺部·围棋"引《晋起居注》曰："镇东司马颜延之坐围棋免官。"（中华书局1960年，第3341页。）

④ 《宋书》卷七三《颜延之传》，第1897页。

汝辈为之"①。此则担心子弟由此沾染习武之风,有损其文化士族的纯粹性之故。凡此颜氏家族对于艺术技艺的复杂态度都不免受儒学传统及礼法家风的影响,实质上仍是其家族以儒家经学为本的旧族门风的表现。

此外,由前文考述可知,颜氏家族子弟为适合时代风尚修习众艺外,颜氏家族之保存有汉代旧学也颇可注意。魏晋玄学兴起,加以永嘉南渡,风气转移,汉代旧学在南朝鲜有传习,如颜之推论算术之学云:

> 算术亦是六艺要事;自古儒士论天道,定律历者,皆学通之。……江南此学殊少,唯范阳祖暅精之,位至南康太守。河北多晓此术。②

由颜氏所云"江南此学殊少",可觇学风之变迁。而"河北多晓此术"者,则为学风保守,尚传汉代旧学之故。与此情形相近者,又有天文历法之学,唐长孺曾考证指出:"汉代天体的讨论是很流行的……可是一到三国却只流行于江南,中原几等于绝响,这也是江南学风近于汉代之一证。"据唐先生所考,"天体的讨论盛于江南,《晋》、《宋》二书的《天文志》所载各家自陆绩起都是江南人"③,其缘故就是东南士族仍保存了汉代旧学。如前文所考,颜氏子弟多有精于天文之学者,颜之推又主张子弟修习南朝士人多不究习算术之学,由此可知琅邪颜氏家族保存并传承汉代旧学,其家学传统守旧的特点较为显著。

---

① 《颜氏家训·杂艺篇》,前揭《颜氏家训集解》,第581页。

② 《颜氏家训·杂艺篇》,前揭《颜氏家训集解》,第587页。

③ 氏著《读〈抱朴子〉推论南北学风的异同》,收入《唐长孺文存》,上海古籍出版社2006,第416页。

后 论

一、家族与文学

作为社会结构的基本单位,家庭及家族对个人成长具有至关重要的影响,这在古今中外都是毋庸置疑的客观事实。法国文艺学家丹纳曾经细致、生动地描述了这种影响:

> 一个儿童象荷马说的"从女人的两膝之间下地"的时候,就具备某一种和某一程度的才能与本能,至少是有了萌芽。他象父亲,象母亲,象上代的家属,总的说来是象他的种族;不但如此,从血统中遗传下来的特性在他身上有特殊的分量和比例,使他不同于同国的人,也不同于他的父母。这个天生的精神本质同身体的气质相连,两者合成一个最初的背景;教育,榜样,学习,童年与少年时代的一切事故一切行动,不是与这个背景对抗,便是加以补充。倘若这许多不同的力量不是互相抵消,而是结合,集中,结果就在人身上印着深刻的痕迹,成为一些凸出的或强烈的性格。①

显然丹纳这里所描述的是人类文明社会中通常所发生的普遍现象,从中可见父母遗传及家庭环境对个人成长的重要影响。而对

① [法]丹纳著,傅雷译:《艺术哲学》,人民文学出版社 1963 年,第 394 ~395 页。

于建立在宗法基础上的中国传统社会而言，家庭及家族对古代中国人所产生的影响，较之世界上其他地区生活的人们更是有过之而无不及。闻一多在其《家族主义与民族主义》一文中说：

> 周初是我们历史的成年期，我们的文化也就在那时定型了。当时的社会组织是封建的，而封建的基础是家族，因此我们三千年来的文化，便以家族主义为中心，一切制度，祖先崇拜的信仰，和以孝为核心的道德观念等等，都是从这里产生的。①

钱穆也曾言：

> "家族"是中国文化一个最主要的柱石，我们几乎可以说，中国文化，全部都从家族观念上筑起，先有家族观念乃有人道观念，先有人道观念乃有其他的一切。中国人所以不很看重民族界线与国家疆域，又不很看重另外一个世界的上帝，可以说全由他们看重人道观念而来。人道观念的核心是家族不是个人。②

如果承认以上论述符合事实的话，那么历史、文化的研究就多有关注家庭乃至家族的必要。对于中国古代文学的研究而言，这亦当是题中应有之义。然而，基于现代学科意义之上将中国古代文学与家族联系而进行自觉研究的历史却并不长久。③ 值得注

① 《闻一多全集》卷二，湖北人民出版社 1993 年，第 356 页。

② 氏著《中国文化史导论》（修订版），商务印书馆 1994 年，第 51 页。

③ 罗时进在其《关于文学家族学建构的思考》（载《江海学刊》2009 年第 3 期）一文中说："在中国古代文学中，'文学家族学'大致经历了从不自觉到半自觉研究，再到自觉研究三个阶段。不自觉研究从'三班'、'三曹'、'二陆'就开始了。……半自觉的研究以早期唐代'五窦'、宋代'三苏'、明代'文氏五家'、'二王'等为代表。……自觉的文学家族学研究是近二十多年来文学研究格局变化的征候之一。这种征候的出现，从根本上说，是研究者在传统的文学研究范围内对陈旧的研究方法操练得过于烂熟，企图突围力求创新的探索。"

意的是，以家族为视角的古代文学研究，如今已逐渐引起了学者的广泛关注，在中国古代文学的分时段研究领域中，举凡有关汉唐、宋及明清的文学研究中都出现了家族文学研究的相关成果，甚至也不泛通论性质的研究，可以看出将家族与文学相联系进行研究是如今中国古代文学学科方兴未艾的一个研究领域。①

至于这种研究的优长，我们只需看看家庭及家族环境是如何具体影响其子弟的文化艺术等才能的养成就不难知晓。丹纳在解释文艺复兴时期的意大利绘画艺术繁荣的原因时，曾叙述到：

> 艺术与娱乐，同涉及利益与实际事务的情形并无分别。才智之士聚在一起才最有才智。要有艺术品出现，先要有艺术家，但也要有工场。……那时的工场是一个铺子……学生是徒弟，师父的生活与荣名都有他的一份；不是缴了学费就完事的业余爱好者。一个孩子在学校里读书识字，学会了一些拼法，十二三岁就去拜在画家，金银工艺家，建筑家，雕塑家门下。师父通常总是兼这几门的，年轻人在他手下学的不是艺术的一部分，而是全部艺术。他替师父工作，做些容易的活儿，画画背景，小装饰，不重要的人物；他参加师父的杰作，象对自己的作品一样关心。他成为师父家里的儿子，仆役；人家把他叫做师父的小家伙。他和师父同桌吃饭，替他跑腿，睡在他卧室上面的阁楼上，受他打骂，给师母凿上几个栗包。……这是搭伙的生活，和铜匠泥水匠一样，粗暴，率

① 据李朝军的初步检索统计，自2000年以来“单是直接以文学世家及其文学、文化研究为题的博士论文（不含博士后出站报告）就在12部以上，硕士论文在28部以上，而同期公开发表的相关学术论文烛然是一个大得多的数目”。参氏著《家族文学史建构与文学世家研究》，《学术研究》2008年第10期。

直，快活，亲热；师父出门，徒弟们跟着……师父们相互之间也一样的狎昵亲热，对艺术的发展很有作用。[①]

显然，丹纳想要说的是，当时意大利这种亲如父子、温暖如家的“铺子”里的师徒关系和教授方式，是造成艺术繁荣的重要原因。可以设想，当一种文化艺术当真在一个个家庭或家族中传授时，会发生怎样的情形？在一个家族文学兴盛的时代，无疑就相当于把文学的“工场”搬进了家庭和家族，父子关系也真正兼有了师生关系，那么这样的家庭环境其对文学的影响多半要超出普通意义上的家庭和家族。因此，如果在可能的情况下，深入了解文学家所成长的家庭和家族环境，对其文学的研究无疑将大有裨益；甚至进而广泛考察一个时代的文学家族的普遍状况，或许还可以为整个时代的一些重要的文学现象找到原因。正是基于与此相近的认识，近来一些从事于家族文学研究的学者又纷纷进而提出诸如“文学家族学”[②]、“家族文学史”[③]等研究课题，从而为以家族为视角的古代文学研究揭开了更为广阔的学术前景。

① 前揭《艺术哲学》，第137～139页。

② “文学家族学”由罗时进前揭《关于文学家族学建构的思考》一文提出，文章指出：“文学家族学旨在将家族学、地域学、文学贯通起来，在历史学、社会学、文学的多边互镜中重现文学知识生产的社会历史语境，力求揭示文学创作的基层活动状况，用家族写作的具体事实乃至细节，形成文学创作的动态过程，从而显示文学演变的真实轨迹，并寻求某种发展规律。”在该文中罗先生具体揭示了“文学家族学”所通常涉及的家族文学的血缘性研究、地缘性研究、社会关联性研究、文化关联性研究、家族文学与文人生活姿态及经济关联研究及家族文学的创作现场和成就研究等六个方面的基本内涵。该文对以家族为视角的文学研究具有指导性意义，请参看。

③ 有关建构“家族文学史”的设想，可参前揭《家族文学史建构与文学世家研究》一文。

二、中古士族门第与文学关系的特质

一些致力于家族文学研究的学者曾将陈寅恪所提出的中国古代社会在东汉以后出现的学术文化"家门化"，作为研究古代家族文学的理论依据，但这事实上这并不完全妥当。如罗时进曾针对长期以来形成的古代文学史研究陈旧模式的诸多弊端，进而提出"文学家族学"时说：

> 其实这种研究模式是不符合"东汉以后学术文化，其重心不在政治中心之首都，而分散于各地之名都大邑，是以地方之大族盛门乃为学术文化之所寄托"的历史现实的。事实上，与"汉族之学术文化变为地方化及家门化"（陈寅恪）的趋势相一致，中古以后文学创作重心也逐渐下移，出现了"地方化"、"家门化"倾向。家族环境中的文学创作往往比京师、台阁、幕府中的文人集团创作更活跃、更丰富。①

此外，又如杨晓斌、甄芸《我国古代文学家族的渊源及形成轨迹》一文中也认为：

> 文学家族是从中古开始一直延续到近代中国文学史中一种重要的文学现象。从20世纪90年代开始，一些学者致力于这方面的研究……（当然，这一研究切入点陈寅恪先生在《隋唐制度渊源略论稿》中就已明确指出）。②

显然，上述说法都是将陈寅恪的东汉以后学术文化"家门化"推扩而成为自东汉以后的整个中国古代社会的常态，这一观点不仅与历史事实不相符合，甚至也不是陈先生的原意。陈先生在《隋唐制度渊源略论稿·礼仪篇》中说：

---

① 氏著《文学家族学：值得期待的研究方向》，《中国社会科学报》2009年9月1日第6版。

② 载《新疆大学学报》（社会科学版）2005年第1期。

> 盖自汉代学校制度废弛，博士传授之风气止息以后，学术中心移于家族，而家族复限于地域，故魏、晋、南北朝之学术、宗教皆与家族、地域两点不可分离。①

可见，“学术中心移于家族”是陈先生针对于汉代以后，魏晋南北朝时期学术文化发展所出现的新情况而提出的，这一论断并不是东汉以后的全部古代中国社会的普适原则。事实上，已有学者指出宋代家族与魏晋南北朝时期的士族门阀的重要区别，如张剑、吕肖奂在《宋代的文学家族与家族文学》一文中认为：

> 中国古代社会的家族制度，在宋代发生了一次重大转向，即由魏晋隋唐传统政治文化结构的门阀家族制度逐渐演变成为宋代以降以“敬宗收族”为特征的家族制度，奠定了近世家族组织的雏形，它对宋代社会及其文化产生了多元的影响。就家族本身而言，从此门第和阀阅不再是衡量一个宋代家族的基本标准，人们在国家政治、经济、军事、文化上的地位不再成为世袭，这种变化促使宋人意识到：几乎每个家族都可以通过在某个领域自我奋斗或群体奋斗而成为新的世家大族。宋代不少声名显赫的新兴家族，就是在这种重新建立家族组织的尝试和努力中形成的。……（宋代文学家族）在兴起的方式上也有其独特之处。宋代大多数家族在成为文学家族之前，往往是地位不高、声名不著的寒族，这与六朝门阀世族中的文学世家先有门第显赫后有文学辈出不同，而是家族中的一人或数人因文学猛然名闻天下，才使这个家族得以振兴。……从这个意义上讲，在宋代，文学可以担负起振兴一个家族之作用。②

---

① 陈寅恪：《隋唐制度渊源略论稿》，生活·读书·新知三联书店 2001 年，第 20 页。

② 载《文学评论》，2006 年第 4 期。

这也就是说,在某种程度上魏晋南北朝士族门第是"行有余力,则以学文",先有门第,而后有家族文学,而宋代的文学家族则多是先有文学而后促成其家族的兴盛,这种区别是通过家族视角研究中国古代文学所应特别加以注意的。

事实上,在中国中古时期出现的士族门第是汉末魏晋以来特殊历史境遇的产物,是中国古代历史发展中的特例,与其他历史时期出现的世家大族具有诸多不同。何启民指出这种差别说:

> "门第"为"家族"在中古所发展的特殊形态。故而"门第"既具备"家族"之特性,亦复具备其所以为"门第"之特殊形态。……不论中外古今,"家族"是普遍存在的,"家族"之有着社会地位之高下,也是一件很普通的事。而"门第"这种"家族",除了有着高下不同的社会地位外,更有些不见之于其他中外古今"家族"的特质。而这种具有特质的"门第",则只有在中国的社会才孕育得出,也唯有在中国的中古时期,才真实地存在过。①

而"门第"与通常意义上的"家族"之间的差别,既有政治、经济、社会地位等方面,同时也包括文化方面。无论是几个士家大族可以和皇权并驾齐驱,甚至一度支配皇权,掌控国家政治,②还是这些家族长期居于社会上层,主导社会的文化风尚,这在中国历史上都是罕见的。正如史家所指出,这一时期"贵族成为中心"③、是

① 《中古门第论集》,学生书局1982年,第1、3~4页。

② 据田余庆的研究结论,严格的门阀政治只存在于东晋时期,"王与马的结合发展到了江左,权力结构才发生变化,门阀士族势力得以平行于皇权或超越于皇权。皇权政治从此演化为门阀政治,竟维持了一个世纪之久。这是皇权政治的一种变态,是皇权政治在特殊条件下出现的变态。"参氏著《东晋门阀政治》,北京大学出版社2005年第4版,第281页。

③ (日)内藤湖南著,夏应元选编并监译:《中国史通论——内藤湖南博士中国史学著作选译》,社会科学文献出版社2004年,第311页。

典型的“门第社会”①，当时人最为关注之事也为门第之维护与发展，“苟能保持门第，自即为时人所重”②。

英国哲学家培根谈论贵族时曾从两个方面展开论述，其一是关于贵族阶级在国家中的地位，其二是关于贵族的特质。③ 中国中古时期的士族门第作为一个阶层整体而言，这两个方面也同样都是不可或缺的前提条件，但具体到每一个士族门第而言，拥有并维护好“贵族的特质”更为重要，这种“贵族特质”则是包括家风家学在内的士族文化，对此史家多有特别强调，如田余庆富有辩证性地指出：

> 经济条件是士族阶层存在的物质基础，从东晋侨姓士族整体看来是这样，但是对于每一个门户来说则不尽然。每个门户的发展还有其他条件起作用。文化条件是其中之一，它有时也能起决定作用。社会上崭露头角的世家大族或士族，在学术文化方面一般都具有特征。有些雄张乡里的豪强，在经济、政治上可以称霸一方，但由于缺乏学术文化修养而不为世所重，地位难以持久，更难得入于士流。反之，读书人出自寒微者，却由于入仕而得以逐步发展家族势力，以至于跻身士流，为世望族。④

由此可见，文化传承对于当时士族门第至关重要，而当时凡被目为士族者“往往都具有其鲜明的文化特征”，其以家风家学为主要内容的文化特征，不仅具有“维系家族传衍的功用”，而且会“牵涉

---

① 钱穆：《晚学盲言》，广西师范大学出版社 2004 年，第 178 页。

② 钱穆：《略论魏晋南北朝学术文化与当时门第之关系》，收入《中国学术思想史论丛》（卷三），安徽教育出版社 2004 年，第 150 页。

③ 参（英）佛兰西斯·培根著，何新译《培根论人生》之《论贵族》篇，中国友谊出版公司 2001，第 68 页。

④ 前揭《东晋门阀政治》，第 290 页。

到其家族社会地位的升降”。[1] 总之，这种“家族本位与学在家门”[2]的时代背景正是促成魏晋南北朝时代学术文化繁荣的主要原因，而这一时期学术文化方面的许多特征也多与士族门第相关联。

钱穆指出，魏晋南北朝社会因特重门第，而门第之传承“则必在上有贤父兄，在下有贤子弟”，而当时士族门第之中对子弟的培养不外两大要目：

> 一则希望其能具孝友之内行，一则希望其能有经籍文史学业之修养。此两种希望，并合成为当时共同之家教。其前一项之表现，则成为家风。后一项之表现，则成为家学。[3]

其中对于后者，相关记载之具体实例不胜枚举，这里仅以南齐皇室萧子恪之语以见其一斑。《梁书》卷三五《萧子恪传》载：

> 萧子恪字景冲，兰陵人，齐豫章文献王嶷第二子也。……子恪兄弟十六人，并仕梁。有文学者，子恪、子质、子显、子云、子晖五人。子恪尝谓所亲曰：“文史之事，诸弟备之矣，不烦吾复牵率，但退食自公，无过足矣。”

就此可知，萧子恪不用过于“牵率”的原因，很大程度上正是因为因为自家门第之中“文史之事，诸弟备之矣”。至于当时士族在重视文学方面的表现，尤可以通过萧子恪之第八弟萧子显所撰之《自序》所觇见。同传所附《萧子显传》载其所撰《自序》云：

> 余为邵陵王友，忝还京师，远思前比，即楚之唐、宋，梁之严、邹。追寻平生，颇好辞藻，虽在名无成，求心已足。若

① 参王永平《六朝家族》，南京出版社 2008 年，第 4、441、455 页。

② 参王永平《略论谢安之家教》，《南京理工大学学报》(社会科学版) 2008 年第 2 期。

③ 《略论魏晋南北朝学术文化与当时门第之关系》，前揭《中国学术思想史论丛》(卷三)，第 159 页。

乃登高目极，临水送归，风动春朝，月明秋夜，早雁初莺，开花落叶，有来斯应，每不能已也。前世贾、傅、崔、马、邯郸、缪、路之徒，并以文章显，所以屡上歌颂，自比古人。天监十六年，始预九日朝宴，稠人广坐，独受旨云："今云物甚美，卿得不斐然赋诗。"诗既成，又降帝旨曰："可谓才子。"余退谓人曰："一顾之恩，非望而至。遂方贾谊何如哉？未易当也。"每有制作，特寡思功，须其自来，不以力构。少来所为诗赋，则《鸿序》一作，体兼众制，文备多方，颇为好事所传，故虚声易远。

由此可见当时士族门第中人对于文学之事特别热心，而其所以如此重视文学者，则是因为在当时士族人士的社会生活中，文学与清谈一样都是士族人士用来表现其特种风流雅致的重要工具。与此相应，文学方面才能的培养自然也就成为当时士族家学的重要内容。这样就使得中古时期的文学与士族门第结下了不解之缘，门第之内对子弟文学才能的积极培养和士族人士的广泛参预，成为此时期文学空前繁荣的重要原因之一。杨东林具体考察《隋书·经籍志》有关这一时期的文学情况的记载指出：

父子兄弟各以能文擅名的现象，在南朝以前便可以看到，如三国时的曹操父子，西晋时的陆机兄弟等，但这种现象远没有南朝普遍。活跃在南朝文坛上的作家，如果我们查检一下他们的世系，就会发现，他们大多出身于世家大族之中，而同一家族中，他们的先人或后辈往往也都是其时的能文之士。只要考察一下《隋书·经籍志》所著录的南朝集部作品，便可以证实这一点。……南朝的集部作品几乎被一、二十家世家大族所承包，这种世家大族对文学创作的垄断，我们姑且称之为作家的家族化。当然这些产生了众多能文之士的家族大多是我们所说的门阀士族，南朝文学究其实质，是一种士族化的文学。①

确实如杨先生所提出的，“士族化的文学”正是魏晋南北朝时期的文学的本质特征之一，这既是这一时期的文学不同于其他时代文学的重要之处，同时也是这一时期的家族文学区别于其他历史时期家族文学的重要特点。

相对而言，历史上的其他时期，家族文学就其时代的总体文学面貌而言，只是其中的形态之一，是其时段文学整体研究的一个分枝或补充视角，而魏晋南北朝时期的家族文学则不同，由于主导文学风尚的士族群体同时又在社会文化方面长期居于主导地位，一方面使得这一时期的家族文学具有了“士族化”的特征，同时这种“士族化的文学”又成为时代文学的主流形态，即使那些出身非士族的寒门文士的文学创作，也多受这种主流文学风尚的影响。因此，从某种意义上可以说对于魏晋南北朝时期而言，欲明文学必明士族，了解和熟悉当时的士族门第历史文化背景是对这一时期的文学现象进行深入研究的基础和前提。

相反，就魏晋南北朝时期的文学研究而言，如果对与当时士族文化相关的背景有所不明，则容易导致研究结论的偏差。这里可举陈桥生的《刘宋诗歌研究》为例进行说明，陈先生在该书第四章论及刘宋元嘉时期“博学风尚的形成”时说：

> 史家赞评宋代士族学养……明标其博学且善文义者即有傅亮、谢晦……袁淑、颜延之、王僧达、谢庄等人，而此中除傅亮、颜延之外，其他基本都是世家大族。……既然皇族宗室有心向文，下层文士们就不可能不投其所爱，而具有文才的庶族文士也极可能受到赏识重用。《南史》卷34《颜延之

① 氏著《略论南朝的家族与文学》，《文学评论》1994年第3期。

传》记载有三件事都颇能说明之。……"雁门人周续之……儒学著称。……高祖亲幸，朝彦毕至，延之官列尤卑，引升上席。……续之雅仗辞辩，延之每折以简要。……"官位最低的颜延之，因为连挫周续之，而立即得到赏拔。……像颜延之这样能在士族把持中央高职的京师之地出人头地，是很难的，事实上这样的幸运儿也非常之少。①

以上陈先生只是根据史籍有关颜延之"官列尤卑"的记载，从而误将颜延之认定为下层文士，而根据前文众多史家的论述，可知很难仅凭一时的官位高下、贫富程度就断定当时人的身份究竟是士族抑或是寒门。结合琅邪颜氏的家族背景可以知道，颜延之非但不是寒门，还是当时典型的士族名士。继此陈先生又对颜延之诗歌"以用事为博"的现象解释说：

颜诗中用事之最，以《和谢灵运》诗为最高，达至89%……《直东宫答郑尚书道子》、《赠王太常》等，都在60%以上。……谢灵运、王僧达都是当时的高门士族……可以想象，颜延之与他们的赠和之作，要用心构造，从而以用事相竞，逞才炫博。……（颜延之的《赠王太常》）诗写颜延之对王僧达的赞誉、钦慕之情。……如果考虑到这是一首溢美之词不嫌其多的赠诗，那么它又确实淋漓尽致地展露了其学问才华。在当时对士族文人的普遍向慕风气中，这样的诗歌契合了大多数下层文人们的需求，这或许才是该诗在当时被认为是诗中佳品的原因所在。……颜延之出身贫寒，而欲跻身于上层社会，唯有以才学见恃。……与王、谢等人的赠诗唱和，是一种平起平坐，对其他文人的压服刻薄，也是出于同样的心理需求。②

① 氏著《刘宋诗歌研究》，中华书局2007年，第145、150、151页。
② 前揭《刘宋诗歌研究》，第160～162页。

其实,同为士族的颜延之,与谢灵运、王僧达"平起平坐"是极为正常的,颜延之并不需要对王、谢二人加以特别的仰视。可见,正是由于对颜延之士族身份判断的失误,使得陈先生在与颜延之相关问题的论述方面出现了偏差。由此可见在魏晋南北朝文学的研究中,即使一些并不直接探讨士族门第的研究课题,也往往间接与士族问题相关联。正如日本学者小南一郎在其《许氏的道教信仰》一文中所说:

> 在六朝,家族是社会状况反映于人的精神世界的最重要的途径,在那个时代,个人的精神并不是直接呈现于外部,而是包裹着厚厚的家族外衣与社会的氛围相接触的。①

可见对于魏晋南北朝时期的许多历史文化现象,要想获知其实情,必须先揭开其"厚厚的家族外衣",从这一意义上说,对这一时期有关士族门第相关问题多加强调并不多余。

三、中古琅邪颜氏家族文化与文学之综论

就中国中古时期的历史社会而言,人们通常所谓的门阀士族、士族门第等只是一些笼统的概念,如果进一步加以考察就会发现,所谓的士族门第其间还存有种种差别。就一个个士族门第形成的时间而言,有旧族门户与新出门第之别;就地域而言,不但有南方士族与北方士族之分,同时在南方士族之中又有侨姓士族和吴地旧族之别;就不同士族门第在社会政治综合实力与影响力而言,又有所谓掌权势门与一般高门以及高门大族与小族之分。能被视为士族门第,他们无疑都符合了某些条件,因此其间具有很多相同的特质是毋庸置疑的,但所以能有许多不同名目,正是

① 转引自葛兆光《文献学与历史学思路——评吉川忠夫编〈六朝道教の研究〉》一文,收入《屈服史及其他:六朝隋唐道教的思想史研究》,生活·读书·新知三联书店 2003 年,第 172 ~ 173 页。

缘于其间所存在的种种差别。

中古士族群体中,通常那些权重位高的少数显赫门第容易引起人们的关注,事实上也确实如此;相对而言,在某种意义上构成了士族社会基础的中小士族群体,则由于各方面表现不够突出、可资研究的存世文献稀少等种种原因,研究者没能给予足够的重视和深入研究。琅邪颜氏家族作为这类中小士族的一个典型,从汉末以至隋唐,其家族忠臣孝子络绎不绝,在中国古代历史中称得上一流的学者、文学家和艺术家亦时有间出,其家族人物本身著述丰富,存世较多,相关文献记载也相对较多,因此就中古时期的中小士族而言,不妨说这正是一只十分难得的、五脏俱全而可供解剖的"麻雀"。

关于中古士族中的旧族门户与新出门第之间的区别,田余庆云:

> 魏晋士族,就其一个个的宗族而言,可分为两个类别。一类是由东汉的世家大族经过一个更新过程而来,基本上保持儒学传统而又或多或少地兼染玄风,个别的已由儒入玄。他们在魏和西晋居于高位,被视作旧族门户。魏晋士族的另一类,多属乘时而起的所谓新出门户,不是来源于世家大族,一般都是习于玄学或者出入玄儒。他们的政治地位在魏和西晋迅速上升,入东晋后更为突出。有些魏晋士族,介乎上述两类之间,其先世在东汉末年始得入仕,或至九卿、二千石,但真正形成门户,还是在魏和西晋。这样的士族,往往也被视为旧族门户,本书也把它归入此类。①

正如我们在本书《绪言》中曾谈及的,汉魏之际的琅邪颜氏家族,其情况与陈寅恪所提及的"小族"相符合;同时,琅邪颜氏家族又与田先生这里所描述的介乎旧族门户和新出门户之间的士族

---

① 前揭《东晋门阀政治》,第 270 ~ 271 页。

类型相当,"往往也被视为旧族门户"。事实上,前后两种说法并不矛盾。对于高门大族和小族,陈先生强调的他们在政治经济和社会文化等各方面综合实力和影响力的差别;而从田先生的论述中,我们可以注意到,后者"先世在东汉末年始得入仕","往往被视为旧族门户",因此在儒学文化背景方面当与其时的世家大族相近,而与在文化背景方面倾向于玄学的新出门第有所区别。这样我们就可以对琅邪颜氏家族的士族属性有较为明确的认识:一方面与新出门第相比,他们是旧出门户,在文化方面倾向于儒而非新兴的玄学;另一方面,与典型的旧出门户相比,他们在综合实力和影响力方面又难以与之相提并论,是典型的"小族"。正是因为这种在士族类型上的特质,造成了琅邪颜氏家族在政治、社会和文化方面的一系列特点。

在政治方面,琅邪颜氏家族因为与那些高门大族相比实力相对较弱,稍有不慎就难免有倾家覆族之虞,因此他们更懂得"政坛有风险,入仕需谨慎",在出仕为宦方面提倡素退之道,主动与政治保持距离,极力避免卷入纷争而给家族带来灭门之祸。就琅邪颜氏家族而言,颜含主张"仕宦不可过二千石",颜之推提出"前望五十人,后顾五十人"即是正面的例证,而颜竣、颜师伯由于卷入政治过深而相继被祸,甚至牵连及于家室,则是反面的教训。

同时也因为与那些高门大族相比,琅邪颜氏家族房支较少,人丁不够旺盛之故,因此他们更需要依赖于家族内部的和睦团结,也因此而更为提倡儒家之孝悌以敦睦亲情,更强调儒家之礼法以维护家族内部的伦理秩序,因此其家族在家风方面表现出的儒家文化特征也更纯粹、更典型。

同样由于在政治方面的发展较易受到内外诸条件限制之故,像琅邪颜氏家族这样的中小士族更加注重家族内部的学术文化

传承,与此相应我们可以看到颜之推在《颜氏家训》中特设了《勉学篇》,而个中原因颜之推也述之甚为明白,如其云:

梁朝全盛之时,贵游子弟,多无学术……及离乱之后,朝市迁革,铨衡选举,非复曩者之亲;当路秉权,不见昔时之党。求诸身而无所得,施之世而无所用。……鹿独戎马之间,转死沟壑之际。当尔之时,诚驽材也。有学艺者,触地而安。自荒乱已来,诸见俘虏。虽百世小人,知读《论语》、《孝经》者,尚为人师;虽千载冠冕,不晓书记者,莫不耕田养马。以此观之,安可不自勉耶?若能常保数百卷书,千载终不为小人也。①

诚如颜之推所言,"有学艺者,触地而安","若能常保数百卷书,千载终不为小人也",较之经济上的丰裕、政治上的高位而言,将学术文化这样的精神财富传授于子弟无疑是更为稳妥的方式。毕竟财产、权势终是外在于人本身之物,其得失常因外在条件之变化,不完全由人所自主;而学术文化的传承虽较财产、权位之移接历时更久,远为复杂和艰难,同时被传授者也需要付出持久的努力,不过学术文化的传承一旦实现,它将内化为子弟的精神品质和财富,外在因素终究难以将其剥夺。"金璧虽重宝,费用难贮储;学问藏之身,身在则有余"②,就是唐人韩愈以诗歌方式对这一历史经验的直白表达。由于先秦以来就形成的学与宦之间的与生俱来的密切联系,更由于汉代士人因通经入仕而形成的传统,颜之推所言无疑有着充分的现实依据,是有道理的。至于学术文化与琅邪颜氏家族子弟出仕为宦方面的现实关联,也不乏相关的

---

① [北齐]颜之推撰,王利器集解:《颜氏家训集解》(增补本),中华书局1993年,第148页。

② [唐]韩愈著,钱仲联集释:《韩昌黎诗系年集释》,上海古籍出版社1984年,第1011页。

研究成果可供我们参考。①

尽管对于中古士族门第而言，学术文化作为其特质之一，他们无不重视学术文化的传承，但在各个不同的门第之中其侧重点和倾向性又会有所不同。当时主流学术文化，除外来佛教以外，大略不外儒、玄两大要目，前者广而言之为经史小学，后者广而言之则大略与文学、艺术同列，前者大略为汉代以来之旧学术，后者则为魏晋以来之新文化，二者之间的转移升降，关系到汉魏之际的学术变化。对此，陈寅恪在针对北魏时期汉族士人之代表崔浩的相关论述中已指出说：

> （崔）浩之通经律，重礼法，不长属文，及不好老庄之书等，皆东汉儒家大族之家世传统也，与曹操父子之喜词赋慕通达（原注：见《后汉书》捌肆《杨震传附赐传》及《晋书》肆柒《傅玄传》等）为东汉宦官寒族之传统家学者迥异。②

对于同样由汉代儒家经术文化熏育而成的南朝旧族门第和琅邪颜氏家族这样的“小族”而言，尽管其长期生活于玄学和文学、艺术风尚浓厚的南朝社会，对此新风不免要有所习染，难以像崔浩那样明确“不长属文，及不好老庄之书”，但在其文化特质的最核心层面仍保持了儒学文化的基本特征，这是他们与那些新出门第的本质区别。因此之故，即使在外在表现的诸多方面，二者于玄学、文学与经学方面的各自倾向还是较为明显。

具体就琅邪颜氏家族而言，由于儒学文化传统深厚，其家族人物于玄学风尚有染习者甚少，直到晋宋之际才有颜延之这样的个别玄学名士出现，但这并没能从根本上改变其家族的整体文化

---

① 参封海清《琅琊颜氏研究——兼论文化在世族仕宦过程中的重要作用》，《昆明师专学报》1989 年第 3 期。

② 氏著《崔浩与寇谦之》，收入《金明馆丛稿初编》，生活·读书·新知三联书店 2001 年，第 154 页。

风貌。直到南北朝末期，琅邪颜氏代表人物对玄学风尚仍持批判态度。因此，就总体而言，琅邪颜氏家族虽经受了玄风的影响，但依然保持着比较典型、纯粹的经学世家本质。这样的家族文化风貌，无论是家风还是家学，都会直接或间接影响到其家族人物的文学创作，甚至文学观。

其中，就其家风对文学创作的影响而言，既有微观方面，也有宏观方面。微观方面的例子，如在梁朝末年江陵被攻陷后，颜之推曾被迫迁往北周，其《观我生赋》言："小臣耻其独死，实有愧于胡颜。"对此清人沈豫《秋阴杂记》八云：

> 有说《哀江南赋》，情词悱恻，子山独步一时。然云："宰相以干戈为儿戏，缙绅以清谈为庙略"，全是责人，而致命遂志之语，一无流露。读颜之推《观我生赋》，其哀音苦节，与子山同遭侯景之难，而其词则曰："小臣耻其独死，实有愧于胡颜。"较信颇为悃款。①

这里道出了颜之推、庾信二人，经历同样的国破家亡之痛，又皆将此种内心苦痛诉诸相同体裁的文学作品，但二者却有"全是责人"与深加自责的不同，因此沈氏认为颜之推赋"较（庾）信颇为悃款"，沈氏于此处用心深细，见解可谓独到。但二者何以会有此种差别呢？事实上，只要我们对琅邪颜氏家族的忠义家风有些了解，在此就容易对颜之推有"同情之理解"。我们容易想到，在齐梁递遭之际，颜之推其祖颜见远因感于旧朝之恩"乃不食，发愤数

---

① 参前揭《颜氏家训集解》注引，第658页。此外，宋代叶适《习学记言序目》卷三五"北齐书·颜之推传"条说："颜之推学博文丽，《观我生赋》不失雅正之体，叙梁齐间事，可以考正，非江南文士所能及也。其言'予一生而三化，备荼苦而蓼辛'，及'自东晋之违难，寓礼乐于江湘，迄此几于三百，左衽浃于四方，咏苦胡而永叹，吟微管而增伤'，读之嗟痛不能已。昔人虽陋，未有无其志者，独于今为不然，哀哉！"参《习学记言序目》，中华书局1977年，第518页。叶氏所称道颜之推之"志"，也即颜氏所怀之故国深情。

日而卒”,而其父“又感家门事义,不求显达,恒辞征辟”,[①]南朝政权更迭频仍,多数士族人士早已司空见惯,而颜之推父祖尚且如此义烈,何况颜之推面临的是要身仕敌国这样更为严重的情况,这对于家族有着忠义传统的颜之推而言,其内心苦痛可以想见,其“小臣耻其独死,实有愧于胡颜”并非文学虚饰之言可知。当然,颜之推所以如此,除了家族传统的因素外,不排除其幕主萧绎曾对忠义多有提倡有关[②],但家族的忠义传统无疑是主要原因。

关于家风对文学影响宏观方面,前文在讨论琅邪颜氏家族的文学特色一章之《余论》中已通过与陈郡谢氏的比较有较详论述。大略言之,当谢氏家族子弟簇拥在谢安、谢混等名士人物膝前,自由谈说“白雪纷纷何所似”和“《毛诗》何句最佳”,培养于文学创作有助之展开联想和自由抒发性情的能力之时,颜氏家族子弟却要端坐在颜之推跟前,仔细辨析文字的音读、训诂如何尽量避免触犯家讳,所以可以看到颜竣“容貌严毅”而与谢庄“风姿甚美”有别,而在诗歌风格上,谢灵运可以不辨有首尾,而颜延之则以整密见长。尽管梁代简文帝萧纲宣称:“立身之道,与文章异,立身先须谨重,文章且须放荡。”[③]但实际生活中除了人格精神呈现分裂病态的极少数人士外,正常人士是很难将立身行事与文学创作截然分开的。因此之故,颜氏谨肃的门风,会对其家族人物在文学创作之时性灵的自由抒发产生抑制是肯定的。

琅邪颜氏家学对其人物文学创作的影响,将颜延之与谢灵运

---

① 《梁书》卷五〇《颜协传》,第727页。

② 关于萧绎之宣扬忠节,观《艺文类聚》卷二〇“人部·忠”多载其宣布忠义之文可知。颜之推及其父兄皆长期在萧绎府中供职,自然受其影响,颜之推“小臣耻其独死,实有愧于胡颜”或也包含对有负萧绎一番苦心孤诣的愧疚在其中。

③ 萧纲:《诫当阳公书》,收入《艺文类聚》卷二三。参《艺术类聚》,上海古籍出版社1999年新2版,第424页。

相比较也是显而易见的。在诗歌的内容和题材选择上，颜延之倾向于庙堂雅颂之作，而谢灵运的特长则是在于山水诗歌。正如刘勰所言，“庄老告退，而山水方滋”①，山水诗的直接源头是魏晋以来新兴的老庄玄学，陈郡谢氏家族早在西晋末年谢鲲之时就已身列玄学名士之林，而其时颜氏家族的代表人物颜含还是一个纯粹的儒者，晋宋之际颜延之尽管也习玄，但其玄学背景和陈郡谢氏相比自然难以相比侔。某种意义上说，玄学对于谢灵运而言，早已深入骨髓，与其思想行为及生活方式融为一体，因此之故在进行文学创作时，能够将玄学因素自由运用转化。同时也因此之故，谢氏家族代表人物谢混于晋末义熙年间已经意识到玄学意味过浓的“理过其辞，淡乎寡味”的玄言诗的美中不足，起而“斐然继作”，而谢灵运更是“才高词盛，富艳难踪，固已含跨刘、郭，凌轹潘、左”，②以丰富的词藻一改玄言诗“淡乎寡味”之弊，而将玄理的直接表达诉诸于山水，以“解铃还须系铃人”的姿态，完成了由玄言诗到山水诗的变革。尽管如此，谢灵运于玄学的积习毕竟难以完全割舍，还是不免要在其山水诗作的末尾画蛇添足般讲讲玄理。相对而言，琅邪颜氏家族的家学传统在经史小学方面，他们不乏的是词汇和典故，熟悉的是庙堂礼乐各种制度，因此对颜延之来说依照传统经学文化中的雅颂传统，略加改变移挪，从事此类庙堂文学的创作自然是驾轻就熟。

除了这些显而易见的方面之外，琅邪颜氏家族文化对其家族人物文学方面的影响，更深层次恐怕要在其所持文学的意义和价值观方面。对于根植在儒学文化立场之上的琅邪颜氏家族人物

① 《文心雕龙·明诗篇》，[梁]刘勰著，黄叔琳注，李详补注，杨明照校注拾遗《增订文心雕龙校注》，中华书局2000年，第65页。

② [梁]钟嵘：《诗品序》，曹旭《诗品集注》，上海古籍出版社1994年，第24、28页。

而言，他们对文学的态度某种意义上说是轻略的，或者说他们并不刻意追求在文学方面的成就与表现。对于此点，颜之推于《颜氏家训》中已多有申说，如其一面声称：

学问有利钝，文章有巧拙。钝学累功，不妨精熟；拙文研思，终归蚩鄙。但成学士，自足为人。必乏天才，勿强操笔。①

一面又不殚其烦，历数前代众多文学之士品行的疵病，总结这些人的结局"损败居多耳"，而解释其原因说：

但其损败居多耳。每尝思之，原其所积，文章之体，标举兴会，发引性灵，使人矜伐，故忽于持操，果于进取。……加以砂砾所伤，惨于矛戟，讽刺之祸，速乎风尘，深宜防虑，以保元吉。②

对于此种矛盾，我们在前文有关琅邪颜氏文学一章的研讨中，已引钱穆的深刻分析加以说明，此处再复引之如下，并以之作为全文的结尾。钱氏云：

可见当时爱好文辞之习尚，实与门第教养，礼法修践，存在有背道而驰之裂痕。一本两汉儒家传统，一出曹魏轶荡新轨。后人兼采并存，而未能陶冶合一。颜黄门亲以过来人教戒子弟，其言可谓恳切谆到。……可知当时尚文之风，溯源实始曹魏。而门第来历，则远在其前。门第必重儒术，谨礼法，尚文则竞虚华，开轻薄。惟魏晋以下之门第，既不能在政治上有建树，乃转趋于在文辞上作表现。盖矜尚门第，自当重门第中之人物，人物则必有所表现。在始仅认文学为人生表现之一种工具，在后则认人生即在文学表现上。如此一变，遂至于大谬而不然。……曹魏当时之新文体，本不与门

① 《颜氏家训·文章篇》，前揭《颜氏家训集解》，第254页。

② 《颜氏家训·文章篇》，前揭《颜氏家训集解》，第238页。

> 第相顾。而魏晋以下之门第,一面谨守儒家旧传统,一面又竞慕文学新风流。在此二者间,未能融会调剂,故使利弊互见,得失交乘。①

钱先生此处所揭实是有关中古时期士族门第与玄学、文学、艺术等诸多关系与复杂现象的根本原理。

① 《略论魏晋南北朝学术文化与当时门第之关系》,前揭《中国学术思想史论丛》(卷三),第173页。

附录一 沈璞之死与颜竣"不孝"

元嘉末年，太子刘劭弑父自立，天下哗然。文帝第三子武陵王刘骏起兵讨伐，幕僚颜竣积极参预起义，而颜竣的父亲颜延之当时被迫在刘劭政权中出任光禄大夫，《宋书》卷七三《颜延之传》：

义师入讨，竣参定密谋，兼造书檄。劭召延之，示以檄文，问曰："此笔谁所造？"延之曰："竣之笔也。"……劭又曰："言辞何至乃尔。"延之曰："竣尚不顾老父，何能为陛下。"劭意乃释，由是得免。

颜竣檄文所称刘劭"终行弑逆……四海崩心，人神泣血"①云云，确实置乃父于虎口之险。对此，沈约于《宋书》同传末尾以"史臣曰"评论说：

出身事主，虽义在忘私，至于君亲两事，既无同济，为子为臣，各随其时可也。若夫驰文道路，军政恒议，成败所因，非系乎此。而据笔数罪，陵仇犯逆，余彼慈亲，垂之虎吻，以此为忠，无闻前诰。夫自忍其亲，必将忍人之亲，自忘其孝，期以申人之孝，食子放鹿，断可识也。

在沈约看来，忠孝难以两全的情况下，可以"各随其时"。颜竣"参

① 《宋书》卷九九《刘劭传》，第2429页。

定密谋，兼造书檄”等举动，于君于国为利不大，而害亲有余，所以“以此为忠，无闻前诰”。接着，沈约指出“自忍其亲，必将忍人之亲；自忘其孝，期以申人之孝”，其对颜竣的批评“上纲上线”，作无限度的推论。尽管当时门阀社会之下士族普遍视孝高于忠，但作如此激烈的批评仍不免有超乎情理之嫌。① 且据《宋书》卷九九《刘劭传》，当时刘劭“欲杀三镇士庶家口”，江夏王刘义恭、何尚之说之曰“凡举大事者，不顾家口，且多是驱逼”云云，可知当时情势之下，“不顾家口”者为数众多，非独颜竣一人。沈约所以单单拈出颜竣作严厉批判，除颜竣事实典型外，似乎还另有隐情。参之史实，这或许与沈约之父沈璞被杀一事相关。《宋书》卷一〇〇《自序》云：

> 元凶弑立，(沈)璞乃号泣曰：“一门蒙殊常之恩，而逢若斯之运，悠悠上天，此何人哉。”日夜忧叹，以至动疾。会二凶逼令送老弱还都，璞性笃孝，寻闻尊老应幽执，辄哽咽不自胜，疾遂增笃，不堪远迎，世祖义军至界首，方得致身。先是，琅邪颜竣欲与璞交，不酬其意，竣以致恨。及世祖将至都，方有谗说以璞奉迎之晚，横罹世难。

以上，沈约将其父向孝武帝投诚之晚归咎于因病而“不堪远迎”，而致病之由则是因为感念“尊老应幽执”。对于沈璞被杀，沈约则直接归咎于颜竣的陷害。

对于沈约所述，历代史家多有怀疑，纷纷揭其伪饰。最早如

---

① 王鸣盛《十七史商榷》卷六一“《南史》延之父子论袭旧为得”条：“《宋书》以延之独为一卷，其子竣传隔卷，乃于延之论中专论颜竣之代孝武帝作檄以声逆劭罪，将陷父于死为不孝，独提此事论之，然此应入竣传，今《延之传》何无所论，而独举此一事乎？《宋书》论每如此偏侧。”参《十七史商榷》，上海书店出版社 2005 年，第 490 页。王氏指出沈约论颜竣之文所置非处，有违史例，似乎也与其存有私意有关。

与沈约同时代的史家裴子野,《南史》卷三三《裴松之传附裴子野传》载:

初,子野曾祖松之,宋元嘉中受诏续修何承天宋史,未成而卒,子野常欲继成先业。及齐永明末,沈约所撰《宋书》称"松之已后无闻焉"。子野更撰为《宋略》二十卷,其叙事评论多善,而云"戮淮南太守沈璞,以其不从义师故也"。约惧,徒跣谢之,请两释焉。叹其述作曰:"吾弗逮也。"

裴子野熟稔刘宋史事,又深知沈约《宋书》在其父被杀一事上的讳饰,所以毫不客气地拈出此事相要挟,而沈约却急忙妥协,企图息事宁人,可见沈约对其此事忌讳很深。

此后,《资治通鉴》卷一二七《宋纪九》"文帝元嘉三十年(435)"记载此事仅言淮南太守沈璞"伏诛",不提颜竣进谗之事,而胡三省注曰:"璞累为浚参佐,守于湖不迎义师,故诛。"①明言沈璞由于同刘浚旧交的原因,迟迟不向孝武帝投诚而被杀。宋代晁说之《读〈宋书〉》一文曾详列沈约对其祖上先人不便启齿诸事的掩饰回护,其中就包括沈璞之死一事,晁氏总评云:"其巧自回隐,矫诬如此,尚欲人之信其是非去取乎?"②清人王鸣盛亦有评论:

约之《自序》虽详,今据而考之,则其先世大抵多非良善……林子之子璞则约父也,约于此尤多妆点,元凶劭弑立,璞乃携老弱赴都自归,则其从逆显然矣,想必授有官爵,约讳不言耳。世祖入讨,伏诛正宜,约乃致怨颜竣谮之,谓以奉迎之晚,横罹世难,皆非其实。(原注:"《南史》直云'以奉迎晚

① [宋]司马光等撰,[元]胡三省音注:《资治通鉴》,中华书局1956年,第4004页。

② [宋]晁说之:《嵩山文集》,《四部丛刊续编》本,上海商务印书馆1934年,第30页。

见杀',大非。")①

日本学者吉川忠夫在其《沈约研究·出生与父亲之死》一节中也认为"在讲到父亲之死的沈约笔下,使人感到些许的笔调涩滞",而"让沈约的笔调变得十分迟钝"的原因即在于其父在这场政变当中站在了谋反者刘劭和刘浚一方,与刘骏的义军为敌。不仅如此,吉川忠夫进一步考察与这次政变相关的王鹦鹉、严道育、沈怀远,甚至沈庆之等人,发现整个吴兴沈氏家族都与刘劭的逆弑事件有很深的关联,之间如同有一条黑线相连接,"刘劭等进行谋反的时候,似乎确实对沈氏寄予了不寻常的期待。他们所期待的,大概就只是沈氏的经济实力和招募兵众的能力"②。

综合上述诸多史家的辨析,可知沈璞的政治态度倾向于刘浚、刘劭集团,对其心存期许,迟迟不向孝武帝投诚献意,致使自己处于不利的政治处境而被杀害,这才是他被杀的根本原因。③

① 前揭《十七史商榷》卷六三"沈氏世济其恶"条,第508~509页。

② (日)吉川忠夫著,王启发译:《六朝精神史研究》,江苏人民出版社2010年,第161~162页。

③ 《宋书·王僧达传》载:"元凶弑立,世祖入讨,普檄诸州郡,又符郡发兵,僧达未知所从。(按:王僧达时任义兴太守)客说之曰:'方今衅逆滔天,古今未有,为君计,莫若承义师之檄,移告傍郡,使工言之士,明示祸福,苟在有心,谁不响应,此策上也。如其不能,可躬率向义之徒,详择水陆之便,致身南归,亦其次也。'僧达乃自候道南奔,逢世祖于鹊头……初,世祖发寻阳,沈庆之谓人曰:'王僧达必来赴义。'人问其所以,庆之曰:'虏马饮江,王出赴难,见在先帝前,议论开张,执意明决,以此言之,其至必也。'"又如《宋书·王景文传》:"王景文,琅邪临沂人也。……元凶弑立,以为黄门侍郎,未及就,世祖入讨,景文遣间使归款。以父在都邑,不获致身,及事平,颇见嫌责。"可见当时面临刘劭和刘骏两个集团,在其间进行选择的多有其人,而各方对是否积极投诚也甚在意。沈璞投诚过晚,其得罪显然。此外,在严耀中看来,后来沈约撰《宋书》"多载孝武、明帝诸鄙渎事",也有公报私仇的因素。参氏著《评宋孝武帝及其政策》,《上海师范大学学报》1987年第1期。

当然,沈约将其父被杀归咎于颜竣的谗言,也不能全无所据,至少二人之间存有旧怨是可能的,因为只有具备这一基本的事实根据,沈约借颜竣谗言为乃父开脱的言辞才容易被人信服。至于颜竣究竟有无陷害沈璞,则事无明证,难以断言,但即使真有其事,也不是沈璞被杀的根本原因。

由此,沈约对颜竣"不孝"的大肆挞伐便可得到解释。沈约对颜竣的批评,一方面固然是对父亲旧日冤家的打击报复;①更为重要的是,对沈璞投诚迟晚,沈约所拟托辞是生病,致病缘由又是感念"尊老应幽执",即是因孝获罪。与颜竣置父老安危于不顾的大逆不道截然相反。因此,沈约在《宋书·颜延之传》后对颜竣的批判,某种意义上正是为此后在《宋书·自序》中杜撰乃父因孝行而获罪之事张本。

综合上述,沈约不仅像前代史家所揭发的那样,在《宋书·自序》中对其父被杀一事曲笔回护,而且其在《宋书·颜延之传》后对颜竣"不孝"的肆意笔伐,也是出于一己私意,为此后在《自序》中杜撰乃父"因孝获罪"之辞而张本。若后人不明此意,受其蒙蔽,通览《宋书》,不免先要为颜竣之"大逆不道"而义愤填膺,继续阅及末尾《自序》又会为沈璞之"慈孝"而同情扼腕。颜竣"余彼慈亲,垂之虎吻"固然是不孝之举,但其"不孝"所以被沈约特意批判则有着具体的历史原因,需要"同情之理解"。

---

① 陈柏璋认为"沈约父沈璞之死,颜竣实是促成其事的关键人物",与本文观点相反,但陈氏指出一个值得注意的现象,即沈约于《宋书·颜竣传》"言及颜竣之罪,罪状盈纸,并描述其乞命之窘态,以及多次记载颜竣死后仍为孝武帝所忌恨也",认为"其中或许不免私人的恩怨使然",这也可见沈、颜二氏关系之微妙。参氏著《中古琅邪颜氏研究——以婚姻仕宦和家学门风为中心》,"国立"中兴大学 2004 年硕士论文,第 55 页。

附录二　颜师古《汉书注》涉嫌“抄袭”说再检讨

班固所著《汉书》作为中国古代第一部纪传体断代史，在传统史籍中享有崇高地位，而长期以来最为通行的则是唐初颜师古的《汉书》注本。颜注《汉书》为奉当时太子承乾之命而作，又集汉末以来众家《汉书》注解之大成，成书之后便成为《汉书》的权威注本。事实上颜注《汉书》不仅是清代以前最有影响的《汉书》注本，而且一直被公认为是传统史注的典范之作，从而不断得到包括历代史学史家、文献学家乃至文字音韵学家等在内的多方面学者的好评。我们可以曾为颜师古撰写年谱的罗香林之言作为此类好评的代表，罗氏说：

> 师古注《汉书》，条理明备，捃采古赡，靡虚诂臆训，文显事核，俾游于班史者得所依据，尤为史注要籍。清人周寿昌作《汉书注校补》，王先谦作《汉书补注》，虽视师古为密，然于师古原注，要不能不奉为径路。①

不过，与此类好评相反，颜注《汉书》长久以来也一直为部分学者深相诟病。这些诟病主要针对颜注《汉书》中出现的大

---

①　罗香林：《颜师古年谱》，台湾商务印书馆1972年，第2页。

量将他人注解掩为己说的现象，即通常所说的颜注“抄袭”一事而发。

综合前人所持颜师古“抄袭”说，可知颜师古“抄袭”可大略分为两个部分：其一为“抄袭”其叔父颜游秦《汉书决疑》的部分（颜师古袭用其祖父颜之推之说也与此相近）；其二则为“抄袭”众家《汉书》旧解的部分。前人批评颜师古“抄袭”，常常连类而及，将两者相提并论。如清人王鸣盛论此云：

> 游秦撰《汉书决疑》十二卷，为学者所称，师古注《汉书》多取其义。今《叙例》竟不及游秦，全书中亦从未一见。……师古之为人如此，攘叔父之善而没其名，殆亦其一蔽乎？《史记》裴骃注引《汉书音义》，考之《汉书》，往往为孟康等家之言，间亦有无诸家名而直为师古之言者，若果为师古之言，则裴骃是宋人，安得引之？可见师古剿袭旧注，不著其名者亦时时有之。①

这便是王氏将颜师古“攘叔父之善而没其名”与“剿袭旧注”相提并论的例子。不过，颜师古“抄袭”自家叔父与“抄袭”众人在性质上并不完全相同。因为前者可以从“继承家学”的角度给予合理解释；而后者如果确实，则不能以“继承家学”为由替颜师古作有效辩解。因此之故，我们主张应当改变以往学者将两者混为一谈的做法，而将两个方面的问题分别进行讨论。

此类针对颜师古涉嫌“抄袭”而产生的种种责难，对于推崇颜注《汉书》的学者而言自然深感困惑，因此也间有学者对所谓颜注“抄袭”之说提出辩驳。其中对于前者，即颜师古注《汉书》多取其叔父颜游秦《汉书决疑》之说的问题，学者们已多从“继承家学”的

① ［清］王鸣盛著，黄曙辉点校：《十七史商榷》，上海书店出版社2005年，第46页。

角度为颜师古辩解，认为不能算作“抄袭”。① 我们赞同其说，因此这里从略。对于后者，即颜注《汉书》“抄袭”除其祖父、叔父之外的其他众家注解的问题，虽也曾有学者略有反驳，但因为所持理由较为含混笼统，在批评者一方大量的“确凿证据”面前，所持结论多难以令人信服。有鉴于此，我们欲就颜注《汉书》“抄袭”众家旧注问题重新作一番检讨，尝试从文献流传变迁的角度对颜师古不应为此类“抄袭”负责作较为恰切的解释。

一、前人所持颜师古“抄袭”诸家旧注说

颜师古《汉书注》“抄袭”众家说，大约始于《汉书》学大盛的清代。清人杨守敬曾言：“至国朝诸儒，更觉其多所掠美。”②具体而言，清人持此说者可以洪颐煊、杨守敬等为代表。如洪颐煊《读书丛录》卷一九“汉书集注”条云：

> 颜师古《汉书集注》多掩他人之说以为己说。颐煊以《史（记）索隐》证之，《张苍传》“柱下方书”，“师古曰”是姚察说；《淮南王安传》“会有诏即讯太子”，“师古曰”是乐产说；《郊祀志》“周始与秦国合而别别五百载当复合”，“师古曰”是颜游秦说，如此类甚多。③

① 这可以金毓黻的观点为代表。对于前人以《旧唐书·颜师古传》所载颜游秦著《汉书决疑》，颜师古“多取其义”，而“以盗窃为疑”，金氏指出说：“不悟古人为学，或父子世业，或叔侄相续，尝自称曰某氏学，人称之为一家之言，鲜有以一人一世而独成其学者。班固踵其父彪之业而撰《汉书》，而叙传中不称其父曾撰《史记后传》，微范书为之作传，何由征之？然古人不以为病者，正由父子世业学成家言故也。以此为解，庶有当乎。”参氏著《中国史学史》，商务印书馆 1999 年，第 232 ~233 页。

② 氏著《〈汉书古注辑存〉序》，《杨守敬集》，湖北人民出版社 1988 年，第 5 册，第 1177 页。

③ ［清］洪颐煊：《读书丛录》，《续修四库全书》影印清道光二年富文斋刻本，上海古籍出版社 2002 年，第 1157 册，第 724 页。

而杨守敬则在辑录诸家《汉书》旧注的基础上指出:"今以《史记集解》、《索隐》、《正义》照之,掩袭之迹,不堪指教,昭昭在前,何得以冥符为解。"①

近人持此说者则有王重民。王氏提出此说的依据主要是一些敦煌《汉书》残卷,其《敦煌古籍叙录》卷二"伯三五五七号"条称该卷与伯三六六九号同为晋蔡谟注《汉书·刑法志》残卷,而"注语亦有可言者":

> 如:"菲履赭衣而不纯。"卷子本注:"文颖曰,菲,草履。晋灼曰,纯,缘也。晋灼曰,纯,缘也。"今本作:"师古曰,菲,草履也;纯,缘也。衣不加缘,示有耻也。"则小颜因古人之说以为说者也,非见此卷,焉能辨之。②

同书卷二对于斯二〇五三号蔡谟注《汉书·萧望之传》残卷,王氏又说:"统此三卷以证之,其(指颜师古)于谟书,固多所因袭……兹以此卷观之,颜氏每乾没旧义,掠为己说。"③

此后,集之前众说之大成,证据资料搜采最为完备,以证明颜师古注《汉书》"抄袭"众家旧注确实者,则为杨明照《汉书颜注发覆》④

① 参《〈汉书古注辑存〉序》,前揭《杨守敬集》,第5册,第1177页。杨氏在文中称:"余以为服虔、应劭、张揖、郭璞诸君,皆盖代鸿儒。虽异义纷出,利钝互陈,而学有本原,不同肤受,乃横遭割弃,遂使前贤专书尽归沦亡。今之所存,零笺断简,莫非至宝。因翻检《史记注》、《水经注》、《文选注》,凡颜氏《序例》所载二十三家,各还其人。其他应奉《汉事》、姚察《训纂》、包恺《音》、萧该《音义》(原注:《子略》称先儒颇谓师古于该议论矛盾,故所不录。今以宋景文所校及笔记所载谓之萧该《音义》照之,高说良是。)为师古所不录者,亦并存其崖略焉。"

② 氏著《敦煌古籍叙录》,中华书局1979年,第78~79页。

③ 参前揭《敦煌古籍叙录》,第79页。

④ 该文原载1946年《中国文化研究汇刊》第五卷,后收入氏著《学不已斋杂著》(上海古籍出版社1985年)。文中杨先生有注云:"王鸣盛《十七史商榷》卷七、赵翼《陔余丛考》卷五、洪颐煊《读书丛录》卷十九、朱一新《汉书管见》(原注:据王先谦《汉书补注·序例》引)、萧穆《敬孚类稿》卷五,均有论列,惟不甚详耳。"

一文。杨先生文中自云其研究方法说：

闲尝浏览书传注疏，及经典音义，凡所引《汉书》旧注与颜氏同者，辄别为移录。弋钓既久，蓄积遂多。自曹大家以迄颜游秦，共得三十有三家。其主名难详，如《史记音义》、《汉书音义》、《汉书旧注》、《汉书拾遗》四书不与焉。①

该文末尾，杨先生又细述其查证的结果为：

综上所列三十三家暨四书，都四百三十条，或系读音，或属释义，或引书以证事，或数典以讨原，皆精审居要，塙切不拔。颜氏以一人之力，而众美并聚，同心同理，何巧乃尔！

在此基础上，杨先生申述曰：

夫仁智殊见，大小异识，贾、服诂经，杜、郑注礼，同解一书，即各异趣，纵有冥符，亦未若颜注如是之众多。苟非有所因袭，何致同其臭味？且崇贤注选，子正笺史，何超之训《晋书》，慧苑之音释典，泛采诸家，兼及颜氏，独于师古与旧说同者，则舍此取彼，录远略近。非缘情伪尽知，庶能朱紫有别？况裴世期之解《国志》，郦善长之注《水经》，考时既较颜氏为早；陆元朗之撰《释文》，孔冲远之纂《正义》，论世亦与颜氏相同。皆系别成家言，所引弥足征信。是知师古之注，实有掠美之嫌。②

此后杨先生又进一步推论说：

以彼居官纳贿相验，则其注书行窃也固宜。然此仅就诸书征引可考索者，以相覆按。若《隋志》所录，《叙例》所列，均未佚亡，敦煌古卷，日本旧钞，皆得寓目！与夫杜林、刘熙、刘

---

① 《汉书颜注发覆》，收入前揭《学不已斋杂著》，第51页。

② 《汉书颜注发覆》，收入前揭《学不已斋杂著》，第111页。

兆、萧绎四家之注俱在,一一加以核对,所获更不知凡几?较诸子玄《庄注》,只窃子期,叔宁《晋书》,单袭处叔,尤为贪狠。与乾没河分岗势,春入烧痕为佳句者,实无以异。而其《叙例》,乃谓"旧注是者,则无间然,具而存之,以示不隐"。巧言如簧,欲谁欺乎?至具存旧注,彰恶似多,扬善较少,不为藏拙,果何用心!及其诠释事义也:非熔冶旧意,陶铸新词;即仅换其文,不易厥质。其甄录旧说也:非明引之后卷,而阴袭于前篇;即阴袭于后篇,而明引之前卷。抑或抨击上文,因仍下文;掩袭下句,标举上句。其作反切也:非假同声之字相代,即用同韵之字以替。其拟直音也:非取同音代彼故有,即以正字改其俗体。抑或变易直音,别作反切;变易反切,别作直音。至于点窜原注,增损字句,以弥缝其阙者,更是经营惨淡,煞费心机。若夫所列名氏,刘宝乃故张其目,仅引一说,崔浩则昭示所撰,却举一书;道真驳议,未必都系谬论,伯渊音义,何尝止于荀纪?知而弗言,则为蒙己;袭而不著,亦属诳人。人已交欺,何庸出此!虽然,此二人者,名氏得称,宁非多幸!如司马彪、顾野王、孔文祥、颜游秦之流,乐产、姚察、项岱、萧该之辈,师古于其著作,则负匮揭箧担囊而趋,一一鹤声,亦不复存。几何不令人叹其空自苦也!他若《高帝纪·赞》之本杜预,《扬雄列传》之用李轨,《礼乐志》之取康成,《地理志》之袭安国,叙目祛妄,窃之于《文心》,犹豫达诂,剽之于《家训》。偷语偷义,曷其有极。彼纵各有专著,非以训解班书,然既采摭其说,则应标举其名。鸠居鹊巢,茑施松上,不几使西河之民,相疑于夫子耶?惟《天文》一志,咸著旧义;盖学涉专门,不容侵冒,否则亦将染指矣。昔孟坚成书,既负遗亲攘美之诮,师古作注,复有没叔掠善之行。后先一辙,可胜怪叹!前史乃誉为忠臣,后贤亦称其精尽。所谓取诸人以为善,是以能为善者,非欤?①

杨先生在文中以《汉书》旧注家为目,将它书所引《汉书》旧注内容与颜师古注相同相近者一一罗列,其"四百三十条"证据斑斑皆在,至此颜师古《汉书注》"抄袭"前人旧注真可谓是铁证如山,确实无疑了。事实上也确是如此,对于杨明照先生所揭橥的颜师古掩袭诸家旧注之事,除少数学者有过简要解说辩驳外,其他人在评谈颜注《汉书》时多未就杨先生所揭此事给予正面响应。

二、针对颜师古"抄袭"众家旧注说已有的相关辩解

事实上,前人面对颜注《汉书》中此类大量袭用他人之说,而戴之以"师古曰"的学术失范事实从情感上也多不愿接受,设法从多方为其辩解。如清人王先谦除承认颜师古"抄袭"其叔父颜游秦之说为"有惭德矣"之外,对《汉书》颜师古注大体上仍是极为推崇的,认为"颜注发明驳正,度越曩者,非仰人鼻息者也"。王氏在历举颜师古《汉书注》"其中或引旧文,据为已说"众例之后说:

原其本意,非必掩袭前贤,或因己说冥符,不复割舍,尚非巨累。②

显然,王氏的这种"冥符"说在大量证据面前不免有些勉强,难以令人信服。上引杨明照先生所言"贾、服诂经,杜、郑注礼,同解一书,即各异趣,纵有冥符,亦未若颜注如是之众多"云云,似即针对王氏此言有为而发。

今人曾出面为颜师古此事辩解的有祝鸿杰。其《颜师古和他的〈汉书注〉》一文中提到:

值得一辨的是,有人以颜注多处资取前修成文(包括颜

---

① 《汉书颜注发覆》,收入前揭《学不已斋杂著》,第111~114页。

② [清]王先谦补注,上海师范大学古籍整理研究所整理:《汉书补注》卷首所附《前汉补注序例》,上海古籍出版社2008年,第2页。

游秦《汉书决疑》为据)，指责颜师古“欺世盗名”，对于此说笔者不敢苟同。理由是：一、古人著作权不甚分明，不以抄袭为嫌，袭用家学更谈不上什么“剽窃”，司马迁《史记》沿用其父司马谈成文即为明证。二、颜注有时引用的成说及沿用的旧注都是当时人所诵习所熟悉的，没有必要全都注明出处。三、一些词语的训解本于古代文献，不能凭虚别构，旧注中于此等处也没有专利权。①

对于祝先生所提出的三条理由，除说“古人著作权不甚分明”不太属实外②，所说“袭用家学更谈不上什么‘剽窃’”大体可以成立；而其余两条理由大体也为坚确，这可以参照张舜徽所总结的郑玄注经“沿用旧诂不标出处例”加以说明。张先生指出说：

郑氏注书，循文立训，皆各有义据，全屏臆造。大抵汉以前经传本文，即有诂训。如……‘止戈为武’，‘皿虫为蛊’，见于《左传》……而《尔雅》十九篇，尤为训诂名物渊薮。……故群经《尔雅》，乃郑氏从事注述之依据也。今观郑氏诸经注中训兹为此……训躬为身……训时为是……训之为往，此皆常见之义，并本《尔雅・释诂》。至于训颐为养……则本《易》之《序卦》；训葵为揆……则本《尔雅・释言》。此虽罕见僻义，亦经传所常用也。……经传《尔雅》，为当时学者常习之书，故郑氏注书时左右采获，而不明标出处，良以群经《尔雅》之名物训诂，已为世所公有，人所共知，偶有取用，不注所出，无

---

① 载《语文研究》1982 年第 2 辑。

② 这里可以晋宋时雷次宗注《丧服》一事为例略加说明。《高僧传》卷六《义解三・晋庐山释慧远传》：“(慧)远内通佛理，外善群书，夫预学徒，莫不依拟。时远讲《丧服经》，雷次宗、宗炳等，并执卷承旨。次宗后别著义疏，首称雷氏，宗炳因寄书嘲之曰：‘昔与足下共于释和上间，面受此义，今便题卷首称雷氏乎？’”参《高僧传》，中华书局 1992 年，第 221 页。据此可知，当时社会舆论对于此类学术侵权行为并不是完全漠视不管。

嫌也。斯固汉人注书之通例,不独郑氏一人然矣。①

颜师古注《汉书》采用的是"儒宗训解"的方式,②因此沿用类似郑玄"沿用旧诂不标出处"这样的通例也在情理之中。事实上,我们在杨明照《汉书颜注发覆》一文所整理的颜注"抄袭"前人旧注的众多材料中也找到了类似的例子。如"裴骃"目下有:

(裴)骃案:"《尔雅》曰:右陵太丘。"(《史记·封禅书》"宋太丘社亡")

师古曰:"《尔雅》云:右陵泰丘。"(《郊祀志》上)③

又比如"如淳"目下有:

《字林》丘权反,如淳《汉书》音同。(陆德明《左传音义》三"成十年传卷县"下引)

师古曰:"卷……音丘权反。"(《周勃传》"其先卷人也")④

可以认为前者中颜、裴二人皆本于《尔雅》,后者则可能颜、如二人共本于《字林》或《字林》之外的某部典籍,也可能各有所自而结果却"冥符"一致,这些可能确是颜师古"旁究《苍》、《雅》"的结果,可以认为并不构成严格意义上的"抄袭"。其他杨先生所提出的颜师古"抄袭"证据可商榷者又如"如淳"目下:

如淳曰:"近塞郡皆置尉,百里一人,士史尉史各二人也。"(《史记·匈奴传》"是时雁门尉史行徼"《索隐》引)

师古曰:"《汉律》:近塞郡皆置尉,百里一人,士史尉史各

① 张舜徽:《郑氏经注释例》,收入《郑学丛著》,华中师范大学出版社2005年,第50~52页。

② [唐]刘知几撰,[清]浦起龙通释,吕思勉评,李永圻、张耕华整理:《史通》,上海古籍出版社2008年,第96页。

③ 《汉书颜注发覆》,收入前揭《学不已斋杂著》,第91页。

④ 《汉书颜注发覆》,收入前揭《学不已斋杂著》,第69页。

二人。”(《匈奴传》上)

杨先生在该条注文中提出颜师古“抄袭”如淳注的理由是:“《汉律》唐世已亡(见《后汉书·光武帝纪》下注),师古不容得见。且如氏注解班书,屡引《汉律》,今本《史记》非脱‘汉律’二字,即由小司马删去。”①“《汉律》唐世已亡”详见于《后汉书》卷一下《光武帝纪下》:

> (建武六年春正月)辛酉,诏曰:“……其命郡国有谷者,给禀高年、鳏、寡……无家属贫不能自存者,如《律》。”李贤注云:“《汉律》今亡。”

这里需要提及的是李贤等人《后汉书注》成书在高宗上元三年(676),距离贞观十九年(645)年颜师古逝世已有31年,即李注中的“今”并不完全等同于颜师古注《汉书》之时。且琅邪颜氏家族富有藏书,因此难以据此断定颜师古一定不曾目睹《汉律》。同时《急就篇》卷四“受赇枉法忿怒仇”,颜师古注云:“以财求事曰赇。言受人财者枉曲正法,忿怒良直,反为仇雠也。”②颜氏此注与《汉律》密切相关,可见其对《汉律》是熟悉的,很可能对《汉律》有过研读。

不过,面对杨明照先生所列举的“三十三家暨四书,都四百三十条”确凿证据,祝先生所具出的三个理由,显然并不能使我们对颜师古“抄袭”他人注解一事完全释疑③。正如前引杨明照所提出的,当时同类著述众多,何以独独颜师古《汉书注》出现了如此严重的学术失范问题?

值得一提的是,颜师古之祖颜之推曾明确以掩袭他人学说为

---

① 参《汉书颜注发覆》,收入前揭《学不已斋杂著》,第71页。

② [宋]王应麟:《玉海》附刻《急就篇补注》,江苏古籍出版社、上海书店联合出版1987年,第83页。

③ 事实上,祝先生在文中没有明确提及杨先生《汉书颜注发覆》一文。

耻，并特将其写入所撰《颜氏家训》教导子孙，其云：

用其言，弃其身，古人所耻。凡有一言一行，取于人者，皆显称之，不可窃人之美，以为己力；虽轻虽贱者，必归功焉。窃人之财，刑辟之所处；窃人之美，鬼神之所责。①

由此，我们又不免怪叹，颜师古何以胆敢违背祖训，并且既然"图谋不轨"，可为什么又要在《汉书叙例》中高自标置说"凡旧注是者，则无间然，具而存之，以示不隐"、"上考典谟，旁究《苍》、《雅》，非苟臆说，皆有援据"云云，且末了又将旧日注家"具列如左"，难道颜师古真的敢冒天下之大不韪，公然掩袭他人注解，且故意留下线索供人"按图索骥"吗？②

再如杨明照先生所说："若《隋志》所录，《叙例》所列，均未佚亡，敦煌古卷，日本旧钞，皆得寓目！与夫杜林、刘熙、刘兆、萧绎四家之注俱在，一一加以核对，所获更不知凡几？"众所周知，颜注《汉书》成书后一方面"大显于时"，获得"班孟坚忠臣"这样的赞誉③，同时也引来了一些人"吹毛求疵"式的关注，他们无疑最有条件如杨先生所云"所获更不知凡几"，何以彼辈却"明察秋毫之末而不见舆薪"，对颜师古这样光天化日之下的"不法"行为视而

---

① 《颜氏家训·慕贤篇》，前揭《颜氏家训集解》，第132页。

② 参《汉书》卷首所附《汉书叙例》，第3、4页。钟岱曾认为颜师古《汉书叙例》"实际上具有创立一种新的著述体例的意义。因为，它在我国史部著作史上，第一次做到对自己著作的材料来源作集中论列，对前人重要学术成果作出有系统的评价，并对自己撰述的意图作了明确的阐释。……尽管司马迁、司马彪只达到初步的阶段……《汉书叙例》则是更加发展的形式。……由于它是用单独的完整的篇幅来论述以上问题的，因而在著述上创立了一种新的体例"。参氏著《〈汉书叙例〉在著述体例上的创造性》，《史学史研究》1986年第1期。这也就是说，颜师古《汉书叙例》在某些方面，如详列所参用的前代注家名氏等等，具有开创的意义。既然如此，他就也有理由按此前的"常规"操作，而这对于掩盖"抄袭"的痕迹显然是有利的。

③ 《新唐书》卷一九八《颜师古传》，第5642页。

不见？会不会是唐人所看到的颜师古《汉书注》原本并不存在杨先生所举的种种“罪证”呢？

三、颜师古“抄袭”旧注现象的形成与《汉书》流传变迁之关系

其实，杨明照先生以及清代学者要彻底证明颜师古注《汉书》“抄袭”诸家旧注，必须要具备一个前提条件，这便是他们所持以论说的《汉书》注本要与当年颜注《汉书》成书后“承乾表上之，太宗令编之秘阁”①之本相同。否则，因他人抄写刊刻流传等非经颜师古之手所造成的变化，颜氏当概不负责。事实上，我们可以通过相关记载略观唐代书籍所遭受的命运。《旧唐书》卷四六《经籍志序》载：

> 开元三年，左散骑常侍褚无量、马怀素侍宴，言及经籍。玄宗曰：“内库皆是太宗、高宗先代旧书，常令宫人主掌，所有残缺，未遑补缉，篇卷错乱，难于检阅。卿试为朕整比之。”至七年，诏公卿士庶之家，所有异书，官借缮写。及四部书成……九年……重修成《群书四部录》二百卷……自后毋煚又略为四十卷，名为《古今书录》，大凡五万一千八百五十二卷。禄山之乱，两都覆没，乾元旧籍，亡散殆尽。肃宗、代宗崇重儒术，屡诏购募。文宗时，郑覃侍讲禁中，以经籍道丧，屡以为言。诏令秘阁搜访遗文，日令添写。开成初，四部书至五万六千四百七十六卷。及广明初，黄巢干纪，再陷两京，宫庙寺署，焚荡殆尽，曩时遗籍，尺简无存。及行在朝诸儒购辑，所传无几。昭宗即位，志弘文雅。秘书省奏曰：“当省元掌四部御书十二库，共七万余卷。广明之乱，一时散失。后来省司购募，尚及二万余卷。及先朝再幸山南，尚存一万八千卷。

① 《旧唐书》卷七三《颜师古传》，第2595页。

窃知京城制置使孙惟晟收在本军,其御书秘阁见充教坊及诸军人占住。伏以典籍国之大经,秘府校雠之地,其书籍并望付当省校其残缺,渐令补辑,乐人乞移他所。"并从之。及迁都洛阳,又丧其半。平时载籍,世莫得闻。

这里需要注意的是,据唐玄宗之言,"太宗、高宗先代旧书",由于长期由"宫人主掌,所有残缺,未遑补缉",到了开元初年已经"篇卷错乱,难于检阅",不得不令褚无量、马怀素"整比之",当时颜师古《汉书注》也可能就曾在褚、马二人的"整比"范围内。更要注意的则是安史之乱和黄巢起义这两起唐代的大规模战乱,前者致使"两都覆没,乾元旧籍,亡散殆尽",后者则"再陷两京,宫庙寺署,焚荡殆尽,曩时遗籍,尺简无存",此后"迁都洛阳,又丧其半"。可见几次战乱,唐代宫廷藏书所遭受的损失是惨重的。当年贞观中"编之秘阁"的颜师古《汉书注》能够幸免于难的机率可以说十分微小。而据史臣所述,当时书籍的稀缺在最严重的时候甚至"平时载籍,世莫得闻",而颜师古《汉书注》便属于这类"平时载籍"。

当然,作为补修措施,便是由国家下令"屡诏购募"、"日令添写"等等,这也就是说后世流传的颜注《汉书》很可能便是来自于这类"搜访遗文",从民间得到的本子。可以知道,直到宋代将颜注《汉书》雕版流传以前,颜师古的《汉书注》与其他书籍一样也经历了数百年的手抄流传过程。书籍在手抄流传的情况下又会发生什么变化呢?正如美国汉学家宇文所安所说:

我们现有的印刷版本多从宋朝开始,但是手抄本文化和印刷文化具有深刻的差别。我想,我们完全可以说,在每一次对一部篇幅较长的文本的抄写过程中,都可能会产生无数或大或小的改动;下次再抄写,又接着发生同样的现象;等等,以此类推。因此,每一代手稿抄写都会产生出无穷无尽的错误和差异。一个诗人越是享有盛名，情况就越是复杂。白居易把他亲自校勘的作品全集的抄本存放在一个寺庙里，他其实是在试图控制错误和差异的循环产生。……在这样的手抄本文化里，文本的变化是不断发生的。①

这里颜注《汉书》显然属于那种"篇幅较长的文本"，即容易遭受改动的类型；同时"一个诗人越是享有盛名，情况就越是复杂"，而颜注《汉书》的盛名也是众所周知的；同时唐太宗所以要将颜师古所注《汉书》"编之秘阁"，除了方便宫廷读写外，其中也有类似于白居易把"亲自校勘的作品全集的抄本存放在一个寺庙里"那样，"试图控制错误和差异的循环产生"的目的，但是很不幸，战乱把这样的美好初衷打破了。敦煌残卷的伯二四八五号内容为颜师古注《汉书·萧望之传》。② 卷中双行小字部分是颜师古注，而从左边第二行文字我们还可以看到抄写者补充修改的痕迹。虽然字迹模糊难以辨认，但核以中华书局本颜注《汉书》，知其既非《汉书》正文，也非颜师古注文。可以设想如果有人以此为蓝本重新抄写，有可能会改变这里上下出格的样式，将其统一格式混入正文，或变为双行小字当做注文。当然，今天看来这里的文字很幸运地并没有混入原书中，但是就像我们今天还能看到这一补写的痕迹一样，或许其本身就是一个特例。

我们还可以透过相关研究，看看颜注《汉书》在宋代版刻流传的情形。据汝企和所考，宋代朝廷馆阁主持的史籍校勘共计21次，其中涉及《汉书》的约有三次，都是在北宋时期进行的。第一次为宋太宗淳化五年的校勘"前三史"，"既毕，遣内侍裴愈

① 氏著《瓠落的文学史》，收入《他山的石头记——宇文所安自选集》，江苏人民出版社2003年，第20~21页。

② 参黄永武主编《敦煌宝藏》，新文丰出版公司1986年，第121册，第65页。

赍本就杭州镂板”;①第二次是在景德元年,当时参预其事的刁衎曾上言:“《汉书》历代名贤竞为注释,其得失相参,至有章句不同、名氏交错。除无可考据外,博访群书,遍观诸本校定。”②而此次校勘的结果是“(校正文字)凡三百四十九签,正三千余字,录为六卷以进。”③第三次则是景祐元年的复校众史,当时负责其事者余靖上言特别提到“《前汉书》官本谬误,请行刊正”,此后“诏(余)靖及国子监王洙尽取秘阁古本对校,逾年乃上《汉书刊误》三十卷”。④ 这里我们可以注意到有关颜注《汉书》的一些情况。特别是景德年间,刁衎上言所称“《汉书》历代名贤竞为注释,其得失相参,至有章句不同、名氏交错”,这便明确谈及当时《汉书》之本注释错乱的情形,而景祐年间复校时余靖又特别指出“《前汉书》官本谬误”,这都可见宋代版刻时的《汉书》已经远非贞观时“上之秘阁”的颜注《汉书》之旧了。有关明代的《汉书》版本,据张元济引齐召南《汉书》殿本跋语说:“明人旧版,于颜注所引二十三家之说,十删其五。”⑤可见明人刊刻《汉书》对颜师古删改的情况也极为严重。显然,如果我们持这样屡经删改增补的《汉书》去考察、判断颜师古是否“抄袭”他人注文是很冒险的。

---

① 参汝企和《论两宋馆阁之校勘史书》,《史学史研究》2001 年第 1 期。此处引文,汝氏注为《宋会要辑稿·崇儒》及《麟台故事》卷二。

②③ 参前揭《论两宋馆阁之校勘史书》。引文原出自《宋会要辑稿·崇儒》及《麟台故事》卷二。

④ 参前揭《论两宋馆阁之校勘史书》。引文原出自《续资治通鉴·长编》卷一一七“景祐二年九月壬辰”条。又见《麟台故事》卷二及《玉海》卷四三。

⑤ 张元济:《校史随笔》,收入《张元济古籍书目序跋汇编》,商务印书馆 2003 年,第 36 页。

四、由中华本《汉书》校勘记所见注文归属讹乱推测颜师古“抄袭”说为非

以上所述可知，颜师古所注《汉书》成书后，在唐代长期手抄流传，且历经战乱，已很难保持原貌。到了宋代颜注《汉书》的讹乱情况已十分严重，虽经数番校勘订误，但修补也难以彻底，同时又可能因校改不当而产生新的讹乱。具体而言，这类手抄、刊刻过程中的校改、订补可能出现的情况就是将一些注释的归属窜乱，而且通常是将无名注或他人注因“众望所归”之故，想当然地署为颜师古注，而这无疑是与颜师古注《汉书》是否“抄袭”旧注直接相关的。也就是说，人们据以指责颜师古“抄袭”的那些注释，很可能是后人不断增补讹改，经历“累层的堆积”的结果，如果情况属实，颜师古便不当为此负责。

为此，我们检索中华本《汉书》校勘记中出现的有关注释归属问题的条目，并将其整理归类，据以推测前人所说颜师古“抄袭”诸家旧注说或为不当。特将结果列表分述如下：

表一：汲古阁本系统《汉书》将他人注误为颜师古注之例

序号	卷次及纪传名	原文	注文	中华本校勘记	注文页码	备注
1	卷 9《元帝纪》	“立长沙炀王弟宗为王”	(师古)〔郑氏〕曰：“炀音供养之养也。”	景佑、殿本都作“郑氏”。	284	
2	卷 33《田儋传》	“至尸乡厩置”	(师古)〔应劭〕曰：“尸乡在偃师城西。”	景祐、殿本都作“应劭”。王先谦说作“应劭”是。	1852	

（续表）

序号	卷次及纪传名	原文	注文	中华本校勘记	注文页码	备注
3	卷 49《爰盎传》	“（爰）盎兄哙任盎为郎中”	（师古）〔如淳〕曰：“盎为兄所保任，故得为郎中也。”	景祐、殿本都作“如淳”，《史记集解》引亦作“如淳”。	2267	可见中华本校勘记已据《史记集解》以校《汉书》之注文归属问题。
4	卷 60《杜周传》	“（范雎）开一朝之说，而穰侯就封”	（师古）〔文颖〕曰：“范雎为丞相，穰侯就国。”	景祐、殿本都作“文颖”。	2767	
5	卷 81《孔光传》	“时有所言，辄削草稿”	（师古）〔服虔〕曰：“言已缮（事）书，辄削坏其草。”	景祐、殿本都作“服虔”。	3354	
6	卷 96《西域传》	“马汗血，言其先天马子也”	（师古）〔孟康〕曰：“言大宛国有高山，其上有马不可得，因取五色母马置其下与集，生驹，皆汗血，因号曰天马子云。”	景祐、殿本都作“孟康”。	3895	
7	卷 43《陆贾传》	“赐（陆）贾橐中装直千金，它送亦千金”	（师古）〔苏林〕曰：“非橐中物，故曰它送也。”师古曰：“它犹余也。”	景祐、殿本都作“苏林”。	2113	若同为师古所注，则不烦再出“师古曰”，其误显然。
8	卷 58《公孙弘传》	“则群臣逡”	（师古）〔李奇〕曰：“言有次第也。”师古曰：“逡音七旬反，其字从之。”	景祐、殿本都作“李奇”，此误。	2615	此条之前两条，之后四条皆为“师古曰”。颜师古注例多以他人注为首，己注置于最末。

（续表）

序号	卷次及纪传名	原文	注文	中华本校勘记	注文页码	备注
9	卷63《武五子传》	“焚苏文于横桥上”	(师古)〔孟康〕曰：“横音光。”师古曰：“即横门渭桥也。”	景祐、殿本都作“孟康”，此误。	2747	
10	卷63《武五子传》	“以湖阌乡邪里聚为戾园”	(师古)〔孟康〕曰：“阌，古闅字，从门中旻。建安中正作阌。”师古曰：“旻，举目使人也。音许密反。阌字本从旻，其后转讹误，遂作门中受耳。而郭璞乃音汝授反，盖失理远耳。”	景祐、殿本“师古”作“孟康”……此误。	2748	
11	卷87下《扬雄传下》	“或横江潭而渔”	(师古)〔服虔〕曰：“渔父也。”师古曰：“江潭而渔，潭音寻。渔，合韵音牛助反。”	殿本作“服虔”。	3750	
12	卷91《货殖传》	“若千亩卮茜”	(师古)〔孟康〕曰：“茜草、卮子可用染也。”师古曰：“茜音千见反。”	景祐、殿、局本都作“孟康”。	3687	
13	卷100上《叙传上》	“匪党人之敢拾兮”	(师古)〔苏林〕曰：“拾音负拾之拾。”应劭曰：“拾，更也。自谦不敢与乡人更进也。”师古曰：“靖，古静字也。拾音其业反。玷，缺也。更音工衡反。”	景祐、殿本都作“苏林”，此误。	4215	
14	卷59《张汤传》	“边通学短长”	(师古)〔应劭〕曰：“短长术兴于六国时，长短其语，隐谬用相激怒也。”张晏曰：“苏秦、张仪之谋，趣彼为短，归此为长，《战国策》名长短术也。”	景祐、殿本都作“应劭”。王先谦说作“应劭”是。	2645	按：师古注例，引他人注者，皆置于前，己说附最后，此若作“师古”，则不例也。

这里首先需要对中华本《汉书》的版本情况作些说明。中华本《汉书》卷首附有《出版说明》,该《说明》指出:

我们用王先谦的《汉书补注》本(原注:下面简称王本)作为底本,分段标点,析出注文……我们用来校王本的是北宋景祐本(原注:商务印书馆影印的百衲本)、明末毛氏汲古阁本、清乾隆武英殿本(原注:简称殿本)和同治金陵书局本(原注:简称局本)四种本子。这几种本子互有短长……我们用来互校的五种本子可以区分成两个系统。王本自言"以汲古本为主",局本也自称"毛氏正本",所以汲古本和局本、王本成一个系统。殿本根据明监本,明监本根据南宋刘之问的建安本,这一条线往上通过宋祁的校本而连到北宋景祐本,所以景祐本跟殿本成一个系统。我们的校勘记里以"景祐、殿本都作某"的形式为最多,就是这一个缘故。

从中可以知道,中华本《汉书》校勘时所据的版本大略分为两个系统。其一为"汲古阁本——金陵书局本——王先谦《汉书补注》本"系统;其二为"景祐本——武英殿本"系统。中华本的校勘工作实质就是这两个《汉书》版本系统的互校,所以"校勘记里以'景祐、殿本都作某'的形式最多"。此外,我们还应了解中华本校勘记用以标示校勘结果的符号的相关用法。前揭《出版说明》称:

王本以汲古本为主……(但)仍旧"遵用官本(原注:即殿本)校定,详载文字异同"……(王本)注文有两种形式:其一是"某字官本作某,是"……凡是他用第一形式作注的地方,我们拿殿本的异文去对景祐本,往往彼此符合,而异文也往往比原文所用的字优长,因此我们就把底本原来的字用圆括弧括起来放在上头,再把改正的字用方括弧括起来放在底下,同时在校勘记里写着"景祐、殿本都作某。王先谦说作某是”。(原注:其他各家之说可从的,也同样处理。)

据此可知,上表中所列汲古阁本系统诸条题为“师古曰”的《汉书》注文,景祐本皆署为郑氏、应劭、如淳等其他注家。其中1至6条仅有版本依据,7至14条除了版本依据之外,参颜师古注文的通例也可知汲古阁系统为非。对于北宋景祐本《汉书》,张元济曾认定为“见存最古善本”、“文字增损均胜时本”。① 通过中华本《汉书》的校勘记可以看出《汉书》在流传过程中确实有大量将其他人的注文误题为“师古曰”的现象。如果没有景祐本系统的《汉书》以资对校,它们可能就永远被当成颜师古注了。再进一步,如果其他典籍也引用了相同的注文而仍署原来注家之名的话,我们就很容易将它拿来作为颜师古“抄袭”他人注的证据。

除了以上将他人注题为“师古曰”外,汲古阁本系统《汉书》还有在注文中衍出“师古曰”的例子。如下表:

表二:汲古阁本系统《汉书》注文误衍“师古曰”之例

序号	卷次及纪传名	原文	注文	中华本校勘记	注文页码	备注
1	卷87上《扬雄传上》	“营建章、凤阙、神明、馺娑”	师古曰:“殿名也。(师古曰) 馺音先合反。娑音先河反。”	景祐、殿本都无“师古曰”三字,此衍。	3542	此则汲古阁本增出者。

此外,又有更极端的例子,如下表所示:

① 参张元济《校史随笔》“《汉书》部分”之“景祐本为见存最古善本”、“文字增损均胜时本”及“景祐本之由来”、“景祐本之递嬗”诸条,收入前揭《张元济古籍书目序跋汇编》,第34~38页。

表三：妄人因"古曰"二字即衍为"师古曰"之例

序号	卷次及纪传名	原文	注文	中华本校勘记	注文页码	备注
1	卷28上《地理志上》	"京兆尹"条："浐水出蓝田谷……霸水……(师)古曰兹水，秦穆公更名以章霸功，视子孙。"		钱大昕说"古"下皆班氏本文，"师"字后人妄加。	1544	

可见对于注文中出现的本意为"古时候曰"这样的"古曰"，也曾被人妄改为"师古曰"，几乎到了逢"古曰"字即想当然地增补为"师古曰"的地步。这一条各本《汉书》皆误，若非钱大昕指出，我们甚至或许会说颜师古连班固原文也曾盗窃呢。

同样，清人也不能避免类似的错误，请看下表：

表四：清人以无名氏注为"师古曰"例

序号	卷次及纪传名	原文	注文	中华本校勘记	注文页码	备注
1	卷26《天文志》	"状如猋风乱鬊"	[师古曰]："音舜。"	叶德辉说疑此音上夺"师古曰"三字。(按：《汉书补注》原文引叶德辉曰："《士丧礼·释文》音舜，又引刘，音旬。疑此'音'上夺'师古曰'三字。"第1881页。)	1307	
2	卷28上《地理志上》(同前表三所列条目条)	"京兆尹"条："浐水出蓝田谷……霸水……(师)古曰兹水，秦穆公更名以章霸功，视子孙。"	[师古曰]："浐音先历反，视读曰示。"	钱大昕说……"浐音"上当有"师古曰"三字。	1544	
3	卷28上《地理志上》	"颍川郡"条："周承休"	[师古曰]："休音许虯反。"	钱大昭说"休"字上脱"师古曰"三字。	1561	

（续表）

序号	卷次及纪传名	原文	注文	中华本校勘记	注文页码	备注
4	卷28上《地理志上》	“临淮郡”条：“富陵，莽曰櫂虏”	[师古曰]：“櫂音朔。”	齐召南说上脱“师古曰”三字，各本俱误。（按：《汉书补注》此条又引钱大昕曰：“《说文》、《广韵》俱无‘櫂’字，以颜音推之，当是‘槊’之讹……”据此可知钱大昕也视此条为颜师古注。第2489页。）	1589	
5	卷55《卫青霍去病传》	“李沮，云中人。”	[师古曰]：“沮音组。”（按：《汉书补注》：先谦曰：“注脱‘师古曰’三字。”第4012页。）	王先谦说，脱“师古曰”三字。按各本都脱。	2491	
6	卷87下《扬雄传下》	“是以声之眇者不可同于众之人耳”	[师古曰]：“眇读曰妙。”（按：此前一段正文“闳意眇指”，王先谦注文说：“师古曰‘眇读曰妙。’”第3577页。）	王先谦说各本都脱此三字。	3579	

据此可知，表中所列中华本《汉书》据清人校文认定为颜师古的注文，此前各本并为“失主”之注文，而清人的校改都是在没有任何文献根据情况之下的臆说。试以表中叶德辉所言“疑此‘音’上夺‘师古曰’三字”为例，为什么不能怀疑所夺之文是“应劭曰”、“服虔曰”等等呢？可见即使清人也一面在指责颜师古“抄袭”旧注的同时，一面又想当然地把一些“失主”的注文无条件地塞给颜师古。这样一来，如果再能有新的文献被发现，从而能够找到这些注文的真正归属时，颜师古岂不又成了不折不扣的“抄袭”。

当然,除了以上或以他人注署为颜师古注,或误衍“师古曰”之例外,汲古阁本系统《汉书》与景祐本《汉书》相校,还有许多将“师古曰”,甚至整条注文一齐刊落的情况。如下表所示:

表五:汲古阁本系统《汉书》刊落颜师古注例

序号	卷次及纪传名	原文	注文	中华本校勘记	注文页码	备注
1	卷28上《地理志上》	“蜀郡”;“绵虒,玉垒山,湔水所出”	应劭曰:“虒音斯。”[师古曰]:“湔音子千反。”	“师古曰”三字据景祐、殿本补。	1599	
2	卷29《沟洫志》	“引渭穿渠起长安……至河三百余里,径,易漕”	[师古曰:“径,直也。易音弋豉反。”]	十一字据景祐、殿本补。	1679	
3	卷64上《徐乐传》	“奚征而不服哉”	[师古曰:“奚,何也。”]	景祐、殿本都有此注。	2807	
4	卷82《王商传》	“[老弱呼号]”	[师古曰:“呼音火故反。”]	“老弱号呼”,景祐、殿本都有此四字,并有注文“师古曰呼音火故反”八字。	3370	
5	卷84《惟方进传》	“[粤天辅诚,尔不得易定]”	[师古曰:“粤,辞也。天道辅诚,尔不得改易天之定命。”]	景祐、殿本都有此九字,此脱,注十九字亦脱。	3434~3435	
6	卷98《元后传》	“故天变娄臻”	[师古曰:“娄,古屡字。”]	景祐、殿本都作“娄”,并有师古注四字。	4023	

对于这些依据景祐本系统《汉书》增补出来的注文,确定其归属于颜师古的前提是景祐本系统《汉书》必须绝对可靠。事实上,即使号称“见存最古善本”的北宋景祐本《汉书》也有不尽人意处。如有学者据耿文光《万卷精华楼藏书记》卷二二所引莫友芝《宋元旧

本书经眼录》所载"宋景祐本《汉书》,原刊合得七十余卷,以元人覆本补之,黄荛圃(黄丕烈)悉记其目于卷端"云云,指出"传世景祐本原非足本",而同时"汲古阁本,亦当是根据更早的北宋本","汲古阁所据本是早于宋祁校本的北宋本"。① 可见二者互有优劣,也极有可能存在一些汲古阁本系统保持了原貌,而景祐本系统出现讹改的现象。如此,则上表中这些景祐本系统保存的颜师古注也不是没有误增的可能。

当然,除了以上将其他注文误改、误增为颜师古注外,汲古阁本系统《汉书》也有将颜师古注误归于他人之例,但数量极少。如下表所列:

表六:汲古阁本系统《汉书》以颜师古注为他人注之例

序号	卷次及纪传名	原文	注文	中华本校勘记	注文页码	备注
1	卷85《杜邺传》	"天变不空,保右世主如此之至,奈何不应"	(应劭)〔师古〕曰:"右读曰佑。应谓应天戒而修德政。"	景祐、殿本都作"师古"。	3478	
2	卷99上《王莽传上》	"《书》曰'舜让于德不嗣',公之谓矣"	(书)〔师古〕曰:"虞书舜典之辞,言舜自让德薄,不足以继帝尧之事也。"	朱一新说"书曰"当做"师古"曰。	4058	

可见将他人注误归于颜师古的比例,显然要远远大于将颜师古注误改为其他人的比例。其原因就在于颜师古于《汉书》享有"班孟坚忠臣"等盛誉,可谓是"众望所归",人们在遇到《汉书》中存有归属问题的注文时常常是想当然地将其归于颜师古名下,手抄时

① 参周晨《宋刻〈汉书〉版本考》,《襄樊学院学报》2002年第1期。

代的唐人如此，版刻时代的宋人、明人，甚至清人都是如此。当然上表中第一例也有可能是景祐本偶尔将原属应劭的注文误给了颜师古，这也可能将是造成颜师古“抄袭”的假象，从而引起如前文所述众人对颜师古的严加追责。

五、对杨明照所揭颜师古“抄袭”现象的合理解释及应持之态度

现在我们还必须回到前揭杨明照先生的《汉书颜注发覆》一文。尽管我们以上表格中所列与《汉书》注归属问题有关的条目为数不少，但遗憾的是它们没有一条可以与杨先生文中所列举的条目相对应，这不能不说是个很棘手的问题，很可能会使两篇文章互不相关，各执一面。不过杨先生所以没能注意到上表中所列的条目，很可能与其所据的《汉书》版本有关。杨先生文中没有明确标示所用《汉书》为哪种版本，但是由文末所署可知该文最早发表于1946年，而今天通行的中华本《汉书》却要到1962年才出版，显然杨先生不可能看到这个本子的《汉书》。那么按照当时的《汉书》通行之本，及杨明照先生一贯以来对文献工作的审慎态度推测，他很可能使用的是当时商务印书馆出版的《百衲本二十四史》中的《汉书》，而该本即是据前述北宋景祐本印行。这也就是说，杨明照先生如果没有特意找来汲古阁本系统的《汉书》加以对勘的话，上述我们所列举的种种有关《汉书》注文的问题，杨先生恰恰无缘看到，因此才会对所着手的追查颜师古《汉书注》“抄袭”一事深信不疑，孜孜以求。

因此，尽管以上我们据中华本《汉书》校勘记，揭示了《汉书》流传过程中曾出现过后人误将他人注题为颜师古注的现象，颜师古不应为这些注的“抄袭”负责，但是杨明照先生《汉书颜注发覆》一文中所列举的“四百三十条”颜师古“抄袭”证据，除极少数的几条我们前文经考察可能不确切外，绝大部分仍属确实。这涉及我

们如何"消化",或者说如果看待这些"问题注文"的问题。就此,我们拟提出如下理由,以期进一步消除误解。

第一,杨先生针对颜师古的某些严厉批评之词,也还值得进一步商榷。如前引杨先生文中说:

及其诠释事义也:非熔冶旧意,陶铸新词;即仅换其文,不易厥质。……若夫所列名氏,刘宝乃故张其目,仅引一说,崔浩则昭示所撰,却举一书;道真驳议,未必都系谬论,伯渊音义,何尝止于荀纪?知而弗言,则为蒙己;袭而不著,亦属诳人。人己交欺,何庸出此!①

就此,我们需要参照颜师古《汉书叙例》所自云其注释体例。《汉书叙例》云:

凡旧注是者,则无间然,具而存之,以示不隐。其有指趣略举,结约未伸,衍而通之,使皆备悉。至于诡文僻见,越理乱真,匡而矫之,以祛惑蔽。若泛说非当,芜辞竞逐,苟出异端,徒为烦冗,祇秽篇籍,盖无取焉。旧所阙漏,未尝解说,普更详释,无不洽通。②

其实,杨先生所批评的"熔冶旧意,陶铸新词"和颜师古所说的"结约未伸,衍而通之",二者之间的界限很难截然分清楚。对于杨先生所揭刘宝"仅引一说"云云,颜师古也明言对于"泛说非当"者有"盖无取焉"之例。显然,杨先生此处所论不免有主观成见之嫌。

第二,杨先生所列举颜师古"抄袭"之例,更有大量是可以视为常识的注文。如:

应劭曰:"泛,覆也。"(《文选·汉武帝诏》"夫泛驾之马"李注引)

① 《汉书颜注发覆》,收入前揭《学不已斋杂著》,第112~113页。
② 前揭《汉书》卷首所附《汉书叙例》,第3页。

师古曰:"泛,覆也。"(《武帝纪》)

韦昭云:"秦所都。"(《史记·高祖纪》"高祖常繇咸阳"《索隐》引)

师古曰:"咸阳,秦所都。"(《高帝纪》上)

如淳曰:"舞,犹弄也。"(《史记·汲黯传》"舞文法"《集解》引)

师古曰:"舞,犹弄也。"(《汲黯传》)

项岱曰:"允,信也。"(《文选·汉书述成纪赞》"光允不阳"李注引)

师古曰:"允,信也。"(《叙传》下)①

以上所列杨先生据以指斥颜师古"抄袭"者,即使不是出于后人的随手记注和增补,也皆为常见词语之解释,稍有学识的人皆可知晓。与此相反,颜注中更有大量注解则是具出前人所注,而自己加以补充或裁断,远比这些价值高、难度大。岂有最为难解的问题,颜师古皆有新解,而于最为简单的常识却要费尽心机抄袭他人之理?抄袭这些注释对颜师古而言并不能增加什么荣耀,他没有"抄袭"这类注释的必要是显而易见的。国学大师黄侃曾论"学问之道有五",其中之一即为"不窃":"偶与之同,实由心得,非窃。习所闻见,忘其所自,非窃。众所称引,不为偷袭,非窃。结论虽同,推证各异,非窃。"②按照这些标准,颜师古注文的很多"抄袭"条目都可以认为是"无效证据"。

第三,通行的中华本《汉书》也并不是完全出校。如景祐本、武英殿本虽出自同一版本系统,但二者也间有异文,对此王先谦《汉书补注》多标以"某字官本作某",而不下断语。中华书局本

---

① 《汉书颜注发覆》,收入前揭《学不已斋杂著》,第58、72、70、98页。

② 张晖编:《量守庐学记续编:黄侃的生平和学术》,生活·读书·新知三联书店2006年,第3页。

《出版说明》对此说：

> 至于他用第二形式不下断语的地方，我们拿殿本的异文去对景祐本，往往不合，倒是底本（即王先谦《汉书补注》本）原来的字跟景祐本相同，我们就照底本不改动，也不提殿本的异文。

可见各种版本《汉书》之间的异文着实复杂，中华本的校勘记也并不是“有异必书”。不过，就是在这些被省略的异文之中，有些也涉及《汉书》注文的归属问题。对此，谢秉洪在其论文中已多有指出，如：

> 例1：（卷八《宣帝纪》）韦昭曰：“中国为内郡，缘边有夷狄障塞者为外郡。成帝（侍）［时］，内郡举方正，北边二十二郡举勇猛士。”（册1/页241/行17）按：韦昭，景祐本、殿本等同，而王本作“师古”，未知孰是。点校本据殿本等径改底本，未出校改符号与校勘记，失范。又，成帝，景祐本等皆作“武帝”，惟殿本与王本同。按作“成帝”是，同书卷十《成帝纪》载有相同诏文（页326），此注盖即本之；而彼处有师古注“令公卿与内郡各举一人”云云，与此注互相发挥，疑此注亦出师古之手。
>
> 例2：（卷四三《郦陆朱刘叔孙传》）孟康曰：“妨其往来也。”（册7/页2130/行8）按：孟康，殿本、北监本等同，而王本、景祐本、汲古阁本等作“师古”，张元济《校勘记》失校。《补注》云：“官本‘师古’作‘孟康’。”按王先谦录殿本异文，未下断语，是。事实上，此处作“师古”未必有误，倒是殿本作“孟康”比较可疑。按上文“惠帝为东朝长乐宫”句下有“孟康曰朝太后于长乐宫”10字注文，王本、景祐本、汲古阁本等同，而殿本、北监本“孟康”作“师古”，张元济亦失校。据此，知殿本等将二者互易，与诸本异，盖误刻所致。点校本据殿

本暗改底本,失当。①

由此可见,通过中华书局整理本《汉书》来考查其中注文的归属问题仍然是不够全面的。

第四,尽管景祐本《汉书》为"今存之最早古本",但其也远非颜注《汉书》贞观年间成书时"上之秘阁"之本,也就是说据景祐本并不能说明传世《汉书》中的所有问题。如杨明照先生《汉书颜注发覆》一文中曾引及《日本京都帝国大学文学部影印旧抄本》(第二集)中之《汉书·扬雄传》残卷,文中"登历观"句下注文云:"服虔曰:'历山之上有观也。'"而今本《汉书》注文却是:"师古曰:'历山之上有观也。'"②显然,若依照前文中华书局以景祐本系统《汉书》校汲古阁本系统之法,这将又是今本《汉书》误改服虔注为颜师古之例。由此可能设想,若能有更多的优善版本加以勘比,杨先生文中所列的部分证据将可能被推翻,只是目前尚"文献不足征"。

第五,我们不免还要提出疑问,当时有关经史及文学注解的典籍众多,为何独独颜师古《汉书注》出现如此多的问题,而为世人最为诟病?其实这当与《汉书》流传之广及刊改之多有关。前引汝企和《论两宋馆阁之校勘史书》一文,在考察北宋景祐元年第三次涉及《汉书》的史籍校勘时,即针对史臣"逾年乃上《汉书刊误》三十卷"发表感慨说:

> 这次校勘,对《汉书》已至少是第三次复校了,结果又校出三十卷刊误文字。对一部史书,在约四十年内如此一而再、再而三地雠校,且校正文字达三十余卷,这在我国两千余年校勘史上亦不多见。而至"神宗熙宁二年八月六日,参知

① 谢秉洪:《〈汉书〉考校研究——以中华书局点校本为中心》,南京师范大学2006年博士学位论文,第50、93页。

② 《汉书颜注发覆》,收入前揭《学不已斋杂著》,第56~57页。

> 政事赵抃进新校《汉书》印本五十册,及陈绎所著《是正文字》七卷。"(注:《崇儒》四之十。)即又校出不少错谬,由此亦可见校勘工作是何等艰辛。

其实这里"可见校勘工作是何等艰辛"之外,更可见宋代《汉书》之本讹误之多。宋本《汉书》的讹乱,通过相关研究至今仍能见其一斑。如张元济针对北宋景祐本《汉书》曾指出:

> 《李广利传》有错简正文六十九字,注文二十八字。景祐本与监本、汲古本、殿本均同,盖沿误久矣。王念孙《读书杂志》依《史记·大宛传》改正……原文文义不顺。察其字体,并无顾千里所谓补版及剜损之迹。盖原本如此,岂余靖等未曾刊正耶?①

可见《汉书》之讹虽经宋代史臣屡次校改,仍有"未曾刊正"者。兹再引美国汉学家宇文所安所谈古籍经历手抄时代的复杂情况,以与《汉书》的情况相参照。宇文氏云:

> "诗话"中的记载使我们得以窥见北宋编辑情况之一斑:一个编者在碰到诗中的一个字因为抄本不同而具有多种选择的时候,最终依据的是他个人觉得像杜甫这样一个诗人"应该"会用哪一个字这样的主观臆测。……杜甫死后不久,他的诗作全集开始流传。……到了元和年间,杜甫突然声名鹊起,当时一定有无数的杜诗抄本,后来的每一代读者一定也在抄写新的手本——每一次抄写可能都会产生一些细小的变化。这些新的抄本在中国各地流传,直到五代十国的战火焚毁了许多图书收藏。北宋时期的编者试图把杜诗的残余收集起来,结果他们发现了一堆不同的手抄本——许多代读者抄写、再抄写的结果。我在这里想说明的是:我们现有

① 《校史随笔》,收入前揭《张元济古籍书目序跋汇编》,第39页。

的杜诗——以及所有其他手抄本文化留传下来的文本(除了儒家的经典之外)——永远都不可能准确地代表作品的“原始面目”了。印刷本给出的主要文本及其异文只能代表一小部分曾经一度广为流传的手抄本。中晚唐在安史之乱以后重修的皇家图书馆当然会保存当时著名作家的全集,但是没有人检视诗歌手抄本在当时的大量传播。北宋的收藏家们时而获得一个“善本”,可是谁能决定到底什么是善本?一份古老的手抄本不一定就是最好的抄本,而一个更“完善”的抄本其实也许充满了被抄写者的主观臆测填充起来的空白。①

以上宇文所安所谈杜诗流传过程中容易出现的问题,对于颜注《汉书》显然同样适用。对于《汉书》中那些“无主”的注文,即如我们前文所揭示,不管是唐人、宋人、明人,还是清代学者,都想当然地“应该”给了颜师古。这无疑提醒我们要重新估计今天所能见到的《汉书》及颜注,在对其评价时要更多一份审慎。

由此,我们可以对杨明照先生文中所提出的证明颜师古“抄袭”的一种理由,有新的解释。杨先生提出:

且崇贤注选,子正笺史,何超之训《晋书》,慧苑之音释典,泛采诸家,兼及颜氏,独于师古与旧说同者,则舍此取彼,录远略近。非缘情伪尽知,庶能朱紫有别?②

由杨先生所言,似乎李善等人注解典籍之时于颜注的“抄袭”皆有知悉,于取去之际甚至有过一番特别的考校功夫,然后“于师古与旧说同者,则舍此取彼,录远略近”。其实可以试想这种可能性不会很大。与此相反,更可能的情况则是李善等人当时所据的颜注《汉书》还没有这些后人增补的所谓颜师古注。同理,前文曾引杨

---

① 《瓠落的文学史》,收入前揭《他山的石头记——宇文所安自选集》,第21~22页。

② 《汉书颜注发覆》,收入前揭《学不已斋杂著》,第111页。

先生指责“颜氏以一人之力，而众美并聚”①并不确实。显然，颜注《汉书》确实是“众美并聚”，但据今天通行的《汉书》说“颜氏以一人之力”恐怕就与实际情况不相符合。某种程度上却可以说是历代传抄、刊刻和校改者合力的结果。

最后，以上问题的提出无疑又引出了如何看待今天的《汉书》颜注问题。前引杨明照先生曾言及他考察颜师古《汉书注》的相关问题的意义曾说：“岂惟发覆，抑亦钩沈云尔。”②对于杨先生所揭示的大量颜师古注与他人注相同的材料，有些我们或可借此恢复其原貌，正如前文表一第 3 条所列中华本校勘记以《史记集解》所引如淳注以证汲古阁本系统《汉书》作颜师古注为非所做的那样，但更多的时候，由于缺少第三方的文献依据，还是存疑较为妥当。就是说我们一面要知道今天所能看到的《汉书》，其中的颜师古注与其他典籍所引的《汉书》旧注相同或相近，在进行相关研究和评说时态度要多加审慎，但我们却不能武断地归咎于颜师古，何况说一个人“偷窃”应当是十分慎重的事情，对于古人也不例外。

① 《汉书颜注发覆》，收入前揭《学不已斋杂著》，第 111 页。
② 前揭《汉书颜注发覆》，收入《学不已斋杂著》，第 51 页。

主要参考文献

一、正史、古籍

《史记》,[汉]司马迁撰,[南朝宋]裴骃集解,[唐]司马贞索隐,[唐]张守节正义,中华书局 1982 年第 2 版

《汉书》,[汉]班固撰,[唐]颜师古注,中华书局 1962 年

《汉书补注》,[汉]班固撰,[唐]颜师古注,[清]王先谦补注,上海师范大学古籍整理研究所整理,上海古籍出版社 2008 年

《后汉书》,[宋]范晔撰,[唐]李贤等注,中华书局 1965 年

《三国志》,[晋]陈寿撰,[南朝宋]裴松之注,中华书局 1982 年第 2 版

《晋书》,[唐]房玄龄等撰,中华书局 1974 年

《宋书》,[梁]沈约撰,中华书局 1974 年

《南齐书》,[梁]萧子显撰,中华书局 1972 年

《梁书》,[唐]姚思廉撰,中华书局 1973 年

《陈书》,[唐]姚思廉撰,中华书局 1972 年

《魏书》,[北齐]魏收撰,中华书局 1974 年

《北齐书》,[唐]李百药撰,中华书局 1972 年

《周书》,[唐]令狐德棻等撰,中华书局 1971 年

《隋书》,[唐]魏徵等撰,中华书局 1973 年

《南史》,[唐]李延寿撰,中华书局 1975 年

《北史》,[唐]李延寿撰,中华书局 1974 年

《旧唐书》,[后晋]刘昫等撰,中华书局 1975 年

《新唐书》,[宋]欧阳修、宋祁等撰,中华书局 1975 年

《资治通鉴》,[宋]司马光等撰,[元]胡三省音注,中华书局 1956 年

《通典》,[唐]杜佑撰,王文锦等校点,中华书局 1988 年

《水经注校证》,[北魏]郦道元著,陈桥驿校证,中华书局 2007 年

《洛阳伽蓝记校笺》,[北魏]杨衒之著,杨勇校笺,中华书局 2006 年

《建康实录》,[唐]许嵩撰,张忱石校点,中华书局 1986 年

《元和郡县图志》,[唐]李吉甫撰,贺次君点校,中华书局 1983 年

《吴郡志》,[宋]范成大撰,陆振岳校点,江苏古籍出版社 1999 年

《六朝事迹编类》,[宋]张敦颐撰,张忱石点校,上海古籍出版社 1995 年

《景定建康志》,[宋]马光祖修,周应合纂,《宋元方志丛刊》影印清嘉庆六年金陵孙忠愍祠刻本,中华书局 1990 年

《郡斋读书志校证》,[宋]晁公武撰,孙猛校证,上海古籍出版社 1990 年

《直斋书录解题》,[宋]陈振孙撰,徐小蛮、顾美华点校,上海古籍出版社 1987 年

《宋史艺文志 宋史艺文志补 宋史艺文志附编》,商务印书馆 1957 年

《汉魏六朝百三家集题辞注》,[明]张溥著,殷孟伦注,中华书局 2007 年

《四库全书总目》,[清]永瑢等撰,中华书局1965年

《隋书经籍志考证》,[清]姚振宗撰,《二十五史补编》本,开明书店1936年

《南北史世系表》,[清]周嘉猷撰,《二十五史补编》本,开明书店1936年

《陋巷志》,[明]陈镐撰,颜胤祚辑,吕兆祥重修,明万历二十九年刻本

《新编陋巷志》,新编《陋巷志》编纂委员会编,齐鲁书社2002年

《汉魏南北朝墓志汇编》,赵超著,天津古籍出版社1992年

《新出魏晋南北朝墓志疏证》,罗新、叶炜著,中华书局2005年

《关中金石志》,[清]毕沅撰,《丛书集成初编》据《经训堂丛书》排印本,中华书局1985年新1版

《金石萃编》,[清]王昶撰,《续修四库全书》影印清嘉庆十年刻同治钱宝传等补修本,上海古籍出版社2002年

《史通》,[唐]刘知几撰,[清]浦起龙通释,吕思勉评,李永圻、张耕华整理,上海古籍出版社2008年

《通志二十略》,[宋]郑樵撰,王树民点校,中华书局1995年

《文史通义校注》,[清]章学诚著,叶瑛校注,中华书局1985年

《习学记言序目》,[宋]叶适撰,中华书局1977年

《容斋随笔》,[宋]洪迈撰,孔凡礼点校,中华书局2005年

《朱子语类》,[宋]黎靖德编,王星贤等点校,中华书局1986年

《新唐书纠谬》,[宋]吴缜撰,《二十五史三编》本,岳麓书社1994年

《困学纪闻》(全校本),[宋]王应麟著,[清]翁元圻等注,栾保群等校点,上海古籍出版社2008年

《读通鉴论》,[清]王夫之著,舒士彦点校,中华书局1975年

《日知录校注》,[清]顾炎武著,陈垣校注,安徽大学出版社2007年

《义门读书记》,[清]何焯撰,崔高维点校,中华书局1987年

《廿二史考异》,[清]钱大昕著,方诗铭、周殿杰校点,上海古籍出版社2004年

《十驾斋养新录》,[清]钱大昕撰,《嘉定钱大昕全集》本,江苏古籍出版社1998年

《潜研堂文集》,[清]钱大昕撰,《嘉定钱大昕全集》本,江苏古籍出版社1998年

《陔余丛考》,[清]赵翼撰,中华书局1963年

《廿二史札记校证》,[清]赵翼撰,王树民校证,中华书局1982年

《十七史商榷》,[清]王鸣盛著,黄曙辉点校,上海书店出版社2005年

《癸巳类稿》,[清]俞正燮撰,《俞正燮全集》本,黄山书社2005年

《越缦堂读书记》,[清]李慈铭撰,由云龙辑,中华书局2006年第2版

《湛园札记》,[清]姜宸英撰,《文渊阁四库全书》本,上海古籍出版社1987年

《读书丛录》,[清]洪颐煊撰,《续修四库全书》影印清道光二年富文斋刻本,上海古籍出版社2002年

《敬孚类稿》,[清]萧穆撰,《续修四库全书》影印清光绪三十三年刻本本,上海古籍出版社2002年

《玉函山房辑佚书》,[清]马国翰撰,《续修四库全书》影印清光绪九年嫏嬛馆刻本,上海古籍出版社2002年

《经学历史》,[清]皮锡瑞撰,周予同注释,中华书局2008年

第 2 版

《经学通论》，[清]皮锡瑞撰，中华书局 1954 年

《经典释文序录疏证》，[唐]陆德明撰，[清]吴承仕疏证，中华书局 2008 年

《匡谬正俗平议》，[唐]颜师古撰，刘晓东平议，山东大学出版社 1999 年

《颜真卿书干禄字书》，施安昌编，紫禁城出版社 1990 年

《新校互注宋本广韵》（增订本），余迺永校注，上海辞书出版社 2000 年

《世说新语笺疏》，[南朝宋]刘义庆撰，[梁]刘孝标注，余嘉锡笺疏，中华书局 2007 年第 2 版

《世说新语校笺》，[南朝宋]刘义庆撰，[梁]刘孝标注，杨勇校笺，中华书局 2006 年

《续齐谐记》，[梁]吴均撰，《汉魏六朝笔记小说大观》本，上海古籍出版社 1999 年

《颜氏家训集解》（增补本），[北齐]颜之推撰，王利器集解，中华书局 1993 年

《颜氏家训汇注》，周法高撰辑，"中央研究院"历史语言研究所 1993 年第 2 版

《金楼子校笺》，[南朝梁]萧绎撰，许逸民校笺，中华书局 2011 年

《封氏闻见记校注》，[唐]封演撰，赵贞信校注，中华书局 2005 年

《法书要录》，[唐]张彦远撰，范祥雍等点校，人民美术出版社 1984 年

《历代名画记》，[唐]张彦远撰，秦仲文、黄苗子点校，人民美术出版社 1963 年

《书小史》，[宋]陈思撰，《美术丛书》本，江苏古籍出版社1986年

《元和姓纂(附四校记)》，[唐]林宝撰，岑仲勉校记，中华书局1994年

《古今姓氏书辩证》，[宋]邓名世撰，王力平点校，江西人民出版社2006年

《新唐书宰相世系表集校》，赵超编著，中华书局1998年

《北堂书钞》，[隋]虞世南撰，[清]孔广陶校注，中国书店1987年

《艺文类聚》，[唐]欧阳询等撰，汪绍楹校，上海古籍出版社1999年新2版

《初学记》，[唐]徐坚等著，中华书局1962年

《太平御览》，[宋]李昉等撰，中华书局1960年

《太平广记》，[宋]李昉等编，中华书局1961年

《玉海》，[宋]王应麟辑，江苏古籍出版社、上海书店出版社1987年

《新辑搜神记 新辑搜神后记》，[晋]干宝、[宋]陶潜撰，李剑国辑校，中华书局2007年

《〈观世音应验记三种〉译注》，[南朝宋]傅亮、张演，[南朝梁]陆杲撰，董志翘译注，江苏古籍出版社2002年

《冤魂志校注》，[北齐]颜之推著，罗国威校注，巴蜀书社2001年

《高僧传》，[南朝梁]释慧皎撰，汤用彤校注，汤一玄整理，中华书局1992年

《续高僧传》，[唐]释道宣撰，新文丰出版有限公司1983年

《比丘尼传校注》，[南朝梁]释宝唱著，王孺童校注，中华书局2006年

《出三藏记集》，[南朝梁]释僧祐撰，苏晋仁、萧炼子点校，中华书局1995年

《法苑珠林校注》，[唐]释道世著，周叔迦、苏晋仁校注，中华书局2003年

《弘明集》，[南朝梁]释僧祐撰，新文丰出版有限公司1983年

《广弘明集》，[唐]释道宣撰，新文丰出版有限公司1983年

《真诰校注》，(日)吉川忠夫、麦谷邦夫编，朱越利译，中国社会科学出版社2006年

《云笈七签》，[宋]张君房编，李永晟点校，中华书局2003年

《文选》，[梁]萧统编，[唐]李善注，中华书局1977年

《六臣注文选》，[梁]萧统编，[唐]李善、吕延济等注，中华书局1987年

《玉台新咏笺注》，[陈]徐陵编，[清]吴兆宜注，程琰删补，穆克宏点校，中华书局1985年

《文苑英华》，[宋]李昉等编，中华书局1966年

《乐府诗集》，[宋]郭茂倩编，中华书局1979年

《全上古三代秦汉三国六朝文》，[清]严可均辑，中华书局1958年

《先秦汉魏晋南北朝诗》，逯钦立辑校，中华书局1983年

《谢灵运集》，李运富编注，岳麓书社1999年

《鲍参军集注》，[南朝宋]鲍照著，钱仲联增补集说校，上海古籍出版社1980年

《庾子山集注》，[北周]庾信撰，[清]倪璠注，许逸民校点，中华书局1980年

《颜鲁公文集》，[唐]颜真卿著，[清]黄本骥编订，[清]蒋瓌参校，上海中华书局《四部备要》据《三长物斋丛书》本校刊本

《元稹集编年笺注(诗歌卷)》，[唐]元稹著，杨军笺注，三秦

出版社 2006 年

《嵩山文集》,[宋]晁说之撰,《四部丛刊续编》本,上海商务印书馆 1934 年

《鉴止水斋集》,[清]许宗彦撰,《续修四库全书》影印清嘉庆二十四年德清许氏家刻本,上海古籍出版社 2002 年

《经韵楼集》,[清]段玉裁撰,钟敬华校点,上海古籍出版社 2008 年

《杨守敬集》,湖北人民出版社 1988 年

《增订文心雕龙校注》,[梁]刘勰撰,黄叔琳注,李详补注,杨明照校注拾遗,中华书局 2000 年

《钟嵘诗品笺证稿》,[梁]钟嵘著,王叔岷笺证,中华书局 2007 年

《诗品集注》,[梁]钟嵘著,曹旭集注,上海古籍出版社 1994 年

《诗薮》,[明]胡应麟撰,上海古籍出版社 1979 年新 1 版

《升庵诗话笺证》,[明]杨慎著,王仲镛笺证,上海古籍出版社 1987 年

《升庵诗话新笺证》,[明]杨慎著,王大厚笺证,中华书局 2008 年

《艺苑卮言校注》,[明]王世贞著,罗仲鼎校注,齐鲁书社 1992 年

《艺概》,[清]刘熙载著,上海古籍出版社 1978 年

《古诗评选》,[清]王夫之评选,张国星校点,文化艺术出版社 1997 年

《古诗源》,[清]沈德潜著,中华书局 1963 年

《古诗赏析》,[清]张玉谷著,许逸民点校,上海古籍出版社 2001 年

《昭昧詹言》,[清]方东树著,汪绍楹校点,人民文学出版社

1961 年

《诗学纂闻》,[清]汪师韩著,《清诗话》本,上海古籍出版社 1963 年

《诗辩坻》,[清]毛先舒著,《清诗话续编》本,上海古籍出版社 1983 年

《古欢堂杂著》,[清]田雯著,《清诗话续编》本,上海古籍出版社 1983 年

《砻溪诗话》,[宋]黄彻著,《历代诗话续编》本,中华书局 1983 年

二、近现代学人论著

章太炎:《章太炎全集》,上海人民出版社 1984 年

王国维:《观堂集林》,中华书局 1959 年

王国维著,傅杰编校:《王国维论学集》,云南人民出版社 2008 年

梁启超:《论中国学术思想变迁之大势》,上海古籍出版社 2001 年

吕思勉:《两晋南北朝史》,上海古籍出版社 2005 年

吕思勉:《吕思勉读史札记》(增订本),上海古籍出版社 2005 年

陈寅恪:《金明馆丛稿初编》,生活·读书·新知三联书店 2001 年

陈寅恪:《金明馆丛稿二编》,生活·读书·新知三联书店 2001 年

陈寅恪:《隋唐制度渊源略论稿》,生活·读书·新知三联书店 2001 年

陈寅恪:《唐代政治史述论稿》,生活·读书·新知三联书店

2001 年

陈寅恪著,万绳楠整理:《陈寅恪魏晋南北朝史讲演录》,贵州人民出版社 2007 年

钱穆:《国史大纲》(修订本),商务印书馆 1996 年

钱穆:《中国学术思想史论丛》(卷三),安徽教育出版社 2004 年

钱穆:《晚学盲言》,广西师范大学出版社 2004 年

汤用彤:《汉魏两晋南北朝佛教史》,武汉大学出版社 2008 年

任继愈主编:《中国道教史》(上卷),中国社会科学出版社 2001 年

李源澄:《李源澄学术论著初编》,路明书店 1944 年

唐长孺:《魏晋南北朝史论丛》,生活·读书·新知三联书店 1955 年

唐长孺:《魏晋南北朝史论丛续编》,生活·读书·新知三联书店 1959 年

唐长孺:《魏晋南北朝史论拾遗》,中华书局 1983 年

唐长孺:《魏晋南北朝隋唐史三论》,武汉大学出版社 1993 年

唐长孺:《唐长孺文存》,上海古籍出版社 2006 年

王仲荦:《魏晋南北朝史》,上海人民出版社 1980 年

王伊同:《五朝门第》,中华书局 2006 年

周祖谟:《问学集》,中华书局 1966 年

周祖谟:《唐五代韵书集存》,中华书局 1983 年

缪钺:《冰茧庵读史存稿》,《缪钺全集》第一卷,河北教育出版社 2007 年

缪钺:《冰茧庵古典文学论集》,《缪钺全集》第二卷,河北教育出版社 2007 年

周一良:《魏晋南北朝史札记》,中华书局 2007 年第 2 版

周一良:《魏晋南北朝史论集》,北京大学出版社 1997 年

田余庆:《东晋门阀政治》,北京大学出版社 2005 年第 4 版

余英时:《士与中国文化》,上海人民出版社 2003 年

杨明照:《学不已斋杂著》,上海古籍出版社 1985 年

毛汉光:《中国中古社会史论》,上海书店出版社 2002 年

毛汉光:《中国中古政治史论》,上海书店出版社 2002 年

黄永年:《黄永年古籍序跋述论集》,中华书局 2007 年

祝总斌:《材不材斋文集——祝总斌学术研究论文集》,三秦出版社 2006 年

葛兆光:《中国思想史》,复旦大学出版社 2005 年

葛兆光:《屈服史及其他:六朝隋唐道教的思想史研究》,生活·读书·新知三联书店 2003 年

何启民:《中古门第论集》,学生书局 1982 年

简博文:《今存南北朝经学遗籍考》,台湾黎明文化事业股份有限公司 1975 年

孙楷第:《沧州后集》,中华书局 1985 年

王永平:《六朝江东世族之家风家学研究》,江苏古籍出版社 2003 年

王永平:《六朝家族》,南京出版社 2008 年

王永平:《中古士人迁移与文化交流》,社会科学文献出版社 2005 年

王永平:《东晋南朝家族文化史论丛》,广陵书社 2010 年

陈明:《儒学的历史文化功能——以中古士族现象为个案》,中国社会科学出版社 2005 年

李磊:《六朝士风研究》,武汉出版社 2005 年

刘亚丁:《佛教灵验记研究——以晋唐为中心》,巴蜀书社 2006 年

刘俊文主编:《日本学者研究中国史论著选译》(六朝隋唐卷),中华书局1992年

(日)内藤湖南著,夏应元选编并监译:《中国史通论——内藤湖南博士中国史学著作选译》,社会科学文献出版社2004年

(日)内藤湖南著,马彪译:《中国史学史》,上海古籍出版社2008年

(日)宫崎市定著,韩昇、刘建英译:《九品官人法研究——科举前史》,中华书局2008年

(日)谷川道雄著,马彪译:《中国中世社会与共同体》,中华书局2002年

(日)川胜义雄著,徐谷梵、李济沧译:《六朝贵族制社会研究》,上海古籍出版社2007年

(日)吉川忠夫著,王启发译:《六朝精神史研究》,江苏人民出版社2010年

颜普元:《颜氏家学与风徽》,岳麓书社1999年

于联凯、颜世谦主编:《颜子研究论丛》,齐鲁书社2003年

汲广运、高梅:《颜子家族的历史与文化》,吉林人民出版社2004年

于联凯、马凤岗:《琅琊颜子家族文化考论》,吉林人民出版社2005年

萧华荣:《簪缨世家:六朝琅邪王氏家传》,生活·读书·新知三联书店2008年第2版

萧华荣:《华丽家族:六朝陈郡谢氏家传》,生活·读书·新知三联书店2008年第2版

(日)本田成之著,李俍工译:《中国经学史》,上海书店出版社2001年

田汉云:《六朝经学与玄学》,南京出版社2003年

陈戍国:《中国礼制史·魏晋南北朝卷》,湖南教育出版社2002年第2版

王建:《中国古代避讳史》,贵州人民出版社2002年

罗香林:《颜师古年谱》,台湾商务印书馆1972年

申屠炉明:《孔颖达 颜师古评传》,南京大学出版社2006年

金毓黼:《中国史学史》,商务印书馆1999年

逯耀东:《魏晋史学的思想与社会基础》,中华书局2006年

谢保成:《隋唐五代史学》,商务印书馆2007年

仓修良:《史家·史籍·史学》,山东教育出版社2000年

张隆华、曾仲珊:《中国古代语文教育史》,四川教育出版社2000年

高二适:《新定急就章考证》,上海古籍出版社1982年

胡奇光:《中国小学史》,上海人民出版社1987年

唐兰:《中国文字学》,上海古籍出版社2005年

范可育等:《楷字规范史略》,华东师范大学出版社2000年

王欣夫:《文献学讲义》,上海古籍出版社2005年

陈垣:《校勘学释例》,中华书局2004年

张元济:《张元济古籍书目序跋汇编》,商务印书馆2003年

中国科学院图书馆整理:《续修四库全书总目提要(稿本)》,齐鲁书社1996年

胡玉缙撰,吴格整理:《续四库提要三种》,上海书店出版社2002年

王重民:《敦煌古籍叙录》,中华书局1979年

孙启志、陈建华编:《古佚书辑本目录》(附考证),中华书局1997年

(日)兴膳宏、川合康三:《隋书经籍志详考》,汲古书院1995年

骆鸿凯:《文选学》,中华书局1989年

刘师培:《中国中古文学史》,人民文学出版社 1959 年

鲁迅:《中国小说史略》,上海古籍出版社 1998 年

刘永济:《十四朝文学要略》,中华书局 2007 年

王瑶:《中古文学史论》,北京大学出版社 1998 年第 2 版

王运熙:《乐府诗述论》(增补本),上海古籍出版社 1996 年

王运熙:《汉魏六朝唐代文学论丛》(增补本),复旦大学出版社 2002 年

萧涤非:《汉魏六朝乐府文学史》,人民文学出版社 1984 年

方师铎:《传统文学与类书之关系》,天津古籍出版社 1986 年

曹道衡、沈玉成:《南北朝文学史》,人民文学出版社 1991 年

曹道衡、沈玉成:《中国文学家大辞典·先秦汉魏晋南北朝卷》,中华书局 1996 年

曹道衡、沈玉成:《中古文学史料丛考》,中华书局 2003 年

曹道衡、刘跃进:《南北朝文学编年史》,人民文学出版社 2000 年

曹道衡:《南朝文学与北朝文学研究》,江苏古籍出版社 1998 年

曹道衡:《中古文学史论文集》,中华书局 2002 年新 1 版

曹道衡:《中古文史丛稿》,河北大学出版社 2003

曹道衡:《兰陵萧氏与南朝文学》,中华书局 2004 年

沈玉成:《沈玉成文存》,中华书局 2006 年

罗宗强:《魏晋南北朝文学思想史》,中华书局 1996 年

周勋初:《魏晋南北朝文学论丛》,江苏古籍出版社 1999 年

许云和:《汉魏六朝文学考论》,上海古籍出版社 2006 年

郭英德等:《中国古典文学研究史》,中华书局 1995 年

苏瑞隆:《鲍照诗文研究》,中华书局 2006 年

(日)兴膳宏著,彭恩华译:《六朝文学论稿》,岳麓书社 1986 年

(日)冈村繁著,陆晓光译:《冈村繁全集》,上海古籍出版社 2002 年

（日）清水凯夫著，韩基国译：《六朝文学论文集》，重庆出版社 1989 年

刘跃进：《门阀士族与永明文学》，生活·读书·新知三联书店 1996 年

程章灿：《世族与六朝文学》，黑龙江教育出版社 1998 年

丁福林：《东晋南朝的谢氏文学集团》，黑龙江教育出版社 1998 年

尤雅姿：《颜之推及其家训研究》，文史哲出版社 2005

黄水云：《颜延之及其诗文研究》，文史哲出版社 1989 年

谌东飚：《颜延之研究》，湖南人民出版社 2008 年

陈桥生：《刘宋诗歌研究》，中华书局 2007 年

金开诚：《文艺心理学论稿》，北京大学出版社 1982 年

严杰：《颜真卿评传》，南京大学出版社 2005 年

俞剑华：《中国画论选读》，江苏美术出版社 2007 年

（法）丹纳著，傅雷译：《艺术哲学》，人民文学出版社 1963 年

三、相关论文

陈柏璋：《中古琅邪颜氏研究——以婚姻仕宦和家学门风为中心》，“国立”中兴大学 1993 年硕士论文

龙柏涛：《从魏晋士族到唐代科举——以琅琊临沂颜氏为例》，中国文化大学 1994 年硕士论文

李文玉：《颜氏家族：儒家精神与文艺思想传承的个案研究》，四川师范大学 2001 年硕士论文

都惜春：《唐代颜氏家学考论》，吉林大学 2006 年硕士论文

李广龙：《颜氏家族著述考（先秦—晚唐）》，东北师范大学 2007 年硕士论文

滕云玲：《魏晋南北朝时期的琅琊颜氏》，曲阜师范大学 2007

年硕士论文

王春华:《唐代颜氏家族研究》,曲阜师范大学2007年硕士论文

常昭:《六朝琅邪颜氏家族文化与文学研究》,山东师范大学2011年博士论文

姚晓菲:《两晋南朝琅邪王氏家族文化与文学研究》,扬州大学2007年博士论文

石磊:《颜延之集校注》,东北师大学1999年硕士论文

李佳:《〈颜延之集〉校注及其研究》,四川大学2003年硕士论文

杨晓斌:《颜延之生平与著述考》,西北师范大学2005年博士论文

林伯谦:《刘宋文研究》,私立东吴大学1985年硕士论文

容建新:《80年代以来魏晋南北朝大族个案研究综述》,载《中国史研究动态》1996年第4期

常昭:《魏晋南北朝家族文化与文学研究现状与思考》,载《济南大学学报》(社会科学版)2009年第4期

南京市文物保管委员会:《南京老虎山晋墓》,载《考古》1959年第6期

周萼生:《南京老虎山晋墓的地理佐证》,载《考古》1960年第7期

封海清:《琅琊颜氏研究——兼论文化在世族仕宦过程中的重要作用》,载《昆明师专学报》1989年第3期

程时用、刘福英:《六朝时期颜氏家族的家风与文化》,载《湖北广播电视大学学报》2006年第1期

周建忠:《论颜延之的文学创作》,载《山东师范大学学报》(人文社会科学版)1985年第5期

曹道衡:《论颜延之的思想和创作》,收入《社会科学战线》编辑部编《古典文学论丛》(第四辑),齐鲁书社1986年

李宗长:《颜延之诗歌主题选择的文化审视》,载《贵州师大学报》1992 年第 3 期

李宗长:《颜延之诗歌风格论》,载《江苏社会科学》1992 年第 6 期

李宗长:《论颜延之的文与赋》,载《贵州师范大学学报》1996 年第 1 期

李宗长:《论颜延之的思想》,载《南京社会科学》1996 年第 6 期

陈庆元:《论颜谢、沈谢齐梁间地位的升降得失》,载《文学遗产》1999 年第 1 期

陈庆元:《大明泰始诗论》,载《文学遗产》2003 年第 1 期

白崇:《同源异象——颜延之、谢灵运诗风异同论》,载《江西师范大学学报》(哲学社会科学版)2007 年第 4 期

柯弘:《"难以情测"出自谁手? ——〈文选 · 咏怀诗注〉中的一个问题》,载《福建师范大学学报》(哲学社会科学版)1980 年第 2 期

钱志熙:《论〈文选〉〈咏怀〉十七首注与阮诗解释的历史演变》,载《文学遗产》2009 年第 1 期

王永平:《庐陵王刘义真之死与刘宋初期之政局——从一个侧面透视晋宋之际士族与寒门的斗争》,载《江苏社会科学》2009 年第 4 期

李佳:《颜延之的作品内容及其语言特色》,收入《第八届文选学国际学术研讨会论文集》,中国扬州 2009 年 8 月

严耀中:《评宋孝武帝及其政策》,载《上海师范大学学报》1987 年第 1 期

孔毅:《论南朝齐梁士族对政治变局的回应》,载《重庆师院学报》(哲社版)2000 年第 3 期

曹家琪:《颜之推卒年与〈颜氏家训〉之纂定、结衔》,载《文

史》第2辑,1963年

王国炎:《魏晋南北朝的儒佛融合思潮和颜之推的儒佛一体论》,载《江西大学学报》(哲学社会科学版)1984年第4期

陈启智:《颜之推“归心”佛教析》,载《东岳论丛》1985年第6期

任铭善:《颜之推音论述评》,收入吴文祺主编《语言文字研究专辑》,上海古籍出版社1986年

陈东霞:《试论〈颜氏家训〉中的儒家思想》,载《东岳论丛》1993年第3期

张民权:《试论〈切韵〉一书的性质——读〈切韵·序〉和〈颜氏家训·音辞〉》,载《南昌大学学报》(社会科学版)1993年第4期

(美)丁爱博著,蔡雁彬、左江译:《评〈颜氏家训〉第九章:〈文章〉篇》,载《古典文学知识》1996年第4期

王枝忠:《颜之推与〈冤魂志〉》,载《古典文学知识》1997年第5期

吴怀东:《论颜延之诗歌与一段被忽略的诗潮》,载《山东大学学报》1998年第4期

张伯伟:《〈颜氏家训〉与颜氏家风》,收入《第三届魏晋南北朝文学国际学术研讨会论文集》,文史哲出版社1998年

蔡雁彬:《从家训的性质看颜之推的文学理论——读〈颜氏家训·文章〉篇札记》,载《南京航空航天大学学报》(社会科学版)1999年第3期

魏宏利:《北齐文林馆的设立、构成及其历史意义》,载《西南交通大学学报》(社会科学版)2006年第5期;

王允亮:《北齐文林馆考论》,载《长沙大学学报》2006年第6期

钱国旗:《在礼与情之间——〈颜氏家训〉对礼俗风尚的论述和辨正》,载《孔子研究》2004年第5期

杜旭光:《颜体书风及其家学关系考》,载《河南师范大学学

报》(哲学社会科学版)2007 年第 5 期

郭建勋:《从〈长安有狭斜行〉到〈三妇艳〉的演变》,载《文学遗产》2007 年第 5 期

胡大雷:《“宫体”缘起考辨——兼论徐摛非宫体诗开创者而是“今体”的倡导者》,载《文史哲》2008 年第 6 期

李建国:《颜之推与隋唐语文规范》,载《信阳师范学院学报》(哲学社会科学版)2006 年第 2 期

祝鸿杰:《颜师古和他的〈汉书注〉》,载《语文研究》1982 年第 2 辑

钟兆华:《颜师古反切考略》,收入中国社会科学院语言研究所古代汉语研究室编《古汉语研究论文集》,北京出版社 1982 年

王鑫义:《颜游秦〈汉书决疑〉佚文与颜师古〈汉书注〉比义》,载《史学月刊》2007 年第 3 期

汝企和:《论两宋馆阁之校勘史书》,载《史学史研究》2001 年第 1 期

李斌城:《敦煌写本〈玄言新记明老部〉残卷研究》,载《唐史论丛》第五辑,三秦出版社 1990 年

斋藤智宽:《伯希和 2462〈玄言新记明老部〉初探——〈老子〉的义疏学》,收入南华大学敦煌学研究中心编《敦煌学》第 27 辑《柳存仁先生九十华诞祝寿专辑》,乐学书局有限公司 2008 年

张剑、吕肖奂:《宋代的文学家族与家族文学》,载《文学评论》2006 年第 4 期

杨晓斌,甄芸:《我国古代文学家族的渊源及形成轨迹》,载《新疆大学学报》(哲学 · 人文社会科学版)2005 年第 1 期

李朝军:《家族文学史建构与文学世家研究》,载《学术研究》2008 年第 10 期

罗时进:《关于文学家族学建构的思考》,载《江海学刊》2009

年第3期

罗时进:《文学家族学:值得期待的研究方向》,载《中国社会科学报》2009年9月1日第6版

孙明君:《颜延之与刘宋宫廷文学》,载《文学遗产》2012年第2期

于溯:《李善〈文选·咏怀诗注〉中的旧注问题》,载《南京大学学报》(哲学·人文科学·社会科学)2011年第1期

范志新:《〈文选·咏怀诗〉未标明姓氏注文的归属问题》,载《文学遗产》2011年第6期

后记

此刻已是深夜，我却不得不泡杯茶，打起精神，尝试为自己这本由博士论文补充、修订而来的小书写出《后记》。这件事在收到出版社寄来的校样之后，就开始困扰我。所为致扰，即在于这是第一次跟出版社打交道，心想要出书了，得郑重其事！可一旦作如此想，就越发不知从何说起。闲来就在百度尝试搜索，看看有没有关于序跋写作的教程，的确找到几篇，可都不怎么实用。倒是无意间在王云五先生的文章中看到美国哈佛大学前校长伊理爱·查尔博士关于《自序》的一段话，颇觉其得神、得要，如获至宝，誊录于下，与读者共享：

> 作者于其长期工作告成之时，无异步下讲坛，置身于听众之间，为面对面之恳切谈话，揭示其所怀希望与恐惧，为己身所经历之困难博取同情，并为预期可遭遇之批评提供辩护。在冗长篇幅之全书中，作者的人格间为其郑重的态度掩蔽者，骤然于自序中露其真面目。即此一端，纵无其他理由，自序文已值得在此"古典丛书"中占一重要地位。①

① 王云五:《读书十四法·提纲》，收入《旧学新探:王云五论学文选》，学林出版社1997年，第192页。据王氏原文，这里的"古典丛书"指伊理爱·查尔博士主编的五十巨册"哈佛古典丛书"，其中一册专门选录序跋名作。

当然，抄下伊理爱·查尔博士的这段话，并非预备要在下面照猫画虎，依次写出研究过程中"所怀希望与恐惧"、为"所经历之困难博取同情"、"为预期可遭遇之批评提供辩护"，而是受此启发，想到《自序》，尤其是《后记》，可以像是影视剧作剧终之后附带的"花絮"，讲说些幕后的故事。

讲什么故事呢？不妨先讲一个豁然开朗的故事。因为我的本业是文学，而导师王永平先生的专业却是历史，所以不可避免地要面对跨学科的困难，对此王老师特别强调要阅读史学大家的经典之作，而且要认真细读，用心领悟。其后，我读了一些经典之作，但领悟了没有，领悟到什么程度，究竟有没有效果，其实自己并不知道。后来遇到了颜延之与周续之就礼学条目相互辩难的问题，史载"续之雅仗辞辩，延之每折以简要"，至于为何会有这样的差异，史书却没有明说。困惑之中，突然想到了陈寅恪先生的那个著名论断："魏、晋、南北朝之学术、宗教皆与家族、地域两点不可分离。"①其实，陈先生的这句话，我在论文的《开题报告》中就首当其冲摘引过了，但当时旨在强调家族问题的重要性，这时却由此想到颜延之与周续之的说经差异会不会跟地域问题有关呢？于是带着这样的想法重读《宋书·周续之传》，得知周续之本籍为雁门人，其先辈过江居豫章，当时的豫章太守范宁于郡立学，续之年十二，诣宁受业，并且日后成为范宁生徒中的佼佼者。于是又翻读《晋书》中范宁的传记，一探究竟。了解到范宁所擅长的《春秋谷梁传》于东晋以来未能立于学官，属于汉代旧学，而且范宁曾还有极力反对魏晋玄风的言论。将这些史实联系起来，

① 陈寅恪：《隋唐制度渊源略论稿》，生活·读书·新知三联书店2001年，第20页。

就会发现周续之因家居豫章的缘故，深受范宁在豫章主持的豫章之学的影响。周续之的这些情况与颜延之家族过江后长期居住在都城建康，活动于上层士族社会，比较多的受到魏晋新学说的影响显然不同。由此看出，颜延之、周续之二人说经的差异，在于范宁主持的豫章之学与都城建康流行学说的不同，而这种不同其实质又是汉代旧学与魏晋新经学的差异。当时借用陈先生的论断小试牛刀，问题顿时豁然而解，真有“披云雾而见青天”的感觉，对大师的钦佩之情也自然不在话下！

接下来，我想可以再讲个激动人心的故事。这个故事跟本书附录部分关于颜师古《汉书注》是否抄袭他人注的辩驳文章有关。因为按照计划，论文有一章要专门讨论琅邪颜氏家族的史学，颜师古作为颜氏家族史学的代表人物，自然受到我的重视。可是在了解人们对颜师古《汉书注》的研究史时却发现，前人尤其是清代很多学者纷纷发现颜师古《汉书注》有将他人注解条目收到自己名下的“掩袭”现象，后来杨明照先生总其大成，撰有《汉书颜注发覆》一文揭发其事。当时，以我对颜氏家族及颜师古的印象来看，颜师古似乎不大可能会有此举，内心隐隐不甘心接受这样的事实。但是想到《汉书》是大部头的著作，这一问题前人考论也已很多，无论是从时间还是自己的学力考虑，似乎这都是一个迈不过去的坎。也是因此，关于颜氏家族史学的一章迟迟无法动手。2009 年暑假，“第八届文选学国际学术研讨会”在扬州召开，我的硕士导师胡大雷先生与会至扬。期间，就此问题请教。胡老师建议不妨只看《汉书》的颜师古注文，看看能不能发现什么问题。此后新学期开始，我陆续将论文的各章都写出了，唯有这一章依然没有任何进展。时间已近年末，按照要求，论文要在新年的四月初提交审查，情势很紧张，但气氛很沉闷。记得一天傍晚，饭饱之后头脑昏昏，站立在书架前面闲翻书。手拿一册《汉书》，按照胡老师的建议浏览《汉书》注文，猛然间“（师古）〔应劭〕”这样一条信息映入眼帘，按照中华书局整理本《汉书》的《出版说明》，这显示该条注文底本署名为“师古”，而参校的版本则署名为“应劭”，并且校勘者根据参校本认为署名应为“应劭”。因为关注《汉书注》的“知识产权”问题已经很久、很急迫，可以当时很兴奋，脑海中迅速展开联想，假如类似的情况很多的话，不就可以说明颜师古《汉书注》的“掩袭”问题是在后世抄写、刊刻过程中产生的吗？于是即翻阅《汉书》全部注文，搜求类似条目，结果是总共找到相关条目近三十条，后来加以整理就写出了附录中《颜师古〈汉书注〉涉嫌“抄袭”说再检讨》一文，搬掉了这块大石头，关于颜氏家族史学一章的研究进展就顺利多了。

记得王老师说过，对一个问题关注久了，那些关键词、关键材料会从书本上“跳”出来。回想当时的情形，“（师古）〔应劭〕”几个字仿佛当真是自己“跳”出来的，这种感觉实在太美妙了！我感觉这是运气，可遇不可求；室友则说这就是传说中的灵感。后来我在日本科学家金出武雄的书中看到，著名数学家哈达马曾写过一本叫做《数学发明之心理学》的书。书中记载，十九世纪后半期的法国大数学家庞加莱有一天要上马车，就在他的脚踏上台阶的一瞬间，想到了一个重大问题的解法。为什么会忽然闪现出问题的解法呢？哈达马解释道：

> 庞加莱平日里就在不停地思考这个问题，时间久了，就像煮沸的咖啡漫过过滤网一样，他的想法一点点沸腾一点点接近答案，然后一击即中了，想出了问题的解法。忽然闪现也就应该解释成，在那个瞬间量变转化成了质变，答案之门

敞开了，解法一下子就飞了出来。①

这里不是要说自己有大数学家那般伟大，而是想描说一下那样一种久经困惑，突然醒悟时的激动人心的相似感受。要知道麻雀虽小，可也五脏俱全呢！是的，“想法一点点沸腾一点点接近答案，然后一击即中了”，感觉棒极了！

“从来如此，便对吗？”②上面的经历让我切身体验到了鲁迅先生这一句“呐喊”的力量。不经意的一次疑惑就有意外的收获，假如能够在学习和研究过程中随时随地自觉地发出质疑，“后果”或将不堪设想！这件事提醒我，在凡事问个“为什么”之前，不妨先模仿先生笔下那个“狂人”的口吻问问自己：“从来如此，便对吗？”尝试用“质疑的闪电解放思想”③！此外，又想到了已不知是从哪里抄来的这句励志格言：“我们经常会遇到障碍与重担。如果选择绕过，可能会因此失去成功的机会，懒惰的代价往往是失望。”是的，遇到障碍，选择绕过是很容易的，尤其是学术研究，遇到难题，“笔锋一转”、“一笔带过”都是不费吹灰之力的事，可这样的轻松，其代价或许将是错过取得突破的宝贵机会。遇有类似情形，是选择绕行，还是坚持，不得不慎重！

此下，我想可以讲讲导师的故事。记得入学不久，王老师就说：“知识可以传授，学问无法传授。”当时这句话一度使我很丧气，不远千里来到扬州学习做学问，却被告知“学问无法传授”，这可咋弄？后来，我在吕思勉先生的文章中看到了对“学问无法传授”的具体说明：

---

① （日）金出武雄著，马金成、王国强译：《像外行一样思考，像专家一样实践：科研成功之道》，电子工业出版社2006年，第60~61页。

② 鲁迅：《狂人日记》，收入小说集《呐喊》，《鲁迅全集》（第一卷），人民文学出版社2005年，第451页。

③ 马浩岚：《质疑的闪电解放思想》，《博览群书》2012年第8期。

> 研究学问有一点和做工不同。做工的工具，是独立有形之物，在未曾做工以前，可先练习使用。研究学问的手段则不然，他是无形之物，不能由教者具体的授与。对学者虽亦可以略为指点，但只是初步的初步，其余总是学者一面学，一面自己体会领悟而得的。善教的人，不过随机加以指导。所以研究手段的学习，即是学问初步的研究。①

这里要说的是，王老师一面深知“学问无法传授”，一面却又在用“手把手”的方式尽力传授我学问之道。入学第一学期的一次谈话中，王老师说起刘宋初年皇子刘义真与谢灵运、颜延之等人过从甚密，俨然形成了一个以文学活动作为掩饰的政治集团，建议我写一篇专题论文。后来，我是做了，完成之后满心欢喜用邮件发给了老师。没想两天后，王老师把我叫到办公室，迎面就是痛斥：“怎么写成这个样子，完全不成体统！”一个月后，王老师把一篇题为《庐陵王刘义真之死与刘宋初期之政局——从一个侧面透视晋宋之际士族与寒门的斗争》②的文章交到了我的手上。不怕不识货，就怕货比货。老师这篇题目相同、基本史料相同的论文放在我眼前，就是一面活生生的镜子，比照之下，我的缺点和毛病暴露无遗，当时真正是汗流浃背！我也正是从这样的比较中感同身受，获益良多。后来的两年多时间里，我成了王老师论文新作的第一个读者，在帮助老师校对文字错讹的同时，重新翻阅老师用过的典籍，体会老师对史料的选择、剪裁和拼接。记得当初选择导师的原因之一，就是其著作感觉明白晓畅，比较容易，后来才懂得这是“看似寻常最奇崛，成

① 吕思勉:《怎样读中国历史》，收入《吕思勉论学丛稿》，上海古籍出版社 2006 年，第 525 ~ 526 页。

② 载《江苏社会科学》2009 年第 4 期。

如容易却艰辛"①！可惜我自己的基础太差、人又憨笨，学习效仿老师仅略得形似，还远远没能得神，如果说自己在扬州三年有什么进步的话，都是与老师的言传身教分不开的！

最后，我想讲一些缘分的故事。在论文写作的过程中，曾多次得到扬州大学文学院古代文学教研室众老师的关切和指教，得到硕士导师老师胡大雷和力之两位先生的鼓励，以及硕士同门莫真宝、孔德明、钟军、刘玉珺、何水英等师兄师姐，及硕士同学谢海林，博士师兄张朝富、单鹏，师姐姚晓菲，师妹吴昌叶，室友王晗，好友颜井平等许多人的关心和帮助。同时，因为研究的需要，还得以与台湾中国文化大学的黄水云教授和方静瑛同学，以及台湾中正大学历史研究所的罗文星博士彼此结缘，并得其惠赐。此外，在论文完成后，又收到了山东师范大学常昭博士的来信，得知我们还是硕士同门，都是2007年入学读博，并且都选择了琅邪颜氏家族作为研究课题，一切都是那么神奇！在同样的时间，有人跟我选择了同样的研究课题、面对几乎同样的材料、思考相同或相近的学术难题。结果，在颜氏家族的许多问题上，我们成为相知最深的人，这就是以文会友的奇妙之处吧！常昭师姐的博士论文题为《六朝琅邪颜氏家族文化与文学研究》，在颜氏家族代表人物的文学成就方面用力尤多，这正是我研究中的薄弱之处，敬请读者能够将两文彼此参读。

还要说明的是，在论文写作过程中，曾将部分章节与导师共同署名，在《黑龙江社会科学》、《南京晓庄学院学报》、《史学史研究》等刊物上发表，在此特表示感谢。其中有的论文因排版的关系有过删节，现在正好借出版的机会恢复全貌。此外，在论文评

---

① 王安石：《题张司业诗》，[宋]王安石撰，[宋]李壁笺注，《王荆公诗笺注》，中华书局1958年，第609页。

审过程中，承蒙南京大学历史系张学锋教授赐教日本学者吉川忠夫的大作《六朝精神史研究》中有琅邪颜氏家族的专题研究，并提前告知了本书中文版的出版消息，现在也得以将相关内容加以补充吸收。

最后，本书得以顺利出版，还与张文、武良成两位编辑的辛勤工作分不开。在此表示衷心的感谢。

孙艳庆

2012 年 10 月于桂林

图书在版编目（CIP）数据

中古琅邪颜氏家族学术文化研究／孙艳庆著．—济南：齐鲁书社，2013．3
ISBN 978－7－5333－2763－7

Ⅰ．①中…　Ⅱ．①孙…　Ⅲ．①家族—研究—临沂市—中古　Ⅳ．①K820．9

中国版本图书馆 CIP 数据核字(2013)第 045390 号

中古琅邪颜氏家族学术文化研究

孙艳庆　著

出版发行　齊魯書社
社　　址　济南市英雄山路 189 号
邮　　编　250002
网　　址　www.qlss.com.cn
电子邮箱　qilupress@126.com
印　　刷　山东泰安新华印务有限责任公司
开　　本　880mm×1230mm　1/32
印　　张　12
插　　页　3
字　　数　290 千
版　　次　2013 年 3 月第 1 版
印　　次　2013 年 3 月第 1 次印刷
标准书号　ISBN 978－7－5333－2763－7
定　　价　**38.00 元**